Découverte et Création

Découverte
Troisième Édition

et Création
Les Bases du Français Moderne

Gérard Jian
University of California
at Berkeley

Ralph Hester
Stanford University

with
Gail Wade
University of California
at Berkeley

Houghton Mifflin Company
Boston

Dallas
Geneva, Illinois
Hopewell, New Jersey
Palo Alto
London

Cover Painting:
"Improvisation with Green Center," Wassily Kandinsky

Art Credits
James Conahan, pages 12, 22, 34, 52, 69, 84, 100, 117, 136, 153, 170, 188, 207, 225, 242, 258, 277, 294, 296, 313, 330, 345, 367, 389, 410, 427, 444, 459
Jerry Warshaw, pages 9, 10, 126, 138, 190, 222, 282, 349, 353
Arless Day, pages 86–87, 94

Black and White Photo Credits
Abbreviations: FPG (Freelance Photographers Guild)
       R-PR (Rapho-Photo Researchers)
       Stock (Stock, Boston)

1 Joseph Nettis/FPG; 23 Cary Wolinsky/Stock; 30 Serge de Sazo/R-PR: 31 Courtesy of Levi Strauss & Co.; 35 Marc Riboud/Magnum; 53 Owen Franken/Stock; 61 Janine Niépce/R-PR; 71 Janine Niépce/R-PR; 85 S. Fournier/R-PR; 101 L. Sir/R-PR; 119 S. Duroy/R-PR; 137 Henri Cartier-Bresson/Magnum; 144–45 Bernard Chelet; 148 Bernard Chelet; 155 Goursat/R-PR; 171 D. Berretty/R-PR; 184 Courtesy of the RATP; 189 Owen Franken/Stock; 204 Courtesy of La Coupole; 209 R-PR; 227 Magnum; 238 Mario Rossi/R-PR; 239 Mario Rossi/R-PR; Owen Franken/Stock; 243 R-PR; 259 The Bettmann Archive, Inc.; 279 Bois-Prevost/Viva-Woodfin Camp; 292–93 Rand McNally & Co.; 297 Dorka Raynor; 315 Carl Frank/R-PR; 331 Kay Lawson/R-PR; 343 G. Gerrter/R-PR; 347 Bernard Chelet; 369 Bibliothèque Nationale, Musée Condé; 391 Villeneuve/R-PR; 411 Duroy/R-PR; 429 Ciccione/R-PR; 445 The Bettmann Archive, Inc.

Color Photo Credits (in order of appearance)
Paris: De Sazo/R-PR; Bernard Chelet; Guis/R-PR; Bernard Pierre Wolfe/FPG: Owen Franken/Stock; Dorka Raynor; David Margolin/Black Star; Josip Ciganovic/FPG: Joseph Carter

Les Provinces et les loisirs: Messerschmidt/Alpha; Niépce/R-PR; Sabine Weiss; Cary Wolinsky/Stock; Peter Menzel/Stock; Peter Menzel/Stock; Berretty/R-PR; Paolo Koch/R-PR; Owen Franken/Stock; H. Hara/Alpha; Ciganovic/Alpha

Le Monde francophone: E. Bernheim/Woodfin Camp; David Hurn/Magnum; I. Berry/Magnum; Dorka Raynor; D. Brown/FPG; Roloc; J. Launois/Black Star; J. Messina/Black Star; B. Glinn/Magnum; Govt. Quebéc; Berger/R-PR; E. Erwitt/Magnum; Owen Franken/Stock; FPG

Printed in the U.S.A.

Library of Congress Catalog Card Number: 80-50969

ISBN: 0-395-30987-5

Table des Matières

Acknowledgments

We thank Yvone Lenard for the contributions her teaching and writing have made to this book.

We express our deepest appreciation first of all to Oreste F. Pucciani. During the year 1960–1961, at the University of California, Los Angeles, Professor Pucciani began elaborating a methodology to update, adapt, and expand to modern, college-level teaching the Cleveland Plan of Emile B. de Sauzé. This timely rehabilitation of an already well-proven rationalist direct method of foreign language teaching resulted not only in Professor Pucciani's and Jacqueline Hamel's texts and program for first-year French but in a number of books for the teaching of several other foreign languages in addition to French. For over a decade and a half, an even greater number of foreign language textbooks have reflected, either entirely or partially, the validity of the UCLA experiment.

All our colleagues in the teaching of French, our graduate assistants, our students, past and present, have, in some way—directly or indirectly—participated in the formation of our outlook on language teaching.

As with previous editions, we are deeply indebted to Claudie Hester for her master teacher's perception in amending the first version of the manuscript and, for this edition, we are particularly grateful for her guidance in creating the new *Échanges*.

We could not have accomplished our task without the invaluable insights provided by the many Second Edition users who communicated to us their innumerable suggestions. This group of devoted colleagues includes John Barson, Christian van den Berghe, David Orlando, Susan St. Onge, Jean-Pierre Sonderer, Gary Woodle, Margot Kaufman, David Sariego, Leonard Adams, Ira Dudley, John Tristam, George Evans, Maureen Curnow, Joseph Morello, David Fein, W. Victor Wortley, James Monroe, William Goode, André Martin, Richard Regosin, Weber Donaldson, Rose Abendstern, Beatrice Alexander, Henri Urbain, Elisabeth Quillen, Marvin Weinburger, Tom Watson, Andrew Campagna, Jeannette Szymanski, Marilyn Schuler, William Kingsbury, Terence McQueeny, David King and Helen Schawlow.

Our unending thanks to go to Carlyle Carter for her competence and efficiency in organizing and analyzing the critical data from the above-mentioned colleagues and for her perseverance in following through, from planning to the last detail of editing and production. And, once again, we express our appreciation to Charles H. Heinle for having overseen the entire project.

Jean-François Catton has helped to provide the outstanding choice of movic stills and film commentaries. Chris Arvetis was responsible for the cover design and for updating the internal design. Cynthia Fostle and Claire Didier provided a valuable service as proofreaders.

Preface

To the student

Individual reasons for studying French   You may indisputably attain a level of proficiency in French proportionate to your objectives. For the English-speaking student, French (unlike the countless hundreds of languages spoken by the earth's inhabitants) is a relatively simple affair. This is an objective linguistic fact. To what extent you take advantage of it is an individual matter. You should not only be cognizant of your personal reasons for studying French, but you should also be aware of why the others around you are studying it. Your aims and theirs are probably quite compatible, and, in all likelihood, your goals will expand somewhat and even merge with others as you achieve increasing proficiency.

If you are studying French because you are required to, then you should reap every benefit possible from the obligation. It is in the very nature of your mind that you should. Psycholinguists are just beginning to provide experimental support for what linguists have suspected for a long time: the person who possesses two languages has a more extensively utilized cerebral range and a wider intellectual ability than the monolingual. This does not mean that your total intelligence will necessarily increase because you learn a second language, since intelligence is a term signifying a great number of factors. Nevertheless, you will come out with more than you expected, especially if you intended only to "get through the course." Most students, naturally, do aim higher.

Even a half-serious interest in a foreign language will produce serious results. Those of you who are taking French out of a vague curiosity have an advantage over the really indifferent novice. Some of you may be studying French because you plan to travel abroad or because you are preparing for a career in international business or diplomacy. Perhaps you are interested in learning French because you have French-speaking acquaintances or correspondents. A few fortunate students hope to go to school in France, Switzerland, Belgium, or some other French-speaking country. Some of you are learning French specifically for the purpose of reading great works of literature in the original or technical material unavailable in English translation. Finally, there are those of you who are studying French "just for the fun of it" (and certainly learning a foreign language can be "fun" and still entirely academic). In any case, it is up to you to know why you are studying a foreign language. Your being clearly aware of your objectives has much to do with your success in achieving them.

The English-speaking learner of foreign languages   Some students approach learning a foreign language with a predetermined attitude of defeat. They think that one must begin as a child to learn a foreign language and that anything after that is unauthentic. If you have such a prejudiced notion, we suggest that you discard it immediately. A young adult can acquire another tongue with infinitely greater efficiency than a small child. Most people who know two languages learned their second language in school. If you believe that English-speaking people, and Americans in particular, are poor language learners, please dispose of this myth. It is true that in many foreign countries pupils may begin studying a foreign language earlier than their American counterparts. This does not mean, however, that the young foreigners are necessarily learning language well. In fact, they may not be learning it at all. A teen-ager or a young adult under the guidance of a competent teacher using an efficient method may quickly surpass the performance of someone who has stumbled through years of meaningless exposure.

Because English is such a widely studied language and because so many foreigners have a headstart in it, Americans often assume that they are outdone before they begin. Nothing could be less true. Since World War II, few countries have been as actively concerned as the United States with the teaching of foreign languages. Americans—students and teachers, amateurs and specialists, local and national governments—have illustrated how an entire nation can concentrate on a single educational problem on a scale of considerable magnitude. American linguists and language students are among the world's most highly reputed.

Language is a social phenomenon   Language is an intellectual and psychophysiological phenomenon unique to human beings. Language is an individual ability, but it exists only in a social context. The few cases in history of solitary wildmen captured by society show that such creatures were really unable to learn much language at all. You can neither speak to yourself alone nor write for yourself alone without society's having first transmitted to you the tool of language that it has forged. You cannot participate in the dynamism of language without other people. It is the immediate social framework of reference that triggers the back-and-forth, give-and-take of meaningful communication. Don't be duped into supposing that you can learn a language by simply listening to a tape or a record. You cannot communicate with a machine; you can only communicate with someone else. Not being certain beforehand of what someone else will communicate to you or *how* he or she will communicate it is a fundamental and marvelous contingency of language. You can practice pronunciation and memorize rules and forms, which are indeed an indispensable part of language learning, but you cannot mimic meaningful communication. When you really communicate, you must constantly invent what you are saying, and if the perfect way of saying it does not occur to you immediately, then you must find an alternative route. The necessity of creating a manner of communication amidst much trial and error is manifest in one's own native tongue as well as in the foreign language one is learning.

Creative expression   The process of communication is not, therefore, a series of reciprocal reflexes that mechanically establish human dialogue. Considerable automatic response, of course, goes into the makeup of your language ability, because language itself is a coded system of spoken and written signals. Once you know the basic signals, you may begin to code and decode messages to some extent as a function of your own individuality. One cannot, of course "create" a new language according to whimsy and still hope to be understood. Creativity basically implies that everyone has something a little different to say even about the most ordinary things. Your comments may differ from your classmates' simply because you have *more* to say: you tend to give more details, you use more modifiers. You may begin your comment with some aspect not necessarily perceived by others and end it with the very detail your neighbor might put first. This means that since you may perceive things differently, you will also probably say them differently, and yet you will still be creating your own original meaning within the rules. Just as there is an infinite number of chess games to be played within the rules of chess, so there is an infinite number of ways to express yourself within the rules of language. You must come to know the basic building blocks recognizable to all those speaking or writing a particular language but never lose sight of your personal construction privileges.

Everyone has the right to play around with words. The way in which you play with them in a foreign language may be different from the way in which you play with them in your native tongue. In fact, some writers have discovered that they actually prefer writing in a foreign language; somehow they feel freer to create meaning with a language code not imposed upon them at birth, but which they have come to discover and prefer for themselves through their own particular individual experiences. This is strikingly true for French, which has been chosen as a medium of literary expression by some of the world's most prominent writers, including Nobel laureates.

Language and civilization   In spite of obvious differences, all languages have some characteristics in common. Some share so many of the same characteristics that even the novice is able to recognize that they sound or look somewhat alike. In the study of any foreign language, there are certain linguistic principles universally applicable. Languages differ, however, not only with respect to syntax, grammar, vocabulary, and phonetics, but also with respect to their historical or social significance. French is not merely a collection of sounds and signs to be imitated with perfect objectivity. French also encompasses the civilizations that have used or are still using it as their native or second language. We do not believe, at this point, that you should plunge into a systematic study of French, Swiss, Belgian, Canadian, or French-speaking African civilizations. We do believe, however, that you should gradually open your field of observation to the broadest meaning of language. Look not for Eiffel Towers and Gothic cathedrals, but for the more subtle signs of language that reveal traits of an entire civilization. When you politely step aside to let a Frenchman enter a door before you, he will answer *Pardon,* not *Merci.* If you ever pay a Frenchwoman a compliment, she will probably not answer *Merci* either but will respond with a phrase that seems to lessen the force of your compliment. In what frame of mind must you put yourself, then, to understand that the French are neither suffering from a guilt complex nor insensitive to your own politeness or admiration? Here, we believe, lies a profound lesson in civilization through language, a lesson much more significant and lasting than a tourist's quick look at the Palace of Versailles.

English and French vocabulary   By the preceding example, we do not mean to imply that French presents bizarre obstacles to the English-speaking learner. On the contrary, French shares enough common characteristics with English for you to recognize immediately a fairly large expanse of language territory. Nearly half of our English vocabulary comes by way of French. Though pronunciation and spelling may differ, the similarity remains striking enough for you to accustom yourself quickly to the cognate words. The *Vocabulaire* section toward the end of each lesson lists the active vocabulary with cognate nouns grouped together in a separate section called *noms apparentés.* You will observe that a large proportion of the French words listed resemble closely their English equivalents in both meaning and spelling. This should reduce somewhat the time you must spend in reviewing vocabulary. Only the most obvious cognate nouns are indicated along with their gender. Some nouns that look alike are not listed as cognates because their meanings differ between the two languages. On the other hand, certain similar nouns not designated as cognates are indeed alike in meaning to their English counterparts, but their spelling may differ sufficiently for you not to recognize them. As soon as you are accustomed to French spelling, you will probably recognize, for example, that *enfance* means "childhood," even though it is not listed as a cognate.

The total number of words in the French language is actually smaller than in English. To see this, you need only compare the proportion devoted to English of a complete English-French / French-English dictionary. Do not think, however, that learning a language consists primarily of acquiring a large vocabulary. In the beginning, learning a language consists of manipulating a limited vocabulary. Having constant recourse to a bilingual dictionary is almost certain to impede your thinking in French. We strongly advise you against dictionary use in first-year French.

French generally follows the same principle as English in its over-all word order—subject-verb-object. French grammatical terminology is essentially the same as in English. That is why, with a little effort, you will understand the spoken or written explanations in French (*nom, pronom, verbe, adverbe, adjectif,* etc.) used throughout this text.

Meaningful practice and communication in French   Understanding spoken French, methodically used by your teacher with carefully graduated levels of difficulty, is easily within the grasp of every English-speaking student with normal organs of speech and hearing. Responding actively, of course, requires considerable cooperation or, rather, considerable willingness to communicate only in French. This conscious willingness need only last a few days; after that, your collaboration should become like participation in a team game. The rule of the game is that no English is ever used for meaningful communication. This game of the French class has a clear, long-lasting objective—your mastery of French. You may think, at times, that you can achieve your objective more quickly by resorting to English. Indeed this would be faster. However, permanence, not speed, should be your goal. As you will soon discover, meaning acquired through observation and participation in the foreign language enables you to acquire more efficiently the habit of thinking in that language.

Thinking in a foreign lanaguage, of course, does not erase thinking in your native language. After having understood, assimilated, and acquired the meaning of a word or phrase in French, often the English equivalent will occur to you as well. This is entirely normal. The point is that you did not learn *by means of* English. Translation is a marginal benefit of language learning; it is not the means by which you should begin to learn.

The spirit of invention   You must listen actively to your teacher and to the other members of the class as well. Remember that language lives on the social necessity of communication. Your class is the community in which meaningful exchanges in French are to take place. Do not hesitate to make your contribution. Try to develop a feeling for experimenting in expression *within the limits of your knowledge.* Do not forget that it only takes a few elements of the language code to begin putting together the meaning that *you* want to communicate. When you experiment with a new game in creative coding, you naturally make a few mistakes. If you remain silent for fear that you will mispronounce something or say something that is grammatically incorrect, you risk never saying anything at all. As a matter of fact, you have to go through some trial and error in order to learn. During the first three or four years of learning their native language, children generally make countless errors in pronunciation and grammar before they finally speak correctly. They have the advantage, however, of not being self-conscious. This is one childlike aspect of language learning you will do well to strive for.

Pronunciation   French, compared to many other languages, is easy to pronounce. Some of you, nevertheless, will find some French sounds difficult to imitate, especially when you notice that certain students obviously imitate foreign sounds more effortlessly than others. Do not be discouraged. Pronunciation is not the principal criterion by which to judge your language ability. Some of the world's most intelligent people speak several languages with noticeable accents. Above all, do not be like the student who said, "I'm not very good at French because I pronounce so poorly." It is important to communicate, not to "pronounce." Naturally, you must pronounce within the range of a certain norm in order to make yourself understood; therefore, try to approximate the new sounds as closely as you can. Yet in the end, what counts is your ability to get across what you have to say, not the impeccable pronunciation with which you convey it. A perfect pronunciation in a foreign language is, in fact, a fairly rare phenomenon. Finally, there are students who pronounce extraordinarily well, but who are incapable of saying anything meaningful. Speaking is definitely preferable to articulating.

Spelling   French spelling may give you quite a challenge, but, compared to English, it is reasonably consistent, even if it does not appear logical. In any case, after a little practice, you may even spell better in French than in English. French and English both use the same alphabet (unlike Russian, Greek, or Hebrew, for example). Always be conscious of the fact, however, that what may appear familiar in printed form does not designate a similarity in pronunciation. Learn to depend more on your ear than on your eye. The temptation to reproduce French sounds according to your English-reading reflexes is probably the most troublesome problem confronting you in the beginning. Listen to your teacher carefully, but be extremely attentive to the relationship between what you are hearing and what you see in printed form.

Composition   Some people think that language is only a spoken phenomenon and that reading and writing are really unimportant. There are commercial language schools that distribute this kind of publicity, and what they claim is partially true, particularly for little children. But for young adults accustomed to learning through reading and writing, it would be futile to disregard their most valuable tools. Our hearing is undertrained, yet even when acutely sharpened, it does not have the scope of our visual sense. Once you have overcome the usually short-lived confusion between English spelling and French pronunciation, reading and writing should rapidly reinforce what you acquire through listening and speaking. You will begin early to write original compositions in French. This is a useful and pleasant extension of the creative practice in which you engage during the classroom hour. By writing original compositions in French, you will exploit to the maximum your limited resources, but you should never go beyond them—especially not to the dictionary!

Reading   Poetry is a form of writing that allows for considerable personal experimentation. That is why we have chosen short poems and songs as the chief literary examples of French. We think many of you may eventually want to try composing short poems in French. Above all, we believe that the one who experiments with creating his or her own expression will be the one who is ultimately the most sensitive to the creation of another.

A whole world of French literature awaits you, if that is what interests you. But it is a world you should enter only after you have lived through the fundamental game of discovering the primary code blocks and have played a while at inventing your version of the code. In the meantime, if you can't wait to read great works of French literature in the original, you will have to rely on the dictionary and the tedious process of translation. We counsel a year of patience and believe that the *Lectures* of this text are the most efficient way to begin reading. You will already have used most of the vocabulary in class practice before you read the *Lectures.* The good reader *recognizes* what has already become familiar and does not use a dictionary to look up what is unfamiliar.

Other than an occasional word, this message is the last communication to the student in English. From here on, it is up to you, the other members of your class, and your teacher to create an atmosphere in which meaningful practice and conversation will take place only in French.

To the teacher

The Third Edition of *Découverte et Création* marks a thorough recasting of the die. With the consultation of many of our colleagues who used the First and / or Second Editions, we have made many major changes. Teachers who used the previous editions as well as those using *Découverte et Création* for the first time should read the *Instructor's Manual for Découverte et Création, Troisième Édition.* In addition to a general presentation of the rationalist direct method, this new and complete teacher's guide contains suggested lesson procedures and techniques; a selected bibliography of articles and books related to the rationalist direct method; model schedules; sample tests; sample compositions; and answers to the *Exercices Écrits* in the student text. A complete tapescript for the *Exercices de Laboratoire: Travail de Perfectionnement Individuel* is available from the publisher.

The present edition of the main classroom text for student and teacher differs from the preceding editions in the format of each lesson, which is now divided into two parts: 1) *Découverte* and 2) *Création.* The *Découverte* section introduces new grammar and some new vocabulary. Rather than one long opening as before, the *Présentation* has now become a series of short, separate *Présentations,* each immediately followed by the separate *Explications.* In the *Création* part, students are expected to manipulate and use this material. Each of the many and varied *Exercices* apply, *in order,* to the corresponding *Présentation* and *Explications.*

This book is considerably shorter than its predecessor. It now has only twenty-seven lessons. Various low-frequency items, such as the literary tenses and indirect discourse, have either been eliminated or presented only in the appendices. After the first few lessons, all of the lessons are of similar length. Grammar and structure points are thus more evenly balanced and distributed throughout the book. Certain material has been reordered: for example, the *passé composé* and the *imparfait* have been relocated so as not to fall at the end of the first semester; the subjunctive is presented somewhat sooner than in the Second Edition.

The amount of vocabulary has been greatly reduced. For example, the lesson on reflexive verbs presents 60 percent fewer verbs than previously. The *Vocabulaire* at the end of each lesson now lists separately only useful cognate *nouns.*

Following the *Vocabulaire* of each lesson is an entirely new section, a short conversational dialogue between two young people. Because of their colloquial style—idiomatic expressions, slang, elided spelling to represent the sound of casual speech—the new vocabulary of these *Échanges* is intentionally not included in any list. The *Échanges* are primarily for the student to hear, as they are recorded in the accompanying laboratory program. Their purpose is to bridge the gap between the basic French of the text and the spoken *français quotidien*—even some *argot des étudiants*—that will inevitably strike the young learner, upon arrival in France, as indeed different from what is found on the printed page. Each instructor must determine what elements, if any, of this unacademic lexicon the student should learn actively. The *Échanges,* beginning with lesson 11, are in turn followed by the equally new *Improvisations,* an open-ended type exercise for encouraging communication and creative self-expression on the part of the students.

There are ten entirely new cultural readings (more than a third of the *Lectures*), including such previously untreated topics as the Paris Métro, the French telephone system, and the Centre National d'Art et de Culture Georges Pompidou.

All of the above, plus many other changes, have been introduced in order to improve the techniques and vary their use with the basic method, which continues to be so successfully used and demonstrated in hundreds of schools and colleges throughout the United States and Canada.

G. J. & R. H.

1
Première Leçon

Salutations
Identification personnelle
C'est un... C'est une...
Qu'est-ce que c'est?
Voilà...
Comptez de 1 à 10
Alphabet
Prononciation
Lecture: *Masculin et féminin*

Paris: la statue de Jeanne d'Arc, place des
Pyramides

DÉCOUVERTE

Présentation

Professeur: Bonjour, Monsieur!

Étudiant: Bonjour, Monsieur.

Professeur: Comment allez-vous?

Étudiant: Très bien, merci, et vous?

Professeur: Très bien, merci. Je m'appelle Monsieur Moray, Monsieur Paul Moray. Comment vous appelez-vous?

Étudiant: Je m'appelle Monsieur Smith.

Professeur: Et vous, Mademoiselle, comment vous appelez-vous?

Étudiante: Je m'appelle Mademoiselle Cooper.

Professeur: Et vous, Mademoiselle, comment vous appelez-vous?

Étudiante: Je m'appelle Madame Cole.

Professeur: Oh pardon... Madame!

Explications

1 Salutations = formules de politesse:

very well thankyou. et vous?

Bonjour, Monsieur.
Bonjour, Mademoiselle.
Bonjour, Madame.
Comment allez-vous?
Très bien, merci, et vous?

Très bien, merci.
Au revoir, Monsieur, Madame, Mademoiselle.
À demain.

2 Identification personnelle:

Comment vous appelez-vous?
Je m'appelle Paul Moray, et vous?
Je m'appelle Robert Brown.

Bonjour, Monsieur. Comment vous appelez-vous?

Yoyo, Pierre Étaix, 1964; sur la photo: Pierre Étaix.
   Yoyo est un clown de cirque. Il désire la richesse. Il obtient un grand château. Mais Yoyo est insatisfait avec la richesse matérielle. Un jour, un éléphant arrive au château. L'éléphant détruit la propriété. Yoyo retourne au cirque. Maintenant il est content.

Présentation

Professeur: Voilà un livre. Qu'est-ce que c'est?

Étudiant: Je ne sais pas.[1]

Professeur: C'est un livre. Qu'est-ce que c'est?

Étudiant: C'est un livre.

Professeur: Très bien. Voilà une serviette. Qu'est-ce que c'est, Monsieur Smith?

Étudiant: C'est une serviette.

Professeur: Excellent! Voilà un mur. Qu'est-ce que c'est, tout le monde?[2]

Tout le monde: C'est un mur.

1. *Je ne sais pas* est une expression d'ignorance; c'est une expression très pratique pour un étudiant débutant.
2. *Tout le monde* = la classe entière.

Professeur: Montrez-moi un autre mur.	Tout le monde: Voilà un autre mur.
Professeur: Et voilà un étudiant. Maintenant,[3] montrez-moi un autre étudiant.	Tout le monde: Voilà un autre étudiant.
Professeur: Montrez-moi une autre étudiante.	Tout le monde: Voilà une autre étudiante.
Professeur: Bien. Maintenant, l'appel.[4] Monsieur Brown?	Étudiant: Présent.
Professeur: Mademoiselle Cooper?	Étudiante: Présente.
Professeur: Monsieur Kelly?	(silence)
Professeur: Absent! Madame Cole?	Étudiante: Présente.

Explications

3 Genre = masculin et féminin:

♂ = m.   ♀ = f.

C'est un livre.   C'est une porte.
C'est un mur.   C'est une serviette. *brief case*
C'est un bureau.   C'est une fenêtre. *window*
C'est un stylo.   C'est une chaise. *chair*

A. Un nom est masculin ♂ ou féminin ♀. Un nom est généralement précédé par un article masculin ou féminin. Si le nom est masculin, l'article indéfini est **un.** Si le nom est féminin, l'article indéfini est **une.**

B. Un adjectif est aussi masculin ou féminin.

♂   ♀

présent   présent**e**
absent   absent**e**

---

3. *Maintenant* est un adverbe qui signifie «le moment présent».
4. *Appel* = vérification de présence.

Exemples: C'est un étudiant absent.
C'est une étudiante absent**e**.

Remarquez: Un adjectif en **-e** est invariable; le masculin est identique au féminin:

dogmatiqu**e**, formidabl**e**
un étudiant extraordinair**e**, une étudiante extraordinair**e**

4 **Qu'est-ce que c'est?** est une question qui demande l'identification d'un objet. La réponse est **C'est un...** ou **C'est une...**

Exemple: **Qu'est-ce que c'est? C'est un** tableau.

5 **Voilà** = Regardez + objet *ou* regardez + personne:

Exemples: Ordre: Montrez-moi (indiquez-moi) une serviette!
Réponse: **Voilà** une serviette.

Ordre: Montrez-moi Mademoiselle Cooper!
Réponse: **Voilà** Mademoiselle Cooper!

Présentation

Professeur: Maintenant, répétez, tout le monde. Un, deux, trois.

Tout le monde: Un, deux, trois.

Professeur: Quatre, cinq, six.

Tout le monde: Quatre, cinq, six.

Professeur: Sept, huit, neuf, dix.

Tout le monde: Sept, huit, neuf, dix.

Explications

6 Comptez de un à dix:

1 **un**	5 **cinq**	8 **huit**
2 **deux**	6 **six**	9 **neuf**
3 **trois**	7 **sept**	10 **dix**
4 **quatre**		

Présentation

Professeur: Maintenant répétez: **A... B... C... D... E...** C'est un alphabet. Qu'est-ce que c'est?

Tout le monde: **A... B... C... D... E...** C'est un alphabet.

Professeur: **A... E... I... O... U.** C'est un groupe de cinq voyelles. Qu'est-ce que c'est?

Tout le monde: **A... E... I... O... U.** C'est un groupe de cinq voyelles.

Professeur: Remarquez que **Y** est aussi[5] une voyelle possible. Maintenant, épelez **MUR. DE. STYLO.**

Tout le monde: **M, U, R. D, E. S, T, Y, L, O.**

Professeur: Épelez **PRÉSENT. TRÈS. FENÊTRE.**

Tout le monde: **P, R, E accent aigu, S, E, N, T. T, R, E accent grave, S. F, E, N, E accent circonflexe, T, R, E.**

Professeur: Épelez **GARÇON.**

Tout le monde: **G, A, R, C cédille, O, N.**

Professeur: Excellent! Parfait![6] Formidable! C'est une classe extraordinaire! La classe est finie. Au revoir, tout le monde. À demain.[7]

Tout le monde: Au revoir, Monsieur. À demain.

Explications

7 Alphabet:

A. Répétez après le professeur:

A	[ɑ][8]	**G**	[ʒe]	**L**	[ɛl]	**Q**	[ky]	**V**	[ve]
B	[be]	**H**	[aʃ]	**M**	[ɛm]	**R**	[ɛR]	**W**	[dubləve]
C	[se]	**I**	[i]	**N**	[ɛn]	**S**	[ɛs]	**X**	[iks]
D	[de]	**J**	[ʒi]	**O**	[o]	**T**	[te]	**Y**	[igRɛk]
E	[ə]	**K**	[kɑ]	**P**	[pe]	**U**	[y]	**Z**	[zɛd]
F	[ɛf]								

5. *Aussi* = en plus; d'une manière similaire.
6. *Parfait* est un adjectif qui signifie «la perfection».
7. *À demain* = ''until tomorrow.''
8. C'est la prononciation du nom de la lettre.

**Voilà. La classe est finie!
Au revoir. À demain.**

Un Singe en hiver, Henri
Verneuil, 1962; sur la
photo: Jean-Paul Belmondo
et Jean Gabin.
   Voilà deux hommes avec
des rêveries fantastiques.
Gabin désire voyager.
Belmondo désire être
toréador en Espagne. C'est
l'histoire d'une amitié virile.

Remarquez: **G** [ʒe] mais **J** [ʒi]
            ç = **C** cédille

B. Répétez les voyelles après le professeur:

   A, E, I, O, U

Remarquez: **Y** est une voyelle possible.

Maintenant répétez:

   **TA, TE, TI, TO, TU, TY
   LA, LE, LI, LO, LU, LY
   NA, NE, NI, NO, NU, NY**

C. Accents:

   ´   accent aigu: pr**é**sent
   `   accent grave: tr**è**s, voil**à**
   ^   accent circonflexe: fen**ê**tre, h**ô**tel, ch**â**teau

8 Prononciation:

A. Articulation: Prononcez après le professeur:

bonjour	un tableau *aan* *black board*	un	six
monsieur	une porte	deux	sept
madame	et *ā* *and*	trois	huit
mademoiselle	très bien	quatre	neuf
au revoir	répétez	cinq	dix

B. Syllabation: Prononcez après le professeur:

```
a / m i          b u / r e a u
m e r / c i      d o g / m a / t i q u e
c h a / p e a u  f i / n i
```

C. Accentuation: Prononcez après le professeur:

Bon**JOUR.**
Bonjour, Ma**DAME.**
C'est un profes**SEUR.**
C'est un professeur extraordi**NAIRE.**

D. Intonation:

1. ·Déclaration:

Je m'appelle Monsieur Brown.   C'est une serviette.

2. Question:

Comment allez-vous?   Comment vous appelez-vous?

CRÉATION

Exercices oraux (en classe)

A. Demandez à un autre étudiant ou à une autre étudiante: (§1,2,3,4)[9]

    1. Comment allez-vous?

    2. Comment vous appelez-vous?

    3. Qu'est-ce que c'est? (un livre, une serviette, un tableau, une fenêtre, un mur, un autre mur, une porte)

    4. Indiquez le féminin[10] de **présent**.

    5. Indiquez le féminin de **absent**.

B. Montrez-moi une photo! (page 3)

    1. Montrez-moi un éléphant!

    2. Montrez-moi un lion!

    3. Montrez-moi un chapeau!

    4. Montrez-moi un homme!

C. Comptez de l à 10: (§6)

D. Épelez (et écrivez au tableau): (§7)

1. mur	4. décision	7. tableau	10. bonjour
2. stylo	5. très	8. de	11. porte
3. livre	6. fenêtre	9. ou	12. Hélène

---

9. §1 = Consultez la section numéro 1 de la partie grammaticale («Explications»), page 2.

10. *Le féminin* = le genre féminin.

Exercices écrits (à la maison)

A. Remplacez le tiret (_____) par **un** ou **une** (écrivez toute la phrase): (§3)

Exemple: *C'est _____ mur.*
C'est un mur.

1. C'est _____ mur.
2. Montrez-moi *une* porte.
3. Voilà *un* livre.
4. C'est *un* tableau.
5. Voilà *une* fenêtre.
6. Montrez-moi *un* stylo.

7. C'est *une* serviette.
8. Montrez-moi *une* autre serviette.
9. Voilà *un* étudiant.
10. Voilà *une* étudiante.

B. Comptez de l à 10 et écrivez en toutes lettres: (§6)

Lecture

Masculin et féminin

Professeur *(dogmatique):* En anglais, «garçon» ou «homme» est masculin. «Jeune fille» est un mot féminin; «femme» est un autre mot féminin. Mais un objet ou une chose est neutre. En français, «garçon» est un mot masculin et «jeune fille» est un mot féminin. Par exemple: *un* garçon, *une* jeune fille, *un* homme, *une* femme. Et un objet est masculin ou féminin aussi. Par exemple: *un* mur, *une* serviette, *un* livre, *une* porte.

Étudiante *(perplexe):* Monsieur, la différence entre un garçon et une jeune fille est très claire pour moi, mais entre un objet et un autre objet, c'est une décision difficile pour une pauvre étudiante. Pourquoi[11] *un* stylo? Pourquoi *une* serviette? Pourquoi *un* livre? Pourquoi *une* fenêtre?

Professeur *(embarrassé):* Parce que... euh... parce que... le français est une langue poétique. Le français est une langue latine. Le français est une langue philosophique, et l'univers est complètement polarisé entre le masculin et le féminin. Voilà. La classe est finie!

11. *Pourquoi* est une expression interrogative pour demander la raison d'une chose ou d'une action; la réponse est *parce que.*

Vocabulaire

noms

masculin
ami
anglais
appel
bureau
chapeau
étudiant
français
garçon
homme
livre
monsieur
mot
mur
professeur
stylo
tableau

féminin
chaise
chose
étudiante
femme
fenêtre
jeune fille
langue
madame
mademoiselle
porte
serviette
voyelle

adjectifs
autre
difficile
fini(-e)
formidable
neutre
parfait(-e)
pauvre

adverbes
aussi
bien
maintenant
pourquoi
très

prépositions
à
après
de
en
entre
pour

conjonctions
et
mais
ou
parce que

pronoms
je
moi
vous

autres expressions
à demain
au revoir
bonjour
c'est un(-e)...
Comment
  allez-vous?
Comment vous
  appelez-vous?
comptez
épelez
Je m'appelle...
Je ne sais pas.
merci
Montrez-moi...
Qu'est-ce que
  c'est?
regardez
tout le monde
très bien
voilà

noms apparentés[12]

masculin
accent
alphabet
éléphant
groupe
lion
objet
silence
univers

féminin
classe
décision
différence
photo
phrase

12. Noms similaires en français et en anglais.

Échanges

These short conversations, called *Échanges,* are intended to introduce you to the sound of casual dialogue. They contain some colloquial expressions and slang words often used by French-speaking people. Such words will be explained in footnotes but will not appear in other vocabulary lists.

—Tiens![1] Bonjour Suzanne! Ça va?

—Oui... Comme ci, comme ça.[2] La classe de français est formidable et le prof[3] est extraordinaire. En fait, tout le monde est formidable. Et toi? Ça va?

—Oui. J'adore la classe de français mais le reste... je ne sais pas. C'est une autre histoire. Ciao![4] À demain.

—Ciao!

---

1. *Tiens!* = "Well!"
2. *Comme ci, comme ça* = "so-so."
3. *Le prof* = le professeur.
4. *Ciao* = «au revoir» en italien; c'est une expression très utilisée en France.

Beaubourg: le Centre National d'Art et de Culture
Georges Pompidou. C'est la réalisation architecturale
d'une idée chère au deuxième président de la
Cinquième République Française. Ce bâtiment
extraordinaire surgit parmi les vieilles maisons de Paris.
Il contient le Musée national d'art moderne, un centre
d'information sur la culture contemporaine, une
bibliothèque, des expositions d'art et d'industrie, des
centres de création et de recherches musicales et d'art
plastique.

La Cathédrale de Notre Dame de Paris est une des merveilles du Moyen Âge. Située au cœur de Paris dans l'Île de la Cité, elle offre au visiteur des exemples superbes de l'art gothique: ses portails, sa grande «rose», ses arcs-boutants, son abside.

De jeunes étudiants dans un café du Quartier Latin. La conversation est très animée.

Il y a des lycées qui préparent à l'éducation supérieure, et il y a des lycées techniques qui préparent directement à la vie professionnelle.

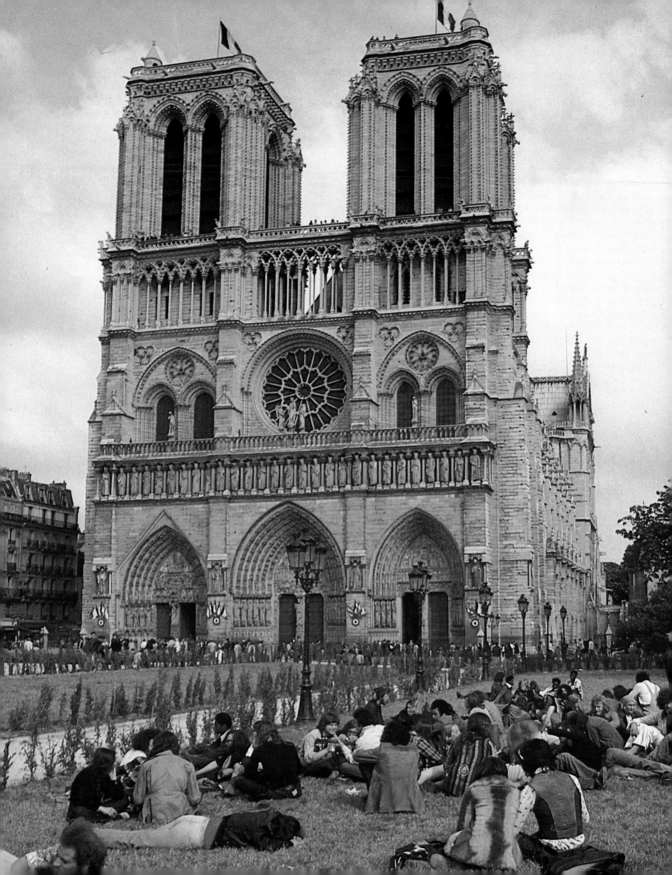

Les terrasses de café sont le vrai centre social des étudiants de l'Université de Paris. (Il y a douze Universités de Paris!) Lieux privilégiés des rendez-vous et des rencontres, les petits cafés parisiens sont la scène d'une activité dense et bruyante: on boit, on lit, on regarde les gens qui passent et on parle, on parle, on parle...

Trois grâces regardent «Les Trois Grâces», tableau de Rubens au musée du Louvre. Ancien palais royal avant la construction de Versailles, ce bâtiment immense est maintenant un des plus grands musées du monde. On y admire en particulier les collections d'art ancien et de tableaux européens du Moyen Âge au dix-neuvième siècle.

Paris

Paris

Paris a toujours été un grand centre artistique. On trouve partout des musées, des galeries d'art publiques et privées, des expositions de peintures, de sculpture, et même des tableaux dessinés sur le trottoir.

Dans la vie intense d'une grande ville moderne, on a besoin de distractions: le cinéma, le théâtre, l'opéra, le music-hall et les boîtes de nuit. Le Lido, aux Champs-Élysées, est une boîte de nuit très célèbre.

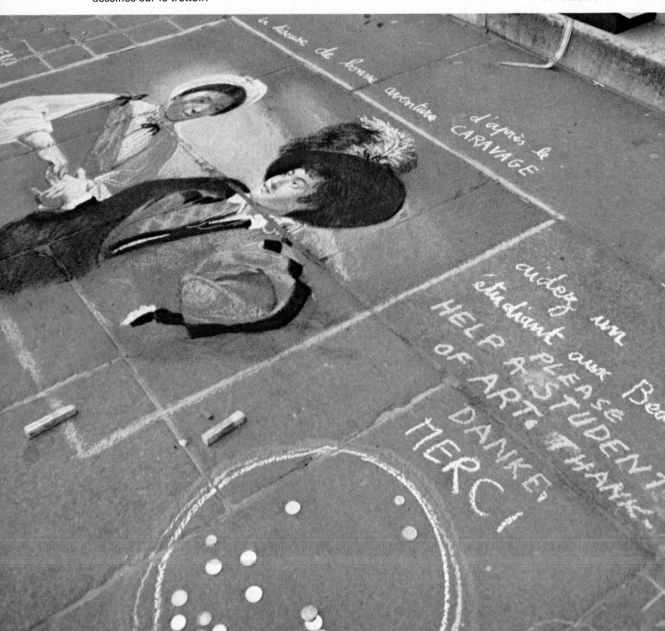

Paris

Paris

Paris est bien un port relié à la Manche par la Seine. On y voit souvent des bateaux-mouches, comme ici, qui offrent aux touristes une perspective intéressante sur la ville et ses monuments. Quand il fait beau, les promeneurs flânent sur les quais de la Seine ou font un pique-nique sous un pont.

Paris

2
Deuxième Leçon

Articles définis et indéfinis: *le, la, l', un, une*
C'est le (la) + nom + *de* + nom propre
C'est le (la) + nom + *du (de la, de l')* + nom
Qui est-ce?
Est-ce?
Genre
Prononciation (suite)
Liaison
Lecture: *L'Affaire de la photo*

Une ancienne carte d'amour

DÉCOUVERTE

Présentation

Le professeur: Qu'est-ce que c'est?

Un étudiant: C'est **un** livre.

Le professeur: Oui. Est-ce un livre ordinaire?

Un étudiant: Non, Monsieur, **c'est le livre de Mademoiselle Taylor.**

Le professeur: Parfait. Et ça,[1] qu'est-ce que c'est?

Une étudiante: C'est **une** classe.

Le professeur: Oui. Est-ce une classe ordinaire?

Une étudiante: Non, Monsieur, **c'est la classe de Monsieur Moray.** Monsieur Moray est **le** professeur de **la** classe de français.

Explications

1 Identification:

Un est un article indéfini masculin.
Une est un article indéfini féminin.
Le est un article défini masculin.
La est un article défini féminin.

C'est **un** livre.
C'est **une** serviette. } définition générique

C'est **le** livre de français.
C'est **le** livre de Mademoiselle Taylor.
C'est **la** serviette de Monsieur Brown. } définition spécifique

1. *Ça* est un pronom qui signifie «un objet non identifié».

—Qu'est-ce que c'est?
—C'est un livre.

L'Enfant sauvage, François Truffaut, 1969; sur la photo: Jean-Paul Cargo.
   C'est l'histoire authentique d'un enfant sauvage capturé dans la forêt. Un docteur accepte la charge du garçon. L'enfant est complètement sauvage; il ignore la civilisation. Le docteur explique la différence entre une clé, un marteau, un peigne et une paire de ciseaux.

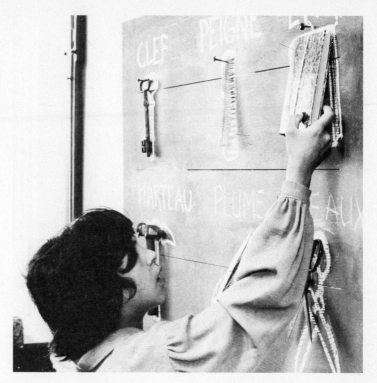

Présentation

Le professeur: Voilà un peigne. Est-ce **le** peigne **de** Jack?

Un étudiant: Non, Monsieur, c'est **le** peigne **du** professeur.

Le professeur: Très bien. Et ça, est-ce **le** livre **de l'**étudiante?

Un étudiant: Oui, Monsieur, c'est **le** livre **de l'**étudiante.

Le professeur: Et ça, qu'est-ce que c'est?

Une étudiante: C'est **la** fenêtre **de la** classe de français.

Le professeur: Bien. Voilà un nez. Est-ce un nez ordinaire?

Une étudiante: Non, Monsieur, c'est **le** nez **de l'**étudiant.

Le professeur: Et ça, est-ce une main ordinaire?

Un étudiant: Non, Monsieur, c'est **la** main **du** professeur.

Le professeur: Et ça, est-ce **l'**oreille **du** garçon, tout le monde?

La classe: Oui, Monsieur, c'est **l'**oreille **du** garçon.

Explications

2 Élision:

$$\left.\begin{array}{l}\textbf{le}\\\textbf{la}\end{array}\right\} + \text{voyelle} \rightarrow \textbf{l'}$$

Exemples: C'est **l'**étudiant de Monsieur Moray.
C'est **l'**oreille de **l'**étudiant.

3 Possession:

C'est le livre **de l'**étudiant.
C'est la chemise **du** professeur.
C'est la clé **de l'**auto **du** professeur.
C'est la porte **de la** classe.
C'est le portefeuille **de** Suzanne.

Remarquez: **de** + **le** → **du** (C'est une contraction obligatoire.)

Remarquez: Devant un nom propre, l'article est éliminé.

Présentation

Le professeur: Qu'est-ce que c'est?

Un étudiant: **C'est** une blouse.

Le professeur: **Qui est-ce?**

Un étudiant: **C'est** une étudiante. **C'est** Mademoiselle Cooper.

Le professeur: Oui. Et ça, **est-ce** la blouse de Mademoiselle Cooper?

Un étudiant: Oui, Monsieur, **c'est** la blouse de Mademoiselle Cooper.

Explications

4 **Qui est-ce?** est une question qui demande l'identification d'une personne.

Exemple: **Qui est-ce?** C'est Georges.
C'est Suzanne.
C'est le professeur.
C'est Mademoiselle Cooper.
C'est une étudiante.

5 Déclaration et inversion:

> **c'est...** (déclaration)
> **est-ce...?** (l'inversion de **c'est** pour former une question)

Exemples: **Est-ce** une bouche? Oui, **c'est** une bouche.
Est-ce la bouche de l'étudiant? Oui, **c'est** la bouche de l'étudiant.

6 Genre:

A. **Professeur** est invariablement masculin.

> *Exemple:* **Le professeur** de français, c'est **Monsieur** Moray.
> **Le professeur** d'anglais, c'est **Mademoiselle** Smith.

B. Les noms terminés par **-tion** sont féminins.

la révolution	la composition	la définition	la nation
la situation	l'inscription	la répétition	la question

Remarquez: En anglais et en français, les mots en **-tion** sont similaires.

C. Les noms abstraits terminés par **-té** sont généralement féminins.

Exemples:

la réalité	la vérité	la curiosité	la fatalité
la beauté	la liberté	la difficulté	la médiocrité

Remarquez: En français et en anglais, les mots en **-té** et **-ty** sont fréquemment similaires.

mental**té** = mental**ty**

7 Prononciation:

A. Une consonne finale (ou un groupe de consonnes finales) est généralement muette.[2] Prononcez après le professeur:

> C'est... français objet étudiant

Exceptions: **c, r, l, f**—sa**c**, mu**r**, anima**l**, neu**f**

B. Liaison: Une consonne finale—normalement muette—est prononcée devant une voyelle (ou un h muet).

> C'est un étudiant.
> *Mais:* C'est le livre de l'étudiant.
>
> C'est un homme.
> *Mais:* C'est l'homme de Cro-Magnon.
>
> Voilà un livre très intéressant.[3]
> *Mais:* Voilà un livre très difficile.

2. *Muet(-te)* = silencieux(-euse).

3. **S** en liaison → [z]. Le symbole phonétique est généralement utilisé par le dictionnaire.

CRÉATION

Exercices oraux

A. Formez une phrase. Utilisez **le** ou **la** + nom + **de Georges**: (§1)

Exemple: *C'est un livre.*
C'est le livre de Georges.

1. C'est une classe.
2. C'est un professeur.
3. C'est un stylo.
4. C'est une main.
5. C'est un peigne.
6. C'est un portefeuille.
7. C'est une clé.
8. C'est une serviette.

B. Formez une phrase. Utilisez **de, de la, de l'** ou **du**: (§2, 3)

Exemple: *C'est le livre / Carole*
C'est le livre de Carole.

1. C'est le professeur / classe de français
2. C'est l'auto / Pierre
3. C'est la blouse / jeune fille
4. C'est le nez / étudiant
5. C'est la bouche / garçon
6. C'est la clé / auto / Paul
7. C'est l'étudiant / classe d'anglais
8. C'est l'ami / Georges
9. C'est l'amie / étudiante
10. C'est l'oreille / professeur
11. C'est la main / professeur
12. C'est la chemise / Jacques
13. C'est la chemise / Monsieur Smith
14. C'est la main / Madame Smith

C. Demandez à un autre étudiant ou à une autre étudiante: «Qu'est-ce que c'est?» ou «Qui est-ce?»: (§4, 5)

Exemples: *livre*   *Marianne*
Qu'est-ce que c'est?   *Qui est-ce?*
C'est un livre.   *C'est Marianne.*

1. tableau
2. auto
3. Robert
4. mur
5. chemise
6. étudiant
7. stylo
8. bureau
9. Monsieur Moray

D. Montrez-moi la photo, page 15:

      1. Montrez-moi une personne. Est-ce une femme? Est-ce Napoléon? Est-ce un garçon?
      2. Montrez-moi une main. Est-ce une main ordinaire?
      3. Montrez-moi un objet. Qu'est-ce que c'est?

Exercices écrits

A. Remplacez le tiret par **un, une, le, la** ou **l'** (écrivez toute la phrase): (§1, 2, 3)

    Exemples: *C'est _____ livre.*   *C'est _____ livre de Mademoiselle Cooper.*
              C'est un livre.   *C'est le livre de Mademoiselle Cooper.*

    1. C'est _____ livre.
       C'est _____ livre de Monsieur Taylor.
    2. C'est _____ serviette.
       C'est _____ serviette de Suzanne.
    3. C'est _____ auto.
       C'est _____ auto de la jeune fille.
    4. C'est _____ oreille.
       C'est _____ oreille du garçon.
       C'est _____ autre oreille du garçon.
    5. C'est _____ porte.
       C'est _____ porte de la classe de français.
       C'est _____ autre porte de la classe de français.
    6. C'est _____ stylo.
       C'est _____ stylo du professeur.
    7. C'est _____ clé.
       C'est _____ clé de l'auto du professeur.
    8. C'est _____ nez.
       C'est _____ nez de Robert.
    9. C'est _____ chemise.
       C'est _____ chemise du garçon.
   10. C'est _____ blouse.
       C'est _____ blouse de la jeune fille.

B. Remplacez le tiret par **de la, de l', du** ou **de** (écrivez toute la phrase): (§3)

    Exemple: *C'est le livre _____ jeune fille.*
       C'est le livre de la jeune fille.

    1. C'est le livre _____ jeune fille.
    2. Voilà la fenêtre _____ classe _____ français.
    3. C'est l'ami _____ Suzanne.

4. Voilà le nez _____ étudiant.
5. C'est la clé _____ auto _____ professeur.
6. Voilà la serviette _____ garçon.
7. C'est la blouse _____ Monique.
8. Voilà la chaise _____ garçon _____ classe _____ français.
9. C'est le bureau _____ professeur.
10. Voilà Jean-Claude et voilà l'auto _____ Jean-Claude.
11. C'est la bouche _____ amie _____ garçon _____ classe _____ Monsieur Moray.
12. C'est le peigne _____ étudiante.

C. Inventez cinq réponses à la question: «Qu'est-ce que c'est?»: (§4)

Exemples: *C'est la chemise de Jean-Claude.*
C'est le livre du professeur.
C'est la clé de l'auto du professeur.
C'est une table.

Inventez cinq réponses à la question: «Qui est-ce?»:

Exemples: *C'est Georges.*
C'est l'étudiant de la classe.
C'est le professeur d'anglais.

C'est très simple: Suzanne est l'amie de David, et David est l'ami de Suzanne.

Mélodrame, Jean-Louis Jorge, 1976; sur la photo: Vicente Criado et Martine Simonet.
Voilà un faux Rudolph Valentino. Il s'appelle Antonio Romano. Il est avec une fausse Pola Negri. Elle s'appelle Nora Legri. C'est une vamp du cinéma muet et Antonio est l'idole du public. C'est l'influence du cinéma muet américain: richesse, diamants, rubis, amours, regards, champagne, revolvers.

Lecture

L'Affaire de la photo

Voilà une classe. *Est-ce* une classe ordinaire? Mais non! C'est une classe spéciale. Pourquoi? Parce que *c'est la classe de français de Suzanne et de David.*

Voilà une jeune fille. *Qui est-ce? C'est* Suzanne.
Voilà un garçon. *Qui est-ce? C'est* David.
Et ça, qu'est-ce que c'est? *C'est le sac de Suzanne.*
Et ça, qu'est-ce que c'est? *C'est le portefeuille de David.*

Professeur: Montrez-moi un portefeuille!

David: Voilà un portefeuille. *(C'est le portefeuille de David.)*

Oh! Un petit accident (dû à un mouvement brusque de la main de David peut-être)![4] La section des photos est complètement détachée. Voilà une photo exposée à la vue de tout le monde! *Qui est-ce? C'est la photo de Suzanne!* David est gêné.[5] Mais Suzanne est contente. Pourquoi? Parce que la photo de David est dans[6] le sac de Suzanne. Quelle coïncidence![7]

Le professeur observe Suzanne (très contente) et David (très gêné). Grand silence dans la classe. Mais, finalement, David observe Suzanne très contente... et maintenant David est content aussi. Tout le monde est content. La conclusion est naturellement simple: Suzanne est l'amie de David, et David est l'ami de Suzanne.

Questions sur la lecture

1. Est-ce une classe spéciale? Pourquoi?
2. Qui est Suzanne?
3. Qui est David?
4. Qu'est-ce que c'est (dans le portefeuille de David)?
5. Qu'est-ce que c'est (dans le sac de Suzanne)?

4. *Peut-être* est un adverbe qui signifie «la possibilité».
5. *Gêné* = embarrassé.
6. *Dans* = à l'intérieur de.
7. Le signe ¨ (coïncidence) est un *tréma*.

Vocabulaire

noms
amie f.
bouche f.
chemise f.
clé f.
main f.
nez m.
oreille f.
peigne m.
portefeuille m.
sac m.

adjectifs
gêné(-e)
quel(-le)

autres expressions
ça
dans
Est-ce…?
peut-être
Qui est-ce?

noms apparentés

accident m.	liberté f.
affaire f.	médiocrité f.
animal m.	mentalité f.
auto f.	mouvement m.
beauté f.	nation f.
blouse f.	question f.
coïncidence f.	réalité f.
composition f.	répétition f.
conclusion f.	révolution f.
curiosité f.	section f.
définition f.	situation f.
difficulté f.	table f.
fatalité f.	vérité f.
inscription f.	vue f.

Échanges

— Tiens! Voilà Suzanne! Salut[1] Suzanne. Qu'est-ce que c'est que ça? Un livre de géographie?

— Non, c'est un livre de français. C'est le bouquin[2] de Paul.

— Est-ce le livre de la classe?

— Oui, oui! Naturellement!

— Et le prof? Qui est-ce?

— C'est Monsieur Moray. C'est un prof bizarre mais sympa[3] et la classe est complètement en français comme le bouquin.

1. *Salut* = bonjour.
2. *Bouquin* = livre.
3. *Sympa* = agréable.

3
Troisième Leçon

Comptez de 1 à 1.000.000.000

La date: *Aujourd'hui, c'est mercredi 15 décembre. C'est le 15 décembre.*

La semaine: *lundi, mardi,* etc.

L'année: *janvier, février,* etc.

Signes de ponctuation

La prononciation (suite)

La syllabation (suite)

Lecture: *L'Importance de la date*

Le 14 juillet, c'est la fête nationale: un bal populaire

DÉCOUVERTE

Présentation

Comptez de **un** à **dix**.	**Un, deux, trois, quatre, cinq, six, sept, huit, neuf, dix.**
Continuez.	**Onze, douze, treize, quatorze, quinze, seize,**
Continuez.	**dix-sept, dix-huit, dix-neuf, vingt,**
Continuez.	**vingt et un, vingt-deux, vingt-trois, vingt-quatre, vingt-cinq, vingt-six, vingt-sept, vingt-huit, vingt-neuf, trente,**
Continuez.	**trente et un, trente-deux, trente-trois,... trente-neuf.**
Quel[1] est votre[2] numéro de téléphone?	C'est **quatre cent vingt-cinq... trente-deux... quinze.**
Quelle est votre adresse?	C'est **cent quarante-huit** Boulevard Harmon.

Explications

1 Comptez de 1 à 1.000.000.000:[3]

1 un	6 six	11 onze	16 seize
2 deux	7 sept	12 douze	17 dix-sept
3 trois	8 huit	13 treize	18 dix-huit
4 quatre	9 neuf	14 quatorze	19 dix-neuf
5 cinq	10 dix	15 quinze	

1. *Quel(-le) est* = indiquez.
2. *Votre*, adjectif possessif, m. / f. = de vous.
3. Remarquez l'usage du point et de la virgule avec les nombres:
$2^{1}/_{2}$ = 2,5 = «deux-virgule-cinq».

20 vingt	30 trente
21 vingt et un	31 trente et un
22 vingt-deux	32 trente-deux
23 vingt-trois, etc.	33 trente-trois, etc.
40 quarante	50 cinquante
41 quarante et un	51 cinquante et un
42 quarante-deux	52 cinquante-deux
43 quarante-trois, etc.	53 cinquante-trois, etc.
60 soixante	70 soixante-dix
61 soixante et un	71 soixante et onze
62 soixante-deux	72 soixante-douze
63 soixante-trois	73 soixante-treize
64 soixante-quatre	74 soixante-quatorze
65 soixante-cinq	75 soixante-quinze
66 soixante-six	76 soixante-seize
67 soixante-sept	77 soixante-dix-sept
68 soixante-huit	78 soixante-dix-huit
69 soixante-neuf	79 soixante-dix-neuf
80 quatre-vingts	90 quatre-vingt-dix
81 quatre-vingt-un	91 quatre-vingt-onze
82 quatre-vingt-deux	93 quatre-vingt-douze
83 quatre-vingt-trois	93 quatre-vingt-treize
84 quatre-vingt-quatre	94 quatre-vingt-quatorze
85 quatre-vingt-cinq	95 quatre-vingt-quinze
86 quatre-vingt-six	96 quatre-vingt-seize
87 quatre-vingt-sept	97 quatre-vingt-dix-sept
88 quatre-vingt-huit	98 quatre-vingt-dix-huit
89 quatre-vingt-neuf	99 quatre-vingt-dix-neuf

100 cent	200 deux cents	300 trois cents
101 cent un	201 deux cent un	301 trois cent un
102 cent deux	202 deux cent deux	302 trois cent deux
1.000 mille	2.000 deux mille	1.000.000 un million
1.001 mille un	2.001 deux mille un	1.000.000.000 un milliard

Présentation

Quelle est la date aujourd'hui?

Aujourd'hui, c'est le 15 septembre. C'est mercredi 15 septembre.

Et demain?

Demain, c'est le 16 septembre. C'est jeudi 16 septembre.

Indiquez chaque[4] jour de **la semaine.**

Voilà chaque jour: lundi, mardi, mercredi, jeudi, vendredi, samedi, dimanche.

Indiquez chaque mois de **l'année.**

Voilà chaque mois: janvier, février, mars, avril, mai, juin, juillet, août, septembre, octobre, novembre, décembre.

Quel jour est-ce aujourd'hui?

Aujourd'hui, c'est mercredi.

Le dimanche, est-ce un jour ordinaire?

Non, **le dimanche** est un jour de repos. C'est le dernier jour du week-end.

Explications

2 La date:

A. Question et réponse:

Question: «Quelle est la date aujourd'hui?»
Réponse: «Aujourd'hui, c'est mercredi 15 septembre.» *ou*
«Aujourd'hui, c'est le 15 septembre.»
Écrivez: mercredi 15 septembre ou
le 15 septembre

Remarquez: le **2 (deux)**, le **3 (trois)**, le **4 (quatre)** *mais* le **Ier (premier)**

B. Voilà deux variantes pour certains nombres (1100–1999):

Exemples: 1914   mille neuf cent quatorze *ou*
dix-neuf cent quatorze

1984   mille neuf cent quatre-vingt-quatre *ou*
dix-neuf cent quatre-vingt-quatre

C. La date abrégée:

15 / 9 / 82 = le 15 septembre 1982

4. *Chaque,* adjectif, m. / f. = "each."

3 La différence entre **lundi** et **le lundi**, **mardi** et **le mardi**, etc.:

Exemples: Aujourd'hui, c'est **lundi**. Demain, c'est **mardi**. **Le lundi** est un jour de classe ordinaire. **Le dimanche** est un jour de repos.

Le devant le nom du jour signifie «en général». **Le lundi** = chaque lundi.

4 Signes de ponctuation:

. = un point		, = une virgule	
! = un point d'exclamation		; = un point-virgule	
? = un point d'interrogation		' = une apostrophe	

: deux point

5 Prononciation (suite):

A. Variation de la prononciation de **e**:

e comme **le** [ə]
é comme **étudiant** [e]
ê = **è** comme **fête**, **très** [ɛ]

B. La prononciation de certaines combinaisons de lettres:

1. Voyelle(-s) + **n** *ou* voyelle(-s) + **m**:

in = **ain** = **ein** = **im** = **aim** [ɛ̃] **in**discret, dem**ain**, p**ein**ture, **im**possible, f**aim**

en = **an** = **am** = **em** [ɑ̃] **en**fant, v**en**dredi, j**an**vier, l**am**pe, **em**barrassé

on = **om** [ɔ̃] b**on**, n**om**, n**on**

un = **um** [œ̃] **un**, parf**um**

Remarquez: La prononciation de **-on** dans m**on**sieur est complètement différente. C'est comme **eu** (portef**eu**ille) ou **e** (l**e**).

2. Voyelle + voyelle:

au = **eau** (**o**) [o] **au**t(**o**), tabl**eau**
ai (**è** = **ê**) [ɛ] m**ai**s (tr**è**s)
eu [œ] portef**eu**ille
ou [u] j**ou**r, p**ou**r
oi [wa] m**oi**s, madem**oi**selle

C. La prononciation spéciale de certaines consonnes:

ll = **l** [ɛl] Annabe**ll**e, que**l**
Mais: **ill** [ij] fi**ll**e, fami**ll**e
gn [ɲ] monta**gn**e, campa**gn**e
s initial = **ss** [s] **s**ilence, cla**ss**e, impo**ss**ible
s entre deux voyelles [z] chai**s**e, compo**s**ition
th [t] **th**éologie, **th**éâtre, Na**th**alie
ch [ʃ] **ch**ampagne, **ch**aise
qu [k] **qu**estion, **qu**i

6 Syllabation (suite): Prononcez après le professeur:

le / gou / ver / ne / **ment**   la / ci / vi / li / sa / **tion**
l'or / ga / ni / sa / **tion**   C'es / tun / gar / **çon.**

Remarquez: Toutes les syllabes sont équivalentes, mais la dernière syllabe est plus importante dans l'accentuation.

CRÉATION

Exercices oraux

A. Comptez de l à 39, de 40 à 79, de 80 à 100: (§1)

B. Répondez: (§1, 2)

1. Indiquez chaque jour de la semaine.
2. Indiquez chaque mois de l'année.
3. Quelle est la date de votre anniversaire? *Réponse:* C'est…
4. Quel est votre numéro de téléphone? *Réponse:* C'est…
5. Quelle est votre adresse? *Réponse:* C'est…

C. Indiquez oralement les dates suivantes: (§1, 2)

1. 1066   3. 1492   5. 1849   7. 2001
2. 1776   4. 1680   6. 1929   8. 1555

D. Demandez à un autre étudiant ou à une autre étudiante: (§2)

1. Quelle est la date aujourd'hui?
2. Quelle est la date demain?
3. Quelle est la date de la fête nationale américaine?
4. Quelle est la date de la fête nationale française?
5. Quelle est la date de Noël?
6. Quelle est la date du premier jour de l'année?

E. Épelez (et écrivez au tableau): (§4, 5, révision)

1. c'est   3. aujourd'hui   5. très   7. beauté
2. aussi   4. août   6. fenêtre 8. mois

F. Répondez aux questions suivantes:

    1. Regardez la photo, page 30.
       a. Quelle est la date de la révolution?
       b. Quelle est la date de l'anniversaire du garçon?
          (Imaginez.)
       c. Est-ce la révolution du peuple?[5]
    2. Regardez la photo, page 31.
       a. Quelle est la date de la révolution? (Imaginez.)
       b. Quelle est la date de l'anniversaire de la femme
          blonde? (Imaginez.)
       c. Est-ce la révolution du peuple?
    3. Inventez une question sur la photo, page 30 ou page 31.
       Posez la question à un autre étudiant ou à une autre
       étudiante.

prochain (e) next

Exercices écrits

A. Écrivez en toutes lettres: (§1)

    1. 3.654   3. 99   5. 116.915   7. 78
    2. 305   4. 71.832   6. 884   8. 1.861

B. Écrivez: (§2)

    1. chaque jour de la semaine
    2. chaque mois de l'année
    3. la date d'aujourd'hui

C. Écrivez en toutes lettres les dates abrégées suivantes: (§2)

    Exemple: 2 / 6 / 81   *le deux juin, mille neuf cent quatre-vingt-un*
    1. 15 / 8 / 82   3. 30 / 3 / 81   5. 29 / 5 / 85   7. 20 / 10 / 75
    2. 14 / 7 / 80   4. 4 / 7 / 76   6. 25 / 9 / 84   8. 18 / 1 / 85

D. Écrivez **lundi** ou **le lundi, mardi** ou **le mardi,** etc., dans les tirets: (§3)

    1. Aujourd'hui, c'est _____.
    2. Le week-end est _____ et _____.
    3. Demain, c'est _____.
    4. Le premier jour de classes est _____.
    5. Un étudiant est généralement présent _____, _____,
       _____, _____ et _____.

5. *Le peuple* = la nation.

Paris: L'Arc de Triomphe, place de l'Étoile: cette sculpture de François Rude représente le peuple en révolution en 1789.

Et la révolution continue maintenant.

Lecture

L'Importance de la date

Professeur: Quelle est la date de la fête nationale française?

Étudiant: *C'est le 14 juillet,* Monsieur.

Professeur: Très bien, et pourquoi *est-ce le 14 juillet?*

Étudiant: Je ne sais pas, Monsieur.

Professeur: Parce que le 14 juillet est l'anniversaire de l'attaque de la Bastille par le peuple de Paris. C'est «la prise de la Bastille», *le 14 juillet 1789.* Et quelle est la date de la fête nationale américaine?

Tout le monde: *C'est le 4 juillet.*

Professeur: Pourquoi?

Tout le monde: Parce que le 4 juillet est l'anniversaire de l'indépendance américaine.

Professeur: Formidable! Magnifique! C'est une classe extraordinaire. Quelle est la date de Noël?

Tout le monde: *C'est le 25 décembre.*

Professeur: Excellent! Et quelle est la date de l'examen?

Tout le monde: *(silence)*

Étudiant: L'examen est éliminé, Monsieur. C'est la décision de la majorité de la classe. C'est une démocratie, la démocratie du peuple, par le peuple et pour le peuple. Vive le peuple! Vive la classe de français! À bas[6] l'examen!

Questions sur la lecture

1. Quelle est la date de la fête nationale française? Pourquoi?
2. Quelle est la date de la fête nationale américaine? Pourquoi?
3. Est-ce une classe extraordinaire?
4. Quelle est la date de l'examen?
5. Pourquoi est-il éliminé?

6. *À bas* ≠ Vive...!

Vocabulaire

noms
année f.
anniversaire m.
examen m.
fête f.
jour m.
mois m.
Noël m.
numéro (de
  (téléphone) m.
peuple m.
point m.
point-virgule m.
semaine f.
virgule f.

adjectifs
chaque
dernier / dernière
français(-e)
magnifique
premier / première
votre

autres expressions
à bas
aujourd'hui
demain
par
Vive...!

noms apparentés
adresse f.
apostrophe f.
attaque f.
boulevard m.
date f.
démocratie f.
importance f.
indépendance f.
nombre m.
repos m.
week-end m.

Échanges

— Quel jour est-ce aujourd'hui? Mardi ou mercredi?

— Tu dérailles,[1] mon vieux![2] C'est vendredi, le
dernier jour de la semaine et demain, c'est le
week-end!

— C'est chouette[3]... et c'est le 10 octobre aujourd'hui.
C'est l'anniversaire de Sylvie.

— Zut![4] C'est l'anniversaire de Paul aussi. Vite, vite,
une carte marrante.[5]

1. *Tu dérailles* = Tu n'es pas sur la bonne route; tu es comme un train
déraillé.

2. *Mon vieux* = mon ami.

3. *C'est chouette* = C'est magnifique!

4. *Zut!* est une interjection d'exaspération.

5. *Marrant(-e)* = drôle.

4
Quatrième Leçon

Le pluriel de l'article défini: *le (la, l')* → *les*

De + *les* → *des*

Les pronoms *il, elle, ils, elles*

L'accord des adjectifs

C'est, Il est, Elle est, Ce sont, Ils sont, Elles sont

Le verbe *être*

Tu et *vous*

La négation

La question

Lecture: *Le Centre national d'art et de culture Georges Pompidou*

DÉCOUVERTE

Présentation

Montrez-moi le livre de français de Judith.

Voilà le livre de français de Judith.

Montrez-moi le livre d'histoire de Judith.

Voilà le livre d'histoire de Judith.

Montrez-moi **les** livres de Judith.

Voilà **les** livres de Judith.

Montrez-moi la clé de l'auto de Pam.

Voilà la clé de l'auto de Pam.

Montrez-moi **les** clés de Pam.

Voilà **les** clés de Pam.

Montrez-moi l'oreille de Bill.

Voilà l'oreille de Bill.

Montrez-moi **les** oreilles de Bill.

Voilà **les** oreilles de Bill.

Montrez-moi la chaise de l'étudiant.

Voilà la chaise de l'étudiant.

Montrez-moi **les** chaises **des** étudiants.

Voilà **les** chaises **des** étudiants.

Explications

1 Le pluriel de **le, la** et **l'** est **les.**

Exemples: **le** livre **les** livres
  la chaise **les** chaises
  l'étudiant **les** étudiants
  l'étudiante **les** étudiantes

Remarquez: Le **-s** est un signe graphique du pluriel. Le **-s** pluriel n'est pas prononcé.

  la table les tables
  le chien les chiens

Est-ce que le restaurant du campus est excellent?

Aurais dû faire gaffe, le choc est terrible, Jean-Henry Meunier, 1977; sur la photo: Claude Gippon.

C'est un jeune homme tourmenté par les problèmes de la vie moderne. Il désire être un grand auteur, mais ce n'est pas possible. L'existence semble être sans objectif réel. La solution? Le vagabondage dans Paris: cafés, bistros, parcs, petits squares.

2 Contraction: **de** + **les** → **des**.

Exemples: C'est l'ami de l'étudiante.
C'est l'ami **des** étudiantes.

Présentation

Est-ce que le restaurant du campus est excellent?

Oui, **il** est excellent.

Est-ce que la princesse Anne est anglaise?

Oui, **elle** est anglaise.

Est-ce que les étudiants sont contents?

Oui, **ils** sont contents.

Est-ce que les fenêtres sont claires?

Oui, **elles** sont claires.

Est-ce que Marie, Brigitte et Marc sont absents?

Oui, **ils** sont absents.

Est-ce que la table, la chaise et le bureau sont nécessaires?

Oui, **ils** sont nécessaires.

Explications

3 Les pronoms **il, elle, ils** et **elles**:

> **Il** remplace un nom masculin singulier.
> **Elle** remplace un nom féminin singulier.
> **Ils** remplace un nom masculin pluriel.
> **Elles** remplace un nom féminin pluriel.

Remarquez: Avec un nom masculin et un nom féminin, le pronom est *masculin pluriel.*

> Voilà Marc et Suzanne.
> **Ils** sont contents.

Attention: La répétition est possible, mais elle n'est pas élégante. Le pronom sujet est préférable:

> Est-ce que Jean-Claude est en forme?
> Oui, Jean-Claude est en forme.
> Oui, **il** est en forme.[1]

Présentation

Est-ce que le livre est **ouvert?**	Oui, il est **ouvert.**
Est-ce que la porte est **ouverte?**	Oui, elle est **ouverte.**
Est-ce que les fenêtres sont **ouvertes?**	Oui, elles sont **ouvertes.**
Est-ce que les cahiers sont **ouverts?**	Oui, ils sont **ouverts.**

Explications

4 Les adjectifs:

A L'accord ("agreement"):

1. Quand le nom (ou le pronom) est masculin singulier, l'adjectif est masculin singulier:

> Monsieur Brown est **présent.**

---

1. *En forme* est une expression qui signifie «une condition excellente physique ou psychologique».

2. Quand le nom (ou le pronom) est féminin singulier, l'adjectif est féminin singulier:

>Mademoiselle Cooper est **présente**.

3. Quand le nom (ou le pronom) est masculin pluriel, l'adjectif est masculin pluriel:

>Monsieur Brown et Monsieur Smith sont **présents**.

4. Quand le nom (ou le pronom) est féminin pluriel, l'adjectif est féminin pluriel:

>Mademoiselle Cooper et Mademoiselle Gould sont **présentes**.

Attention: Avec un nom masculin et un nom féminin, l'adjectif est *masculin pluriel.*

Exemple: Monsieur Brown et Mademoiselle Cooper sont **présents**.

B. Les formes:

1. Les quatre formes normales sont:

>Il est **présent**.   Elle est **présente**.
>Ils sont **présents**.   Elles sont **présentes**.

2. Les adjectifs terminés par **-s** au masculin singulier sont identiques au masculin pluriel:

>Il est **français**.   *Mais:* Elle est **française**.
>Ils sont **français**.   *Mais:* Elles sont **françaises**.

3. Les adjectifs terminés par **-x** au masculin singulier sont identiques au masculin pluriel *mais* le féminin est **-se** et **-ses**:

>Il est **furieux**.   Elle est **furieuse**.
>Ils sont **furieux**.   Elles sont **furieuses**.

4. Les adjectifs terminés par **-f** au masculin singulier sont terminés par **-ve** et **-ves** au féminin:

>Il est **sportif**.   Elle est **sportive**.
>Ils sont **sportifs**.   Elles sont **sportives**.

5. Les adjectifs terminés par **-al** au masculin singulier sont terminés par **-aux** au masculin pluriel:

>Il est **original**.   *Mais:* Elle est **originale**.
>Ils sont **originaux**.   *Mais:* Elles sont **originales**.

Remarquez: Beaucoup de noms masculins en **-al** sont terminés en **-aux** au pluriel.

Exemples: un **animal**   deux **animaux**
un **journal**   trois **journaux**
un **canal**   sept **canaux**
un **cheval**   deux **chevaux**

you
vous

6. Les adjectifs terminés par **-e** au masculin singulier sont identiques au féminin singulier:

Il est **sympathique**. Elle est **sympathique**.
Ils sont **sympathiques**. Elles sont **sympathiques**.

Remarquez: **-é** est une lettre spéciale:

Il est **occupé**. Elle est **occupée**.

7. Les adjectifs de nationalité:

américain(-e) **espagnol(-e)** **français(-e)**
chinois(-e) **africain(-e)** **anglais(-e)**
allemand(-e) **japonais(-e)** **italien(-ne)**

8. Le **-e** final n'est pas prononcé, mais on prononce la *consonne* qui précède le **-e**. Prononcez:

petit petit**e**
français françai**se**
américain américai**ne**
furieux furieu**se**

Présentation

Qu'est-ce que c'est? **C'est** un livre.

Est-il intéressant ou ennuyeux? **Il est** intéressant.

Qu'est-ce que c'est? **Ce sont** les livres de Liz.

Sont-ils ouverts ou fermés? **Ils sont** ouverts.

Qu'est-ce que c'est? **C'est** une serviette.

Est-elle grande ou petite? **Elle est** grande.

Qu'est-ce que c'est? **Ce sont** les clés du professeur.

Sont-elles petites? Oui, **elles sont** petites.

Qui est-ce? **C'est** Anne.

Est-elle absente ou présente? **Elle est** présente, naturellement.

Explications

5 **C'est, ce sont** + nom propre
C'est, ce sont + article + nom commun
C'est, ce sont + article + nom modifié (adjectif)
Il est, elle est, ils sont, elles sont + adjectif, préposition ou adverbe

A. Employez **c'est** ou **ce sont** devant un *nom modifié* (par un article ou un adjectif) ou devant un *nom propre.*

Exemples: **C'est** un livre.　　　　　　**C'est** Mademoiselle Cooper.
C'est un livre intéressant.　　**Ce sont** les étudiants de la
C'est le chien du professeur.　　　classe de français.
C'est la petite amie[2] de Stéphane.　**Ce sont** les livres d'Anne.

B. Employez **il est, elle est, ils sont** ou **elles sont** avec un adjectif, une préposition ou un adverbe.

Exemples: **Elle est** présente.　　　　**Il est** dans la classe.
Il est absent.　　　　　　**Elle est** debout.[3]
Elles sont magnifiques.　　**Ils sont** ensemble.
Ils sont contents.

Présentation

Je suis ici. **Êtes-vous** ici aussi?

John **est ici. Est-ce que Bob et Steve **sont** ici?

Très bien! Est-ce que Susan et Janet **sont** ici?

Sommes-nous ici?

David, demandez à Paul s'**il est** présent.

Maintenant, utilisez le pronom **tu.**

Naturellement **je suis** ici. Et John?

Oui, **ils sont** ici.

Oui, **elles sont** ici aussi. En fait,[4] **tout le monde est** ici.

Oui, **nous sommes** ici.

David: Paul, **êtes-vous** présent?

David: Paul, **es-tu** présent?

---

2. *Petit(-e) ami(-e)* = un(-e) ami(-e) spécial(-e).

3. *Debout* ≠ assis(-e). *Debout* est un adverbe (invariable), mais *assis* est un adjectif (variable): Il est *assis.* Elle est **assise.**

4. *En fait* = "in fact."

Explications

6 Le verbe **être**:

affirmatif

je **suis** *I am*
tu **es** *you are*
il **est**, elle **est**, on **est**, tout le monde **est**, c'est *he is she is*
nous **sommes** *we are*
vous **êtes** *you are*
ils **sont**, elles **sont**, ce **sont** *they*

Note: **On** est un pronom sujet impersonnel.

Exemple: Quand **on** est présent **on** n'est pas absent.

7 La différence entre **tu** et **vous**:

C'est une question très personnelle. Généralement entre deux amis ou entre les membres d'une famille, on utilise la forme **tu**. Pour le reste, on utilise **vous** si les rapports ne sont pas très intimes.

Comment allez-**vous**?	Bien, merci, et **vous**?
Comment vas-**tu**?	Ça va, et **toi**?[5]
Êtes-**vous** en forme aujourd'hui, Monsieur?	Oui, je suis en forme.
Es-**tu** en forme aujourd'hui, Georges?	Oui, je suis en forme.

Présentation

Voilà un objet. **Est-ce** un livre?	Non, **ce n'est pas** un livre. C'est un stylo.
Est-ce que vous êtes français?	Non, **je ne suis pas** français.
Est-ce que je suis timide?	Non, **vous n'êtes pas** timide.
Pierre, demandez à Judy si elle est heureuse.	Pierre: **Es-tu** heureuse? Judy: Non, **je ne suis pas** heureuse.
Les étudiants sont-ils furieux?	Non, **Ils ne sont pas** furieux.

---

5. *Toi = tu* accentué.

Explications

8 La forme négative est **ne** + verbe + **pas.**

phrase affirmative	*phrase négative*
C'est un livre.	Ce **n'**est **pas** un livre.
Le gangster est sentimental.	Le gangster **n'**est **pas** sentimental.
Monsieur Brown répète la phrase.	Monsieur Brown **ne** répète **pas** la phrase.
Je suis très simple.	Je **ne** suis **pas** très simple.
Vous êtes amusante.	Vous **n'**êtes **pas** amusante.
Tout le monde est content.	Tout le monde **n'**est **pas** content.
Nous sommes curieux.	Nous **ne** sommes **pas** curieux.
Tu es raisonnable.	Tu **n'**es **pas** raisonnable.
Les fleurs sont jolies.	Les fleurs **ne** sont **pas** jolies.

Résumé: **être (au négatif)**

je **ne** suis **pas**	nous **ne** sommes **pas**
tu **n'**es **pas**	vous **n'**êtes **pas**
il (elle) **n'**est **pas**	ils (elles) **ne** sont **pas**

9 La question:

A. (1) **est-ce que** + phrase affirmative (ordre normal)
(2) *l'inversion* du sujet et du verbe

Exemples: **Est-ce que** c'est un chien?   Oui, c'est un chien.
 Est-ce un chien?

 Est-ce que nous sommes sportifs?   Oui, vous êtes sportifs.
 Sommes-nous sportifs?

B. *Résumé:* Déclaration et interrogation:

phrase affirmative	*question avec inversion*	*question avec* **est-ce que**
C'est un étudiant.	**Est-ce** un étudiant?	**Est-ce que** c'est un étudiant?
Je suis content.	**Suis-je** content?	**Est-ce que** je suis content?
Paul est sérieux.	**Paul est-il** sérieux?	**Est-ce que** Paul est sérieux?

Remarquez: Avec un nom, l'inversion est possible avec une répétition du sujet:

Paul est-**il** timide?   **La girafe** est-**elle** petite?

Attention: Si la phrase commence par certains mots interrogatifs (**où,
quel,** etc.), la répétition du sujet n'est pas nécessaire:

Où est **le professeur?**   Où est **Jean-Claude?**   Quelle est **la date?**

CRÉATION

Exercices oraux

A. Dites au pluriel: (§1)

Exemple: *Voilà le livre de Jacques.*
Voilà les livres de Jacques.

1. Voilà le stylo de Marie.
2. Voilà l'ami de Fred.
3. Voilà la main de Joseph.
4. Voilà la clé de Monsieur Smith.
5. Voilà la photo de Marilyn.
6. Voilà l'étudiant de Madame Fontaine.

B. Combinez les deux éléments pour former une phrase: (§2, révision)

Exemple: *C'est le livre / l'étudiant*
C'est le livre de l'étudiant.

1. C'est le stylo / l'étudiante
2. C'est la question / le professeur
3. C'est la réponse / les étudiants
4. C'est la définition / le mot
5. C'est l'opinion / les femmes
6. C'est la révolution / le peuple
7. C'est la clé / l'auto de Steve
8. C'est l'adresse / les parents de Steve

C. Répétez les phrases suivantes, mais changez le sujet en pronom: (§3)

Exemple: *Monsieur Harper est bizarre.*
Il est bizarre.

1. La porte est fermée.
2. L'auto de Batman est originale.
3. Le laboratoire de français est nécessaire.
4. Jacques et Jill sont en forme.
5. Les photos du livre sont magnifiques.
6. Maurice Chevalier et Charles de Gaulle sont absents.
7. Les oreilles sont essentielles.

D. Répondez à chaque question par le nom d'une personne. Faites tous les changements nécessaires: (§4)

Exemple: *Qui est extravagant?*
Zsa Zsa Gabor est extravagante.

1. Qui est grand(-e)?
2. Qui est petit(-e)?
3. Qui est nerveux(nerveuse)?
4. Qui est original(-e)?
5. Qui est présent(-e)?
6. Qui est américain(-e)?
7. Qui est français(-e)?
8. Qui est dangereux(dangereuse)?

E. Formulez des phrases avec **c'est, il est** ou **elle est**: (§5)

Exemple: *un livre / excellent*
C'est un livre. Il est excellent.

1. un film / excellent
2. Marie / formidable
3. Horace / comique
4. la chemise de Richard / élégante
5. un autre livre / exceptionnel

F. Formulez une phrase avec **ce sont, ils sont** ou **elles sont**: (§5)

Exemple: *Monsieur et Madame Jones / sympathiques*
Ce sont Monsieur et Madame Jones. Ils sont sympathiques.

1. les étudiants de la classe de français / brillants
2. les mains de Marcel Marceau / extraordinaires
3. les autos de Monsieur Ford / antiques
4. Julie et Diane / ici
5. les amis de Claude / en forme

ce sont (à la question 4) *elles sont ici*

G. Faites une phrase logique. Le mot donné est le sujet. Employez le verbe **être** à la forme correcte et ajoutez un adjectif: (§5, 6, 7)

Exemple: *je Je suis présent.*

1. nous
2. vous
3. on
4. tu
5. tout le monde
6. Mademoiselle X
7. Monsieur Y
8. Linda et Margot

H. Changez au négatif: (§6, 8)

1. Je suis assise.
2. Nous sommes furieux.
3. Vous êtes élégant.
4. La salade est délicieuse.
5. Tu es anglais.
6. Ce sont les étudiants de la classe de français.
7. C'est un exercice de mathématiques.

I. Pour chaque phrase, protestez et changez l'adjectif: (§3, 4, 6, 8)

Exemple: *Le professeur est absent.*
Mais non! Il n'est pas absent, il est présent.

1. Napoléon est grand.
2. La tour Eiffel est africaine.
3. Alfred E. Newman est triste.
4. Les crêpes suzette sont japonaises.
5. Phyllis Diller et Milton Berle sont ennuyeux.
6. Albert Einstein est stupide.

J. Répondez à l'affirmatif ou au négatif: (§6, 8)

1. Êtes-vous grand(-e)?
2. Êtes-vous américain(-e)?
3. Est-ce que ce sont les exercices de la leçon 20?
4. Est-ce un exercice oral?
5. Est-ce que vous êtes occupé(-e) le dimanche?
6. Est-ce que Groucho et Harpo sont bizarres?

K. Voilà la phrase affirmative; formez la question (deux formes): (§6, 9)

Exemple: Phrase affirmative: *Nous sommes furieux.*
Questions: *Sommes-nous furieux?*
                 Est-ce que nous sommes furieux?

1. Nous sommes fatigués.
2. Il est grand.
3. Ils sont anglais.
4. Elles sont anglaises.
5. Je suis remarquable.
6. Tu es impatient.
7. Paul et Robert sont français.
8. Les livres sont fermés.
9. Vous êtes sarcastique.
10. On est malade.

L. Demandez à un autre étudiant ou à une autre étudiante: (§3, 6, 7, 8, 9)

Exemple: *si ("if") les étudiants de la classe de français sont intelligents.*
Question: *Est-ce que les étudiants de la classe de français sont intelligents?* ou
Les étudiants de la classe de français sont-ils intelligents?
Réponse: *Oui, ils sont intelligents.* ou
Non, ils ne sont pas intelligents.

1. si les étudiants de la classe de français sont sympathiques.
2. s'il[6] (si elle) est allemand(-e).

6. Remarquez l'élision **si** + **il** → **s'il**.

3. si le professeur est absent aujourd'hui.
4. s'il (si elle) est heureux (heureuse) aujourd'hui.
5. si les autres étudiants sont heureux.
6. si vous êtes petit(-e).

M. Regardez la photo, page 37:
   1. Montrez-moi un homme. Est-il français ou américain?
      Expliquez.
   2. Est-il en forme? Fatigué? Mort? Pourquoi?
   3. Inventez une question à propos à la photo. Posez la
      question à un(-e) autre étudiant(-e).

Exercices écrits

A. Écrivez les exercices oraux C, D, H, J et K.

B. Remplacez les tirets par **le, la, l'** ou **les** et par **de, de la, de l', du** ou **des**:
   (§1, 2, révision)
   Exemple: *Voilà _____ étudiants _____ classe de français.*
   Voilà les étudiants de la classe de français.
   1. Voilà _____ photo _____ parents _____ Rick.
   2. Ce sont _____ oreilles _____ Dumbo.
   3. Voilà _____ ami _____ étudiants.
   4. Voilà _____ téléphone _____ Georges et _____ Linda.
   5. C'est _____ problème _____ garçon.
   6. Ce sont _____ opinions _____ sénateurs.
   7. C'est _____ frustration _____ adolescents.
   8. Voilà _____ main _____ jeune fille.

C. Inventez la fin des phrases suivantes. Utilisez la forme correcte d'un
   adjectif approprié et écrivez la phrase entière: (§4)
   Exemple: *La musique de Beethoven est _____.*
   La musique de Beethoven est splendide.
   1. Le professeur de la classe de français est _BÊTE_____.
   2. Le livre de français est _SALE_.
   3. Le président des U.S.A. est _____.
   4. Yves Saint-Laurent est _____.
   5. Marie Antoinette est _____.
   6. Les parfums de Chanel sont _____.
   7. Les films de François Truffaut sont _____.
   8. La philosophie de Sartre est _____.

D. Remplacez les tirets par **c'est, il est, elle est, ils sont, elles sont** ou **ce sont**: (§3, 5)

> Voilà Elisabeth et Pierre. _____ deux étudiants de la classe de français. _____ contents parce que _____ le week-end. Qui est-ce? _____ le professeur de tennis de Pierre et d'Elisabeth, Mademoiselle Leroi. _____ une femme patiente. _____ dynamique aussi. Les leçons de tennis sont amusantes. _____ très agréables pour Elisabeth et Pierre.

E. Voilà la réponse; écrivez une question logique (utilisez l'inversion): (§6, 7, 9)

Exemples: Réponse: *Oui, ils sont intéressants.*
Question: *Les livres de Freud sont-ils intéressants?*

Réponse: *Oui, je suis américaine.*
Question: *Êtes-vous américaine?*

1. Oui, il est grand.
2. Oui, elles sont françaises.
3. Oui, vous êtes extraordinaires.
4. Non, tu n'es pas ennuyeux.
5. Non, ce n'est pas un problème.
6. Oui, je suis triste.

F. Inventez cinq questions et répondez à l'affirmatif ou au négatif: (§6, 7, 8, 9)

Lecture

Le Centre national d'art et de culture Georges Pompidou

François, Sylvie, Debbie, Jim et Bruce regardent une carte postale de Paris: un bâtiment très *bizarre.*

Jim: Qu'est-ce que c'est? Un bâtiment en construction?

Sylvie: Mais non, Jim, *ce n'est pas* ça. Regarde *les* gens. *Ils sont* sur un escalier mécanique. *Ce ne sont pas* des ouvriers!

Bruce: *C'est* un réacteur nucléaire et les gens *sont les* inspecteurs du gouvernement.

Debbie: Mais non, *vous êtes* complètement *stupides. C'est* une *énorme* sculpture *moderne* et les gens *sont* une invention de l'artiste pour accentuer le réalisme de la sculpture.

Sommes-nous aussi les personnages du livre? Alors, nous ne sommes par réels!

Koko—Le Gorille qui parle, Barbet Schroeder, 1978; sur la photo: Penny Paterson et Koko.

C'est une expérience linguistique et psychologique. Penny Paterson est étudiante en psychologie et elle est aussi le professeur de Koko. Elle indique à l'animal les signes du langage. Koko parle avec les mains. Le gorille a un vocabulaire de cinquante mots!

Elle représente l'aliénation de l'individu et la domination *des* machines sur *les* gens.

Jim: Mais *vous êtes* complètement *fous!* Regardez *les* tuyaux *énormes* et *les* couleurs... *Je suis* sûr que *c'est* une rafinerie de pétrole! Mais pourquoi *est-elle* dans le centre de Paris?

Bruce: *Nous sommes* très *curieux* et *impatients* et *vous êtes* très *mystérieux.* Expliquez vite! Qu'est-ce que c'est? Et qui *sont les* gens sur la photo?

Sylvie: Eh bien, *c'est* le Centre national d'art et de culture Georges Pompidou.

Jim: Le Président de la République française?

François: Oui, l'ex-Président parce qu'*il est* mort en 1974. C'est un centre totalement original. *Ce n'est pas* un musée réservé à la préservation de l'art ou *des* livres. *C'est* un espace ouvert. Ici *c'est* la rencontre entre la découverte et la création. *C'est* l'intégration *des* activités *des* artistes et *des* techniciens dans la vie.

Debbie: La découverte et la création... mais *c'est* le nom du livre de français! *Nous sommes* très *modernes.* Sommes-*nous* aussi *les* personnages du livre? Alors, *nous ne sommes pas réels!*

Questions sur la lecture

1. Qu'est-ce que François, Sylvie, Debbie, Jim et Bruce regardent?
2. Qui sont les gens sur l'escalier mécanique selon[7] Bruce? Selon Debbie? Selon vous?
3. Quel est le bâtiment sur la carte postale selon Bruce? Selon Debbie? Selon Jim?
4. Quel est le bâtiment sur la carte postale en réalité?
5. Qui est Georges Pompidou?
6. Pourquoi est-ce un centre totalement original?
7. Quel est le nom du livre de français?
8. Qui sont les personnages du livre de français? Sont-ils réels?

Discussion / Composition

Préparez la description d'un objet célèbre ou d'une personne célèbre. Ne mentionnez pas le nom de l'objet ou de la personne. À la fin de la description, demandez à la classe «Qu'est-ce que c'est?» ou «Qui est-ce?» *Exemple:* C'est un homme. Il est petit. Il est français. Il est mort. C'est un général. C'est l'ami de Joséphine. Qui est-ce?[8] *Voici un autre exemple:* C'est un objet. En fait c'est une statue. Elle est énorme, elle est colossale. C'est le symbole de l'amitié franco-américaine. C'est aussi le symbole de la liberté. C'est le premier contact des immigrants avec l'Amérique. Qu'est-ce que c'est?[9]

7. *Selon* = "according to."
8. C'est Napoléon.
9. C'est la statue de la liberté.

Vocabulaire

noms

amitié f.
bâtiment m.
cahier m.
carte postale f.
cheval m.
chien m.
découverte f.
escalier m.
espace m.
fleur f.
gens m. pl.
journal m.
musée m.
ouvrier m.
personnage m.
pétrole m.
rencontre f.
tuyau m.
vie f.

adjectifs

allemand(-e)
amusant(-e)
anglais(-e)
assis(-e)
célèbre
chinois(-e)
ennuyeux/
   ennuyeuse
espagnol(-e)
fatigué(-e)
fermé(-e)
fou/folle
grand(-e)
heureux/
   heureuse
joli(-e)
malade
mort(-e)
nerveux/
   nerveuse
ouvert(-e)
petit(-e)
sportif/sportive
sympathique
triste

autres expressions

alors
à la fin
à propos de
ça va
Comment vas-tu?
debout
en fait
en forme
ensemble
et toi
expliquez
ici
selon
si
vite
voici

noms apparentés

art m.
campus m.
centre m.
contact m.
couleur m.
culture f.
film m.
général m.
girafe f.
leçon f.
machine f.
mathématiques
   f. pl.
musique f.
opinion f.
parent m.
problème m.
réalisme m.
république f.
restaurant m.
sculpture f.
tennis m.

extra credit
description of yoursel

Échanges

— Allô?... Allô?... C'est toi, Sylvie? Comment vas-tu? Est-ce que Debbie est là?[1]

— Ah! C'est toi, Jim. Salut! Debbie n'est pas là, elle est sortie.[2] Moi, je suis là, je bosse.[3] Et toi? Comment vas-tu?

— Comme ci, comme ça. Je suis avec Georges. Nous sommes dans une cabine téléphonique. Nous sommes crevés[4] après le tennis. Les autres sont dans un bistro.[5]

— Les autres? Qui ça?[6]

— Pam et Evelyn. Elles sont vachement[7] fortes!

— Eh ben![8] Chapeau[9] pour les filles!

1. *Là* = présent(-e).
2. *Elle est sortie* = Elle n'est pas ici.
3. *Je bosse* = "I'm working hard."
4. *Crevé(-e)(-s)* = extrêmement fatigué(-e)(-s); mort(-e)(-s).
5. *Un bistro* = un café, un bar.
6. *Qui ça?* = Qui sont-ils?
7. *Vachement* = très, extrêmement.
8. *Eh ben!* = Eh bien!
9. *Chapeau!* = Félicitations! Bravo! ("Hat[-s off]!")

5
Cinquième Leçon

Les prépositions
Résumé: *De* + article défini
Le pluriel de l'article indéfini *un*
  (une) ⟶ *des*
L'adjectif *quel (quelle, quels, quelles)*
La description: *il y a un (une, des)... Il n'y
  a pas de...*
Les verbes en *-er: parler, aimer, manger,*
  etc.
Lecture: *La Classe de français*

Paris: un amphithéâtre de la Sorbonne

DÉCOUVERTE

Présentation

Où[1] sommes-nous?

Nous sommes **dans** la classe.

Où est la classe?

Elle est **dans** un bâtiment.

Où est la serviette du professeur?

Elle est **sous** la table, **sur** le plancher,[2] **par terre**.

in relation to

Où est Scott (par rapport à Kate)?

Il est **derrière** Kate.

Où est Kate (par rapport à Scott)?

Elle est **devant** Scott.

1. *Où* est un adverbe interrogatif qui demande la situation géographique.
2. *Plancher* = "floor."

Où êtes-vous?	Je suis **en face du**[3] tableau.
Où est la porte?	Elle est **à droite**.
Où est la fenêtre?	Elle est **à gauche**.
Où est Bob?	Il est **à côté de** Kate et **à côté du** mur. Il est **entre** Kate et le mur.
Où est le professeur?	Il est **près de** la fenêtre.

Explications

1 Les prépositions:

sur ≠ sous	Le livre est **sur** la table.
sous ≠ sur	Le sac est **sous** la table.
devant ≠ derrière	Le professeur est **devant** la classe.
derrière ≠ devant	Le tableau est **derrière** le professeur.
par terre = sur le plancher	La serviette est **par terre**.
dans	Kate est **dans** la classe.
entre	Elle est **entre** Bob et Liz.
à côté de	Bob est **à côté de** Kate.
au fond de	Scott est timide; il est **au fond** *in back of* **de** la classe.
en face de	Le professeur est **en face de** Liz.
près de[4] *near to*	Berkeley est **près de** San Francisco.
au bord de *next to*	La jolie maison est **au bord du** lac.
au milieu de ≠ autour de	La fontaine est **au milieu du** parc.
autour de ≠ au milieu de	Le parc est **autour de** la fontaine.

Remarquez les expressions adverbiales:

←——————————— à gauche   à droite ——————————→

2 *Résumé:* **De** + article défini:

de + la = **de la**	la plume **de la** tante Marie
de + le → **du**	l'ami **du** garçon
de + l' = **de l'**	le bureau **de l'**oncle Georges
de + les → **des**	le problème **des** étudiants

3. Remarquez la construction: en face *de* + *le* → en face *du* tableau.

4. *Près de* = à proximité de.

Où est Kate (par rapport à Scott)?

L'Annee du bac, José-André Lacour, 1963; sur la photo: deux inconnus.

C'est l'histoire de jeunes étudiants à la fin de leur éducation secondaire. Ce sont aussi de jeunes amours tendres: Mick adore Evelyne et Evelyne adore Mick.

Présentation

Qu'est-ce que c'est?

C'est un stylo.

Maintenant voilà un autre stylo... et voilà un autre stylo. Ce sont **des** stylos. Qu'est-ce que c'est?

Ce sont **des** stylos.

Montrez-moi **des** livres.

Voilà **des** livres.

Montrez-moi **des** fenêtres.

Voilà **des** fenêtres.

Explications

3 Le pluriel do l'article indéfini:

Le pluriel de **un (une)** est **des**.

Exemples: **un** stylo   **des** stylos
         un étudiant   **des** étudiants
         une jeune fille   **des** jeunes filles
         une classe   **des** classes

Présentation

Quel est le premier jour de la semaine?	C'est lundi.
Quels sont les exercices pour aujourd'hui?	Ce sont les exercices A, B et C.
Quelle est l'adresse de Myra?	Deux cent quinze Broadway.
Quelles étudiantes sont absentes aujourd'hui?	Evelyn et Nancy.
Quelles réponses!	**Quelles** questions!
Quels étudiants!	**Quel** professeur!

Explications

4 **Quel(-le)(-s)** est un adjectif interrogatif:

masculin	*féminin*
Quel est le numéro de téléphone de Joe?	**Quelle** est la date?
Quels sont les mois de l'année?	**Quelles** sont les villes principales de la France?

Remarquez: **Quel(-le)(-s)** + nom + ! = interjection!

Quel mystère!	**Quelle** coïncidence!
Quels idiots!	**Quelles** questions!

Présentation

Est-ce qu'**il y a** un livre sur le bureau?	Oui, **il y a** un livre sur le bureau.
Voilà une chaise. Qu'est-ce qu'**il y a** sur la chaise?	**Il y a** une serviette sur la chaise.
Est-ce qu'**il y a** des étudiants dans la classe?	Oui, **il y a** des étudiants dans la classe.
Il n'y a pas de chien dans la classe. **Il n'y a pas de** chat. **Est-ce qu'il y a** un tigre?	Non, **il n'y a pas de** tigre.
Y a-t-il une pomme sur le bureau du professeur?	Non, **il n'y a pas de** pomme sur le bureau du professeur.
Y a-t-il des étudiants absents?	Non, **il n'y a pas d'**étudiants absents.

Explications

5 La description: **il y a:**

A. **Il y a** est une formule idiomatique qui déclare l'existence, la présence ou la situation. **Il y a** est généralement avec une indication de localisation (**dans, sur, sous,** etc.).

B. Dans une description, on utilise beaucoup **il y a**, qui est invariable avec un singulier ou un pluriel.

> *Exemples:* **Il y a une** chaise à côté de la table.
> **Il y a des** chaises devant le mur.
> **Il y a un** crayon sur le bureau.
> **Il y a des** crayons sur le bureau.

C. Au négatif:

> il y a **un**
> il y a **une** } **il n'y a pas de**
> il y a **des**

> *Exemples:* Il y a **un** stylo.   **Il n'y a pas de** stylo.
> Il y a **une** explication.   **Il n'y a pas d'**explication.
> Il y a **des** étudiants.   **Il n'y a pas d'**étudiants.
> Il y a **des** compositions.   **Il n'y a pas de** compositions.

> *Attention:* Il y a **trois** fenêtres.   **Il n'y a pas trois** fenêtres.

> **De** n'est pas dans la phrase négative, parce que **un (une, des)** n'est pas dans la phrase affirmative.

D. Voici les deux formes interrogatives:

> avec l'*inversion:*   **Y a-t-il?**
> avec **est-ce que:**   **Est-ce qu'il y a?**

Présentation

Je parle français. Et vous? **Parlez**-vous français?	Oui, **je parle** français aussi.
Roberta **parle-t-elle** français?	Oui, **elle parle** français.
Et Lana et Scott? **Parlent-ils** français?	Oui, **ils parlent** français aussi.
Nous parlons toujours français dans la classe. **Parlons-nous** anglais ici?	Non, **nous ne parlons pas** anglais ici, **nous parlons** français.

Étudiez-vous l'histoire?

Oui, **j'étudie** l'histoire.

Regardez-vous la télévision chaque soir?

Non, **je ne regarde pas** la télé chaque soir. En fait, **je n'aime pas** la télé.

Et votre camarade de chambre, **aime-t-il** la télé?

Oui, **il aime** beaucoup la télé. **Il adore** la télé et **il regarde** toujours la télé. **Il n'étudie pas** beaucoup! Quel dommage!

what a pity
what a shame

Explications

6   Les verbes réguliers en **-er**:

A. **Parler, étudier, écouter, regarder, aimer, manger:** *danse*

Parlez-vous?	Je parle.	Je ne parle pas.
Étudiez-vous?	J'étudie.	Je n'étudie pas.
Écoutez-vous?	J'écoute.	Je n'écoute pas.
Regardez-vous?	Je regarde.	Je ne regarde pas.
Aimez-vous?	J'aime.	Je n'aime pas.
Mangez-vous?	Je mange.	Je ne mange pas.

B. À l'affirmatif:

parler

je parle	**nous** parl**ons**
tu parles	**vous** parl**ez**
il (elle, on) parle	**ils (elles)** parl**ent**

manger

je mange	**nous** mang**eons**[5]
tu manges	**vous** mang**ez**
il (elle, on) mange	**ils (elles)** mang**ent**

étudier

j'étudie	**nous** étudi**ons**
tu étudies	**vous** étudi**ez**
il (elle, on) étudie	**ils (elles)** étudi**ent**

aimer

j'aime	**nous** aim**ons**
tu aimes	**vous** aim**ez**
il (elle, on) aime	**ils (elles)** aim**ent**

C. Au négatif:

ne pas parler[6]

je **ne** parle **pas**	nous **ne** parlons **pas**
tu **ne** parles **pas**	vous **ne** parlez **pas**
il (elle, on) **ne** parle **pas**	ils (elles) **ne** parlent **pas**

5. Il y a un *e* supplémentaire pour des raisons euphoniques.

6. *Ne pas* précède le verbe à l'infinitif négatif.

ne pas aimer

je **n'**aime **pas**	nous **n'**aimons **pas**
tu **n'**aimes **pas**	vous **n'**aimez **pas**
il (elle, on) **n'**aime **pas**	ils (elles) **n'**aiment **pas**

D. À l'interrogatif:

parler?

Est-ce que je parle?	**Parlons-nous?**
Parles-tu?	**Parlez-vous?**
Parle-t-il? (Parle-t-elle?	**Parlent-ils? (Parlent-elles?**
Parle-t-on? Dina **parle-**	Tom et Kathy **parlent-ils?**
t-elle? Jim **parle-t-il?)**	Myra et Carol **parlent-elles?)**

1. Une question à la première personne du singulier **(je)** est généralement formée avec **est-ce que:**

> Je parle.   **Est-ce que** je parle?

2. Il y a un **-t-** à la troisième personne du singulier **(il, elle, on)** pour des raisons euphoniques:

> Elle aime.   Aime-**t**-elle?
> Il mange.   Mange-**t**-il?
> On parle.   Parle-**t**-on?

3. *Rappel:* Si le sujet est un *nom,* l'ordre de la phrase interrogative avec l'inversion est:

> SUJET (NOM) + VERBE + PRONOM... ?
>
> **Le tigre** mange-t-**il** beaucoup?
> **Maureen** étudie-t-**elle** la chimie?

4. **Est-ce que** est aussi utilisable à toutes les personnes dans la formation de l'interrogatif:

Est-ce que je parle?	**Est-ce que** nous parlons?
Est-ce que tu parles?	**Est-ce que** vous parlez?
Est-ce qu'il (elle, on) parle?	**Est-ce qu'**ils (elles) parlent?

5. Le négatif interrogatif:

a. Avec l'inversion: (Il n'y a généralement pas d'inversion pour le pronom **je**.)

	Ne parlons-nous pas?
Ne parles-tu pas?	**Ne parlez-vous pas?**
Ne parle-t-il (elle, on) pas?	**Ne parlent-ils (elles) pas?**

b. Avec **est-ce que:**

Est-ce que je ne parle pas?	**Est-ce que nous ne parlons pas?**
Est-ce que tu ne parles pas?	**Est-ce que vous ne parlez pas?**
Est-ce qu'il (elle, on) ne	**Est-ce qu'ils (elles) ne parlent**
parle pas?	**pas?**

E. La prononciation:

　1. Les terminaisons prononcées:

　　　écout**er** (infinitif)　[e]
　　　nous écout**ons**　[õ]
　　　vous écout**ez**　[e]

　2. Les terminaisons non-prononcées:

　　　j'écout~~é~~
　　　il (elle) écout~~é~~
　　　ils (elles) écout~~ent~~
　　　tu écout~~es~~

CRÉATION

Exercices oraux

A. Demandez à un autre étudiant ou à une autre étudiante: (§1)

　Exemple:　Question: *Où sommes-nous?*
　　　　　　Réponse: *Nous sommes dans la classe de français.*

　　1. Où sommes-nous?
　　2. Où es-tu?
　　3. Où suis-je?
　　4. Où est le livre du professeur?
　　5. Où est la classe?
　　6. Où sont Monsieur _____ et Mademoiselle _____?
　　7. Où est la fenêtre?
　　8. Où est la porte?
　　9. Où est la clé de l'auto du professeur?
　10. Où est le sac de _____?

B. Dites au pluriel: (§3)

　Exemples:　*Voilà une réponse.*　*C'est une femme.*
　　　　　　Voilà des réponses.　*Ce sont des femmes.*

　　1. Voilà une étudiante.　　6. C'est un homme.
　　2. Voilà un chien.　　　　　7. C'est une oreille.
　　3. Voilà une chemise.　　　8. C'est une fleur.
　　4. Voilà un appartement.　9. C'est un peigne.
　　5. Voilà une histoire.　　10. C'est un mystère.

singulier

C. Exprimez votre réaction avec **quel(-le) (-s)**: (§4)

Exemple: *Voilà la classe de français.*
Quelle classe!

1. Voilà le nez de Pinocchio.
2. Voilà les étudiants de la classe de français.
3. Voilà l'auto de Batman.
4. Voilà la machine Cuisinart.
5. Voilà le journal de l'université.
6. Voilà les photos de Catherine Deneuve.

D. Dites au négatif: (§1, 3, 5)

Exemple: *Il y a une photo dans le portefeuille.*
Il n'y a pas de photo dans le portefeuille.

1. Il y a des compositions pour aujourd'hui.
2. Il y a des idiots dans la classe.
3. Il y a une explication.
4. Il y a des autos dans le théâtre.
5. Il y a une statue dans le laboratoire.
6. Il y a des classes le dimanche.

E. Demandez à un autre étudiant ou à une autre étudiante: (§1, 3, 5)

Exemple: *s'il y a un examen aujourd'hui.*
Question: *Y a-t-il un examen aujourd'hui? ou*
Est-ce qu'il y a un examen aujourd'hui?
Réponse: *Oui, il y a un examen aujourd'hui. ou*
Non, il n'y a pas d'examen aujourd'hui.

1. s'il y a un lac autour de la classe de français.
2. s'il y a un restaurant sur le campus.
3. s'il y a des banques à côté du campus.
4. s'il y a un monstre derrière la fenêtre.
5. s'il y a des photos sur le mur.

F. Dites la question avec l'inversion: (§6)

Exemple: *Est-ce que Rita aime l'art moderne?*
Rita aime-t-elle l'art moderne?

1. Est-ce que vous étudiez la littérature?
2. Est-ce que tu aimes les chiens?
3. Est-ce que nous mangeons maintenant?
4. Est-ce qu'on écoute la stéréo?
5. Est-ce que les Suisses parlent allemand?
6. Est-ce que Barishnikov danse bien?
7. Est-ce que les astronomes regardent les planètes?
8. Est-ce que Madame Coco Chanel déteste le parfum?

G. Dites la négation: (§6)

Exemple: *J'adore les monstres.*
Je n'adore pas les monstres.

1. Je mange beaucoup.
2. Vous parlez chinois.
3. Tu aimes les problèmes.
4. Nous détestons le chocolat.
5. John adore les Cadillacs.
6. J'écoute votre conversation.
7. Les artistes admirent Andy Warhol.
8. Peter étudie l'astrologie.

H. Demandez à un autre étudiant ou à une autre étudiante: (§6)

1. s'il (si elle) parle japonais.
2. s'il (si elle) aime la jupe (le pantalon) du professeur.
3. s'il (si elle) déteste les mathématiques.
4. s'il (si elle) adore les voitures de sport.
5. s'il (si elle) regarde la télévision.
6. s'il (si elle) étudie la biologie.
7. s'il (si elle) écoute la radio.
8. s'il (si elle) mange beaucoup.

I. Inventez une phrase. Employez la forme correcte du verbe donné, et commencez par le sujet donné: (§6)

Exemple: *danser / vous*
Vous dansez très bien.

1. parler / nous
2. regarder / tu
3. adorer / je
4. aimer / les étudiants
5. écouter / vous
6. détester / André
7. manger / Carol et Kate
8. désirer / je
9. répéter / nous
10. étudier / Michel

J. Regardez la photo, page 56. Répondez:

1. Est-ce que le jeune homme et la jeune fille regardent le professeur?
2. Est-ce que la jeune fille déteste le jeune homme? Est-ce que le jeune homme déteste la jeune fille?
3. Où est la main de la jeune fille?
4. Où sont-ils?
5. Est-ce qu'ils parlent?
6. Inventez une question sur la photo. Posez votre question à un autre étudiant ou à une autre étudiante.

Exercices écrits

A. Écrivez l'exercice oral B.

B. Écrivez les réponses aux questions des exercices oraux A et E.

C. Remplacez les tirets par **quel, quelle, quels** ou **quelles:** (§4)

1. _____ est la date de l'anniversaire de Napoléon?
2. _____ sont les activités préférées des étudiants?
3. _____ est votre numéro de téléphone?
4. _____ sont les jours de la semaine?
5. _____ catastrophe!
6. _____ grand garçon!
7. _____ robes élégantes!
8. _____ étudiants intelligents!

D. Remplacez les tirets par **c'est, il est, elle est, ce sont, ils sont, elles sont** ou **il y a:** (§5, révision)

1. Au bord de la mer Méditerrannée _____ un petit village.
2. _____ l'ami de Charles. _____ bizarre.
3. Dans le portefeuille de Maurice _____ cent dollars.
4. Qui est-ce? _____ des étudiantes. _____ américaines.
5. _____ un bar dans la Rolls-Royce. _____ une voiture élégante.
6. Devant la télévision _____ des enfants. _____ fatigués.
7. Qui est-ce? _c'est_ le professeur. _____ furieux parce qu'aujourd'hui _____ vendredi et les étudiants sont absents!
8. Dans _Découverte et Création_ _____ des exercices faciles et _____ des exercices difficiles.

E. Complétez les phrases avec la forme correcte du verbe entre parenthèses: (§6)

1. (manger)   Vous _____ des pommes.
2. (parler)   Si on est mexicain, on _____ espagnol.
3. (étudier)   Mortimer _____ la physique et la chimie.
4. (aimer)   _____ -nous les exercices écrits?
5. (écouter)   Anne _____ les disques de Bernstein.
6. (téléphoner)   Nous _____ à Mark.
7. (ne pas aimer)   Sam _____ les hypocrites.
8. (ne pas détester)   Je _____ les films français.

9. (ne pas manger) Pourquoi est-ce que Claude et Cécile
                      _____ avec nous?
10. (ne pas étudier) Je _____ l'archéologie.
11. (ne pas écouter) Le président _____ le vice-président.

F. Utilisez la forme correcte d'un verbe correct. Voilà les verbes possibles:
aimer, danser, détester, écouter, étudier, manger, parler, regarder: (§6)

1. Fred Astaire _____ avec Ginger Rogers.
2. _____-tu italien?
3. Roméo _____ Juliette.
4. Les chats _____ les chiens.
5. Vous _____ dans la cafétéria.
6. Dans une classe d'histoire les étudiants _____ l'histoire.
7. Est-ce que les agents du FBI _____ les conversations
    téléphoniques du professeur de français?
8. Je _____ la télé le dimanche soir.

G. Inventez une question avec chaque verbe de la liste suivante. Écrivez la
question et une réponse: (§6)

Exemple: *fumer*
Fumez-vous des cigarettes françaises?
Oui, quelquefois je fume des Gauloises.

1. manger	5. adorer	8. étudier
2. parler	6. regarder	9. danser
3. aimer	7. écouter	10. demander
4. détester		

Lecture

La Classe de français

La classe de français est vraiment fantastique! *J'adore* la classe. *Quelle* classe! Le professeur est unique. *Quel* professeur! *Il parle* français; *il ne parle pas* anglais. Naturellement *nous parlons* français dans la classe et *nous écoutons* les exercices de laboratoire. *Nous progressons* vite. *Dans* la classe, *il y a* des étudiants intéressants. Les étudiants *étudient* sérieusement et *ils écoutent* avec attention les explications du professeur. *Il y a* des conversations en français mais *il n'y a pas de* conversations en anglais.

Je suis généralement *devant* Bruce et *derrière* Debbie. Jennifer est *à côté de* moi *à droite.* Suzanne est aussi *à côté de* moi, mais *à gauche.* Alors, je suis *entre* Jennifer et Suzanne. Les autres étudiants sont *autour de* nous. Tout le monde est *en face du* professeur et *en face du* tableau aussi. Les livres des étudiants sont fermés mais quand *il y a* un exercice sur une photo ils sont ouverts *sur* les tables, et les étudiants *regardent* la photo. Les questions sont intéressantes et les réponses des étudiants sont extrêmement drôles parce que l'imagination des étudiants est extraordinaire.

Il y a toujours *des* situations amusantes *dans* la classe. Par exemple, si un étudiant ou une étudiante sont absents quand *il y a un* examen ou *une* composition orale, le professeur *déclare* que c'est une coïncidence bizarre.

Où sont Monsieur Godot et Monsieur Bozo aujourd'hui? Ils sont absents et le professeur est furieux. Pourquoi sont-ils absents? Est-ce parce qu'ils sont malades ou parce que c'est vendredi?

Questions sur la lecture

1. Comment est la classe de français?
2. Qu'est-ce que les étudiants écoutent?
3. Y a-t-il des conversations en anglais? Pourquoi (pas)?
4. Où est tout le monde?
5. Quand est-ce que les livres des étudiants sont ouverts?
6. Pourquoi les réponses des étudiants sont-elles drôles?
7. Si un étudiant est absent le jour de l'examen, est-ce une coïncidence bizarre?
8. Qui est absent? Pourquoi?

Où sont Monsieur Godot et Monsieur Bozo aujourd'hui?

Les Valseuses, Bertrand Blier, 1974; sur la photo: Patrick Dewaere et Gérard Depardieu.

Ce n'est pas Robert Redford ou Dustin Hoffman. Ce sont deux acteurs du cinéma français très à la mode: Patrick Dewaere et Gérard Depardieu. Dans *Les Valseuses,* ce sont des amis inséparables. Ils commettent de petits crimes. Ils confondent la police. Ici, un petit interlude de repos dans la nature.

Le Système d'éducation en France

	Institutions	Âge	Enseignants	Diplômes
Éducation élémentaire	école maternelle	2–5	maîtresse	—
	école primaire	6–11	maître, maîtresse instituteur, institutrice	—
Éducation secondaire	collège	12–16	professeur	brevet
	lycée	16–18/19	professeur	baccalauréat («bachot», «bac»)
Éducation supérieure	université	19/20–22/24	professeur	licence, maîtrise, doctorat
	grandes écoles*	20/21–24/25	professeur	diplôme de grande école

*Écoles de diplomatie, éducation, administration, etc.

Discussion / Composition

Donnez une description originale et peut-être amusante de la classe de français. Utilisez l'expression **il y a,** beaucoup de prépositions et des verbes en **-er.** Voilà un petit modèle:

Dans la classe de français il y a... Quel(-le)(-s)...! Il n'y a pas de... Généralement nous parlons... Nous ne... pas... Le professeur est... Je suis... Naturellement je ne... pas parce que... Il y a des situations amusantes dans la classe: par exemple...

Vocabulaire

noms
camarade de
   chambre m. ou f.
chambre f.
chat m.
chimie f.
crayon m.
disque m.
enfant m. ou f.
explication f.
histoire f.
jupe f.
maison f.
mer f.
pantalon m.
plancher m.
pomme f.
robe f.
soir m.
télé f.
ville f.
voiture f.

adjectifs
écrit(-e)
facile

verbes
aimer
détester
demander
écouter
étudier
fumer
manger
parler
regarder

prépositions
à côté de
au bord de
au fond de
au milieu de
autour de
avec
derrière
devant
en face de
par terre
près de
sous
sur

autres expressions
à droite
à gauche
alors
beaucoup
il y a
où
par rapport à
personnellement
Quel dommage!
toujours
vraiment

noms apparentés
appartement m.
banque f.
bar m.
cafétéria f.
dollar m.
fontaine f.
laboratoire m.
lac m.
littérature f.
monstre m.
mystère m.
papier m.
parc m.
physique f.
rapport m.
réponse f.
sport m.
stéréo f.
tigre m.
village m.

Échanges

— Quelle surprise! Debbie! Mais où est Sylvie?

— Elle est dans une boutique, à côté du campus, en face du restaurant. Il y a des soldes[1] et elle adore les vêtements.

— Ah! Oui, je sais! *I know* Et toi? Pourquoi n'es-tu pas avec elle?

— Oh, moi, tu sais, je suis différente. Je préfère les livres et les disques, et malheureusement *unfortunately* il n'y a pas de boutique de disques par ici.

— Mais justement il y a un magasin super[2] derrière le campus. Allons-y![3]

— D'accord.[4] C'est une excellente idée. Tant pis[5] pour Sylvie.

1. *Soldes* = "sale."
2. *Super* = extraordinaire = chouette.
3. *Allons-y!* = "Let's go."
4. *D'accord* = D'ac = "OK."
5. *Tant pis* = "too bad."

sur le pont d'Avignon

Sur le pont d'Avignon l'on y danse, l'on y danse.
Sur le pont d'Avignon l'on y danse, tout en rond.
Les beaux messieurs font comme ça.
Et puis encore comme ça.
Sur le pont d'Avignon l'on y danse, l'on y danse.
Sur le pont d'Avignon l'on y danse, tout en rond.

chanson ancienne

6
Sixième Leçon

La possession: le verbe *avoir:*
 J'ai un (une, des)... Je n'ai pas de...
Les adjectifs possessifs: *mon, ma, mes, son,
sa, ses,* etc.
La parenté
Lecture: *Trois situations sociales différentes:
une famille américaine et deux
familles françaises*

Un appartement parisien

DÉCOUVERTE

Présentation

J'ai un stylo. **Tout le monde a un** stylo. **Avez-vous un** stylo?

Oui, **j'ai un** stylo.

Molly **a-t-elle des** stylos et **des** cigarettes?

Oui, **elle a des** stylos, mais **elle n'a pas de** cigarettes.

Et Brian **a-t-il une** jupe?

Non, **il n'a pas de** jupe parce que c'est un garçon, ce n'est pas une fille.

Est-ce que j'ai une jupe ou **un** pantalon?

Vous n'avez pas de jupe. **Vous avez un** pantalon.

Les étudiants **ont-ils des** problèmes?

Non, **ils n'ont pas de** problèmes, mais **ils ont des** questions.

Explications

1 Le verbe **avoir**:

A. À l'affirmatif:

j'ai	nous avons
tu as	vous avez
il (elle, on, tout le monde) a	ils (elles) ont

B. Au négatif:

j'ai un (une, des)...	je n'ai pas de...
vous avez un (une, des)...	vous n'avez pas de...
il a un (une, des)...	il n'a pas de...

Exemples:

J'ai un livre.	**Je n'ai pas de** livre.
Elle a un pull.[1]	**Elle n'a pas de** pull.
Nous avons des examens.	**Nous n'avons pas d'**examens.
Vous avez une robe.	**Vous n'avez pas de** robe.
Ils ont une voiture.	**Ils n'ont pas de** voiture.

1. *Pull* = pullover.

Vous n'avez pas de jupe.
Vous avez un pantalon.

La Machine, Paul Vecchiali,
1977.
   L'homme (Jean-Cristophe
Bouvet) est accusé de
l'assassinat d'une petite fille.
C'est un film contre la peine
de mort (la guillotine). Le
réalisateur assiste sur
l'évolution psychologique de
l'accusé: son arrestation, sa
détention, son exécution.
L'homme exécuté est-il
moralement le même que
l'assassin?

C. À l'interrogatif:

Ai-je?	ou	**Est-ce que j'ai?**[2]
Avons-nous?	ou	**Est-ce que nous avons?**
As-tu? (familier)	ou	**Est-ce que tu as?**
Avez-vous?	ou	**Est-ce que vous avez?**
A-t-il?	ou	**Est-ce qu'il a?**
A-t-elle?	ou	**Est-ce qu'elle a?**
A-t-on?	ou	**Est-ce qu'on a?**
Ont-ils?	ou	**Est-ce qu'ils ont?**
Ont-elles?	ou	**Est-ce qu'elles ont?**

Attention: Pour des raisons euphoniques, il y a un **-t-** supplémentaire
dans **a-t-il, a-t-elle, a-t-on.**

Présentation

Marilyn a-t-elle un cahier?   Oui, elle a un cahier.

Est-ce **son** cahier? Est-ce **mon**   C'est **son** cahier. Ce n'est pas
cahier?   **votre** cahier.

2. Pour la première personne de tous les verbes à la forme interrogative,
on utilise plus facilement la forme *est-ce que.*

Tom a-t-il une chemise? Est-ce **sa** chemise? Est-ce **ma** chemise?

Oui, il a une chemise. C'est **sa** chemise. Ce n'est pas **votre** chemise.

A-t-il des clés? Est-ce que ce sont **ses** clés? Est-ce que ce sont **mes** clés?

Oui, il a des clés. Ce sont **ses** clés. Ce ne sont pas **vos** clés.

Avons-nous une classe? Est-ce **notre** classe? Est-ce la classe des étudiants d'espagnol?

Naturellement nous avons une classe. C'est **notre** classe. Ce n'est pas **leur** classe.

Explications

2 Les adjectifs possessifs:

J'ai un stylo.
J'ai une serviette.
J'ai des problèmes.

C'est **mon** stylo.
C'est **ma** serviette.
Ce sont **mes** problèmes.

Tu as un pantalon.
Tu as une blouse.
Tu as des vêtements.

C'est **ton** pantalon.
C'est **ta** blouse.
Ce sont **tes** vêtements.

Il (elle) a un livre.
Il (elle) a une carte.
Il (elle) a des exercices.

C'est **son** livre.
C'est **sa** carte.
Ce sont **ses** exercices.

Nous avons un professeur.
Nous avons une composition.
Nous avons des examens.

C'est **notre** professeur.
C'est **notre** composition.
Ce sont **nos** examens.

Vous avez un cahier.
Vous avez une chemise.
Vous avez des amis.

C'est **votre** cahier.
C'est **votre** chemise.
Ce sont **vos** amis.

Ils (elles) ont une maison.
Ils (elles) ont une classe.
Ils (elles) ont des difficultés.

C'est **leur** maison.
C'est **leur** classe.
Ce sont **leurs** difficultés.

A. L'accord de l'adjectif possessif (nombre et genre) est déterminé par la chose (ou la personne) possédée. La personne de l'adjectif possessif (**mon, ton, son, votre,** etc.) est déterminée par le possesseur (**je, tu, Molly, vous,** etc.).

Tom a une chemise.
C'est **sa** chemise (parce que **chemise** est féminin singulier).

Molly a un cahier.
C'est **son** cahier (parce que **cahier** est masculin singulier).

possesseur		possession	
	masculin	*féminin*	*pluriel (m. et f.)*
je	**mon**	**ma**	**mes**
tu	**ton**	**ta**	**tes**
il, elle, on	**son**	**sa**	**ses**
nous	**notre**	**notre**	**nos**
vous	**votre**	**votre**	**vos**
ils, elles	**leur**	**leur**	**leurs**

Remarquez: Devant un nom ou un adjectif qui commence par une voyelle, on utilise l'adjectif possessif masculin:

Tu as une auto. C'est **ton** auto.
Catherine est l'amie de David. C'est **son** amie.
Voilà une adresse. C'est **mon** adresse.

B. La négation de **j'ai mon...** est **je n'ai pas mon...**

Exemples: **J'ai mon** livre.　　**Je n'ai pas mon** livre.
Elle a son auto.　　**Elle n'a pas son** auto.
Ils ont leur table.　　**Ils n'ont pas leur** table.

Explications

3　La parenté

Votre **père** est le **mari** de votre **mère**, et votre **mère** est la **femme** de votre **père**. Vous êtes le **fils** ou la **fille** de votre **mère** et de votre **père**. Votre **mère** et votre **père** sont vos **parents**.[3] Si vous avez un **frère** ou une **sœur**, vos **parents** ont deux **enfants**. Dans une **famille**, le premier enfant, c'est l'**aîné** (l'**aînée**). Le deuxième est le **cadet** (la **cadette**).

Les frères et les **sœurs** de votre **père** ou de votre **mère** sont vos **oncles** et vos **tantes**, et vous êtes leur **neveu** ou leur **nièce**. Leurs **enfants** sont vos **cousins** (**cousines**). Le **père** et la **mère** de votre **père** ou de votre **mère** sont votre **grand-père** et votre **grand-mère**. Ce sont vos **grands-parents**, et vous êtes leur **petit-fils** ou leur **petite-fille**. Si vous n'avez pas de **frère** ou de **sœur**, vous êtes **fils unique** ou **fille unique**.

Si vous êtes marié(-e), le **père** et la **mère** de votre **femme** ou de votre **mari** sont votre **beau-père** et votre **belle-mère**. Ce sont vos **beaux-parents**. Si votre **sœur** est mariée, le **mari** de votre **sœur** est votre **beau-frère**. Si votre **frère** est marié, la **femme** de votre **frère** est votre **belle-sœur**.

3.　Le terme *parent* est utilisé aussi pour toutes les personnes qui ont un degré de parenté avec vous. Exemples: Ma famille est d'origine française; j'ai beaucoup de *parents* en France. Elle a des *parents* à Boston.

Si vous êtes marié, le père et la mère de votre femme sont votre beau-père et votre belle-mère. Ce sont vos beaux-parents.

Le Grand Amour, Pierre Étaix, 1969.
Pierre est marié avec Florence. C'est un mariage solide. Mais, avec le temps, les disputes commencent, et maintenant Pierre est impatient. Il est amoureux d'une jeune et jolie secrétaire. Dans ce film, qui est une comédie amusante et bizarre, Pierre Étaix joue le rôle principal.

CRÉATION

Exercices oraux

A. Mettez à la forme interrogative (utilisez l'inversion du sujet et du verbe): (§1)

Exemple: *Nous avons des questions.*
Avons-nous des questions?

1. Nous avons les réponses.
2. Ils ont des amis.
3. Elle a un bébé.
4. Tu as un problème.
5. Vous avez un cahier.
6. Les Américains ont un président.
7. Marianne a un appartement.
8. Laurent a un portefeuille.

B. Dites au négatif: (§1)

Exemple: *Tu as un crayon.*
Tu n'as pas de crayon.

1. Tu as une cigarette.
2. Vous avez un problème.
3. Elle a une télévision.
4. Ils ont des sandwichs.
5. J'ai soixante dollars.
6. On a trois oreilles.
7. J'ai le portefeuille de Bill.
8. Nous avons des disques.

C. Demandez à un autre étudiant ou à une autre étudiante à la forme **vous** et puis à la forme **tu**: (§1)

Exemple: *s'il a un stylo.*
Avez-vous un stylo?
As-tu un stylo?

1. s'il (si elle) a un animal.
2. s'il (si elle) a une voiture.
3. s'il (si elle) a un bikini.
4. s'il (si elle) a le portefeuille du professeur.
5. s'il (si elle) a des skis.
6. s'il (si elle) a des questions.

D. Commencez une phrase par **Je suis** ou **J'ai**. Attention à la logique de la phrase: (§1, révision)

Exemple: *une photo   J'ai une photo.*

1. ordinaire   3. ici   5. une chemise
2. des livres   4. des amis   6. en forme

Maintenant, commencez une phrase par **Ils sont** ou **Ils ont**. Attention à la logique de la phrase et à la prononciation:

7. une voiture   9. des clés   11. formidables
8. riches   10. un professeur   12. un animal

E. Demandez à un autre étudiant ou à une autre étudiante: (§2)

Exemple: *si sa chemise est unique.*
Ta chemise est-elle unique? ou
Est-ce que ta chemise est unique?

1. si sa bouche est fermée.
2. si ses amis parlent français.
3. si son anniversaire est demain.
4. si votre blouse (chemise) est ouverte.
5. si votre accent est italien.
6. si votre université est excellente.

[handwritten annotations in left margin: ta, tes, ton, ma, mon, ma]

[handwritten annotation at right: mon if in front of a vowel]

F. Répondez à ces questions: (§2, 3)

Exemple: *Qui est le frère de votre mère?*
C'est mon oncle.

1. Qui est la sœur de votre père?
2. Qui est le père de votre mère?
3. Qui est la mère de votre père?
4. Qui est la femme (le mari) de votre frère (de votre sœur)?
5. Par rapport à votre père, qui est votre mère?
6. Par rapport à vos parents, qui êtes-vous?

G. Regardez la photo, page 76. Répondez:

1. Est-ce une très grande famille?
2. Qui est assis?
3. La grand-mère est-elle contente? Pourquoi?
4. Où est la main du jeune homme?
5. Inventez une question à propos de la photo. Posez la question à un autre étudiant ou à une autre étudiante.

Exercices écrits

A. Écrivez les exercices oraux B et D.

B. Inventez une phrase: utilisez les éléments donnés et une forme du verbe **avoir**: (§1)

Exemple: *Je / ami   J'ai un ami.*

1. Le président / amis
2. Nous / composition
3. Le musée / statues
4. Monsieur Godot et Monsieur Bozo / excuses
5. Tu / examen
6. Vous / ne / pas / trompette
7. Je / ne / pas / dragon
8. Tout le monde / nez
9. Sylvie / serviette

C. Employez un adjectif possessif dans chaque phrase: (§2)

Exemple: *Les livres de Jean-Claude sont par terre.*
Ses livres sont par terre.

1. La serviette de Monsieur Smith est par terre.
2. Le chien du professeur est sympathique.
3. L'amie de Monsieur Smith est intelligente.
4. Les livres de Pierre sont sur le bureau.
5. Les amis de Mademoiselle Taylor sont sympathiques.

6. L'appartement de Suzanne et de Monique est très moderne.
7. La maison de Monsieur et de Madame Scott est confortable.

D. Donnez l'adjectif possessif: (§2)

Exemple: *Je m'appelle Melinda McCarry. McCarry est _____ nom de famille.*
Je m'appelle Melinda McCarry. McCarry est mon nom de famille.

1. Je ne suis pas très brillant en sciences et _____ situation dans _____ classe de biologie est très difficile.
2. Vous êtes grand probablement parce que _____ parents sont grands.
3. Félix et moi, nous aimons le cinéma. _____ actrice favorite est Jeanne Moreau.
4. Vous êtes content parce que _____ ami est ici.
5. Janine et moi, nous sommes très amies. _____ activités sont nombreuses.

E. Entre les deux personnes données, expliquez le degré de parenté: (§3)

Exemple: *James Madison et Dolly Madison*
James est le mari de Dolly. ou
Dolly est la femme de James.

1. la reine Elizabeth et le prince Charles
2. Franklin Roosevelt et Teddy Roosevelt
3. Liza Minelli et Judy Garland
4. Julie Eisenhower et Richard Nixon
5. Robert Kennedy et John Kennedy
6. Zsa Zsa Gabor et Eva Gabor
7. Pierre Curie et Marie Curie
8. Marie et Jésus
9. Louis XVI et Marie-Antoinette
10. Ryan O'Neal et Tatum O'Neal

F. Remplacez les tirets par la forme correcte d'un nom, verbe ou adjectif: (révision de vocabulaire)

La famille Lebrun est extrêmement _____. Le père, Monsieur Lebrun, et sa femme, Madame Lebrun, _____ cinq _____: Louis, Laure, Laurent, Louise et Lola. Ils _____ une vie _____. Leur maison est _____. Tout le monde _____ avec la famille le dimanche. Madame Lebrun et Laurent préparent un dîner _____. Mais aujourd'hui Lola ne _____ pas avec sa famille parce qu'elle est _____. Quel dommage!

Lecture

Trois situations sociales différentes: une famille américaine et deux familles françaises

Tout le monde a une famille, dit Debbie. Moi, *j'ai une famille* très sympathique. J'adore *ma famille. Mon père* est ingénieur et *ma mère* travaille pour le gouvernement. Elle est assistante sociale. Nous habitons une jolie maison à Portland. *J'ai un frère.* Il est marié; alors, *j'ai une belle-sœur* mais *je n'ai pas de sœur.*

J'ai deux grands-mères mais *je n'ai pas de grands-pères.* Ils sont morts. *Mes parents ont des* idées modernes, alors il n'y a pas de problèmes entre nous. *Mon frère* et moi, *nous avons deux oncles* et *une tante. Mon oncle* Henri n'est pas marié; il est célibataire. *Ma tante* Suzanne n'est pas célibataire. Elle est mariée avec *mon oncle* Paul. Il est petit et drôle. *Ils ont deux filles* et *un fils.* Ce sont *mes cousines* et *mon cousin.*

Les parents de Sylvie sont très riches. *Son père* est banquier. *Sa mère* est docteur en médecine, c'est-à-dire médecin, dans un hôpital parisien. *Le père* de Sylvie *a une*

Pour le moment ils n'ont pas d'appartement parce qu'en France les appartements sont très chers.

Rêve de singe, Marco Ferreri, 1978.
Lafayette (Gérard Depardieu) est un jeune Français qui habite New York. La ville est infestée par les rats. Lafayette et son amie Angelica (Gail Lawrence) adoptent un singe, qui s'appelle Cornelius. Mais Cornelius est dévoré par les rats. C'est une fable apocalyptique de la société moderne.

Citroën. *Sa mère a une* voiture de sport italienne. *Les parents* de Sylvie sont toujours très occupés. *Ils ont trois enfants:* Sylvie, *l'aînée,* qui est étudiante en sciences économiques aux États-Unis; Didier, le deuxième ou *le cadet,* qui est élève ~student~ dans un lycée; et Caroline, la dernière ou *la benjamine,* qui est aussi dans un lycée. *La famille a un* appartement à Passy, un quartier chic de Paris, et *une* résidence secondaire sur la Côte d'Azur.

François est de Grenoble mais il est actuellement[4] aux États-Unis. Il est étudiant en littérature américaine, et comme *sa famille* n'est pas riche, *il a une* bourse du gouvernement. *Sa mère* est vendeuse et *son père* est ouvrier dans une usine spécialisée dans la fabrication des ordinateurs. *Son frère,* Jean, travaille dans un garage. Jean et *sa femme* Catherine sont nouveaux mariés.[5] Pour le moment *ils n'ont pas* d'appartement parce qu'en France les appartements sont très chers. Alors, ils habitent avec *leurs parents* dans une maison modeste mais assez confortable en banlieue. Catherine aime bien *son beau-père* et *sa belle-mère.*

Questions sur la lecture

1. Quelle est la profession du père de Debbie? De sa mère?
2. Debbie a-t-elle une sœur?
3. Qui est célibataire?
4. Paul et Suzanne ont-ils des enfants?
5. Pourquoi Debbie n'a-t-elle pas de grands-pères?
6. Les parents de Sylvie sont-ils riches? Expliquez. Qu'est-ce qu'ils ont?
7. Combien de personnes y a-t-il dans la famille de Sylvie? Qui sont les membres de sa famille?
8. Quelle est la profession du père de François? De sa mère?
9. La famille de François est-elle riche? Expliquez.
10. Combien de personnes y a-t-il dans la famille de François? Qui sont les membres de sa famille?

4. *Actuellement* = maintenant.
5. *Nouveaux mariés* = "newlyweds."

Discussion / Composition

1. Préparez une description de votre famille. Avez-vous un père, une mère, des frères, des sœurs, des oncles, des tantes, des cousins, des cousines, des grands-parents, des beaux-parents, des neveux, des nièces, des enfants?
2. Préparez la description d'une famille célèbre ou intéressante. Qui sont les membres de la famille? Comment sont-ils? Y a-t-il des personnalités bizarres?
3. Qu'est-ce que vous avez? Qu'est-ce que vous n'avez pas? Avez-vous une maison, des amis, un(-e) petit(-e) ami(-e), une voiture, des problèmes? Expliquez.

Vocabulaire

noms

aîné(-e) m. ou f.
assistant(-e)
    social(-e) m. ou f.
banlieue f.
banquier m.
beau-frère m.
beau-père m.
beau(-x)-parent(-s)
    m.
bébé m. ou f.
belle-mère f.
belle-sœur f.
benjamin(-e)
    m. ou f.
bourse f.
cadet(-te) m. ou f.
célibataire m. ou f.
(la) Côte d'Azur f.
élève m. ou f.
États-Unis m. pl.
famille f.
fille f.
fille unique f.
fils m.
fils unique m.
frère m.
grand(-s)-mère(-s)
    f.

grand(-s)-parent(-s)
    m.
grand(-s)-père(-s)
    m.
idée f.
ingénieur m.
lycée m.
mari m.
médecin m.
mère f.
neveu m.
nouveaux mariés
    m. pl.
oncle m.
ordinateur m.
parenté f.
père m.
petit-fils m.
petite-fille f.
pull m.
quartier m.
reine f.
résidence
    secondaire f.
sœur f.
tante f.
usine f.
vendeuse f.
vêtement m.

adjectifs

cher / chère
nombreux /
    nombreuse

verbes

avoir
habiter
travailler

autres expressions

actuellement
assez
dit
malheureusement

noms apparentés

bikini m.
cigarette f.
cousin(-e) m. ou f.
docteur m.
excuse f.
garage m.
hôpital m.
médicine f.
moment m.
science f.
sciences politiques
    f. pl.
ski m.
trompette f.

Échanges

— Salut, Jean-Claude! Comment va?[1]

— Oh! ça gaze[2] plus ou moins, et toi?

— Ça va... Et ton examen de philo?[3]

— Quelle barbe![4] C'est dans cinq minutes et je ne suis pas prêt. Je n'ai pas mon bouquin et pas de stylo non plus.

— Eh bien, dis donc![5] Tu n'as pas la forme.[6] Tiens, voilà un stylo. Pour le reste, t'en fais pas.[7] Tu es un mec[8] brillant.

— Et toi, tu es un chic type![9] Ciao.

1. *Comment va?* = Comment ça va? Comment vas-tu?
2. *Ça gaze.* = Ça va. = Je vais bien.
3. *Philo* = philosophie.
4. *Quelle barbe!* = C'est très désagréable (exaspérant)!
5. *Eh bien, dis donc!* = "Hey! Come on now!"
6. *Tu n'as pas la forme.* = Tu n'es pas en forme.
7. *T'en fais pas.* = Ne t'en fais pas. = "Don't worry."
8. *Un mec* = un type = un garçon = un homme.
9. *Un chic type* = "a swell guy."

7
Septième Leçon

L'heure

À + article défini: *à la, à l', au, aux*

Les verbes irréguliers *aller, venir, devenir, dire, écrire, lire*

Heure, temps, fois

Lecture: *La Vie d'un étudiant français*

Jean-Claude est à la terrasse d'un café.

DÉCOUVERTE

Présentation

Quelle heure est-il?   Il est huit heures.

Quelle heure est-il?   Il est huit heures cinq.

Quelle heure est-il?   Il est huit heures et quart.

Quelle heure est-il?   Il est huit heures vingt.

Quelle heure est-il?   Il est huit heures et demie.

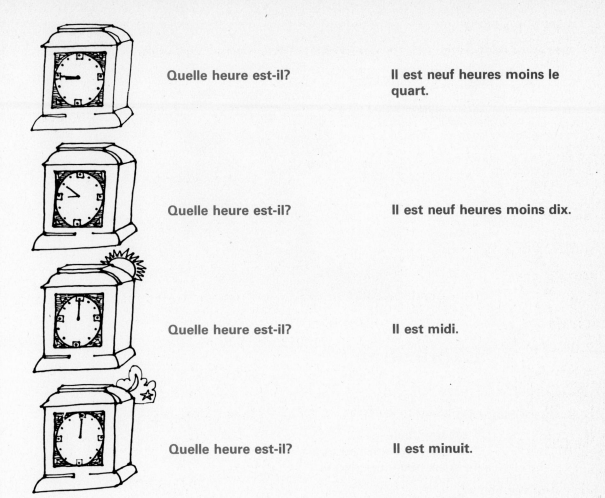

Quelle heure est-il?

Il est neuf heures moins le quart.

Quelle heure est-il?

Il est neuf heures moins dix.

Quelle heure est-il?

Il est midi.

Quelle heure est-il?

Il est minuit.

Quelle heure est-il?

Vivre sa vie, Jean-Luc Goddard.

Anna Karina, l'actrice de ce film, a le nom de l'héroïne d'Émile Zola: Nana. Elle travaille dans un magasin de disques à Paris. Mais elle a des problèmes d'argent et devient une prostituée. À la fin du film, Nana est victime de la violence de son «protecteur».

Explications

1 L'heure:

A. Quelle heure est-il?

> **Il est trois heures.**
> **Il est quatre heures et quart.**
> **Il est six heures et demie.**

B. À quelle heure?

> **À trois heures.**
> **À quatre heures et quart.**
> **À six heures et demie.**

Exemple: **À quelle heure** êtes-vous à la maison?
Je suis à la maison **à six heures du soir.**

C. De quelle heure à quelle heure?

> **De neuf heures du matin à cinq heures du soir.**
> **De minuit à deux heures du matin.**

Exemple: **De quelle heure à quelle heure** êtes-vous dans la classe de français?
Je suis dans la classe **de onze heures du matin à midi.**

D. **Quand**: Question de temps générale:

Exemples: **Quand** êtes-vous fatigué?

Je suis fatigué le soir.

Je suis fatigué **avant**[1] la classe de français.

Je suis fatigué **après**[1] le week-end.

Je suis fatigué **quand** je suis dans la classe.

Remarquez: Je suis énergique **le** matin, je suis actif **l'**après-midi, mais je suis fatigué **le** soir.

E. **Être en avance, être à l'heure, être en retard:**

La classe est à une heure.

J'arrive en classe à une heure moins le quart.	J'arrive à une heure.	J'arrive à une heure et quart.
↓	↓	↓
Je suis en avance.	Je suis à l'heure.	Je suis en retard.

Présentation

Quand êtes-vous **à la** bibliothèque?

Je suis **à la** bibliothèque le soir.

Où êtes-vous à neuf heures du matin?

Je suis **à l'**université.

Où êtes-vous à midi?

Nous sommes **au** restaurant universitaire.

Où est-on généralement à onze heures du soir?

On est **au** lit ou on est **au** cinéma.

Explications

2 **À** + article défini:

à + la = **à la**	**à la** porte, **à la** classe
à + l' = **à l'**	**à l'**université, **à l'**opéra
à + le → **au**	**au** restaurant, **au** tableau
à + les → **aux**	**aux** États-Unis

---

1. *Avant ≠ après.*

Présentation

Je vais à la bibliothèque quelquefois. **Allez-vous** à la bibliothèque, Sam?

Oui, **je vais** à la bibliothèque.

Suzy **va-t-elle** au laboratoire? Et les autres étudiants?

Oui, **elle va** au laboratoire. **Ils vont** au laboratoire aussi.

Venez-vous à l'université le dimanche?

Non, **je ne viens pas** à l'université le dimanche.

Quand est-ce que le² docteur Jekyll **devient** Monsieur Hyde?

Il devient Monsieur Hyde la nuit.

Qu'est-ce que **vous dites** quand vous entrez dans la classe?

Je dis: «Bonjour, tout le monde», quand j'entre dans la classe.

Écrivez-vous des compositions et des poèmes?

Oui, **j'écris** des compositions. **Je n'écris pas** de poèmes, mais dans notre classe, certains étudiants **écrivent** des poèmes remarquables.

Lisez-vous des revues françaises?

Oui, quelquefois **je lis** *Paris-Match* ou *L'Express.* **Je ne lis pas** *Le Point.*

Explications

3 Les verbes réguliers et les verbes irréguliers:

A. Les verbes réguliers:

On identifie un verbe par l'infinitif: par exemple, les verbes en **-er** comme **parler, regarder, écouter.** L'infinitif est formé d'un *radical* **(parl-)** et d'une *terminaison* **(-er). -ER** est le signe de l'infinitif de la majorité des verbes français. Ce sont des verbes réguliers parce que presque tous ces verbes ont le même système de conjugaison. Un *verbe conjugué* = un verbe adapté à la personne **(je, vous, il,** etc.) qui gouverne le verbe. Un verbe conjugué est formé aussi d'un *radical* et d'une *terminaison.*

2. *Le docteur Jekyll:* On emploie l'article défini avec le titre professionnel.

	RADICAL	TERMINAISON
INFINITIF:	parl	-er
VERBE CONJUGUÉ:	je parl	-e
	tu parl	-es
	il (elle, on) parl	-e
	nous parl	-ons
	vous parl	-ez
	ils (elles) parl	-ent

B. Les verbes irréguliers:

Un verbe est *irrégulier* quand le radical change pendant la conjugaison du verbe ou quand une terminaison est exceptionnelle. Voici quelques verbes irréguliers:

1. **aller** _to go_

je vais	**nous allons**
tu vas	**vous allez**
il (elle, on) va	**ils (elles) vont**

Remarquez: Un complément adverbial est obligatoire avec le verbe **aller:**

Elle va **au supermarché.**
Ils vont **à l'opéra.**
Vous allez **bien.** (expression idiomatique)
Elle ne va pas **bien.** (expression idiomatique)

2. **venir** _to come_

je viens	**nous venons**
tu viens	**vous venez**
il (elle, on) vient	**ils (elles) viennent**

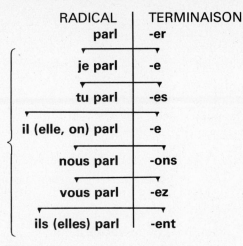

je viens   je vais
je suis ici
je viens   je vais

Remarquez: **Venir** a un certain nombre de verbes *composés* avec la même conjugaison (**devenir, revenir,** etc.):

devenir _to become_   _to come back_

je deviens	**nous devenons**
tu deviens	**vous devenez**
il devient	**ils deviennent**

3. **dire** *to say / to tell*

je dis	nous disons
tu dis	vous dites
il dit	ils disent

écrire

j'écris	nous écrivons
tu écris	vous écrivez
il écrit	ils écrivent

lire *read*

je lis	nous lisons
tu lis	vous lisez
il lit	ils lisent

Attention: **Dire** n'est pas synonyme de **parler**.

    a. **Dire** est généralement avec un complément d'objet direct:

    On dit *one says something* **quelque chose.**
    Elle dit **la vérité.**
    Vous dites **que votre grand-mère est économe.**
    Ils disent **que vous êtes intelligent.**

    b. **Parler** est généralement sans complément d'objet direct:[3]

    On parle.   On ne parle pas.

Présentation

Quelle **heure** est-il?	Il est neuf **heures.**
Est-ce que le **temps** passe vite ici?	Oui, il passe très vite.
Et dans les autres classes?	Il ne passe pas vite, il passe très lentement et je regarde toujours l'**heure** qu'il est.
Combien de **fois** par jour mangez-vous?	Nous mangeons trois **fois** par jour.

Explications

4   **Heure, temps, fois:** Ces trois termes ont un emploi *différent*. Étudiez les exemples suivants:

---

3. Remarquez la construction idiomatique *parler + langue: Je parle français. On ne parle pas anglais ici.*

A. **Heure** *(concept précis, unité de temps):*

Exemples: À quelle **heure** arrivent-ils?

Huit **heures** du matin! Mon Dieu, c'est l'**heure** de l'examen!

Minuit! C'est l'**heure** du crime!

L'**heure** du déjeuner et l'**heure** du dîner sont sacrées en France.

Il parle pendant[4] trois **heures**.

B. **Temps** *(concept général ou abstrait):*

Exemples: **Le temps** passe vite.

Le temps est la quatrième dimension.

Le temps (climat) est humide aujourd'hui.

C. **Fois** *(un moment du temps, une occasion):*

Exemples: Nous venons à la classe cinq **fois** par semaine.

Nous allons au laboratoire deux **fois** par semaine.

Ce monsieur est sénile. Il dit toutes les choses deux **fois**.

Vous êtes absent pour la première **fois**.

Remarquez: Trois expressions idiomatiques:

Il parle et il mange **en même temps**. *(=simultanément)*

Parler et manger **à la fois** est impoli. *(=simultanément)*

Elle est absente **tout le temps**. *(=toujours)*

---

4. *Pendant* = durant.

CRÉATION

Exercices oraux

A. Quelle heure est-il?: (§1)

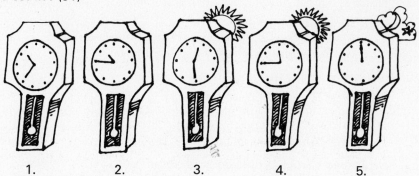

    1.   2.   3.   4.   5.

B. Demandez à un autre étudiant ou à une autre étudiante: (§1)

    1. où il (elle) est à huit heures du matin.
    2. où il (elle) est à midi.
    3. où il (elle) est à une heure et demie de l'après-midi.
    4. où il (elle) est à sept heures moins le quart du soir.
    5. de quelle heure à quelle heure il (elle) étudie.
    6. de quelle heure à quelle heure il (elle) mange.
    7. à quelle heure il (elle) regarde la télé.
    8. quelle heure il est maintenant.

C. Commencez une phrase par **Nous sommes** + **à la, à l'** ou **au**: (§2)

    Exemple: *maison*
    Nous sommes à la maison.

    1. restaurant   5. hôpital
    2. théâtre   6. laboratoire
    3. bibliothèque 7. maison
    4. opéra   8. cinéma

D. Demandez à un autre étudiant ou à une autre étudiante: (§3)

    1. s'il (si elle) lit le *National Enquirer*.
    2. si Pinocchio dit généralement la vérité.
    3. s'il (si elle) écrit son numéro de téléphone sur les murs
       des cabines téléphoniques.

4. quand il (elle) devient furieux (furieuse).
5. où il (elle) va après la classe.
6. s'il vient à l'université le dimanche.

E. Dans chaque phrase, utilisez le terme correct: **temps, heure(-s)** ou **fois**: (§4)

1. Midi c'est l'_____ du déjeuner.
2. Je suis ici pour la première _____.
3. Si vous êtes en retard, vous n'avez pas beaucoup de _____.
4. Chaque jour nous mangeons trois _____.
5. Je mange et j'étudie en même _____.
6. Chaque jour j'étudie pendant une _____.
7. Elle est très bien organisée; elle arrive toujours à l'_____.

F. Regardez la photo, page 97.

1. Où va le jeune homme?
2. Vient-il de sa classe de chimie?
3. A-t-il les vêtements corrects pour aller au cinéma? Au théâtre? À l'université? À une soirée? Au mariage d'un ami?
4. À quelle heure de la journée avez-vous des vêtements similaires?
5. Inventez une question sur la photo. Posez la question à un autre étudiant ou à une autre étudiante.

Exercices écrits

A. Répondez aux questions suivantes: (§1)

1. À quelle heure déjeunez-vous?
2. À quelle heure avez-vous votre première classe?
3. À quelle heure terminez-vous votre dîner?
4. À quelle heure arrivez-vous sur le campus?
5. Quand êtes-vous en retard?

B. Remplacez les tirets par **à la, à l', au** ou **aux**: (§2)

1. Je suis _____ maison parce que je suis malade, mais je ne suis pas _____ hôpital!
2. Où est Sylvie? Elle est _____ université.
3. Mes parents sont _____ opéra maintenant.
4. Le docteur Frankenstein travaille _____ laboratoire.
5. Les gens ne sont pas élégants _____ matchs de hockey, mais ils sont enthousiastes.

6. Aux U.S.A., le popcorn est de rigueur[5] _____ cinéma.

7. Il y a des statues formidables _____ musée du Louvre.

8. Il y a des programmes intéressants _____ télévision non-commerciale aux États-Unis.

C. Pour chaque verbe, inventez une question. Écrivez la question et la réponse: (§3)

Exemple: *dire*

Quand dites-vous «C'est dommage»?

Je dis «C'est dommage» quand mon ami a un accident.

1. dire   5. aller
2. parler 6. venir
3. lire   7. devenir
4. écrire

D. Répondez à chaque question et utilisez dans votre réponse **heure, temps, fois, en même temps** ou **tout le temps:** (§4)

Exemple: *Téléphonez-vous souvent à vos parents?*

Oui, je téléphone à mes parents deux fois par semaine.

1. Quand arrivez-vous à la classe de français?
2. Allez-vous toujours au laboratoire?
3. Quand est-ce que le temps passe vite?
4. Combien de temps y a-t-il entre midi et minuit?
5. Est-ce que vous étudiez et regardez la télé simultanément?

Lecture

La Vie d'un étudiant français

Certaines universités françaises sont construites sur le modèle des grandes universités américaines. C'est-à-*dire* qu'il y a un campus avec les bâtiments des différentes facultés.[6] Mais les anciennes universités, comme la Sorbonne, sont généralement et traditionnellement *au* centre des grandes villes. Les différentes facultés, les restaurants universitaires et les résidences d'étudiants (comme la Cité Universitaire à Paris) sont quelquefois à une grande distance

5. *De rigueur* = ''a must.''

6. Une université est divisée en *facultés* (des Sciences Humaines, de Médecine, etc.).

Mais quelquefois il va au cinéma, au théâtre, dans un bistro ou dans une discothèque à la mode.

La Comédie du train des pignes, François Chavannes, 1976; sur la photo: Philippe Léotard
C'est l'histoire d'un vieux train qui existe dans le sud de la France entre Digne at Nice. Il y a dans le film des scènes fictives et des interviews réelles pour prouver au public l'utilité de ce train qui risque d'être abandonné.

les unes des autres.[7] Cette situation donne *à la* vie des étudiants un caractère urbain qu'on trouve rarement *aux* États-Unis.

Jean-Claude est un étudiant parisien et voilà son emploi du temps:[8] *à huit heures du matin,* Jean-Claude est dans le métro: *il va* à son cours de mathématiques *à la* Faculté des sciences. Le cours est *deux fois par* semaine et il commence exactement *à huit heures et quart.* Le professeur arrive toujours *à l'heure,* malheureusement! Quand Jean-Claude entre dans la salle, *il est huit heures et demie* et l'amphithéâtre est complet. Il n'y a pas de chaise pour le pauvre Jean-Claude. C'est la vie! Alors comme consolation, une petite promenade sur le Boul' Mich' (boulevard St-Michel) n'est pas désagréable. Après sa promenade il *revient* *à l'*université pour *aller au* laboratoire de chimie. *À midi* Jean-Claude retrouve ses amis et *ils vont* ensemble *au* restaurant universitaire. (C'est un restaurant subventionné par l'état et les prix sont très modérés.)

7. *Les unes des autres* = ''from each other.''
8. *Emploi du temps* = distribution et heures des activités du jour (''schedule'').

Le cours de physique est *à deux heures de l'après-midi* le lundi, le mercredi et le vendredi (c'est-à-*dire trois fois par semaine*) et il dure généralement deux *heures.* Ce n'est pas un sujet particulièrement amusant et *le temps* passe lentement pour le pauvre Jean-Claude.

Après le cours de physique, Jean-Claude est très fatigué, alors *il va au* café avec des copains et des copines. Ensuite tout le monde *va à la* bibliothèque. Les étudiants *relisent* leurs notes, *ils écrivent* des commentaires ou des questions.

re read

Quand la journée[9] est finie, Jean-Claude rentre à son appartement et *à onze heures du soir il va* finalement *au* lit. Mais quelquefois *il va au* cinéma, *au* théâtre, dans un bistro ou dans une discothèque *à la* mode. Est-il fatigué ou ennuyé comme dans le cours de physique? Quelle est votre opinion?

Questions sur la lecture

1. Comment sont les grandes universités américaines?
2. Comment sont les anciennes universités françaises (comme la Sorbonne)?
3. Est-ce que la vie d'un étudiant français et la vie d'un étudiant américain sont différentes ou similaires?
4. Où est Jean-Claude à huit heures du matin?
5. Pourquoi désire-t-il une petite promenade sur le Boul' Mich'?
6. Où vont Jean-Claude et ses amis à midi?
7. Comment est le cours de physique?
8. Où vont Jean-Claude et ses amis après le cours de physique?
9. Quelles sont les activités des étudiants à la bibliothèque?
10. Où va Jean-Claude le soir?

9. *Journée* = ''day,'' ''daytime activities.''

Discussion/Composition

1. Donnez une petite description de votre journée et de votre emploi du temps. Utilisez les expressions et les verbes de la leçon et votre imagination. Exemple: Je m'appelle... Je suis un étudiant (une étudiante)... Je suis très occupé(e). Ma première classe est à... et je suis à l'heure, mais quelquefois... et je n'arrive pas à l'heure... Après ma classe de... je vais à...
2. Donnez une description imaginative de l'emploi du temps d'une personne célèbre. C'est peut-être un acteur, une actrice, un politicien, un professeur célèbre, un monstre...

Vocabulaire

noms
après-midi m.
bibliothèque f.
bistro m.
cabine
    (téléphonique) f.
copain m.
copine f.
cours m.
déjeuner m.
emploi du
    temps m.
état m.
faculté f.
fois f.
heure f.
journée f.
lit m.
matin m.
métro m.
nuit f.
prix m.
promenade f.
quart m.
revue f.
roman f.

salle f.
supermarché m.
temps m.
vie f.

adjectifs
ancien(-ne)
construit(-e)
demi(-e)
économe
ennuyé(-e)
impoli(-e)
perdu(-e)
pressé(-e)
subventionné(-e)

noms apparentés
climat m.
crime m.
moment m.
note f.
opéra m.
poème m.
sujet m.

verbes
aller
déjeuner
devenir
dire
durer
écrire
lire
rentrer
retrouver
trouver
venir

adverbes
couramment
lentement
quelquefois

autres expressions
à la fois
à la mode
à l'heure
avant
c'est-à-dire
de rigueur
durant
en avance
en même temps
en retard
ensuite
midi
minuit
Mon Dieu!
pendant
quand
quelque chose
sans
tout le temps

Échanges

— Je vais au cinoche.[1] On passe le dernier Truffaut[2] au Champolion.[3]

— T'es[4] complètement dingue![5] C'est un navet.[6] Viens avec nous. On[7] va danser au Palace.[8]

— Ah! C'est la nouvelle boîte[9] dans le vent?[10] Non merci. Je suis une intellectuelle, moi!

— Eh bien, moi, j'en ai ras le bol[11] des intellectuelles!

1. *Cinoche* = cinéma.
2. *Le dernier Truffaut* = le dernier film de François Truffaut (cinéaste français célèbre).
3. *Champolion* = nom du cinéma.
4. *T'es* = tu es.
5. *Dingue* = dans un désordre mental; fou.
6. *Un navet* ≠ succès (littéralement: "a turnip").
7. *On va* = nous allons.
8. *Palace* = nom du dancing ou de la discothèque.
9. *Boîte* = boîte de nuit, dancing, cabaret.
10. *Dans le vent* = en vogue, à la mode.
11. *J'en ai ras le bol...* = "I've had it up to here with..."

8
Huitième Leçon

Les adjectifs (suite)

Les adjectifs démonstratifs

La formation et la place des adverbes réguliers

Trois pronoms relatifs: *qui, que, où*

Six verbes irréguliers en *-ir: dormir, partir, sortir, servir, mentir, sentir*

Lecture: *Une Maison typiquement française*

Cette jolie maison, c'est la maison où ma famille habite.

DÉCOUVERTE

Présentation

Est-ce que j'ai un stylo **bleu** ou un stylo **rouge?**	Vous avez un stylo **rouge.**
De quelle couleur est votre stylo?	Il est **bleu.**
De quelle couleur est votre pantalon?	Il est **gris.**
De quelle couleur est votre chemise?	Elle est **grise.**
Comment est Sam?	Il est **intelligent;** il est **grand.** C'est un **grand** garçon **intelligent.**
Comment est Susie?	Elle est **grande** et **intelligente.** C'est une **grande** fille **intelligente.**
Comment est l'appartement de Pierre Cardin?	Il est très **beau!** Il est très **élégant!** C'est un **bel** appartement **élégant.**
Est-ce que **tout** le film est intéressant?	Non, mais **toute** la première partie est intéressante.
Est-ce que vous écrivez **tous** les exercices?	Non, mais je regarde **toutes** les photos.

Explications

1 Les adjectifs (suite):

A. Les adjectifs de couleur:

un livre **rouge**	une bouche **rouge**
un crayon **jaune**	une blouse **jaune**
un cahier **orange**	une robe **orange**
un éléphant **rose**	une rose **rose**
un sac **beige**	une serviette **beige**

or–gold *light brown*

Est-ce que vous écrivez tous les exercices?

Le Juge et l'assassin,
Bertrand Tevernier, 1976; sur
la photo: Philippe Noiret.
  Une maison bourgeoise en
1900: des fauteuils à fleurs,
des tableaux, une dame
distinguée et un monsieur à
lorgnon.

un chapeau **bleu**	une cravate **bleue**
un tableau **noir**	une table **noire**
un arbre **vert**	une plante **verte**
un costume **gris**	une chemise **grise**
un drapeau **violet**	une fleur **violette**
un cheval **blanc**	une auto **blanche**
un garçon **brun**	une jeune fille **brune**
un homme **blond**	une femme **blonde**
un pantalon **marron**	une jupe **marron**[1]

B. Place de l'adjectif:

 1. Les adjectifs sont généralement placés *après* le nom.

  Exemples: un livre **bleu**   un exercice **facile**
       un sac **beige**   un exercice **difficile**

 2. Certains adjectifs sont placés *devant* le nom.

grand	une **grande** jeune fille
petit	un **petit** garçon
jeune	un **jeune** homme
vieux *old*	un **vieux** chapeau
nouveau	un **nouveau** système

[handwritten notes:
sing + pluriel
(vieux) ← consonant, starts w
vieil ← vowel
(vieil) vieille(s)
(nouveau(x))
(nouvel) nouvelle]

---

1. *Marron* (= brun) est un adjectif invariable.

joli	une **jolie** robe
bon	une **bonne** classe *(s)*
mauvais ~bad~	une **mauvaise** note
long	un **long** week-end *f. longue(s)*
certain	une **certaine** dame
autre	une **autre** dame *(bel)* *belle(s)*
beau	un **beau** garçon *beau(x)*

3. Un nom avec *deux* adjectifs:

   C'est un livre **intéressant** et **facile**.
   C'est un **beau** livre **intéressant**.
   C'est une **jolie petite** maison.

4. Quand l'adjectif est placé *devant* le nom, **des → de**.

   Exemples: **un joli** livre   **de jolis** livres
   un grand arbre   **de grands** arbres
   un bon étudiant   **de bons** étudiants

C. Les adjectifs irréguliers:

1. Quelques adjectifs sont irréguliers au féminin:

masculin	*féminin*	*masculin*	*féminin*
blanc	**blanche**	**beau**	**belle**
bon	**bonne**	**nouveau**	**nouvelle**
vieux	**vieille**	**long**	**longue**

2. Les adjectifs **beau**, **vieux** et **nouveau** devant un nom masculin avec une voyelle initiale sont transformés au *singulier*:

   un **beau** garçon   un **bel** animal
   un **vieux** livre   un **vieil** ami
   un **nouveau** film   un **nouvel** étudiant

   Attention: Au pluriel masculin, **beau**, **vieux** et **nouveau** sont **beaux**, **vieux** et **nouveaux**: deux **beaux** acteurs, trois **vieux** amis, de **nouveaux** étudiants.

   Au pluriel féminin, **belle**, **vieille** et **nouvelle** sont **belles**, **vieilles** et **nouvelles**: deux **belles** actrices, trois **vieilles** amies, de **nouvelles** étudiantes.

3. **Chic** est un adjectif invariable:

   Il est **chic**.   Elle est **chic**.   Ils sont **chic**.

4. L'adjectif **tout**:

   Les quatre formes de l'adjectif **tout** sont:

masculin	*féminin*
tout	**toute**
tous	**toutes**

Écrivez **tout** l'exercice.
Toute la classe est brillante.
Je ne suis pas dans la
classe **tous** les jours.

Toutes les jeunes filles
sont différentes.
Tout le monde est ici.

Présentation

Voilà un tableau surréaliste.
Ce tableau est très célèbre.

Aimez-vous **cette** chanson?

Tous **ces** tableaux sont uniques.
Cet artiste est extraordinaire.

Oui, j'adore toutes **ces** chansons
de 1940.

Explications

2 Les adjectifs démonstratifs:

A. Les quatre formes de l'adjectif démonstratif sont:[2]

masculin   *féminin*

ce (cet)   **cette**
ces   **ces**

Exemples: **Ce** livre est excellent.
Ces livres sont excellents.
Cette jeune fille est très contente.
Ces jeunes filles sont très contentes.

B. On utilise **cet** devant un nom masculin singulier qui commence par une voyelle.

Exemples: **Cet** étudiant est sérieux.
Cet arbre est immense.
Cet homme est dangereux.

Remarquez: **Cette** indiscrétion est fatale.
Cette étudiante est sérieuse.
Ces étudiants sont sérieux.
Ces arbres sont immenses.
Ces hommes sont dangereux.

2. Les suffixes **-ci** et **-là** sont quelquefois employés si une distinction
entre deux choses (ou deux personnes) est nécessaire.

Présentation

J'aime la beauté *naturelle*.

Naturellement, vous n'êtes pas compliqué.

Vous êtes *rapide*. Mangez-vous **rapidement?**

Malheureusement, je mange **rapidement.**

Explications

3 La formation et la place des adverbes réguliers:

A. Formation des adverbes réguliers avec le féminin de l'adjectif:

adjectif masculin	adjectif féminin	adverbe
naturel	naturelle	**naturellement**
final	finale	**finalement**
heureux	heureuse	**heureusement**
certain	certaine	**certainement**
relatif	relative	**relativement**

B. Si l'adjectif féminin est terminé par une *voyelle* + **e,** on élimine le **e** dans la formation de l'adverbe:

adjectif masculin	adjectif féminin	adverbe
vr**ai**	vr**aie**	vr**ai**ment
absol**u**	absol**ue**	absol**u**ment

C. En général, la place de l'adverbe est directement *après* le verbe ou *au commencement* de la phrase.

Exemples: Il est **certainement** très intelligent.
Malheureusement, je ne suis pas riche.

Présentation

Est-ce une robe originale?

Oui, c'est une robe **qui** est originale.

Aimez-vous cette maison?

Oui, c'est une maison **que** j'aime beaucoup.

Voilà un restaurant. Mangez-vous dans ce restaurant?

Oui, c'est le restaurant **où** nous mangeons généralement.

Dînez-vous à sept heures du soir?

Oui, c'est l'heure **où** nous dînons.

Explications

4 Trois pronoms relatifs:

A. **Qui** *(sujet):*

Voilà le monsieur **qui** parle toujours.
(L'antécédent de **qui** est **le monsieur**; c'est le sujet de **parle**.
Alors, **qui** est aussi le sujet de **parle**.)

Exemples: L'étudiante **qui** a trois frères est Linda.
Ils ont une classe **qui** commence à midi.

Remarquez: 1. **Qui** est directement devant le verbe parce que c'est le sujet.
2. **Qui** peut représenter une personne ou une chose.
3. Il n'y a pas d'élision avec **qui**: L'étudiante **qui a**...

B. **Que** *(objet):*

La bière est blonde. La bière **que** je préfère est blonde.

(L'antécédent de **que** est **la bière**. C'est le complément d'objet direct de **je préfère**. Alors, **que** est aussi le complément d'objet direct de **je préfère**.)

Exemples: J'aime la robe **que** vous avez aujourd'hui.
Robert Redford est l'acteur **qu'**Hélène préfère.[3]

Remarquez: 1. **Que** n'est pas directement devant le verbe parce que ce n'est pas le sujet. Alors, un sujet est nécessaire entre **que** et le verbe.
2. **Que** peut représenter aussi une personne ou une chose.
3. Attention à l'élision: que + elle → **qu'elle**
que + il → **qu'il**

C. **Où** *(lieu ou temps):*

Je vais à l'université. Voilà l'université **où** je vais.
(L'antécédent de **où** est **l'université**; **l'université** est le complément de lieu de **je vais**. Alors, **où** est le complément de lieu.)

Exemple: Nous allons à un petit café **où** il y a une atmosphère agréable.

Remarquez: **Où** n'est pas directement devant le verbe parce que **où** n'est pas le sujet.

3. *Remarquez:* Je préf**è**re, tu préf**è**res, il préf**è**re, ils préf**è**rent. *Mais:* nous préf**é**rons, vous préf**é**rez.

Exemples: La fin du semestre, c'est l'époque **où** nous avons beaucoup
d'examens.

Il est dix heures. C'est l'heure **où** il arrive généralement.

(Dans ces exemples, les antécédents de **où** sont **l'époque** et
l'heure. L'époque et **l'heure** sont les compléments de
temps des verbes. Alors, **où** est aussi le complément de
temps.)

Remarquez: **Où** est le pronom relatif de lieu et aussi le pronom relatif
de temps. (Admirez la logique française!)

Présentation

Où **dormez-vous** généralement? | **Je dors** dans mon lit, mais
je ne dors pas dans la classe
de français.

Sortez-vous ce soir? | Non, **je ne sors pas,** mais Jim
sort avec Julie. **Ils sortent**
ensemble.

Quand **partons-nous** pour
l'Europe? | **Nous partons** le 7 juillet.

Explications

5 Six verbes irréguliers en **-ir** (et leurs composés) ont le même systéme de
conjugaison: **dormir, partir, sortir, servir, mentir,**[4] **sentir.**[5]

dormir		partir	
je dors	**nous** dormons	**je** pars	**nous** partons
tu dors	**vous** dormez	**tu** pars	**vous** partez
il dort	**ils** dorment	**il** part	**ils** partent

---

4. *Mentir* ≠ dire la vérité.

5. *Sentir* est un verbe qui exprime la sensation et la sensibilité olfactive,
tactile ou psychologique (sentiment).

CRÉATION

Exercices oraux

A. Pour chaque phrase, protestez et corrigez l'erreur de logique: (§1)

Exemple: *La Maison Blanche est verte.*
Mais non! Elle n'est pas verte, elle est blanche!

1. La porte est violette.
2. Les éléphants sont jaunes.
3. Le drapeau américain est noir et blanc.
4. Catherine Deneuve est brune.
5. Les pommes sont oranges.
6. Les cigarettes sont bleues.
7. Le chapeau d'un cowboy méchant est blanc.

B. Demandez à un autre étudiant ou à une autre étudiante: (§1)

Exemple: *de quelle couleur est son pantalon.*
De quelle couleur est ton pantalon?

1. de quelle couleur est son crayon.
2. de quelle couleur est son livre.
3. de quelle couleur sont les murs.
4. de quelle couleur est le tableau.
5. de quelle couleur sont les photos du livre.
6. (Inventez une question: de quelle couleur est...)

C. Placez les adjectifs correctement dans les phrases (*attention* à leur forme); après, répétez les phrases au pluriel: (§1)

Exemple: *(joli) C'est une photo.*
C'est une jolie photo.
Ce sont de jolies photos.

1. (intelligent)	C'est un étudiant.
2. (délicieux)	C'est une crêpe.
3. (vieux)	C'est un livre.
4. (vieux)	C'est un ami.
5. (bon)	C'est une classe.
6. (naïf)	C'est une question.
7. (autre)	C'est un jour.
8. (furieux)	C'est un garçon.
9. (sportif)	C'est une jeune fille.
10. (grand)	C'est un bâtiment.

D. Faites une phrase avec une forme de l'adjectif **tout**: (§1)

Exemple: *Les étudiants sont sympathiques.*
Tous les étudiants sont sympathiques.

1. Les jeunes filles sont différentes.
2. La classe est brillante.
3. Écrivez la phrase.
4. Écrivez l'exercice.
5. Écrivez les exercices.

E. Inventez une phrase avec une forme de l'adjectif démonstratif **ce**: (§2)

Exemple: *Voilà une rose.*
Cette rose est jolie. ou
J'aime cette rose.

1. Voilà un film.
2. Voilà une chemise.
3. Voilà des chiens.
4. Voilà un accident.

F. Placez l'adverbe dans la phrase: (§3)

Exemple: *(malheureusement)* *Il y a un examen final.*
Malheureusement il y a un examen final. ou
Il y a malheureusement un examen final.

1. (certainement)   C'est une erreur.
2. (probablement)   Vous parlez anglais.
3. (généralement)   Il y a un examen le vendredi.
4. (naturellement)   Tout le monde a un nez.
5. (finalement)   Nous terminons l'exercice.

G. Répétez les phrases suivantes en utilisant: **Voilà le (la, l', les)... qui (que, où)...** : (§4)

Exemple: *J'aime beaucoup cette classe.*
Voilà la classe que j'aime beaucoup.

1. La blouse est élégante.
2. Tu préfères l'acteur.
3. Vous écrivez la lettre.
4. La femme est dans notre classe.
5. Les critiques adorent le film. (Voilà le film...)
6. Je vais au supermarché.
7. L'étudiant étudie l'espagnol.
8. Nous mangeons dans le restaurant.

H. Répondez aux questions suivantes: (§5)

1. Dormez-vous bien quand vous êtes malade?
2. Avec qui sortez-vous ce week-end?
3. Quand vous mentez, est-ce que vous devenez rouge?
4. Partez-vous quand vous sentez une mauvaise odeur?
5. Sert-on l'apéritif avant ou après le dîner?

I. Regardez la photo, page 114, et répondez aux questions suivantes:

1. Comment est la chambre?
2. Le jeune homme dort-il ici?
3. La chambre où vous habitez est-elle comme la chambre de la photo? Est-elle différente?
4. Inventez une question sur la photo et posez votre question à un autre étudiant ou à une autre étudiante.

Exercices écrits

A. Écrivez les exercices oraux E et H.

B. Placez les adjectifs dans les phrases (attention à leur forme et à leur place): (§1)

Exemple: *(grand, brun) Alice est une jeune fille.*
Alice est une grande jeune fille brune.

1. (petit, sympathique)　　Scott est un jeune homme.
2. (bon, exotique)　　C'est un restaurant.
3. (noir, petit)　　C'est un chien.
4. (beau, jaune)　　Voilà la voiture de Robert.
5. (beige, beau)　　Ce sont des pantalons.
6. (vieux, sympathique)　　Ce sont des dames.
7. (bizarre, unique)　　C'est un chapeau.
8. (blanc, nouveau)　　C'est un uniforme.

C. Employez la forme correcte d'un adjectif de votre choix dans chaque tiret (*attention* à la place des adjectifs): (§1)

Exemple: *C'est un _____ livre _____.*
C'est un petit livre intéressant.

1. Nous avons une _____ classe.
2. Tu as une voiture _____.
3. Voilà des maisons _____.
4. Je suis un(-e) _____ étudiant(-e) _____.
5. Ce sont de _____ journaux _____.
6. Vous avez des idées _____.
7. Sur le campus il y a de _____ bâtiments _____.
8. J'ai de _____ amis _____.
9. C'est un _____ exercice _____.

D. Formez l'adverbe qui correspond à ces adjectifs: (§3)

Exemple: *malheureux*
malheureusement

1. agréable
2. vrai
3. naïf
4. heureux
5. certain
6. sûr
7. autre
8. joyeux
9. actif

E. Utilisez **qui, que** ou **où** pour former une seule phrase (*attention:* quelquefois le remplacement de l'article indéfini *[un, une]* par l'article défini *[le, la]* est nécessaire): (§4)

Exemple: *L'automne est une saison. Les arbres deviennent très jolis en automne.*
L'automne est la saison où les arbres deviennent très jolis.

1. Voilà un hôpital. Le docteur Jekyll travaille dans cet hôpital.
2. Voilà un hôpital. Il est à côté de votre appartement.
3. Mon ami admire ce sénateur. Ce sénateur vient de Boston.
4. Mon ami admire ce sénateur. Je déteste ce sénateur.
5. Juin est un mois. Je préfère ce mois.
6. Juin est un mois. Les vacances commencent en juin.
7. Juin est un mois. Il vient après mai.
8. Voilà un journal. Je lis ce journal.

F. Finissez les phrases suivantes: (§4)

Exemple: *L'exercice que...*
L'exercice que j'écris est très intéressant.

1. La Cuisinart est une machine qui...
2. La Cuisinart est une machine que...
3. J'ai une voiture que...
4. J'ai une voiture qui...
5. Monsieur X travaille dans un bâtiment où...
6. Monsieur X travaille dans un bâtiment que...
7. Demain est le jour où...
8. Voilà une statue qui...

Lecture

Une Maison typiquement française

La maison *où* nous habitons, dit Sylvie, c'est aussi la maison *où* je suis née. Il y a des familles *qui* habitent dans la *même* maison pendant *plusieurs*[6] générations. Aux États-Unis on déménage *généralement plusieurs* fois dans une vie.

La façade de la maison est *blanche.* Les fenêtres et la porte d'entrée sont *brunes.* Il y a un *grand* jardin *symétrique* autour de la maison et un mur de briques assez *haut* autour du jardin. C'est une caractéristique de *certaines* maisons *françaises.* Dans le jardin il y a deux *jolies* pelouses *vertes où* on ne marche pas. C'est une *autre* caractéristique de *certains* jardins *français.* Derrière la maison nous avons une *grande* cour avec une *belle* fontaine *ancienne* et quatre *vieux* arbres. Nous *sortons* souvent dans la cour ou dans le jardin pendant la *belle* saison.[7]

À l'intérieur, voilà le vestibule avec l'escalier *qui* va au *premier* étage. Au rez-de-chaussée: le salon, ou la salle de séjour, *qui* est une *grande* pièce *solennelle* avec des fauteuils et un canapé *anciens* qui viennent de mes grands-parents. Il y a aussi quelques tables et des lampes. Au centre du plafond un *grand* lustre éclaire la pièce.

De l'autre côté du vestibule: la salle à manger *où nous servons* nos invités. Mais la pièce *que* je préfère c'est la cuisine avec sa *vieille* cuisinière à gaz et ses placards pour les plats, les assiettes, les tasses, les verres, etc. Cette maison n'est pas une maison *moderne,* mais il y a un *grand* réfrigérateur *blanc* (ou un frigo) et un évier en acier *inoxydable.*

Au premier étage il y a *naturellement* les chambres à coucher *où nous dormons* et les salles de bain. Ma chambre est *petite,* mais elle donne sur le jardin, et j'ai une *belle* vue de la vallée et des collines. Dans le coin à gauche, voilà mon lit. Sur les murs: *de grandes* étagères en bois[8] pour mes livres, mes disques et ma stéréo, et aussi des affiches de concerts, d'expositions et des reproductions de tableaux *que* j'aime. J'ai aussi mon bureau *où* je travaille *(rarement)* et *qui* est *toujours* en désordre. Quand j'étudie je suis *générale-*

6. *Plusieurs* (''several'') est un adjectif invariable.

7. *La belle saison* = l'été = ''summertime.''

8. *En bois* = ''made of wood.''

J'ai aussi mon bureau où je travaille (rarement) et qui est toujours en désordre.

Le Journal d'un fou, Roger Coggio, 1963; sur la photo: Roger Coggio.
   Le Journal d'un fou est l'adaptation fidèle de la nouvelle de Gogol. C'est l'histoire de la folie d'un modeste employé, correcteur dans un grand journal quotidien. Il est rejeté par la société et la femme qu'il adore. Il imagine qu'il est l'héritier du trône d'Espagne, il délire dans sa chambre. C'est le premier film de l'acteur Roger Coggio, film à un personnage unique: lui-même. C'est un véritable tour de force.

ment sur mon lit et quelquefois je suis sur le tapis, par terre. Et vous? Comment est votre maison? Comment est votre chambre? Lisez-vous et écrivez-vous sur votre bureau ou par terre comme moi?

Questions sur la lecture

1. Sylvie habite-t-elle dans la maison où elle est née? Et vous?
2. Les Américains déménagent-ils souvent? Et les Français?
3. De quelle couleur est la façade de la maison de Sylvie?
4. Comment sont les jardins français? (Donnez une ou deux caractéristiques.)
5. Qu'est-ce qu'il y a dans le salon?
6. Quelles pièces y a-t-il au rez-de-chaussée?
7. Qu'est-ce qu'il y a dans la cuisine? Selon vous est-ce une cuisine moderne? Est-elle comme la cuisine de votre maison?

8. Qu'est-ce qu'il y a dans la chambre de Sylvie?
   Qu'est-ce qu'il y a dans votre chambre?
9. Comment est votre bureau?
10. Où travaillez-vous généralement?

Discussion / Composition

1. Décrivez votre maison. Combien de pièces y a-t-il?
   Comment est la salle de séjour? Comment est le jardin?
   Où mangez-vous? Où étudiez-vous? etc.
2. Décrivez votre chambre à l'université. Habitez-vous dans
   un appartement, dans la maison de vos parents, dans une
   résidence universitaire? À quel étage est votre chambre?
   Avez-vous un(-e) camarade de chambre? Qu'est-ce qu'il
   y a dans votre chambre? (Employez beaucoup d'adjectifs
   et les pronoms relatifs **qui, que, où.**)
3. Quelle est votre pièce préférée dans votre maison?
   Pourquoi? Qu'est-ce qu'il y a dans cette pièce? Quelles
   sont les activités normales dans cette pièce? (Employez
   les verbes de la leçon, les pronoms relatifs **qui, que, où**
   et beaucoup d'adjectifs.)

Vocabulaire

noms
acier m.
affiche f.
apéritif m.
arbre m.
assiette f.
bière f.
canapé m.
chambre à
   coucher f.
chanson f.
coin m.
colline f.
costume m.
cour f.
cravate f.
cuisine f.
cuisinière f.
dame f.
drapeau m.
époque f.
étage m.
étagère f.
évier m.
fauteuil m.
invité m.
jardin m.
lustre m.
pelouse f.
pièce f.
placard m.
plafond m.
plat m.
rez-de-chaussée m.
salle à manger f.
salle de bain f.
salle de séjour f.
salon m.
tapis m.
tasse f.
verre m.

adjectifs
beau / bel / belle
blanc / blanche
bleu(-e)
brun(-e)
ce / cet / cette
gris(-e)
haut(-e)
inoxydable
jaune
jeune
marron
mauvais(-e)
méchant(-e)
né(-e)
noir(-e)
nouveau /
   nouvel /
   nouvelle
plusieurs
rouge
solennel(-le)
vert(-e)
vieux / vieil /
   vieille
vrai(-e)

verbes
déménager
donner sur
dormir
éclairer
marcher
mentir
partir
sentir
sortir

adverbes
heureusement
souvent

autres expressions
en bois
en désordre
être d'accord

noms apparentés
automne m.
bicyclette f.
critique m.
Europe f.
odeur f.
semestre m.
système m.
uniforme m.

Échanges

— Quelle coïncidence! Qu'est-ce que tu fiches ici?[1]

— Je sors de mon cours de chimie et je ne suis pas en forme. Le prof est barbant[2] et je suis complètement paumé.[3]

— Sans blague![4] La chimie, c'est justement[5] mon fort.[6] Je te donne un coup de main[7] maintenant?

— Oh là! là! Pas si vite! Maintenant je suis trop vaseux.[8] Viens dans ma turne[9] qui n'est pas loin. J'ai un truc[10] super à te montrer.

1. *Qu'est-ce que tu fiches ici?* = Pourquoi es-tu ici?
2. *Barbant* ≠ intéressant.
3. *Paumé* = désorienté.
4. *Sans blague!* = "No kidding?"
5. *Justement* = précisément.
6. *Mon fort* = ma spécialité.
7. *Donner un coup de main* = aider, assister.
8. *Vaseux* = fatigué.
9. *Ma turne* = ma chambre.
10. *Un truc* = une chose, un objet.

la solitude est verte

Louise de Vilmorin
1902—1969

Verte comme la pomme en sa simplicité,
Comme la grenouille, cœur glacé des vacances,
Verte comme tes yeux de désobéissance,
Verte comme l'exil où l'amour m'a jeté.

        La solitude est verte.

passionnément

Je l'aime un peu, beaucoup, passionnément,
Un peu c'est rare et beaucoup tout le temps.
Passionnément est dans tout mouvement:
Il est caché sous cet: *un peu,* bien sage
Et dans: *beaucoup* il bat sous mon corsage.
Passionnément ne dort pas davantage
Que mon amour aux pieds de mon amant
Et que ma lèvre en baisant son visage.

Poèmes
© Éditions Gallimard

118

9
Neuvième Leçon

L'article défini avec les noms de pays

Les prépositions avec les noms de villes et de pays

Les pronoms objets directs: *me, te, le, la, nous, vous, les*

Les pronoms objets indirects: *me, te, lui, nous, vous, leur*

Un endroit et *une place*

Récapitulation de la négation

Lecture: *Le Mauvais Numéro*

Une conversation au téléphone

DÉCOUVERTE

Présentation

Vous partez **en Europe**. Dans quelles villes allez-vous?

Nous allons **à Paris, à Rome, à Athènes** et **à Lisbonne**.

Où est le Colisée?

Il est **à Rome**.

Où est la tour Eiffel?

Elle est **à Paris**.

Allez-vous **en France?**

Oui, nous allons **en France, en Italie, en Grèce** et **au Portugal**.

Allez-vous **au Danemark** et **en Suède?**

Non, nous n'allons pas **au Danemark** et nous n'allons pas **en Suède** non plus.[1]

Explications

1 L'article défini avec les noms de pays (''nations''):
On emploie l'article défini quand le nom de pays est *le sujet* ou le complément d'*objet direct* du verbe:

Exemples: **La** *France* est un vieux pays.
Le *Danemark* a 5.000.000 d'habitants.
Nous étudions **le** *Canada* dans ma classe de géographie.
Mes parents visitent souvent **les** *Pays-Bas*.

Exception: Israël est en Asie Mineure.

2 Les prépositions avec les noms de villes et de pays:

A. Usage général:

à + nom de ville

en + { nom de pays qui commence par une voyelle
nom de pays avec un *e* final[2]

au + les autres noms de pays (ou **aux** si le nom est pluriel)

---

1. *Non plus* ≠ aussi.

2. Cet usage est applicable aussi aux noms de *continents (Amérique, Afrique, Asie,* etc.) ou de *provinces (Normandie, Bourgogne, Colombie Britannique,* etc.) ou d'*états (Kansas, Californie, Virginie,* etc.).

à + *noms de villes*	en + *noms de pays*	au(x) + *autres noms de pays*
à Bruxelles	**en** Argentine	**au** Brésil
à Genève	**en** Angleterre	**au** Nigéria
à Montréal	**en** Allemagne	**au** Liban
à Québec (ville)	**en** Espagne	**au** Japon
à New York	**en** Chine	**aux** Pays-Bas
à Londres	**en** Colombie	**aux** États-Unis
à Tokyo	**en** Israël	**aux** Indes

Exception: **au** Mexique

B. Pour indiquer l'origine: **à → de, en → de, au → du, aux → des.**

Exemples:

Tu vas **à** Paris.   Tu arrives **de** Paris.
Je vais **en** France.   J'arrive **de** France.
Nous allons **au** Danemark.   Nous sommes **du** Danemark.
Mon père voyage **aux**   Mon père téléphone **des**
Pays-Bas.   Pays-Bas.

C. Pour les États-Unis et le Canada, la même règle est applicable. Remarquez la forme française de certains noms: (**a → e**).

en Arkansas	**au** Kansas
en Californie	**au** Texas
en Ontario	**au** Québec (province)
en Colombie Britannique	**au** Saskatchewan

On dit aussi, par exemple, *dans l'état* de Wyoming, *dans l'état de* Nebraska, etc. Pour distinguer entre **ville** et **état**: *à* Washington (la capitale) mais *dans l'état de* Washington; *à* New York (ville) mais *dans l'état de* New York.

Présentation

Lisez-vous le journal?   Oui, je **le** lis.

Regardez-vous la télé?   Oui, je **la** regarde.

Est-ce que j'écoute la radio?   Oui, vous **l'**écoutez quelquefois.

Détestez-vous les enfants?   Non, je ne **les** déteste pas, je **les** adore.

Me regardez-vous?   Oui, je **vous** regarde et je
M'écoutez-vous?   **vous** écoute.

Oui, je vous regarde et je vous écoute.

Le Soupirant, Pierre Étaix, 1962; sur la photo: Pierre Étaix.

Un soupirant est un jeune homme amoureux d'une jeune fille. Il languit après l'objet de ses désirs. Dans cette scène comique, Étaix fait un baise-main respectueux à la femme qu'il aime.

Explications

3 Les pronoms objets directs:

A. Comme pour les pronoms sujets, quand on mentionne une personne ou une chose dans une question ou une conversation, il n'est pas toujours nécessaire de répéter la personne ou la chose.

> *Exemples: Pronom sujet:* John est-il américain?
> Oui, **il** est américain.
> (**Il** remplace **John**, sujet de **est**.)
>
> *Pronom objet:* Est-ce que vous regardez **le professeur?**
> Oui, je **le** regarde.
> (**Le** remplace **le professeur**.)

B. Le pronom objet direct remplace le complément d'*objet direct*. Les pronoms objets directs sont:

me	**nous**
te	**vous**
le, la	**les**

> *Attention:* Devant une voyelle, **me → m', te → t', le** et **la → l'**.

Exemples:

question	réponse affirmative	réponse négative
Parlez-vous anglais? **Le** parlez-vous?	Oui, je **le** parle.	Non, je ne **le** parle pas.
Me déteste-t-il?	Oui, il **vous** déteste.	Non, il ne **vous** déteste pas.

Regardons-nous la télé? **La** regardons-nous?	Oui, nous **la** regardons.	Non, nous ne **la** regardons pas.
Est-ce que j'écoute les réponses des étudiants? Est-ce que je **les** écoute?	Oui, vous **les** écoutez.	Non, vous ne **les** écoutez pas.

C. Place du pronom objet direct: Vous remarquez que le pronom objet direct d'un verbe est placé *directement devant le verbe.*

Exemples: Je regarde les photos.   Je **les** regarde.
            Je déteste le dentiste.   Je **le** déteste.
            Il mange la banane.   Il **la** mange.

D. Pour le négatif, **ne** précède le pronom objet.

Exemples: Je **ne le** déteste **pas.**
            Il **ne la** mange **pas.**
            Elle **ne nous** écoute **pas.**

E. Le pronom objet direct remplace aussi un nom précédé de l'adjectif possessif ou démonstratif.

Exemples: Aimes-tu cette affiche?   Oui, je l'aime.
            Nous écrivons nos exercices.   Nous **les** écrivons.

Présentation

Parlez-vous à votre professeur de physique?	Oui, je **lui** parle quelquefois.
Téléphonez-vous à votre mère?	Non, je ne **lui** téléphone pas, mais je **lui** écris souvent.
Écrivez-vous à vos amis aussi?	Oui, je **leur** écris souvent.
M'écrivez-vous quelquefois?	Non, je ne **vous** écris pas.

Explications

4   Les pronoms objets indirects:

A. On distingue le nom complément d'*objet indirect* parce qu'il est toujours précédé par **à.**

Exemple: Parlez-vous **à Michel?** Oui, je **lui** parle.
          (**Lui** remplace **à Michel,** objet indirect de **parle.**)

B. Le pronom objet indirect remplace le nom complément d'*objet indirect*.
Les pronoms objets indirects sont:

me	nous
te	vous
lui (m. et f. sing.)	**leur** (m. et f. pl.)

Attention: Devant une voyelle, **me** → **m'**, **te** → **t'**.

Exemples:

question	réponse affirmative	réponse négative
Me téléphonez-vous?	Oui, je **vous** téléphone.	Non, je ne **vous** téléphone pas.
François écrit-il à ses amis? **Leur** écrit-il?	Oui, il **leur**[3] écrit.	Non, il ne **leur** écrit pas.
Catherine propose-t-elle un rendez-vous à Philippe?	Oui, elle **lui** propose un rendez-vous.	Non, elle ne **lui** propose pas de rendez-vous.

Remarquez: On utilise particulièrement le pronom objet indirect pour une personne. Certains verbes sont souvent employés avec une personne-objet indirect. Par exemple:

téléphoner à	Je **téléphone à** David.	Je *lui* téléphone.
écrire à	J'**écris à** mes parents.	Je *leur* écris.
dire à	Je **dis** la vérité **à** Gladys.	Je *lui* dis la vérité.
parler à	Je **parle à** mon professeur.	Je *lui* parle.
demander à	Je **demande** une explication **à** mon ami.	Je *lui* demande une explication.

C. Place du pronom objet indirect: Exactement comme le pronom objet direct, le pronom objet indirect est placé *directement devant le verbe*.

Exemples:

affirmatif	négatif
Nous **lui** écrivons une lettre.	Nous ne **lui** écrivons pas de lettre.
Elle **leur** donne un cadeau.	Elle ne **leur** donne pas de cadeau.
Jacques **me** donne son vieux livre de français.	Jacques ne **me** donne pas son vieux livre de français.
Vous **me** mentez.	Vous ne **me** mentez pas.

---

3. Le pronom *leur* est invariable (sans *-s* final). Ne le confondez pas avec l'adjectif possessif (par exemple, *leurs* livres).

Présentation

Le restaurant de l'université, est-ce un **endroit** ou une **place?**	C'est un **endroit**, ce n'est pas une **place**.
Et votre appartement?	C'est un **endroit**.
Et un parc?	C'est un **endroit**.
Et la place Trafalgar à Londres?	C'est une **place** publique, mais c'est aussi **un endroit**.
Nous allons au théâtre ce soir. Avez-vous nos **places?**	Oui, j'ai deux **places** à l'orchestre.

Explications

5 **Un endroit** et **une place:**

A. **Endroit** ("place," "spot"):

> Votre appartement est un **endroit**.
> L'université est un **endroit**.
> La classe est un **endroit**.
> Un restaurant et un café sont des **endroits**.
> Une ville est un **endroit**.

B. **Place** a plusieurs sens précis:

1. Une **place** publique ("square"):

> Washington Square à New York est une **place**.
> **La place de la Concorde** est à Paris.
> **La place Saint-Pierre** est à Rome.

2. La localisation (chaise, siège, etc.):

> Dans la classe de français, ma **place** est entre Leslie et David.
> J'ai deux **places** pour le théâtre; venez-vous avec moi?

3. L'espace:

> C'est un grand garage. Il y a beaucoup de **place** pour vos voitures.
> Vous êtes très grand. Il n'y a pas assez de[4] **place** pour vous dans cette petite auto.

---

4. *Assez de* = une quantité suffisante de.

Présentation

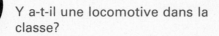

Est-ce un parallélépipède?

Non, **ce n'est pas un** parallélépipède.

Y a-t-il une locomotive dans la classe?

Non, **il n'y a pas de** locomotive dans la classe.

Avez-vous un orang-outan?

Non, **je n'ai pas d'**orang-outan!

Écoutez-vous un disque maintenant?

Non, **je n'écoute pas de** disque maintenant.

Regardez-vous le livre maintenant?

Non, **je ne le regarde pas** maintenant.

Explications

6 Récapitulation de la négation:

A. Avec le verbe **être**:

C'est un mur.   **Ce n'est pas un** mur.
C'est une photo.   **Ce n'est pas une** photo.
Ce sont des fleurs.   **Ce ne sont pas des** fleurs.
C'est le premier avril.   **Ce n'est pas le** premier avril.
Ce sont les États-Unis.   **Ce ne sont pas les** États-Unis.
C'est mon chien.   **Ce n'est pas mon** chien.
C'est son..., etc.   **Ce n'est pas son...**, etc.

B. Avec l'expression idiomatique **il y a**:

Dans mon sac: Dans mon sac:
il y a un stylo.   **il n'y a pas de** stylo.
il y a une pomme.   **il n'y a pas de** pomme.
il y a des lunettes.   **il n'y a pas de** lunettes.
il y a la carte de crédit de mes parents.   **il n'y a pas la** carte de crédit de mes parents.
il y a ton numéro de téléphone.   **il n'y a pas ton** numéro de téléphone.
il y a son..., etc.   **il n'y a pas son...**, etc.

C. Avec le verbe **avoir**:

J'ai un chapeau.	**Je n'ai pas de** chapeau.
J'ai une moustache.	**Je n'ai pas de** moustache.
J'ai des cheveux.	**Je n'ai pas de** cheveux.
J'ai le pantalon de mon frère.	**Je n'ai pas le** pantalon de mon frère.
J'ai la curiosité de Pandore.	**Je n'ai pas la** curiosité de Pandore.
J'ai les chaussures de mon oncle.	**Je n'ai pas les** chaussures de mon oncle.
J'ai mon chapeau.	**Je n'ai pas mon** chapeau.
J'ai ton pull-over.	**Je n'ai pas ton** pull-over.
J'ai son..., etc.	**Je n'ai pas son**..., etc.

D. Avec les verbes transitifs[5] (**avoir, écouter, manger, regarder,** etc.):

J'écoute un disque.	**Je n'écoute pas de** disque.
J'écoute une conférence.	**Je n'écoute pas de** conférence.
J'écoute des chansons.	**Je n'écoute pas de** chansons.
J'écoute le professeur.	**Je n'écoute pas le** professeur.
J'écoute la radio.	**Je n'écoute pas la** radio.
J'écoute les explications du professeur.	**Je n'écoute pas les** explications du professeur.
J'écoute mon opéra préféré.	**Je n'écoute pas mon** opéra préféré.
J'écoute ton anecdote.	**Je n'écoute pas ton** anecdote.
J'écoute son..., etc.	**Je n'écoute pas son**..., etc.

E. Avec un pronom objet direct ou indirect:

Il mange le sandwich.	**Il ne le** mange **pas.**
Il mange sa pomme.	**Il ne la** mange **pas.**
Il mange ma pomme.	**Il ne la** mange **pas.**
Il regarde les albums de photos de famille.	**Il ne les** regarde **pas.**
Il regarde la photo.	**Il ne la** regarde **pas.**
Il vous écoute.	**Il ne vous** écoute **pas.**
Il aime Sylvie.	**Il ne l'**aime **pas.**
Il donne son livre à Sylvie.	**Il ne lui** donne **pas** son livre.
Il téléphone à ses amis.	**Il ne leur** téléphone **pas.**

---

5. *Verbes transitifs* = verbes susceptibles d'avoir un complément d'objet direct.

CRÉATION

Exercices oraux

A. Quel est le pays? Commencez votre réponse par **le (la, l'** ou **les)** + *nom du pays:* (§1)

Exemple: *Un pays où on parle russe*
La Russie est un pays où on parle russe.

1. Un pays où on parle allemand.
2. Un pays qui a un président.
3. Un pays où on parle portugais.
4. Un pays qui a deux ou trois langues officielles.
5. Un pays que vous aimez.

B. Formez une phrase pour indiquer l'origine: (§1)

Exemple: *Le café colombien*
Le café colombien vient de Colombie.

1. Le président des États-Unis
2. Les spaghetti
3. Le journal *Pravda*
4. Les films américains
5. La Toyota
6. Vos deux sénateurs

C. Pour chaque phrase, protestez et corrigez l'erreur de logique: (§2)

Exemple: *Le Kremlin est en France.*
Mais non! Il n'est pas en France, il est en Russie.

1. L'Université de Chicago est à Boston.
2. Le musée du Louvre est à Moscou.
3. Les Alpes sont au Brésil.
4. Le palais de Buckingham est aux Pays-Bas.
5. L'Amazone est en Angleterre.
6. Le zoo de San Diego est à San Francisco.
7. Le métro est à Hicksville.

D. Répétez les phrases suivantes et remplacez le complément d'objet direct par le pronom approprié: (§3)

Exemple: *Elle parle français et italien.*
Elle les parle.

1. Vous discutez la situation.
2. J'aime mon père.
3. Nous écrivons les exercices écrits.
4. Tu poses toujours cette question.
5. Vous mangez la spécialité de la maison.
6. Ils écoutent les disques de Paul McCartney.

E. Dites au négatif: (§3)

Exemple: *Je vous regarde.*
Je ne vous regarde pas.

1. Je vous adore.
2. Vous me détestez.
3. Il nous aime.
4. Suzanne nous écoute.
5. Vous me regardez.
6. Mark vous admire.
7. Je t'écoute.
8. Je le regrette.

F. Demandez à un autre étudiant ou à une autre étudiante (utilisez le pronom objet direct): (§3)

Exemple: *s'il vous écoute.*
Question: *M'écoutes-tu?* ou
Est-ce que tu m'écoutes?
(Réponse: *Oui, je t'écoute.*)

1. s'il (si elle) aime les serpents.
2. s'il (si elle) admire Sigmund Freud.
3. s'il (si elle) vous regarde.
4. si vous le (la) regardez.
5. si vous le (la) détestez.
6. si le professeur vous écoute.

G. Répétez les phrases suivantes et remplacez le complément d'*objet indirect* par le pronom approprié: (§4)

Exemple: *Elle parle à ses amis.*
Elle leur parle.

1. Je parle à mon ami.
2. Lucie parle à sa sœur.
3. Vous parlez à Joseph et à Todd.
4. Tu parles à Marie et à Renée.
5. Je téléphone à Catherine.
6. Je téléphone à Claude.
7. On téléphone à Fred et à Roberta.
8. Nous téléphonons à nos parents.

H. Demandez à un autre étudiant ou à une autre étudiante (utilisez un pronom objet indirect): (§4)

Exemple: *s'il (si elle) vous parle.*
Question: *Est-ce que tu me parles?* ou
Me parles-tu?
(Réponse: *Oui, je te parle.*)

1. s'il (si elle) vous écrit souvent.
2. s'il (si elle) donne des fleurs à ses amis.
3. s'il (si elle) vous parle maintenant.
4. qui lui téléphone souvent.
5. qui lui explique les leçons du livre.

I. Répétez les phrases suivantes avec le pronom approprié (objet direct ou indirect): (§3, 4)

1. Je parle à Joy et à Bob.
2. Nous parlons à Leslie.
3. Vous parlez français.
4. Eric aime Claire.
5. Eric téléphone à Claire.
6. Eric regarde Claire.
7. Tout le monde accepte les chèques de voyage.

J. Répondez aux questions suivantes: (§5)

1. Quel est votre endroit préféré?
2. Y a-t-il une place au centre de votre ville?
3. Combien de places y a-t-il dans une Porsche?
4. Indiquez un endroit agréable pour pique-niquer.
5. Réservez-vous votre place quand vous allez au cinéma?

K. Dites au négatif: (§6)

Exemple: *Tu manges une orange.*
Tu ne manges pas d'orange.

1. Il me donne une fleur.
2. Je fume des cigares.
3. C'est un crayon.
4. Vous dansez le tango.
5. Vous me parlez.
6. Il y a un examen demain.
7. Il y a l'examen final demain.
8. Je te respecte.
9. Les chiens parlent une langue étrangère.
10. Tu me choques.
11. Il m'aime.

L. Regardez la photo, page 133. Répondez aux questions suivantes:

1. À quel pays vont-ils? À quelle ville?
2. De quel endroit viennent-ils?
3. Qu'est-ce que le monsieur dit à la dame? (Répondez avec un pronom.)
4. Mange-t-elle un caramel?
5. Inventez une question sur la photo et posez votre question à un autre étudiant ou à une autre étudiante.

Exercices écrits

A. Remplacez les tirets par **le, la, les, en, à, au, aux, des, du** ou **de**: (§1, 2)

1. J'adore _____ France parce que mon cognac préféré vient _____ France.
2. _____ Russie est un grand pays. Les Américains ne vont pas souvent _____ Russie.
3. _____ Canada a deux langues officielles parce qu'on parle français _____ Montréal et on parle anglais _____ Vancouver.

4. Cet homme est très riche: il a des maisons _____ Acapulco, _____ Suisse, _____ Brésil et _____ Beverly Hills.

5. Quels sont les pays nordiques? _____ Norvège, _____ Danemark et _____ Suède.

B. Vous préparez un voyage. Voilà des activités. Quelle est votre déduction? Où allez-vous?: (§2)

Exemple: *Vous étudiez l'art chinois.*
Je vais en Chine.

1. Vous demandez des roubles à la banque.
2. Vous demandez un visa de touriste au consulat allemand.
3. Vous réservez une chambre à l'Hôtel de Luxe de Rio de Janeiro.
4. Vous écoutez des disques de Berlitz et vous répétez «gracias» et «por favor».
5. Vous réservez votre place dans un avion de la ligne El-Al.
6. Vous regardez des brochures sur le mont Fuji.
7. Vous décidez entre un hôtel à Picadilly Circus et un hôtel en face de Big Ben.
8. Votre guide est Olaf Olafsen.

C. Répondez aux questions suivantes et remplacez les mots soulignés par un pronom objet direct ou indirect: (§3, 4)

Exemple: *Aimez-vous le basketball?*
Oui, je l'aime.

1. Préparez-vous vos exercices oraux?
2. Donnez-vous des fleurs à votre ami(-e) spécial(-e)?
3. Est-ce qu'on vous regarde quand vous marchez sur le boulevard?
4. Dansez-vous le cha-cha-cha?
5. Aimez-vous le tennis?
6. Insultez-vous vos amis?
7. Mentez-vous à vos parents?
8. Les autres étudiants vous posent-ils des questions indiscrètes?
9. Qui vous adore?

D. Remplacez les tirets par **endroit(-s)** ou **place(-s)**: (§5)

1. Voilà un(-e) _____ formidable pour pique-niquer.
2. Dans l'avion j'ai un(-e) _____ en première classe.
3. Le petit restaurant «Chez Jacques» est un(-e) _____ très agréable.

4. Est-ce que les étudiants paient très cher leurs _____ au théâtre?
5. Je n'aime pas les _____ dangereux.
6. Il y a un monument au milieu de la (l') _____ de la Concorde.

E. Répondez à ces questions à la forme négative: (§6)

1. Est-ce le 30 février?
2. Est-ce un exercice oral?
3. Y a-t-il un drapeau américain devant votre chaise?
4. Votre professeur a-t-il votre numéro de téléphone?
5. Avons-nous un examen lundi?
6. Y a-t-il des actrices françaises dans votre classe?
7. Êtes-vous un robot?
8. Avez-vous trois nez?
9. Est-ce qu'on vous téléphone à trois heures du matin?

Lecture

Le Mauvais Numéro

— Allô, allô, Mademoiselle? Oh! Pardon, Monsieur. Le numéro 43.07.18 *à Marseille, en France,* s'il *vous* plaît.

— Le 43.07.18? Oui, Monsieur. Avec ou sans préavis?[6]

— Sans préavis.

— Ne quittez pas, Monsieur. Je *vous* donne le numéro tout de suite.

— Je *vous* remercie infiniment... Allô? Allô? Michèle? C'est toi?

— Allô? Allô? Mais non, *il n'y a pas de* Michèle ici. Quel numéro demandez-vous, Monsieur?

— Le 43.07.18, *à Marseille.*

— Mais vous êtes à *Aix-en-Provence,* Monsieur!

— *À Aix-en-Provence?* Zut! Oh excusez-moi, Madame; l'opérateur *ne m'écoute pas.* Je *lui* demande le 43.07.18 *à Marseille* et il *me* donne le même numéro *à Aix.* Quelle histoire!

---

6. *Avec préavis* = ''person-to-person''; *sans préavis* = ''station-to-station.''

Mais, Monsieur! Quelle insolence! Je ne suis pas votre amour...

Un Homme qui me plaît, Claude Lelouche.

Au cours d'une visite aux États-Unis, un musicien rencontre une actrice. Ils décident de prolonger leur voyage et d'aller à Las Vegas. Ils sont finalement obligés de retourner à leurs obligations respectives en Europe. Ils ont rendez-vous à Nice... Cette comédie révèle l'idée quelquefois amusante que les Français ont de l'Amérique. Sur la photo: Annie Giradot.

— Allô! Allô! Monsieur? Oh pardon, Mademoiselle! Je *vous* demande le 43.07.18 *à Marseille,* et vous *me* donnez le même numéro à *Aix-en-Provence.*

— Une seconde, Monsieur, ne quittez pas. Voilà, vous l'avez maintenant.

— Allô, Michèle, mon amour?

— Mais, Monsieur! Quelle insolence! *Je ne suis pas votre* amour, j'ai quatre-vingt ans[7] et je suis un homme.

— Où suis-je? *À Marseille?*

— Mais non, Monsieur, vous êtes *à Beyrouth, au Liban.*

— *Au Liban?* Oh! Je téléphone *en France.* Quelle catastrophe! Pardon, Monsieur.

— Allô! Allô! Ah! Monsieur, *vous ne m'écoutez pas.* Je *vous* dis le 43.07.18 *à Marseille* et vous *me* passez tous les *endroits* du monde sauf Marseille!

— Mais, Monsieur! *Vous ne me donnez pas* l'indicatif[8] de Marseille et *vous ne me donnez pas* l'indicatif de *la France* non plus!

7. J'ai quatre-vingt ans. = Je suis âgé de quatre-vingt ans.
8. *Indicatif* = le code numérique pour une région.

— Mais quel est l'indicatif de Marseille?

— Le 90, Monsieur, et pour *la France* c'est le 33. Je *vous* passe le numéro que vous *me* demandez maintenant. Vous *l*'avez, Monsieur! Parlez!

— Allô? Allô? Michèle?

Une voix féminine enregistrée: «*Il n'y a pas d*'abonné[9] au numéro que vous *nous* demandez. Consultez, s'il *vous* plaît, la liste des abonnés dans les annuaires[10] de votre région ou le service des renseignements... *Il n'y a pas d*'abonné au numéro que vous *nous* demandez...»

Questions sur la lecture

1. Quand dit-on «Allô»?
2. À quelle ville le monsieur désire-t-il téléphoner?
3. Est-ce que Michèle répond immédiatement? Qui répond?
4. Où habite la première personne qui répond?
5. Où habite le vieux monsieur?
6. Quel est l'indicatif téléphonique de votre région?
7. À combien d'opérateurs ce monsieur parle-t-il?
8. Michèle répond-elle finalement? Pourquoi?

9. *Abonné* = ''(telephone) party listed.''

10. *Les annuaires* = livres avec les listes de numéros de téléphone (par ordre alphabétique, par professions, par rues).

Discussion / Composition

1. Imaginez une conversation au téléphone—par exemple, entre une fille et ses parents, ou entre deux gangsters qui préparent un hold-up, ou entre deux amis qui ont des problèmes. Employez beaucoup de pronoms objets directs et indirects.
2. Les bureaucrates vous donnent-ils quelquefois des difficultés? Racontez, en forme de dialogue, un incident entre vous et un ou quelques bureaucrates, ou entre une personne imaginaire et des bureaucrates. Employez beaucoup de pronoms objets directs et indirects.
3. Imaginez que vous travaillez pour une compagnie internationale et que vous partez pour un voyage d'affaires. Expliquez votre itinéraire et les activités nécessaires dans chaque endroit de votre voyage. Dans quels pays, dans quelles villes allez-vous? Pourquoi?

Vocabulaire

noms
abonné m.
affaires f. pl.
amour m.
annuaire m.
avion m.
cadeau m.
chaussure f.
conférence f.
endroit m.
Hollandais m.
indicatif m.
lunettes f. pl.
pays m.
place f.
renseignement m.
tour f.

adjectifs
enregistré(-e)
étranger /
   étrangère

verbes
discuter
raconter
remercier

autres expressions
avec préavis
Ne quittez pas.
non plus
sans préavis
sauf
s'il vous (te) plaît
tout de suite

noms apparentés
album m.
anecdote f.
banane f.
chèque m.
couple m.
dentiste m.
insolence f.
ligne f.
liste f.
moustache f.
omelette f.
orange f.
orchestre m.
origine f.
portugais m.
province f.
rendez-vous m.
ruine f.
service m.
visa m.
voyage m.

Échanges

— Écoute, j'ai un truc formidable.

— La cabine téléphonique du Boul' Mich' est détraquée.[1] Je vais appeler mes vieux[2] aux États-Unis à l'œil.[3]

— Ça, c'est le pied![4] Je vais avec toi. Moi, je vais passer un coup de fil[5] à mon jules.[6]

— Oh là! là! Quelle queue! Tout Paris est au courant,[7] ma parole![8]

— À qui le dis-tu![9] C'est une vraie pagaille![10]

1. *Être détraquée* = ne pas fonctionner (normalement).
2. *Mes vieux* = mes parents.
3. *À l'œil* = gratuitement ("free").
4. *Ça, c'est le pied!* = C'est merveilleux, sensationnel!
5. *Passer un coup de fil* = faire une communication téléphonique.
6. *Mon jules* = mon petit ami.
7. *Au courant* = informé.
8. *Ma parole* = "My word!"
9. *À qui le dis-tu!* = "You're telling me!"
10. *Une pagaille* = un grand désordre.

10
Dixième Leçon

Usages idiomatiques du verbe *avoir:*
  les sensations
  les besoins de l'organisme humain
  le jugement et l'opinion
  l'apparence
  les parties du corps
  la nécessité et le désir
  l'âge
Les expressions météorologiques
Les quatre saisons de l'année
Lecture: *Avons-nous les mêmes goûts?*

Leurs goûts sont simples: ils n'ont pas besoin d'argent mais ils ont besoin d'amour.

DÉCOUVERTE

Avoir: Expressions idiomatiques

Les sensations physiques et mentales:

J'ai chaud.   Je n'ai pas chaud.
J'ai froid.   Je n'ai pas froid.
J'ai mal à la tête.   Je n'ai pas mal à la tête.
J'ai peur.   Je n'ai pas peur.
J'ai honte.   Je n'ai pas honte.

Les besoins de l'organisme humain:

J'ai faim.   Je n'ai pas faim.
J'ai soif.   Je n'ai pas soif.
J'ai sommeil.   Je n'ai pas sommeil.

Le jugement et l'opinion:

J'ai raison.   Je n'ai pas raison.
J'ai tort.   Je n'ai pas tort.

L'apparence:

Elle a l'air intelligent.   **Il n'a pas l'air** intelligent.
Il a l'air stupide.   **Elle n'a pas l'air** stupide.
Elle a les yeux bruns.   **Elle n'a pas les yeux bruns.**

La nécessité:

J'ai besoin de manger.   Je n'ai pas besoin de manger.
J'ai besoin d'eau.[1]   Je n'ai pas besoin d'eau.

Le désir:

J'ai envie de champagne.   Je n'ai pas envie de champagne.
J'ai envie de dancer.   Je n'ai pas envie de danser.

L'âge:

J'ai vingt ans.   Je n'ai pas vingt ans.

1. *L'eau* = H_2O.

Présentation

A-t-on chaud au Sahara?

Oui, **on a chaud** le jour, mais **on a froid** la nuit.

Quand **avez-vous honte?**

J'ai honte quand je suis dans une situation embarrassante.

Êtes-vous malade aujourd'hui? Où **avez-vous mal?**

Oui, je suis malade. **J'ai mal à l'estomac, mal à la tête, mal au nez, mal aux yeux et mal aux oreilles.** J'ai la grippe.

Quand **avez-vous faim?** Quand **avez-vous soif?**

J'ai faim avant le dîner. **J'ai soif** aussi.

Avez-vous sommeil dans la classe de français?

Non, **je n'ai pas sommeil,** mais **j'ai sommeil** à minuit.

Le professeur **a-t-il l'air** jeune?

Oui, **il a l'air** jeune quand il n'est pas fatigué. Quelquefois **il a l'air d'un** étudiant comme nous.

Généralement un étudiant n'est pas riche et **il a besoin d'**argent. Mais la famille de Bill est très riche. **A-t-il besoin d'**argent?

Non, **il n'a pas besoin d'**argent.

A-t-on besoin de vêtements dans un camp de nudistes?

Non, **on n'a pas besoin de** vêtements dans un camp de nudistes.

Quel âge avez-vous?

J'ai vingt ans. Je suis né le 30 novembre 1961. Mon anniversaire est le 30 novembre.

Quel âge a-t-il?

Il a vingt ans. Il n'a pas soixante et un ans.

Explications

1 Expressions idiomatiques avec le verbe **avoir**:

A. Ces expressions sont idiomatiques. Il n'y a pas d'article. Remarquez leur négation.

J'ai froid.	**Je n'ai pas froid.**
J'ai chaud.	**Je n'ai pas chaud.**
Nous avons soif.	**Nous n'avons pas soif.**
Il a sommeil.	**Il n'a pas sommeil.**
Vous avez faim.	**Vous n'avez pas faim.**
Tu as mal à la tête (aux dents, au pied, à la gorge, etc.**).**	**Tu n'as pas mal à la tête (aux dents, au pied, à la gorge,** etc.**).**
Il a honte.	**Il n'a pas honte.**
Il a raison.	**Il n'a pas raison.**
Il a tort.	**Il n'a pas tort.**

B. **Avoir l'air** exprime l'apparence.

$$\text{\textbf{avoir l'air}} \quad + \quad \begin{cases} \text{\textbf{de}} + \text{article} + \text{nom} \\ \text{\textbf{de}} + \text{verbe} \\ \text{adjectif} \end{cases}$$

Exemples: **Vous avez l'air d'**un professeur.
Il a l'air d'un imbécile.
Elle a l'air d'avoir faim.
Elle a l'air furieux.

Remarquez: L'adjectif est toujours au masculin.

C. **Avoir besoin de** exprime la nécessité. **Avoir envie de** exprime le désir.

1. Quand on parle d'une *nécessité déterminée* ou d'un *désir déterminé* (quantité précise):

avoir besoin **d'un (d'une)**
avoir envie **d'un (d'une)**

Exemples: **Elle a besoin d'un** crayon.[2]
J'ai envie d'une banane.

Remarquez: On emploie l'article défini (ou l'adjectif possessif) quand on parle d'une chose *spécifique*.

Exemples: **Nous avons besoin du** dictionnaire *qui est sur la table.*   **Nous n'avons pas besoin du** dictionnaire *qui est sur la table.*

---

2. Remarquez qu'on emploie la négation seulement pour un *contraste: Elle n'a pas besoin d'un crayon.* Elle a besoin d'*un* stylo.

Elle a besoin de *son livre*
pour étudier.

Elle n'a pas besoin de *son
livre* pour étudier.

2. Quand on parle d'une *nécessité plus générale* ou d'un *désir plus général*
(quantité indéterminée):

avoir besoin **de (d')**
avoir envie **de (d')** } sans article + { nom (singulier ou pluriel)
verbe (infinitif)

Exemples: **Elle a envie de** café.

Elle n'a pas envie de café.

Nous avons besoin d'amour.

**Nous n'avons pas besoin
d'**amour.

J'ai envie d'oignons.

Je n'ai pas envie d'oignons.

Tout le monde a besoin de
vacances.[3]

**Tout le monde n'a pas
besoin de** vacances.

Vous avez besoin de
manger.

Vous n'avez pas besoin de
manger.

Tu as envie de voyager.

Tu n'as pas envie de
voyager.

D. **Avoir peur de** exprime l'appréhension ou la terreur.

1. Avec un nom:

Exemples: **J'ai peur des** fantômes.

Je n'ai pas peur des
fantômes.

J'ai peur de la bombe
atomique.

Je n'ai pas peur de la bombe
atomique.

2. Avec un verbe:

Exemples: **Il a peur de** voyager en
avion.

Il n'a pas peur de voyager en
avion.

E. Pour indiquer l'âge, utilisez **avoir** + nombre + **an(-s)**.

Exemples: **J'ai dix-huit ans.**   **Je n'ai pas dix-huit ans.**
Elle a soixante ans.   **Elle n'a pas soixante ans.**

Mais: **Je suis né** le 20 décembre.
Elle est née le 15 février.

Présentation

Avez-vous les yeux bleus?

Non, **je n'ai pas les yeux bleus,**
mais mon père **a les yeux bleus.**
Il a les cheveux blonds aussi.

3. *Vacances* est toujours au pluriel.

Explications

2 Pour indiquer les caractéristiques physiques d'une personne on utilise
avoir + article défini + partie du corps + adjectif:

Exemples: **J'ai les cheveux bruns.**
Vous avez le nez bleu; avez-vous froid?

Les parties du corps: (voir les pages 144–45).

Présentation

Quel temps fait-il aujourd'hui?	Aujourd'hui **il fait mauvais.** **Il ne fait pas beau.**
Est-ce qu'**il pleut?**	Oui, **il pleut** mais **il ne neige pas** et **il ne fait pas froid.**
Quand **neige-t-il?**	**Il neige en hiver.**
Est-ce qu'il fait chaud en automne?	Quelquefois **il fait chaud en automne** et **au printemps.** **En été il fait** généralement très **chaud.**

Explications

3 Les expressions impersonnelles suivantes indiquent les conditions du
climat et de la température:

Il fait chaud dans le Sahara.
Il fait froid en Sibérie.
Il fait beau (temps) à Miami mais **il fait mauvais** à Chicago.
Il ne fait pas beau à Chicago; **il fait mauvais.**
Il neige en janvier et **il pleut** en avril.
Il fait frais à Vancouver.
À midi **il fait du soleil,**[4] mais à minuit **il ne fait pas de soleil.**
Il fait du vent en octobre,[4] mais quand l'air est calme **il ne
fait pas de vent.**

4. Remarquez la négation des expressions *Il fait* du *soleil (Il ne fait pas
de soleil)* et *Il fait* du *vent (Il ne fait pas de vent).*

—Est-ce qu'il pleut?
—Oui, il pleut mais il ne neige pas et il ne fait pas froid.

Le Sucre, Jacques Rouffio, 1978.
Le prétexte de cette histoire est un scandale arrivé en France en 1974: la spéculation sur le sucre. Le film relate avec humour les aventures financières d'un homme qui, conseillé par un ami, entre dans le monde complexe des affaires. C'est presque une catastrophe. Mais des manipulations audacieuses rectifient la situation. Sur la photo: Gérard Depardieu (à gauche) et Michel Piccoli (à droite).

4 Les quatre saisons de l'année sont:

> **le printemps** (mars, avril et mai)
> **l'été**   (juin, juillet et août)
> **l'automne** (septembre, octobre et novembre)
> **l'hiver**   (décembre, janvier et février)

Remarquez: On dit **en été, en automne, en hiver,** mais **au printemps:**

> **Au printemps** nous sommes en classe, mais **en été** nous sommes en vacances.
>
> **En automne** les arbres sont rouges, mais **en hiver** ils sont bruns.

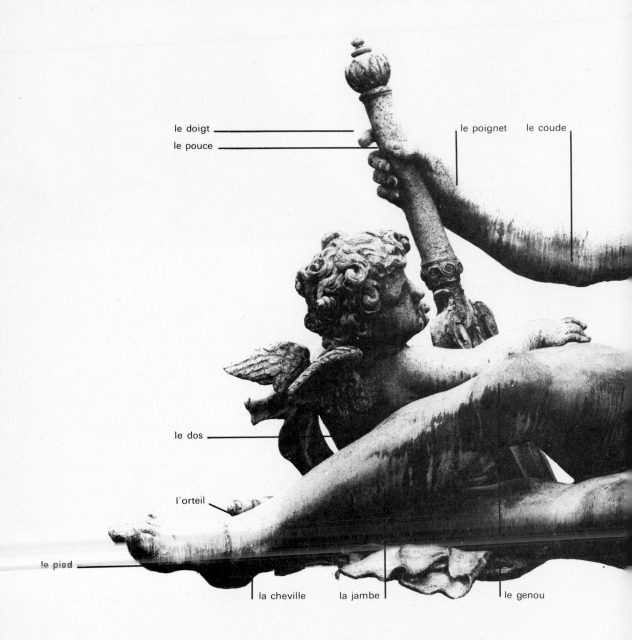

le doigt

le pouce

le poignet   le coude

le dos

l'orteil

le pied

la cheville   la jambe   le genou

5. Pour les autres parties du corps, consultez *La Grande Encyclopédie anatomique* du Docteur Alfred von Klaupstuff (Strasbourg, 1752).

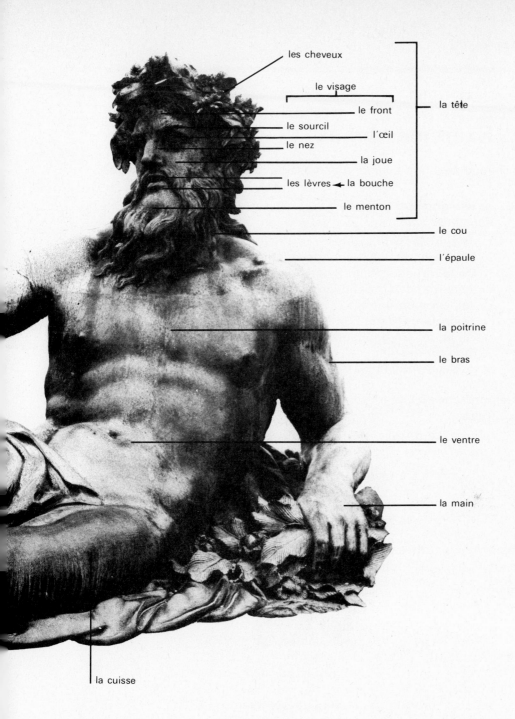

les cheveux

le visage

le front

le sourcil

l'œil

le nez

la joue

les lèvres ← la bouche

le menton

la tête

le cou

l'épaule

la poitrine

le bras

le ventre

la main

la cuisse

CRÉATION

Exercices oraux

A. Expliquez chaque situation avec une expression idiomatique avec le verbe **avoir**: (§1)

Exemple: *Je demande un Coca-Cola.*
Vous avez soif.

1. Je suis dans un sauna.
2. C'est mon anniversaire! Je suis né en 1963.
3. Oh là! là! Je suis en Sibérie et je n'ai pas de pull-over!
4. Je demande six sandwichs.
5. Je désire un bon lit!
6. Je déclare: «Jane Fonda est un garçon.»
7. Oh là! là! Un gangster est devant moi et il demande mon portefeuille.
8. Je pense que la classe de français est formidable.

B. Formez une phrase avec **Elle a l'air** + adjectif, nom ou verbe: (§1)

Exemples: *heureux*   *Elle a l'air heureux.*
femme heureuse   *Elle a l'air d'une femme heureuse.*
être heureux   *Elle a l'air d'être heureuse.*

1. content
2. sympathique
3. jeune fille
4. aimer les bananes
5. être intelligent
6. intelligent
7. américain
8. professeur

C. Formez une phrase en utilisant **Nous avons besoin d'un (une)** ou **Nous avons besoin de** avec les mots suivants: (§1)

Exemples: *eau*   *Nous avons besoin d'eau.*
un verre d'eau   *Nous avons besoin d'un verre d'eau.*

1. manger
2. un pull-over
3. solitude
4. amour
5. étudier
6. notre voiture
7. une maison
8. un professeur de français

D. Demandez à un autre étudiant ou à une autre étudiante: (§1)

1. s'il (si elle) a sommeil à midi.
2. s'il (si elle) a faim avant le dîner.
3. s'il (si elle) a mal à la tête.

4. quand il (elle) est né(-e).
5. quel âge il (elle) a.
6. s'il (si elle) a envie d'aller à Kalamazoo.
7. quand il (elle) a honte.
8. qui a l'air sportif.

E. Finissez les phrases suivantes avec un infinitif ou un nom: (§1)

1. J'ai mal à...   4. Tout le monde a peur de...
2. Le tigre a l'air de...   5. Mon chien a besoin de...
3. J'ai envie de...

F. Regardez les autres étudiants de la classe de français. Répondez aux questions suivantes: (§2)

1. Qui a les yeux bleus?   3. Qui a les yeux bruns?
2. Qui a les cheveux bruns?   4. Qui a les cheveux blonds?

G. Utilisez les expressions idiomatiques avec le verbe **avoir** pour donner une description du monsieur à la page 148: (§1, 2)

Exemples: *Il a l'air sophistiqué, il n'a pas quinze ans, il a les cheveux noirs,* etc.

H. Répondez aux questions suivantes: (§3)

1. Quel temps fait-il en janvier?
2. Quel temps fait-il en août?
3. Quel temps fait-il en novembre?
4. Quel temps fait-il aujourd'hui?

I. Pour chaque situation répondez à la question *En quelle saison sommes-nous?:* (§4)

Exemple: *Ce sont les vacances de Noël.*
Nous sommes en hiver.

1. C'est l'anniversaire de George Washington.
2. Les cours de l'université commencent demain.
3. C'est le 14 juillet.
4. On va à la plage.
5. Voici le dîner de Thanksgiving.

Exercices écrits

A. Écrivez les exercices oraux C et E.

B. Écrivez les *réponses* aux questions de l'exercice oral D.

J'ai l'air majestueux: j'ai le menton autoritaire et la jambe fine.

C. Répondez par une expression avec le verbe **avoir**: (§1)

Exemple: *Pourquoi êtes-vous rouge?*
Parce que j'ai honte.

1. Pourquoi fermez-vous les fenêtres en février?
2. Pourquoi désirez-vous un Pepsi?
3. Pourquoi allez-vous au lit?
4. Pourquoi n'a-t-on pas de vêtements dans un camp de nudistes?
5. Pourquoi les enfants ne votent-ils pas?
6. Pourquoi demandez-vous trois pizzas et cinq hamburgers?
7. Pourquoi est-ce que le professeur dit «oui» quand vous écrivez «2 + 2 = 4»?
8. Pourquoi a-t-on besoin d'aspirine?
9. Pourquoi les cowboys quittent-ils la ville quand Billy le Kid arrive?
10. Pourquoi est-ce qu'on a peur du monstre de Frankenstein?

D. Répondez aux questions suivantes et écrivez une affirmation logique: (§2)

Exemple: *Avez-vous les cheveux gris?*
Non, je n'ai pas les cheveux gris, j'ai les cheveux bruns.

1. Avez-vous les yeux rouges?
2. Votre grand-mère a-t-elle les cheveux bleus?
3. Avez-vous les yeux fermés?
4. Votre professeur a-t-il les yeux jaunes?

E. Répondez aux questions suivantes: (§3)

1. Quel temps fait-il aujourd'hui?
2. Quel temps fait-il généralement le jour de votre anniversaire?
3. Quel temps fait-il à Acapulco?
4. C'est un jour magnifique pour le ski. Quel temps fait-il?
5. Vous êtes triste parce qu'un pique-nique est impossible. Quel temps fait-il?

F. Inventez cinq questions qui commencent par *En quelle saison...* Écrivez les questions et les réponses: (§4)

Exemple: *En quelle saison est votre anniversaire?*
Mon anniversaire est en hiver.

Lecture

Avons-nous les mêmes goûts?

Sylvie: *Quel âge as-tu*, Philippe?

Philippe: Devine.

Sylvie: Oh... *tu as* vingt *ans.*

Philippe: *Tu as raison!* Et toi, *as-tu le même âge* que moi?

Sylvie: Pas exactement.

Philippe: Voyons![6] *Tu as l'air* jeune, très jeune. Mais quelque-fois *tu as l'air d'*une femme très sérieuse... Alors... voyons... *Tu as* peut-être *vingt-cinq ans?*

Sylvie: Ah, tu exagères, Philippe! *J'ai l'air* sérieux, c'est un fait, mais en réalité, *j'ai* presque *le même âge* que toi. *Je suis née* le 25 décembre 1961, et nous sommes en 1981. Alors, calcule![7] Et toi, quand est ton anniversaire?

Philippe: *Je suis né* le 13 mars. Alors mon anniversaire est le 13 mars. Je suis né à Chicago pendant un voyage de mes parents. C'est pour cette raison que je suis si fantaisiste, si instable...

Sylvie: Effectivement, en France on dit que les gens qui *sont nés* en mars sont comme le temps du mois de mars: un peu fantasques, un peu bizarres, mais toujours originaux et intéressants!

Philippe: Ah! Je suis bien d'accord, Sylvie; Je suis un être[8] exceptionnel et fascinant. Quand *l'hiver* vient, quand *il neige* et quand tout le monde *a froid*, *j'ai envie d'une* glace et *d'*aller au parc ou au bord du lac. Quand *il fait froid*, je *n'ai pas froid*, *j'ai chaud*. *Je n'ai pas faim* à midi, mais *j'ai faim* à minuit. Mes parents disent que je deviens fou, parce que *je n'ai pas sommeil* la nuit: j'écris des poèmes ou je lis des romans. Ah! Je ne suis pas comme tout le monde. Mes goûts sont simples: *je n'ai pas besoin d'*argent, *je n'ai pas besoin de* vêtements élégants, *je n'ai pas besoin d'une* voiture chère ou luxeuse, mais *j'ai besoin d'*amour comme tout le monde. Et toi, Sylvie, as-tu les mêmes goûts que moi? Je suis sûr que oui!

Sylvie: *Tu as tort*, Philippe. Par exemple, maintenant il est midi, et *j'ai très faim*. Allons vite au restaurant!

---

6. *Voyons* est une expression d'hésitation.
7. *Calcule,* impératif; avec un ordre le sujet *(tu)* n'est pas exprimé.
8. *Être* = un être humain.

Je suis un être exceptionnel et fascinant.

La Chasse à l'homme, Édouard Molinaro, 1964; sur la photo: Jean-Paul Belmondo.

Après sa révélation dans *À Bout de souffle,* (Jean Luc Godard, 1960), Jean-Paul Belmondo devient un très grand acteur de cinéma. Mais il préfère la comédie et le film policier à la qualité de ses réalisateurs. Plus tard il retourne au cinéma sérieux. Il devient aussi producteur. Ici, nous avons l'histoire de deux célibataires qui désirent rester célibataires, mais sans succès.

Questions sur la lecture

1. Quel âge a Philippe?
2. Quel âge a Sylvie?
3. Philippe est-il modeste?
4. Pourquoi est-il fantaisiste et instable?
5. Est-ce que Philippe est un être exceptionnel? Pourquoi? (Quand a-t-il chaud? Faim?)
6. Qui considère Philippe fascinant?
7. Les parents de Philippe ont-ils raison quand ils disent qu'il devient fou?
8. Sylvie a-t-elle les mêmes goûts que Philippe?
9. Avez-vous les mêmes goûts que Philippe?

Discussion / Composition

1. Êtes-vous une personne exceptionnelle? Expliquez pourquoi ou pourquoi pas et employez les expressions idiomatiques de la leçon (**avoir besoin de..., avoir envie de..., avoir peur de...,** etc.).
2. Avez-vous des goûts simples ou extravagants? Êtes-vous matérialiste ou idéaliste? Donnez des exemples personnels.

Vocabulaire

noms
an m.
argent m.
automne m.
ciel m.
eau f.
été m.
être m.
glace f.
goût m.
hiver m.
plage f.
Pôle Sud m.
printemps m.
soleil m.
vent m.

parties du corps
bras m.
cheveux m. pl.
cheville f.
cou m.
coude m.
cuisse f.
dent f.
doigt m.
dos m.
épaule f.
front m.
genou m.
gorge f.
jambe f.
joue f.
lèvre f.
menton m.
œil m. (yeux
  m. pl.)
oreille f.
orteil m.
pied m.
poignet m.
poitrine f.
pouce f.
sourcil m.
tête f.
ventre m.
visage m.

adjectifs
fantaisiste
fantasque
luxueux /
  luxueuse

autres expressions
avoir __ ans
avoir besoin de
avoir chaud
avoir envie de
avoir faim
avoir froid
avoir honte
avoir l'air (de)
avoir mal (à)
avoir peur (de)
avoir raison
avoir soif
avoir sommeil
avoir tort
deviner
il fait beau
il fait chaud
il fait du soleil
il fait du vent
il fait frais
il fait froid
il fait mauvais
il neige
il pleut
par exemple
presque
voyons

noms apparentés
âge m.
air m.
apparence f.
champagne m.
désert m.
désir m.
dictionnaire m.
fantôme m.
grippe f.
signe m.
solitude f.

Échanges

— Vite! On a rendez-vous avec deux nanas[1] terribles[2] à une heure et demie pour le café.

— Eh! Ça va![3] Moi, je bouffe[4] lentement; sinon j'ai mal à l'estomac.

— Tu parles![5] Si t'as[6] mal à l'estomac, c'est parce que la cuisine est dégueulasse.[7] Grouille-toi![8]

— Dis donc, tu me casses les pieds![9] Les filles, je m'en fiche![10] La bouffe[11] d'abord!

— Si c'est comme ça, je mets les voiles.[12] Salut![13]

1. *Nanas* = filles.
2. *Terribles* = extraordinaires.
3. *Eh! Ça va!* = "Hey! That's enough!"
4. *Je bouffe* = je mange.
5. *Tu parles!* = "What are you talking about?"
6. *T'as* = tu as.
7. *Dégueulasse* = répugnante, désagréable.
8. *Grouille-toi!* = "Hurry up!"
9. *Tu me casses les pieds!* = "You're bugging me!" ("Stop it!")
10. *Je m'en fiche!* = "I don't care about…"
11. *La bouffe* = la cuisine, la nourriture.
12. *Je mets les voiles* = je pars.
13. *Salut!* = "Bye!"

auprès de ma blonde

1   Dans les jardins d'mon père
    Les lilas sont fleuris;   } *bis*
    Tous les oiseaux du monde
    Vienn'nt y faire leurs nids.

       Refrain
    Auprès de ma blonde
    Qu'il fait bon, fait bon, fait bon,
    Auprès de ma blonde
    Qu'il fait bon dormir.

2   Tous les oiseaux du monde
    Vienn'nt y faire leurs nids; } *bis*
    La caill', la tourterelle
    Et la joli' perdrix.

   (On répète toujours les deux vers précédents.)

3   ... et ma joli' colombe
    Qui chante jour et nuit.

chanson ancienne

11
Onzième Leçon

Le comparatif et le superlatif des adjectifs et
  des adverbes
Les verbes *faire, vouloir, pouvoir, savoir*
Verbe + verbe: sans préposition
Le futur immédiat
Lecture: *Qu'est-ce que vous savez faire?*
  Quels vins préférez-vous?

Est-ce une assemblée académique ou juridique?
Non, ce sont les chevaliers du Tastevin, Château
Clos de Vougeot.

DÉCOUVERTE

Présentation

Le professeur est jeune, mais Bill et Phyllis sont **plus jeunes que** le professeur. Bill est-il **plus âgé que** le professeur?

Non, il n'est pas **plus âgé que** le professeur. Il est **moins âgé que** le professeur.

Pat est une bonne étudiante, mais Jacqueline est une bonne étudiante aussi. Est-ce que Pat est une **meilleure** étudiante **que** Jacqueline?

Non, ce n'est pas une **meilleure** étudiante **que** Jacqueline.

Est-ce que Pat est une **aussi bonne** étudiante **que** Jacqueline?

Oui, c'est une **aussi bonne** étudiante **que** Jacqueline.

Suzanne et Napoléon sont-ils **plus grands que** Georges?

Non, ils ne sont pas **plus grands que** Georges.

Chantez-vous **aussi bien que** Pavarotti?

Mais non. Je ne chante pas **aussi bien que** Pavarotti. Il chante **mieux que** moi.

Voyagez-vous **moins souvent que** vos parents?

Non, je ne voyage pas **moins souvent que** mes parents. Je voyage **plus souvent que** mes parents.

Explications

1 Le comparatif des adjectifs et des adverbes:

A. **Plus... que** est le comparatif de supériorité.
   Moins... que est le comparatif d'infériorité.
   Aussi... que est le comparatif d'égalité.

   Exemples: Paul est **plus grand que** David.
   David est **moins grand que** Paul.
   Pierre est **aussi grand que** Paul.
   Paul étudie **plus régulièrement que** Pierre.
   Pierre étudie **moins régulièrement que** Paul.
   David étudie **aussi régulièrement que** Paul.

B. Le comparatif de supériorité de l'adjectif **bon(-ne)** est **meilleur(-e) que**.

Exemples: Le vin est bon, mais le champagne est **meilleur que** le vin.
Maxim's est **meilleur que** McDonald's.
Les oranges de Floride sont **meilleures que** les oranges d'Idaho.

C. Le comparatif de supériorité de l'adverbe **bien** est **mieux que**.

Exemples: Jeff travaille **bien**, mais tu travailles **mieux que** Jeff.
Frank Sinatra chante **mieux que** Bob Dylan.

Présentation

Bob est un grand jeune homme. Est-ce **le plus grand** jeune homme **de** la classe?

Non, ce n'est pas **le plus grand**. Georges est **le plus grand de** la classe.

Qui est **le plus petit** jeune homme **de** la classe?

Napoléon est **le plus petit**.

Qui est **la plus petite** femme **de** la classe?

Suzanne est **la plus petite** femme **de** la classe.

Est-ce aussi la femme **la plus originale?**

C'est une question difficile. Tout le monde est différent.

Qui écrit **le mieux de** la classe?

James et Joyce écrivent **le mieux de** la classe.

Qui parle **le plus vite de** votre famille?

Ma sœur parle **le plus vite de** ma famille, mais je parle vite aussi, quelquefois.

Explications

2 Le superlatif des adjectifs et des adverbes:

A. **Le (la, les) plus... de** est le superlatif de supériorité.
Le (la, les) moins... de est le superlatif d'infériorité.

Exemples: Georges est **le plus grand** étudiant **de** la classe.
Henri est l'étudiant **le moins intelligent de** l'université.
Cette rue est **la plus animée de** la ville.
La Rolls-Royce est **la meilleure** voiture **du** monde.
Mon grand-père marche **le moins vite de** ma famille.
Ce sont les vins français que j'aime **le mieux de** tous les vins du monde.

B. Place de l'adjectif superlatif:

1. Quand l'adjectif précède le nom, il précède le nom aussi au superlatif.

Exemples: une **belle** voiture   la **moins belle** voiture **du** monde
un **grand** problème   le **plus grand** problème **de** la vie
un **bon** étudiant   le **meilleur** étudiant **de** l'université

2. Quand l'adjectif est après le nom, il est après le nom aussi au superlatif.

Exemples: une chemise **élégante**   la chemise **la moins élégante**[1]
un médecin **sympathique**   le médecin **le plus sympathique**

C. **C'est** + superlatif:

1. **C'est** + nom + adjectif superlatif:

C'est la voiture **la plus chère du** monde.
C'est **la meilleure** voiture **du** monde.[2]

2. **C'est** + adjectif superlatif:

C'est **la plus chère.**
C'est **la meilleure.**

Remarquez: Un adjectif seul précédé d'un article est considéré comme un nom.

D. L'adverbe superlatif est toujours précédé par **le** parce que les adverbes sont invariables.

Exemples: Elle parle **le** mieux de la classe.
Nous lisons **le** plus rapidement.

Présentation

Que **faites-vous** généralement le soir?

Mes amis et moi, nous allons quelquefois au cinéma ou au théâtre; quelquefois nous allons au restaurant.

Savez-vous l'adresse d'un bon restaurant?

Oui, **je sais** l'adresse de beaucoup de bons restaurants.

Voulez-vous un guide gastronomique?

Oui, **je veux** bien.

Dites une phrase en espéranto.

Non, **je ne peux pas.**

1. Il y a deux articles définis: le premier accompagne le nom; le deuxième est une partie de l'adjectif superlatif.
2. Si l'adjectif précède le nom, il y a un seul article avec le superlatif.

Explications

3 Quelques verbes irréguliers:

A. **faire** (l'action, la production)

je fais	**nous faisons**
tu fais	**vous faites**
il fait	**ils font**

Exemples: **Je fais** mon lit tous les matins.
Il fait souvent des erreurs.
Que **faites-vous?** **Je fais** les exercices.

Remarquez: **Faire** est souvent employé dans une question mais n'a pas nécessairement besoin d'être employé dans la réponse.

Que **faites-vous?** **Je regarde** la télévision.
Que **font-ils?** **Ils écoutent** le professeur.

B. **vouloir** (la volonté, le désir)

je veux	**nous voulons**
tu veux	**vous voulez**
il veut	**ils veulent**

C. **pouvoir** (la possibilité, la permission)

je peux (je puis)[3]	**nous pouvons**
tu peux	**vous pouvez**
il peut	**ils peuvent**

D. **savoir** (la science ou la connaissance, la compétence)

je sais	**nous savons**
tu sais	**vous savez**
il sait	**ils savent**

Présentation

Savez-vous danser?	Oui, **je sais danser.**
Aimez-vous danser?	Oui, **j'adore danser,** mais **je préfère avoir** une partenaire qui danse aussi bien que moi.
Voulez-vous aller danser ce week-end?	Malheureusement, **je ne peux pas sortir.** J'ai un examen lundi et **je vais étudier.**
On joue à la télé un film amusant avec Woody Allen. **Allez-vous regarder** ce film?	Oui, **je vais regarder** ce film. Il y a aussi un autre film que **je veux regarder.**

3. La forme alternative est particulièrement employée à l'interrogatif: *puis-je?*

J'adore danser, mais je préfère avoir une partenaire qui danse aussi bien que moi.

Le Soupirant (voir page 122).

Explications

4 Verbe + verbe:

A. Quand un verbe est placé directement après un autre verbe, le deuxième verbe est à l'infinitif. S'il y a un troisième verbe, il est aussi à l'infinitif.

Exemples: **J'aime aller** au cinéma.
Je déteste avoir mal à la tête.
Nous espérons[4] **acheter** une nouvelle maison.
Vous préférez[4] **être** discret.
Tu veux passer les vacances chez tes parents.
Il adore aller regarder les chimpanzés au zoo.
Nous désirons aller écouter ce pianiste.

---

4. *Espérer, préférer: é* + consonne + *e* muet → *è. Nous espérons,* mais *j'espère.* (Voir le système verbal, p. 496.)

Remarquez: L'expression **vouloir dire** = signifier.

Qu'est-ce que ce mot **veut dire?**

L'expression *au lieu de* **veut dire** ''instead of'' en anglais.

B. La négation: **ne** + verbe + **pas** + verbe.

Exemples: **Je ne sais pas parler** japonais.

Elle n'aime pas dîner chez ses beaux-parents.

C. La place des pronoms objets directs et indirects: Avec deux verbes (verbe + infinitif) le pronom objet est placé devant le verbe qui a un rapport logique avec le pronom, c'est-à-dire devant l'infinitif.

Exemples: J'aime faire la cuisine. J'aime **la** faire.

Nous détestons parler aux gens stupides. Nous détestons **leur** parler.

Ils peuvent téléphoner à ton cousin. Ils peuvent **lui** téléphoner.

5 Le futur immédiat: Cette construction, *verbe + verbe,* est très pratique et très utilisée pour exprimer *le futur immédiat:*

le verbe **aller** *au présent* + un autre verbe *à l'infinitif*

Exemples: Silence! Le professeur **va annoncer** la date de l'examen!

Il va faire beau demain.

Sa sœur **va avoir** un bébé.

Qu'est-ce que **vous allez faire** demain soir?

Quelle catastrophe! Qu'est-ce que **nous allons faire?**

Je ne vais pas venir en classe pendant les vacances.

Remarquez: Au futur immédiat:

il y a → **il va y avoir**   **il neige** → **il va neiger**
il fait → **il va faire**   **il est** → **il va être**
il pleut → **il va pleuvoir**

Exemples: **Il y a** un bal. → **Il va y avoir** un bal. → **Il ne va pas y avoir** de bal.

Il fait beau. → **Il va faire** beau. → **Il ne va pas faire** beau.

Il pleut à Paris. → **Il va pleuvoir** à Paris. → **Il ne vas pas pleuvoir** à Paris.

Il neige en janvier. → **Il va neiger** en janvier. → **Il ne va pas neiger** en janvier.

Il est six heures. → **Il va être** six heures. → **Il ne va pas être** six heures.

CRÉATION

Exercices oraux

A. Comparez. Employez les adjectifs **grand, petit, sympathique, beau, gros, amusant, sérieux, sportif, élégant,** etc.: (§1)

B. Répondez aux questions suivantes: (§1)

1. Sortez-vous plus souvent ou moins souvent que Hugh Hefner?
2. Lisez-vous plus lentement qu'Evelyn Wood?
3. Est-ce qu'un avion va plus vite ou moins vite qu'une bicyclette?
4. Étudiez-vous plus sérieusement que votre camarade de chambre?
5. Qui chante mieux que le professeur?

C. Demandez à un autre étudiant ou à une autre étudiante: (§2)

1. Quelle est la voiture la plus chère du monde?
2. Quel est le plus grand bâtiment du campus?
3. Quelle est la meilleure université des États-Unis?
4. Quel est le magasin le moins cher de la ville?
5. Qui est le meilleur boxeur du monde?
6. Quel est le plus petit pays du monde?
7. Quel est le jour le moins difficile de la semaine?
8. Quelles sont les deux photos les plus bizarres du livre?

D. Formez une phrase superlative. Commencez par le nom donné et utilisez les autres mots donnés: (§2)

Exemple: *Cristina Onassis / femme riche*
Cristina Onassis est la femme la plus riche du monde.

1. L'éléphant / grand animal
2. Tiffany's / magasin cher
3. Einstein / homme intelligent
4. Les pays arabes / pays riches
5. Les cigares de la Havane / bons cigares
6. Les crêpes de Julia Child / crêpes délicieuses
7. Paris / belle ville
8. Les Rockettes / danser bien
9. Mario Andretti / aller vite

E. Demandez à un autre étudiant ou à une autre étudiante: (§3)

1. s'il (si elle) sait votre numéro de téléphone.
2. s'il (si elle) veut une cigarette.
3. ce qu'il (elle) fait quand il (elle) a mal à l'estomac. («Qu'est-ce que tu...?»)
4. ce qu'il (elle) fait quand il (elle) a besoin d'argent. («Qu'est-ce que tu...?»)
5. si vous pouvez partir maintenant.

F. Répondez au négatif: (§4)

Exemple: *Voulez-vous aller au Tibet?*
Non, je ne veux pas aller au Tibet.

1. Voulez-vous aller en prison?
2. Savez-vous écrire le chinois?
3. Pouvez-vous expliquer le secret de la vie en cinq minutes?
4. Détestez-vous parler français?
5. Adorez-vous avoir mal à l'estomac?
6. Est-ce que le mot *actuellement* veut dire "actually"?

G. Mettez les phrases suivantes au futur immédiat: (§5)

Exemple: *Je visite le Mexique.   Je vais visiter le Mexique.*

1. Nous partons demain.
2. Ils habitent dans la même rue.
3. Nous faisons une promenade ensemble.
4. Elle va au cinéma avec Jean-Louis.
5. Je parle avec mes parents.
6. Tu lis Jules Verne.

H. Regardez la photo, page 160, et répondez aux questions suivantes:

1. Le monsieur aime-t-il danser?
2. Avec qui (ou avec quoi) danse-t-il?
3. Que vont-ils faire après?
4. Est-ce que cette liaison peut continuer?
5. Inventez une question à propos de la photo et posez votre question à un(-e) autre étudiant(-e).

Exercices écrits

A. Écrivez les questions et les réponses de l'exercice oral E.

B. Faites une ou deux comparaisons: (§1)

Exemple: *Monique est petite. Charles est grand.*
Charles est plus grand que Monique.
Monique est moins grande que Charles.

1. La Ferrari est rapide. La Volkswagen est lente.
2. Charles est un bon étudiant. Jean-Claude est un très bon étudiant.
3. Les Anglais mangent. Les Français mangent bien.
4. Le professeur est âgé. Les étudiants sont jeunes.
5. Georges et Monique sont également intelligents.
6. Estelle et Nancy sont méchantes. Pierre et Paul sont sympathiques.

C. Utilisez les adjectifs et les adverbes suivants pour écrire des comparaisons: (§1)

admirable, amusant, bien, bon, chic, clairement, classique, élégant, grand, honnête, longtemps, moderne, riche, souvent, vite

Exemple: *une pomme / une banane*
Une pomme est aussi bonne qu'une banane.

1. un piano / un harmonica
2. Claude Debussy / George Gershwin
3. une voiture / un hélicoptère
4. Flaubert écrit. / Norman Mailer écrit.
5. Rip Van Winkle dort. / Un insomniaque dort.
6. Harpo Marx parle. / Groucho Marx parle.

D. Inventez une phrase au superlatif pour chaque adjectif ou adverbe donné: (§2)

Exemple: *fatigué*
Quand j'étudie beaucoup, je suis la personne la plus fatiguée de l'université. ou
Après trois cafés, je suis la personne la moins fatiguée du monde!

1. actif
2. courageux
3. triste
4. bon
5. bien
6. sincèrement

E. Utilisez la forme correcte du verbe entre parenthèses. Écrivez la phrase complète: (§3)

1. (savoir) Tu ne _____ pas où nous sommes!
2. (pouvoir) Nous _____ aller au cinéma ce soir.
3. (faire) Qu'est-ce que vos parents _____ le dimanche?
4. (vouloir) Tout le monde _____ quelque chose.
5. (faire) Il ne _____ pas d'erreurs.

F. Répondez à ces questions: (§3, 4)

1. Qu'est-ce que le mot *peuple* veut dire? (Expliquez en français.)
2. Détestez-vous aller chez le dentiste?
3. Les chiens savent-ils danser?
4. Qu'est-ce que vous ne pouvez pas faire?
5. Qu'est-ce que vous savez faire?
6. Qu'est-ce que vous adorez faire?

G. Repondez au futur immédiat: (§5)

Exemple: *Aujourd'hui vous êtes présent. Et demain?*
Demain je vais être présent aussi, naturellement.

1. Aujourd'hui il fait beau. Et demain?
2. Maintenant nous n'avons pas peur. Mais le jour de l'examen final?
3. Aujourd'hui je lis la leçon 11. Et demain?
4. On ne va pas au laboratoire maintenant. Mais à la fin de cette leçon?
5. Actuellement vous faites vos exercices de français. Et après?

Lecture

Qu'est-ce que vous savez faire?
Quels vins préférez-vous?

André Hardy, qui étudie la psychologie aux U.S.A., cherche un travail. Il lit justement sur la page des petites annonces du journal une offre d'emploi comme garçon[5] dans un restaurant français. Maintenant, André est dans le bureau de Joe Laurel, patron américain du restaurant Le Beaujolais.

Le patron: *Je sais* que vous êtes français. Vous dites que *vous savez servir* à table, mais *savez-vous découper* un rosbif, un poulet, un poisson? *Pouvez-vous porter* trois ou quatre plats sur votre bras gauche et *servir* seulement avec votre main droite? *Savez-vous faire* les crêpes suzettes? Et la question *la plus importante* est: Que *savez-vous* sur les vins?

André: *Je sais* assez bien *découper* le poulet et le poisson. C'est le rosbif que je découpe *le mieux,* avec un couteau électrique, naturellement. *Je ne peux pas porter* trois ou quatre plats sur mon bras gauche, mais *je vais devenir* expert. *Je sais* bien *faire* les crêpes, et je suis un connaisseur en vins.

Le patron: C'est très bien. Nos clients *veulent* souvent *avoir* la recommandation du garçon quand ils commandent un vin; *ils vont poser* toutes sortes de questions. *Ils veulent savoir* la différence entre les vins français et les vins californiens et votre opinion sur les différents vins. Que pensez-vous de nos vins californiens?

André *(diplomate):* Oh! Excellents, excellents!

Le patron: Sont-ils *meilleurs que* les vins français? Sont-ils *plus savoureux, plus doux* ou *moins doux?* Est-ce que votre sauternes est *meilleur que* notre sauternes? Votre bourgogne est-il vraiment *plus velouté, plus fort, plus sec que* notre "Burgundy"? Et votre cabernet-sauvignon est-il *plus délicat que* notre cabernet-sauvignon?

André pense que les vins français sont *les meilleurs du monde*, mais il remarque que le patron du restaurant a l'air de penser que les vins de Californie sont *les meilleurs du monde.*

---

5. *Garçon* = garçon du restaurant = serveur.

Oui, mais les vins français sont très chers.

Le Vieil Homme et l'enfant, Claude Berri, 1966; sur la photo: Michel Simon.

Le grand acteur Michel Simon est ici le «vieil homme». C'est un des «monstres sacrés» du cinéma français. Il commence sa carrière en 1925; il crée des rôles au cinéma, d'abord de «dandy», puis de «méchant», enfin des rôles de composition. Dans ce film de Claude Berri, il incarne un grand-père conservateur, alcoolique et antisémite qui accepte dans sa maison un petit garçon juif. Mais le grand-père ignore l'origine et la religion du petit garçon. C'est l'histoire authentique de Claude Berri dans les derniers mois de l'occupation nazie en France.

André: Les vins français sont très bons, mais ils ne sont certainement pas *meilleurs que* les vins californiens. En fait, les vins californiens sont *aussi bons que* les vins français.

Le patron: Oui, mais les vins français sont très chers. Ils sont *plus chers que* les vins californiens.

André: Excusez-moi, Monsieur, mais en France les vins de Californie sont *les vins les plus chers.* Dans un magasin français, les vins français sont certainement *moins chers.*

Le patron: Vos réactions sont excellentes, mon ami, et la comparaison est inutile. En France: vive les vins français! En Californie: vive les vins californiens! Mes félicitations et *vous allez commencer* votre travail ici mardi prochain.

Questions sur la lecture

1. Où y a-t-il une offre d'emploi?
2. Qu'est-ce qu'un garçon sait généralement faire?
3. Quelle est l'opinion d'André sur les vins français et les vins californiens?
4. Quelle est l'opinion de Joe Laurel?
5. Pourquoi la comparaison est-elle inutile?
6. Voulez-vous avoir la recommandation du garçon quand vous commandez un vin?
7. Que savez-vous sur les vins?

Discussion / Composition

1. Écrivez une lettre pour demander un emploi. Indiquez les choses que vous savez faire, etc. Exemple:
   Monsieur,
   À la suite de votre annonce dans le *Daily* _____, je sollicite l'emploi proposé... J'ai _____ ans... je suis... je sais... je peux... je ne sais pas... je ne peux pas... je préfère... Veuillez agréer, Monsieur, l'expression de mes sentiments respectueux.[6]
2. Faites une comparaison entre deux pays, deux personnes, deux familles, deux vins, deux voitures, deux magasins ou deux autres choses.
3. Qu'est-ce que vous allez faire pour les vacances? Allez-vous travailler? Allez-vous voyager?

6. Cette phrase et beaucoup d'autres phrases similaires sont des formules pour terminer une lettre d'affaires.

Vocabulaire

noms
bal m.
connaissance f.
couteau m.
égalité f.
félicitations f. pl.
liaison f.
magasin m.
médecin m.
monde m.
patron m.
patronne f.
petites annonces
  f. pl.
poisson m.
poulet m.
travail m.
vin m.
volonté f.

adjectifs
âgé(-e)
animé(-e)
doux / douce
droite
fort(-e)
gauche
gros(-se)
inutile
lent(-e)
meilleur(-e)
prochain(-e)
sec / sèche
velouté(-e)

verbes
acheter
chanter
découper
espérer
faire
habiter
jouer
penser
porter
pouvoir
savoir
vouloir

adverbes
également
longtemps
mieux

autres expressions
à la suite de
au lieu de
chez
en prison
veuillez agréer...
vouloir dire

noms apparentés
chimpanzé m.
comparaison f.
compétence f.
harmonica m.
nature f.
offre f.
piano m.
poète m.
psychologie f.
rosbif m.
trimestre m.

Échanges

— Qu'est-ce que tu penses de Gontran?

— Oh! Ce snob? Je peux pas[1] le sentir,[2] avec ses jeans français et ses godasses[3] italiennes.

— Oui, il est vraiment pénible.[4]

— Il dit tout le temps qu'il a la plus belle bagnole[5] du campus, la piaule[6] la plus chic de la ville et la fille la mieux roulée[7] du pays.

— Eh ben! Tu sais ce que je pense? Qu'il a la plus petite tête du monde mais aussi la plus grande gueule.[8]

1. *Je peux pas.* = Je ne peux pas.
2. *Le sentir* = le supporter (''stand him'').
3. *Godasses* = chaussures.
4. *Pénible* = horrible.
5. *Bagnole* = auto.
6. *Piaule* = chambre, logement.
7. *La mieux roulée* = avec le plus beau corps.
8. *Gueule* = ''mouth'' (qui parle fort et excessivement).

Improvisation

Pour deux personnes. Présentez une interview pour un emploi. Une personne joue le rôle du patron (de la patronne) et l'autre joue le rôle du candidat. Des emplois possibles: un garçon dans un restaurant, un professeur de français, un acteur/une actrice dans un film, etc.

12
Douzième Leçon

Les verbes réguliers en-*ir: finir, choisir*, etc.
Le verbe irrégulier *boire*
Les verbes *paraître* et *connaître* (et leurs
    composés)
Connaître et *savoir*
L'impératif
Verbe + verbe avec les prépositions *à* et *de*
Place des pronoms et des adverbes (suite)
Lecture: *Dans le métro*

La station du Louvre a de magnifiques
reproductions de sculpture antique et médiévale.

DÉCOUVERTE

Présentation

À quelle heure **finissez-vous** votre journée?

Je finis ma journée à trois heures de l'après-midi, mais mes amis **finissent** à quatre heures.

Est-ce que **nous finissons** tard ici aussi?

Non, **nous ne finissons pas** tard.

Réfléchissez-vous bien quand **vous choisissez** vos cours?

Oui, **je réfléchis** bien à mon programme; **j'établis** un emploi du temps qui **finit** avant quatre heures.

Rougissez-vous quand vous avez honte?

Oui, **je rougis** quelquefois.

Explications

1 Les verbes réguliers en **-ir**, comme **finir**:

A. **Finir, grandir, établir, réussir, réfléchir, choisir, obéir, bâtir, définir, pâlir,** etc.

finir		réussir	
je finis	**nous** finissons	**je** réussis	**nous** réussissons
tu finis	**vous** finissez	**tu** réussis	**vous** réussissez
il finit	**ils** finissent	**il** réussit	**ils** réussissent

réfléchir: je réfléchis, **tu** réfléchis, etc.

choisir: je choisis, **tu** choisis, etc.

obéir: j'obéis, **tu** obéis, etc.

Remarquez: On **réfléchit à** quelque chose:

Vous réfléchissez à la politique.

Nous réfléchissons à nos problèmes.

Remarquez: On **obéit à** quelqu'un:

Les enfants **obéissent à** leurs parents.

Le capitaine **obéit au** général.

B. Beaucoup de verbes qui correspondent à des adjectifs ont aussi la même conjugaison. Voici les principaux:

brun	**brunir**	vert	**verdir**
blanc	**blanchir**	vieux	**vieillir**
(blanche)		(vieille)	
noir	**noircir**	grand	**grandir**
pâle	**pâlir**	beau	**embellir**
rouge	**rougir**	(belle)	

Présentation

Qu'est-ce que **vous buvez** quand vous avez soif?

Je bois un Perrier, un Pschitt ou un Coca.

Un Pschitt? Qu'est-ce que c'est? Ce nom me **paraît** bizarre. **Je ne connais pas** le Pschitt, mais **je sais** que les Français **boivent** des Oranginas et des limonades.

C'est un autre soda français.

Explications

2 Le verbe **boire** est irrégulier:

Exemples: **Je bois** souvent un verre de bière.
Adélaïde **boit** une tasse de café chaque matin.
Nous buvons souvent une bouteille de vin rouge.

boire

je bois	**nous buvons**
tu bois	**vous buvez**
il, elle, on boit	**ils, elles boivent**

3 Les verbes **paraître** et **connaître** et leurs composés (**apparaître, disparaître, reconnaître**, etc.) ont le même système de conjugaison:

paraître

je parais	**nous paraissons**
tu parais	**vous paraissez**
il paraît	**ils paraissent**

connaître

je connais	**nous connaissons**
tu connais	**vous connaissez**
il connaît	**ils connaissent**

4 **Connaître** et **savoir:**

A. **Connaître:**

Exemples: **Je connais** ses parents.
Il est parisien et **connaît** bien sa ville natale.
Je connais bien Jean-Louis.

Le verbe **connaître** signifie la familiarité (résultat d'un contact personnel, conséquence d'une expérience). **On connaît** une personne. **On connaît** un endroit (une ville, une maison, un musée, une route). **On connaît** une civilisation, une culture, une discipline (l'antiquité chinoise, la peinture impressionniste, la littérature française, la musique classique). **Connaître** *précède généralement un nom.* **Connaître** n'introduit absolument pas de proposition ("clause") subordonnée.

B. **Savoir:**

Exemples: **Tu sais** son adresse.
Je sais qu'il va venir demain.
Nous savons où est la piscine.
Vous savez danser.

Le verbe **savoir** indique une information ou une compétence précises. **On sait** faire quelque chose (danser, skier, etc.). **On sait** que, **on sait** si, **on sait** où, quand, pourquoi, combien, etc. **Savoir** *précède un nom, un verbe à l'infinitif ou une proposition subordonnée.*

Présentation

L'examen est demain. Voici mes recommandations: **Ayez** confiance en vous! **N'ayez pas** peur! **Soyez** courageux! **Étudiez** bien! **Mangez** bien! **Réfléchissez** bien! **Écrivez** correctement vos réponses! **Sachez** que le résultat va être bon! **Dites** à vos camarades la même chose! Voilà mon message!

Et nous acceptons votre message. Nous obéissons à vos ordres! *(tout le monde)* **Étudions** bien! **Mangeons** bien! **Faisons** bien! Oh!... et **n'oublions pas: buvons** bien aussi! **Ayons** confiance en nous! **Soyons** courageux!

Explications

5 L'impératif:

A. Voici quelques impératifs qui sont dans les directives des exercices oraux et écrits: **Écrivez** une forme... , **Regardez** la photo... , **Répondez** par écrit... , **Demandez** à un autre...

B. L'impératif est généralement comme le présent de l'indicatif, mais sans sujet. L'impératif a trois personnes (trois formes):

Mange!	Ne mange pas!	*(familier)*
Mangeons!	Ne mangeons pas!	*(collectif)*
Mangez!	Ne mangez pas!	
Va!	Ne va pas!	
Allons!	N'allons pas!	
Allez!	N'allez pas!	
Fais!	Ne fais pas!	
Faisons!	Ne faisons pas!	
Faites!	Ne faites pas!	
Dis!	Ne dis pas!	
Disons!	Ne disons pas!	
Dites!	Ne dites pas!	

Remarquez: L'impératif familier des verbes en **-er** est sans **-s**:

Tu mang**es** → Mang**e**! **Tu** vas → Va!

C. L'impératif des verbes **avoir, être** et **savoir** est irrégulier:

avoir	être	savoir
Aie!	Sois!	Sache!
Ayons!	Soyons!	Sachons!
Ayez!	Soyez!	Sachez!

Exemples: **N'ayez pas** peur! **Soyez** raisonnables! **Sachez** être patient!

D. Remarquez la place des pronoms objets avec l'impératif:

1. Avec un pronom objet direct:

affirmatif	*négatif*
Fais-**le**!	Ne **le** fais pas!
Faisons-**le**!	Ne **le** faisons pas!
Faites-**le**!	Ne **le** faites pas!
Étudie-**les**!	Ne **les** étudie pas!
Étudions-**les**!	Ne **les** étudions pas!
Étudiez-**les**!	Ne **les** étudiez pas!
Écoute-**moi**!	Ne **m'**écoute pas!
Écoutez-**moi**!	Ne **m'**écoutez pas!

Attention: **Me** → **moi** avec l'impératif affirmatif.

2. Avec un pronom objet indirect:

Parle-**moi**!	Ne **me** parle pas!
Parlez-**moi**!	Ne **me** parlez pas!
Réponds-**leur**!	Ne **leur** réponds pas!
Répondons-**leur**!	Ne **leur** répondons pas!
Répondez-**leur**!	Ne **leur** répondez pas!
Écris-**lui**!	Ne **lui** écris pas!
Écrivons-**lui**!	Ne **lui** écrivons pas!
Écrivez-**lui**!	Ne **lui** écrivez pas!

Présentation

Commencez-vous **à** *parler* français maintenant?	Oui, *nous commençons* **à** *parler* français.
Les Français *invitent-ils* souvent leurs amis **à** *dîner?*	Non, *ils n'invitent pas* souvent leurs amis **à** *dîner.*
Finissez-vous **de** *faire* vos devoirs avant la classe?	Naturellement, *je finis* **de** *faire* mes devoirs avant la classe!
Oubliez-vous quelquefois **de** *donner* votre composition au professeur?	Oui, quelquefois *j'oublie* **de** *donner* ma composition.

Explications

6 Généralement, il n'y a pas de préposition entre deux verbes (**aimer, détester, espérer, préférer, vouloir, pouvoir, savoir, aller,** etc.):

Exemples: Je **veux parler** français.
Elle **aime aller** au cinéma.

A. Certains verbes exigent la préposition **à** devant un autre verbe à l'infinitif. Les plus importants sont:

commencer à	**inviter à**	**aider à**
continuer à	**réussir à**	

Exemples: *Il commence* **à** *parler.*
Nous commençons[1] **à** *apprécier* la culture française.

---

1. *Nous commençons:* Remarquez que le *c* du radical → *ç* devant *o* pour conserver la prononciation *ss*.

Commencez-vous à parler français maintenant?

Le Grand Escogriffe, Claude Pinoteau, 1976. Sur la photo: Agostina Belli et Yves Montand.

Morland (Yves Montand) ne réussit pas au théâtre. Il décide alors d'utiliser ses talents d'acteur pour gagner de l'argent d'une autre manière: il devient le kidnappeur d'un enfant et demande une rançon importante. Mais le père de l'enfant, un banquier riche, est très content qu'on kidnappe cet enfant intolérable! Ce grand projet est encore un autre insuccès pour Morland, qui prépare une nouvelle stratégie...

Je continue **à** *faire* la même faute.
Ils invitent leurs amis **à** *faire* une promenade en auto.
Elle réussit **à** *prononcer* le *r* et le *u* français.
Il aide sa mère **à** *préparer* le dîner.

B. Certains autres verbes exigent la préposition **de** devant un autre verbe à l'infinitif. Les plus importants sont:

dire de	**regretter de**	**finir de**
oublier de	**indiquer de**	**refuser de**
essayer[2] **de**	**accepter de**	**demander de**
décider de		

Exemples: *Nous finissons* **de** *dîner* à huit heures du soir.
Le professeur *dit* **de** *répéter* la phrase.
Elle oublie **de** *donner* son argent.
Le signal rouge *indique* **de** *ne pas passer.*
Je regrette **d'**être en retard.
J'essaie **de** *comprendre* mais j'ai beaucoup de difficulté.

2. *Essayer* = faire un effort, faire une tentative, expérimenter.

Présentation

Commencez-vous à lire le français maintenant?	Oui, je commence à **le** lire.
Aidez-vous vos amis à faire la cuisine?	Oui, je **les** aide à faire la cuisine.
Le soir, à quelle heure finissez-vous de parler à vos amis?	Je finis de **leur** parler avant minuit.
Voulez-vous manger cette vieille pomme?	Non, je ne veux pas **la** manger.
Aimez-vous **bien** aller **vite** en auto?	Oui, j'aime **bien** aller **vite** en auto.

Explications

7 Avec deux verbes *(verbe + infinitif)* le pronom objet direct ou indirect est placé devant le verbe qui a un rapport logique avec le pronom:

Exemples: Aimez-vous faire **la cuisine?**
Oui, j'aime **la** faire.
Non, je n'aime pas **la** faire.
  (**La** est le complément d'objet direct de **faire.**)

Catherine invite-t-elle **Philippe** à dîner?
Oui, elle **l'**invite à dîner.
Non, elle ne **l'**invite pas à dîner.
  (**L'** est le complément d'objet direct de **inviter.**)

Oubliez-vous d'écrire **les exercices?**
Oui, j'oublie de **les**[3] écrire.
Non, je n'oublie pas de **les** écrire.

Acceptez-vous de parler **à votre professeur?**
Oui, j'accepte de **lui** parler.
Non, je n'accepte pas de **lui** parler.

8 Place des adverbes (suite):

A. On place les adverbes courts et fréquents (**bien, mal, toujours, encore, déjà, vite,** etc.) directement *après* le verbe modifié:

3. Remarquez: *de + les* (pronom) n'a pas de contraction.

Exemples: Il est **toujours** présent et il parle **toujours**.[4]
Vous parlez **mal**.[5]
Il va **vite**[6] sur sa motocyclette.
Je vais plus **vite** que mon frère.
Il fait **déjà**[7] froid en octobre.

B. Avec deux verbes *(verbe + infinitif),* l'adverbe est placé *après* le verbe qui a un rapport logique avec l'adverbe:

Il peut parler **vite**.
Je regrette **toujours** d'être en retard. (Ici, **toujours** modifie **regrette**: Je regrette **toujours**...)
Je regrette d'être **toujours** en retard. (Ici, **toujours** modifie **être**: Je suis **toujours** en retard.)

CRÉATION

Exercices oraux

A. Demandez à un autre étudiant ou à une autre étudiante: (§1)

1. s'il (si elle) réfléchit à ses problèmes.
2. s'il (si elle) réussit toujours aux examens.
3. s'il (si elle) obéit à ses parents.
4. s'il (si elle) rougit ou brunit au soleil.
5. s'il (si elle) pâlit en hiver.
6. si on bâtit de nouveaux bâtiments sur le campus.
7. si on choisit directement le président des États-Unis.
8. si tout le monde finit ses devoirs avant la classe.

B. Répondez aux questions suivantes: (§2, 3)

1. Buvez-vous quand vous avez soif ou quand vous avez faim?
2. Est-ce que les Français boivent beaucoup de Coca-Cola?

4. *Toujours* = continuellement, incessamment, éternellement.
5. *Mal* ≠ bien.
6. *Vite* ≠ lentement.
7. *Déjà* indique une action commencée avant le moment présent.

3. Connaissez-vous la France?
4. Est-ce que votre camarade de chambre vous connaît bien?
5. Reconnaissez-vous vos parents après une longue séparation?
6. Quand paraît-on nerveux?

C. Employez **Je sais** ou **Je connais** comme sujet et verbe pour compléter les phrases suivantes: (§4)

1. _____ le numéro de téléphone de mon ami(-e).
2. _____ la femme du président.
3. _____ bien New York.
4. _____ que la terre est ronde.
5. _____ pourquoi vous êtes fatigué.

D. Dites à un autre étudiant ou à une autre étudiante: (§4, 5)

Exemple: *de regarder objectivement la situation.*
Regardez objectivement la situation. ou
Regarde objectivement la situation.

1. d'écrire son adresse.
2. de choisir un numéro de un à cent.
3. de dire bonjour au professeur.
4. de placer son argent dans votre portefeuille.
5. de savoir conjuguer le verbe *boire.*
6. d'être content(-e).
7. de ne pas être timide.
8. de ne pas avoir peur.
9. de ne pas parler anglais dans la classe de français.
10. de ne pas aller à la piscine.

E. Dites à quelqu'un à la forme affirmative et puis à la forme négative de l'impératif (utilisez un pronom objet direct ou indirect): (§5)

Exemple: *de terminer son travail.*
Termine-le! Ne le termine pas! ou
Terminez-le! Ne le terminez pas!

1. de vous parler.
2. de regarder son cahier.
3. d'écouter le professeur.
4. de vous écrire.
5. d'écrire la date.
6. d'écrire à son ami.
7. de vous téléphoner.
8. de téléphoner à Paul et à Elizabeth.
9. d'obéir à ses parents.
10. de vous obéir.

F. Remplacez les tirets dans le paragraphe suivant par **chanter, à chanter** ou **de chanter:** (§6)

> Exemple: *Antoine aime _____.*
> *Antoine aime chanter.*

> Antoine aime _____.
> À six heures du matin il commence _____.
> À midi il ne finit pas _____.
> Alors toute la journée il continue _____.
> Quand il a mal à la gorge il ne peut pas _____
> mais il veut _____.
> Alors il essaie _____
> mais il ne réussit pas _____.
> Généralement si on demande à Antoine _____
> il ne refuse pas _____
> parce qu'il adore _____.

G. Remplacez le complément par un pronom objet direct ou indirect: (§7, révision)

> 1. Elle va faire son lit.
> 2. Nous allons écrire à nos amis.
> 3. Nous n'aimons pas écrire à nos amis.
> 4. Je refuse de lire le *National Enquirer.*
> 5. J'accepte de parler à votre père.
> 6. Je demande à Paul de partir.
> 7. Vous aidez les enfants à dormir.
> 8. Vous dites à Harry de boire son café.

H. Placez l'adverbe correctement dans la phrase: (§8)

> 1. (déjà)   Je sais la réponse à la question.
> 2. (encore)   Vous dites la même chose.
> 3. (toujours) Ils sont ensemble.
> 4. (bien)   Nous aimons aller au cinéma.
> 5. (vite)   Je déteste aller en motocyclette.

I. Répondez aux questions suivantes:

> 1. Regardez la photo, page 177.
>   a. Dites à un autre étudiant ou à une autre étudiante de regarder la photo.
>   b. Demandez à un autre étudiant ou à une autre étudiante:
>   1. si le monsieur parle au bébé ou à la mère.
>   2. si le monsieur connaît la mère.
>   3. si le monsieur les invite à boire un café.
>   4. s'il (si elle) connaît les personnages de la photo.

c. Dites à un autre étudiant ou à une autre étudiante d'inventer un titre pour la photo.

d. Inventez une question sur la photo. Posez-la à un autre étudiant ou à une autre étudiante.

2. Regardez la photo, page 186.

a. Dans quel quartier sommes-nous?

b. Le guitariste connaît-il les trois autres?

c. Choisissez le garçon que vous préférez sur la photo. Pourquoi le choisissez-vous?

d. Inventez une question sur la photo. Posez-la à un autre étudiant ou à une autre étudiante.

Exercices écrits

A. Écrivez les exercices oraux E et G.

B. Complétez ces phrases avec la forme correcte du verbe entre parenthèses: (§1)

1. (réussir) Monsieur Escoffier _____ toujours ses soufflés.
2. (choisir) Nous _____ les cours que nous préférons.
3. (obéir) Mon chien _____ à mes ordres.
4. (établir) Ils _____ un nouveau système.
5. (finir) Vous _____ votre sandwich.
6. (bâtir) On _____ des édifices au bord de la mer.
7. (définir) Je _____ cette expression en français.
8. (rougir) Quand on lui pose une question embarrassante, elle _____.

C. Répondez aux questions suivantes: (§2)

1. Qui boit beaucoup de bière—les Allemands ou les Chinois?
2. Buvez-vous un café maintenant?
3. Où boit-on des martinis?
4. Buvons-nous dans la classe de français?

D. Mettez la forme correcte de **connaître** ou de **savoir** dans la phrase: (§4)

1. Nous _____ la vraie identité de Superman.
2. Je _____ très bien Chicago.
3. Est-ce que tu _____ mon ami Fred?
4. Tout le monde _____ que l'aéroport Charles de Gaulle est à Roissy.
5. Je ne _____ pas ce restaurant.
6. Nous ne _____ pas ton appartement mais nous _____ où il est.

E. Pour chaque verbe, inventez une question. Écrivez la question et une réponse: (§3, 4)

Exemple: *apparaître*
Quand est-ce que les fantômes apparaissent?
Généralement ils apparaissent le 31 octobre parce que c'est la fête de Halloween.

1. connaître   3. reconnaître   5. disparaître
2. savoir   4. paraître

F. Pour chaque situation donnez trois ordres. Utilisez l'impératif à la forme appropriée (**tu**, **vous** ou **nous**) et variez les verbes: (§5)

1. Vous êtes professeur de natation.[8] C'est le premier jour de classe et vous êtes à la piscine avec douze élèves. Donnez-leur vos premières instructions.
2. Votre camarade de chambre désire sortir avec une personne que vous connaissez bien. Expliquez-lui les actions nécessaires s'il (si elle) veut réussir à l'inviter.
3. Vous êtes pilote et votre avion a un accident. Perdus dans les Alpes, vous donnez des ordres collectifs à la forme **nous**.

G. Écrivez les prépositions **à** ou **de** dans ces phrases (*attention:* il y a des phrases qui n'ont pas besoin de prépositions.): (§6)

1. Il continue _____ étudier l'architecture.
2. Il va _____ continuer ses études.
3. Il invite Leslie _____ aller au cinéma.
4. Nous commençons _____ regretter _____ être grands.
5. Vous désirez _____ visiter l'Espagne.
6. On réussit _____ parler français.
7. Elle oublie _____ écrire à ses parents.
8. Nous adorons _____ écouter ce disque.
9. Tu sais _____ préparer une omelette.
10. Pourquoi refusez-vous _____ aider votre ami _____ écrire ses exercices?

H. Mettez le pronom indiqué dans les phrases suivantes: (§7)

1. (me)   Tu vas lire ta composition.
2. (vous) Je refuse de parler.
3. (te)   Nous disons de manger.
4. (lui)   Son ami essaie d'écrire une lettre tous les jours.
5. (le)   Vous réussissez à finir.
6. (les)   J'aide à faire la cuisine.

8. *Natation* = ''swimming.''

I. Mettez l'adverbe indiqué dans les phrases suivantes: (§8)

    1. (bien)   On voyage dans les nouveaux avions.
    2. (bien)   J'aime voyager dans les nouveaux avions.
    3. (vite)   En Amérique, nous aimons manger.
    4. (quelquefois)   Les Dupont invitent Catherine à dîner.

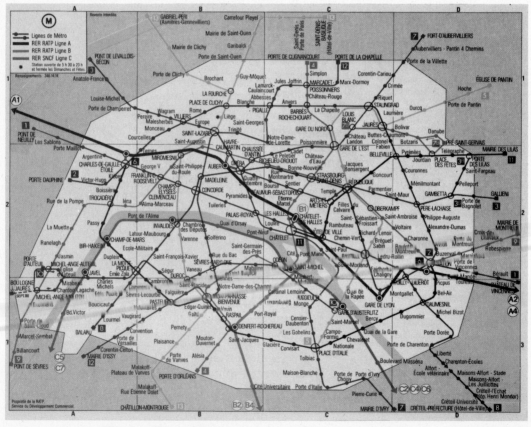

Plan du métro parisien

Lecture

Dans le métro

Si *vous connaissez* Paris, *vous savez* que le métro est le moyen de transport le plus efficace et le plus rapide. On peut aller partout à Paris en métro plus rapidement qu'en voiture et plus économiquement aussi. Le métro est très ancien: il est né avec le siècle, mais on le modernise *encore* et on l'améliore continuellement. On le complète par des lignes qui vont dans la banlieue et des lignes Express (R.E.R).[9] Certains trains sont maintenant sur pneumatiques[10] et plus silencieux qu'avant. Les voitures sont spacieuses et confortables. On change aussi le décor intérieur des stations. On leur donne *souvent* l'atmosphère et le style du quartier où elles sont. Par exemple, la station du Louvre a de magnifiques reproductions de sculptures antiques et médiévales. *Remarquez* et *admirez* aussi l'architecture extérieure et le style des vieilles stations. C'est le fameux style «art nouveau» des années 1900 ou de «la belle époque».

Si vous *décidez d'aller* en métro et si *vous ne savez pas l'utiliser,* voici quelques conseils: Il y a *toujours* un plan des stations et des lignes de métro à l'extérieur et à l'intérieur de chaque station. *Regardez-le.* Il vous indique généralement la station où vous êtes. *Choisissez* ensuite la station la plus proche de l'endroit où vous voulez aller. Vous pouvez maintenant *savoir* s'il y a une ligne directe entre les deux stations. Si oui, *notez bien* la direction, *achetez* votre ticket et *entrez* dans le couloir (corridor) qui indique la direction que vous désirez. Si *vous ne réussissez pas à trouver* une ligne directe, *ne désespérez pas! Soyez* patient; vous allez trouver une station où il y a une correspondance[11] entre les deux lignes que vous voulez. *Choisissez toujours* la combinaison la plus simple et la plus courte. Dans certaines stations on trouve des plans électrifiés. *Appuyez* sur le bouton qui identifie la station où vous voulez aller et votre circuit va *apparaître* illuminé sur le plan avec l'indication de la direction. Comme c'est facile!

---

9. *R.E.R.* = Réseau ("network") Express Régional.
10. *Pneumatiques* = "inflatable tires."
11. *Correspondance* = "transfer connection."

On change aussi le décor intérieur des stations. On leur donne souvent l'atmosphère et le style du quartier où elles sont.

Rien ne va plus, Jean-Michel Ribes, 1979. Sur la photo (deuxième à gauche): Jacques Villeret.

Dans le métro à Paris, des jeunes gens jouent souvent de la guitare ou d'autres instruments de musique. Certains sont de vrais virtuoses. On recontre aussi quelques autres personnes moins sympathiques. Ces jeunes gens paraissent sinistres, mais en réalité, ils ne sont pas très méchants, et ce film est un film comique.

Faites attention: *Gardez* votre ticket et *ne le jetez pas.* Il y a quelquefois des contrôles. Vous pouvez aussi *décider de le garder* comme souvenir de Paris. Bonne chance et bon voyage... en métro!

Questions sur la lecture

1. Quel est le moyen de transport le plus efficace de Paris?
2. De quelle époque le métro date-t-il?
3. Quels aspects du métro est-ce qu'on change continuellement?
4. Comment est l'architecture extérieure des vieilles stations?
5. Où y a-t-il un plan des stations et des lignes de métro?
6. Quand avez-vous besoin de trouver une station où il y a une correspondance entre deux lignes?
7. Si vous appuyez sur un bouton d'un plan électrifié, quel est le résultat?
8. Quels sont les transports publics dans votre ville?
9. Comment circulez-vous dans votre ville?
10. Est-ce que le métro est plus efficace que le bus?

Discussion / Composition

1. Y a-t-il un métro dans votre ville? Sinon, quel est le meilleur transport public? Donnez des conseils à quelqu'un qui ne connaît pas le système. (S'il y a un métro, faites la même chose.) Employez des impératifs, les verbes de la leçon et la construction *verbe* + *verbe* avec ou sans préposition.

2. Quel endroit dans votre ville recommandez-vous à un touriste? Pourquoi? Expliquez à un touriste imaginaire ou réel comment aller à cet endroit et les activités que vous recommandez dans cet endroit. Employez l'impératif, les verbes de la leçon et la construction *verbe* + *verbe* avec ou sans préposition.

Vocabulaire

noms
argent m.
bouteille f.
bouton m.
conseil m.
contrôle m.
couloir m.
devoirs m. pl.
faute f.
moyen m.
natation f.
peinture f.
piscine f.
plan m.
siècle m.
transport m.

adjectifs
court(-e)
efficace
natal(-e)
proche

verbes
améliorer
apparaître
appuyer
bâtir
blanchir
boire
brunir
choisir
connaître
disparaître
embellir
essayer
établir
finir
garder
grandir
jeter
noircir
obéir
oublier
pâlir

paraître
reconnaître
réfléchir
ressortir
réussir
rougir
verdir
vieillir

autres expressions
art nouveau
(la) belle époque
bonne chance
combien
déjà
encore
faire la cuisine
mal
par écrit
partout
tard

noms apparentés
architecture f.
capitaine m.
confiance f.
conséquence f.
discipline f.
expérience f.
extérieur m.
forme f.
message m.
motocyclette f.
passager m.
résultat m.
route f.
signal m.
soda m.
style m.

Échanges

— Tu peux me passer un peu de fric[1] pour mon bus?

— Non, je suis complètement fauché,[2] mais j'ai des tickets[3] si tu veux.

— Merci! T'es super! Avec ce temps dégueulasse je n'ai pas envie de marcher. Alors, toi? Ça boume?[4]

— Pas tellement.[5]

— Cette semaine est plutôt minable.[6] J'ai un boulot[7] terrible.

— Moi aussi. Je suis crevé.

— Eh bien, allons boire un coup[8] au bistro[9] du coin.[10]

— T'es cinglée?[11] On ne peut pas payer avec des tickets de bus!

1. *Fric* = argent.
2. *Fauché(-e)* = ''broke.''
3. *Tickets* = tickets d'autobus.
4. *Ça boume.* = Ça va bien.
5. *Pas tellement* = pas très bien.
6. *Minable* = misérable.
7. *Boulot* = travail.
8. *Boire un coup* = boire, prendre une boisson (vin, café, limonade, etc.).
9. *Bistro* = bar, café.
10. *Du coin* = ''corner,'' ''neighborhood''
11. *Cinglé* = un peu fou, mentalement dérangé.

Improvisation

Pour deux personnes. Un touriste étranger dans votre ville est perdu. L'autre personne habite dans la ville et essaie de lui donner des renseignements. (Utilisez beaucoup d'impératifs et beaucoup de verbes de la leçon!)

13
Treizième Leçon

Le partitif:
    une quantité indéterminée
    les expressions de quantité
    une quantité déterminée
Le verbe *prendre*
D'autres emplois idiomatiques du verbe
    faire
L'expression *il faut*
Lecture: *Bon appétit!*

Un déjeuner français

DÉCOUVERTE

Présentation

Dans la cuisine, il y a une quantité indéterminée d'assiettes (32? 100? 75?).

Il y a *une partie* ⬚DE⬚ toutes ⬚LES⬚ assiettes du monde.

Dans la cuisine, il y a **DES** assiettes.
Sur la table, il y a **des** assiettes.
Dans le placard, il y a **des** assiettes.

Dans le placard, il y a une quantité indéterminée de marmelade (5 kilogrammes? 10 kilos? 2,5 kilos?).[1]

Il y a *une partie* ⬚DE⬚ toute ⬚LA⬚ marmelade du monde.

Dans le placard, il y a **DE LA** marmelade.
Dans le pot, il y a **de la** marmelade.

Dans la cave, il y a une quantité indéterminée de champagne (50 bouteilles? 41 litres? 3 magnums?).

Il y a *une partie* ⬚DE⬚ tout ⬚LE⬚ champagne du monde.

Dans la cave, il y a **DU** champagne.
Dans le verre, il y a **du** champagne.

Dans la piscine, il y a une quantité indéterminée d'eau (500 gallons? 800 décalitres?).

Il y a *une partie* ⬚DE⬚ toute ⬚L'⬚ eau du monde.

Dans la piscine, il y a **DE L'**eau.
Dans la bouteille, il y a **de l'**eau.
Dans le verre, il y a **de l'**eau.

Il **n'**y a **pas de** champagne.   Il **n'**y a **pas d'**assiettes.
Il **n'**y a **pas de** marmelade.   Il **n'**y a **pas d'**eau.

Dans une bibliothèque,	il y a	**des** livres.
Dans un pot de marmelade,	il y a	**de la** marmelade.
Dans une bouteille de vin,	il y a	**du** vin.
Dans un verre de lait,	il y a	**du** lait.
Dans un verre d'eau,	il y a	**de l'**eau.

1. *Kilo* est l'abbréviation de *kilogramme.* Le système métrique est universellement employé en France. *Un kilo* = 2,2 «pounds»; *un litre* = 1,06 «quarts»; *un magnum* est une grande bouteille contenant 2 litres.

Qu'est-ce qu'il y a dans un verre de champagne?	Il y a **du** champagne, naturellement!
Qu'est-ce qu'il y a dans une tasse de café?	Il y a **du** café.
Qu'est-ce qu'il y a dans un sandwich?	Il y a **du** pain et quelquefois **du** jambon et **du** fromage.
Qu'est-ce qu'il y a dans l'océan?	Il y a **de l'**eau, **du** sel et **des** poissons.
Avez-vous **des** amis?	Oui, j'ai **des** amis. Non, je **n'**ai **pas d'**amis.
Buvez-vous **du** café?	Oui, je bois **du** café. Non, je **ne** bois **pas de** café.
Y a-t-il **de la** soupe?	Oui, il y a **de la** soupe. Non, il **n'**y a **pas de** soupe.
Ted a-t-il **de l'**imagination?	Oui, il a **de l'**imagination. Non, il **n'**a **pas d'**imagination.

Explications

1 Le partitif:

A. Une quantité indéterminée est exprimée par **de** + article défini + nom (ou simplement par **de** [*sans article*]; voir § 1 B et C).

de + le → **du**
de + la = **de la**
de + l' = **de l'**   + NOM (pour exprimer *une partie* de la totalité)
de + les → **des**

Exemples: Je bois souvent **du** café.
Il a **de l'**argent, mais il a **des** problèmes émotionnels.
Il y a **des** livres bizarres dans sa bibliothèque et **des** papiers sur son bureau.
Elle a **de l'**imagination et elle a **des** amis.

de l'eau	=	une *quantité indéterminée* d'eau
de l'argent	=	une *quantité indéterminée* d'argent
des papiers	=	une *quantité indéterminée* de papiers
de la marmelade	=	une *quantité indéterminée* de marmelade
des amis	=	une *quantité indéterminée* d'amis
du champagne	=	une *quantité indéterminée* de champagne

B. La négation de **du, de la, de l', des** est **pas de** quand le partitif est le complément d'objet direct d'un verbe transitif[2] négatif.

Exemples: Je **ne** veux **pas de** sucre dans mon café.

Il **n'**a **pas d'**argent, mais il **n'**a **pas de** problèmes émotionnels.

Il **n'**y a **pas de** livres bizarres dans sa bibliothèque et **pas de** papiers sur son bureau.

Elle **n'**a **pas d'**imagination et elle **n'**a **pas d'**amis.

pas de sucre	**pas de** marmelade
pas d'eau	**pas d'**amis
pas d'argent	**pas de** champagne
pas d'imagination	

Attention: **Être** n'est pas un verbe transitif. C'est un verbe *intransitif*. Le partitif est donc *le même à l'affirmatif* et *au négatif.*

Exemples: Qu'est-ce que c'est?   Non, ce **n'**est **pas du** lait, c'est **de la**
Est-ce **du** lait?   crème. Mais regardez dans l'autre verre; c'est **du** lait.

Présentation

Avez-vous **beaucoup de** travail?	Oui, j'ai **beaucoup de** travail. Non, je **n'**ai **pas beaucoup de** travail.
Les étudiantes ont-elles **assez de** liberté?	Oui, elles ont **assez de** liberté. Non, elles **n'**ont **pas assez de** liberté.
Avons-nous **trop de** temps libre?	Oui, nous avons **trop de** temps libre. Non, nous **n'**avons **pas trop de** temps libre.
Combien de frères ou de sœurs avez-vous?	J'ai deux frères et une sœur.
Avez-vous **beaucoup d'**amis?	Non, je **n'**ai **pas beaucoup d'**amis, mais j'ai **quelques** amis.

2. *Verbe transitif* = verbe susceptible d'avoir un complément d'objet direct.

Les étudiantes ont-elles assez de liberté?

Diabolo Menthe, Diane Kurys, 1977.
Anne a treize ans. Frédérique, sa sœur, a quinze ans. Elles vont au lycée pendant la semaine. Le week-end elles vont dans des «surboums» (des parties où on danse) avec des filles et des garçons de leur âge. Elles ont des disputes avec leur mère. C'est la fin de l'enfance.

Explications

C. Les expressions de quantité:

1. Quand la quantité est relative ou approximative:

   L'expression de quantité + **de** + nom *(sans article)*:

   > **beaucoup de** ≠ **un peu de**
   > **trop de** ≠ **pas assez de**
   > **plus de** ≠ **moins de**
   > **autant de**
   > **assez de**
   > **tant de**
   > **combien de... ?**   + NOM *(sans article)*
   > **plein(-e)(-s) de**
   > **couvert(-e)(-s) de**
   > **une quantité de**

2. Toutes ces expressions indiquent une quantité relative ou approximative (*grande* ou *petite, suffisante* ou *insuffisante, excessive,* etc.):

   Je voudrais[3] **beaucoup de** sucre dans mon café.

   Il a **assez d'**argent, mais il a **trop de** problèmes émotionnels.

---

3. *Je voudrais* ou *je voudrais bien* est une expression qui exprime un désir.

Sa bibliothèque est **pleine de** livres bizarres et son bureau
est **couvert de** papiers.
Elle a **tant d'**imagination!
Les McCoy[4] ont **tant d'**enfants qu'ils oublient leurs noms.
Combien d'argent gagnez-vous par mois?

3. Ces expressions de quantité ne changent pas dans les phrases négatives:

Je **ne** veux **pas beaucoup de** sucre dans mon café.
Il **n'**a **pas assez d'**argent, mais il **n'**a **pas trop de** problèmes
émotionnels.
Sa bibliothèque **n'**est **pas pleine de** livres bizarres et son
bureau **n'**est **pas couvert de** papiers.

4. Expressions de quantité comparatives:

$$\left. \begin{array}{l} \textbf{plus de} \\ \textbf{moins de} \\ \textbf{autant de} \end{array} \right\} + \text{NOM} + \textbf{que} + \text{terme de comparaison}$$

Exemples: Les Américains ne mangent pas **autant de** pain **que** les
Français.
Martine boit **moins d'**alcool **qu'**Alice.
Il y a **plus d'**étudiants ici **que** dans l'autre classe.

5. Quand la quantité est déterminée par une mesure précise ou par un
récipient («container»), la quantité + **de** + nom *(sans article):*

Exemples: **un verre de** champagne   **une bouteille d'**eau
une caisse de champagne   **une douzaine d'**œufs
un litre de vin   **un kilo de** tomates
un litre de lait   **une assiette de** soupe

D. **Des, quelques** et **un peu de:**

1. **Des** = une quantité indéterminée (2? 3? 50? 1.000?):

J'ai **des** notes dans mon cahier.
Il y a **des** poissons dans la mer.

Remarquez: **Des** (partitif) et **des** (article indéfini pluriel) sont *identiques,*
parce que c'est le même concept de quantité indéterminée.

2. **Quelques** = une quantité indéterminée plurielle *mais limitée* (3? 5?):

J'ai **quelques** amis à New York.
Il a **quelques** premières éditions dans sa collection de
livres rares.

3. **Un peu de** + singulier, **quelques** + pluriel:

Elle a **quelques** habitudes   Il y a **un peu de** sucre dans
étranges.   mon café.
J'ai **quelques** difficultés en   Je gagne **un peu d'**argent
mathématiques.   maintenant.

4. Le pluriel d'un nom propre n'a pas de *s.*

Présentation

À quelle heure **prenez-vous** le petit déjeuner?

Je le **prends** à huit heures du matin, mais je ne mange pas beaucoup. **Je prends** un peu de pain et un peu de café, c'est tout.

Votre mère **prend-elle** du sucre dans son café?

Oui, **elle prend** du sucre, mais **elle ne prend pas** de crème.

Explications

2   Le verbe irrégulier **prendre**:

prendre	
je prends	**nous prenons**
tu prends	**vous prenez**
il prend	**ils prennent**

Exemples: Quand nous allons à l'université **nous prenons** toujours nos livres.

Pour aller de Paris à Strasbourg **on prend** le train, la voiture ou l'avion.

Tu ne prends pas de dessert.

Remarquez: On emploie souvent le verbe **prendre** quand on parle de manger ou de boire (on n'emploie pas le verbe **manger** + *nom de repas*).

On prend le petit déjeuner le matin.
Il prend le thé à quatre heures.
Que **prenez-vous?** (= Que désirez-vous boire?)
Je prends du café. (= Je désire boire du café.)
Les Smith **déjeunent** à midi.

Présentation

Qu'est-ce que vous étudiez?

Je fais du français, je fais de la philosophie et **je fais de la physique.**

Faites-vous du sport?

Oui, **je fais du sport. Je fais du tennis, je fais de la natation** et **je fais du ski.** J'aime aussi **faire des promenades** à pied et j'aime quelquefois jouer **au** golf.

Explications

3 D'autres emplois idiomatiques du verbe irrégulier **faire:**

faire une promenade (des promenades) à pied, à bicyclette, à cheval, en auto, etc.	Elle **fait une promenade** à pied.
faire un voyage (des voyages) en avion, en bateau, en train, en voiture, etc.	Nous **faisons** toujours **des voyages** en voiture.
faire le marché	Je **fais le marché** le samedi.
faire la vaisselle	Après le dîner **nous faisons la vaisselle.**
faire du sport	Ma grand-mère **fait du sport.**
faire du tennis (du ski, de la natation, du football, etc.)	Mon frère **fait du football** et **il fait** aussi **de la natation.**
faire du piano (du violon, de la clarinette, etc.)	Dick et Jane **font du piano.**
faire de la musique	Tu **fais de la musique.**
faire de + article défini + nom de la matière scolaire	**Je fais du français.** Mon cousin **fait de l'allemand.** **Nous faisons de la philosophie.**

Remarquez: On emploie aussi le verbe **jouer** pour les sports et les instruments de musique. On joue **à** + sport ou jeu; on joue **de** + instrument de musique:

Mon frère joue **au** football le jour et il joue **au** bridge le soir.
Dick et Jane jouent **du** piano.

Présentation

A-t-on besoin d'argent quand on est étudiant? **Faut-il de l'argent quand on est étudiant?**	Oui, on a besoin d'argent quand on est étudiant. **Il faut de l'argent. Il faut** manger et boire pour subsister!
Qu'est-ce qu'**il ne faut pas** boire?	**Il ne faut pas** boire d'acide sulfurique.
Qu'est-ce qu'**il vous faut** pour faire un voyage?	**Il me faut** de l'argent, des vêtements et une valise.

Explications

4 **Il faut:**

A. **Il faut** est souvent une expression de *nécessité impersonnelle* ou *générale:*

    Exemples: **Il faut** de l'argent quand on est étudiant.

                 Il faut des œufs pour faire une omelette.

                 Il faut avoir de bonnes notes.

                 Il faut un ticket pour prendre le métro.

    Remarquez: Le partitif après **il faut** à l'affirmatif est formé de **de** + **article défini: Il** me **faut du** courage. Après **avoir besoin** à l'affirmatif, le partitif est exprimé par **de** seul: **J'ai besoin de** courage.

B. La négation de **il faut** indique une prohibition générale:

                 Il ne faut pas de sucre dans les spaghetti.

                 Il ne faut pas être absent le jour de l'examen.

                 Il ne faut pas boire **d'**acide sulfurique.

C. Le futur immédiat de **il faut** est **il va falloir:**

Il faut manger à midi.	**Il va falloir** manger à midi.
Il faut beaucoup de courage.	**Il va falloir** beaucoup de courage.

D. Quelquefois, **il faut** est employé pour une *nécessité* ou une *obligation personnelles.* Pour indiquer la personne pour qui c'est une nécessité, on utilise les pronoms objets indirects:

    Exemples: **Il me faut** absolument ce livre. = J'ai absolument besoin de ce livre.

              Il nous faut de l'amour. = Nous avons besoin d'amour.

              Il te faut un cocktail avant le dîner. = Tu as besoin d'un cocktail avant le dîner.

              Il lui faut des vêtements très chers. = Il (Elle) a besoin de vêtements très chers.

CRÉATION

Exercices oraux

A. Répondez aux questions suivantes: (§1)

Exemple: *Qu'est-ce qu'il y a dans une bouteille de vodka?*
Il y a de la vodka.

1. Qu'est-ce qu'il y a dans une bouteille de vin?
2. Qu'est-ce qu'il y a dans une bouteille de bière?
3. Qu'est-ce qu'il y a dans une bouteille d'eau?
4. Qu'est-ce qu'il y a dans une assiette de soupe?
5. Qu'est-ce qu'il y a dans une assiette de poulet?
6. Qu'est-ce qu'il y a dans une assiette de poisson?

B. Mettez à la forme négative: (§1)

1. Nous avons des restaurants français sur le campus.
2. Il boit du lait tous les jours.
3. Il y a de la pollution dans ma chambre.
4. Cet artiste a de l'imagination.
5. Il y a des œufs dans le réfrigérateur.
6. Elle a des amis italiens.
7. Il y a de l'eau dans le Sahara.

C. Modifiez les phrases suivantes par une expression appropriée: **beaucoup de, un peu de** ou **quelques**: (§1)

Exemple: *Il y a des planètes dans l'univers.*
Il y a beaucoup de planètes dans l'univers.

1. Il y a des livres à la bibliothèque.
2. Il y a de l'argent dans mon portefeuille.
3. Il y a du sel dans une omelette.
4. Il y a de la place dans la chambre d'un étudiant.
5. Il y a des examens dans la classe de français.
6. Il y a de la neige au Pôle Nord.
7. Il y a des cheveux sur la tête de Charlie Brown.
8. Il y a de l'élégance à Dogpatch.

D. Demandez à un autre étudiant ou à une autre étudiante: (§1)

1. s'il (si elle) a trop d'argent.
2. si le mur est couvert de tableaux.
3. si les étudiants ont assez de vacances.

4. s'il n'y a pas assez de chaises dans cette salle.[5]
5. combien de cours il (elle) a.

E. Finissez les phrases suivantes: (§1)

Exemple: *Je désire une douzaine de...*
Je désire une douzaine de roses.

1. Je désire une douzaine de...   4. Je désire une boîte de...
2. Je désire un litre de...   5. Je désire un verre de...
3. Je désire une assiette de...   6. Je désire un kilo de....

F. Répondez aux questions suivantes: (§2)

1. Est-ce qu'on prend des notes dans une classe de chimie?
2. Est-ce qu'on prend des notes dans une classe de yoga?
3. Quand prenez-vous des photos?
4. À quelle heure les Anglais prennent-ils le thé?
5. Prenons-nous le petit déjeuner ensemble?
6. Quand prenez-vous de l'aspirine?

G. Changez le verbe **faire** au verbe **jouer**: (§3)

Exemple: *Je fais du football.*
Je joue au football.

1. Liberace fait du piano.   5. Je fais de la guitare.
2. Les Cowboys font du football. 6. Rod Carew fait du
3. Nous faisons de la   base-ball.
   trompette.   7. Fais-tu du golf?
4. Chris et Tracy font du   8. Les anges font de la
   tennis.   harpe.

H. Changez **on a besoin de** à **il faut**: (§4)

Exemple: *On a besoin d'argent.*
Il faut de l'argent.

1. On a besoin d'air.   4. On a besoin d'un médecin.
2. On a besoin de manger.   5. On a besoin de boire.
3. On a besoin d'un stylo.   6. On a besoin de musique.

---

5. Si vous voulez répondre à l'affirmatif, dites *si. Oui* est la réponse affirmative à une question affirmative. *Si* est la réponse affirmative à une question négative: «N'avez-vous pas faim?—*Si!* j'ai très faim!» *Si* est aussi la réfutation d'une déclaration négative: «Mais vous ne venez pas!—Mais *si!* je viens!»

I. Dites une phrase équivalente avec **il faut:** (§4)

Exemple: *J'ai besoin d'un dollar.*
Il me faut un dollar.

1. J'ai besoin d'un dollar.
2. Nous avons besoin de café.
3. Il a besoin d'un téléphone.
4. Tu as besoin de discrétion.
5. Elles ont besoin de vacances.
6. Vous avez besoin de votre voiture.

J. Répondez aux questions suivantes:

1. Regardez la photo, page 193.
   a. Demandez à un autre étudiant ou à une autre étudiante combien de jeunes filles il y a dans la salle.
   b. Qu'est-ce qu'il y a dans la salle?
   c. Les jeunes filles prennent-elles des notes?
   d. Leur faut-il des vacances?
   e. Inventez une question à propos de la photo. Posez-la à un autre étudiant ou à une autre étudiante.
2. Regardez la photo, page 203.
   a. Qu'est-ce qu'il y a dans l'assiette?
   b. Y a-t-il de la soupe dans la bouche du petit garçon?
   c. Joue-t-il ou mange-t-il?
   d. Qu'est-ce qu'il va manger après?
   e. Inventez une question à propos de la photo. Posez-la à un autre étudiant ou à une autre étudiante.

Exercices écrits

A. Écrivez les exercices oraux A, B et C.

B. Complétez ces phrases avec **de, du, de la, de l'** ou **des:** (§1)

1. Je bois _____ vin californien.
2. Je ne bois pas _____ vin californien.
3. Avez-vous _____ disques européens?
4. N'avez-vous pas _____ disques européens?
5. Il a _____ ambition.
6. Pour le petit déjeuner, je mange _____ œufs.
7. Y a-t-il assez _____ vacances pour vous?
8. Il n'y a pas _____ glace dans un sandwich.
9. Buvez-vous souvent _____ lait?
10. Buvez-vous souvent un litre _____ lait?

C. Écrivez la forme correcte de **prendre, manger** ou **boire** (quelquefois **prendre** peut remplacer **manger** ou **boire**): (§2)

1. Nous _____ trop de bonbons.
2. À quelle heure _____ -vous votre petit déjeuner?
3. En France les gens _____ du vin avec leur dîner.
4. _____-tu du sucre dans ton café?
5. Je _____ mon cocktail à six heures du soir.
6. La vie est gaie quand on _____ du Coca-Cola.
7. Qu'est-ce que les cannibales _____?

D. Répondez aux questions suivantes par une expression idiomatique avec le verbe **faire**: (§3)

1. Jouez-vous du saxophone?
2. Qu'est-ce qu'on étudie dans une classe de littérature anglaise?
3. Dans quelle pièce de la maison fait-on la vaisselle?
4. Chez vous, qui fait la cuisine?
5. Après le dîner, partez-vous en promenade?

E. Répondez aux questions suivantes: (§4)

1. Qu'est-ce qu'il faut pour préparer votre dîner favori?
2. Qu'est-ce qu'il faut faire avant un examen?
3. Qu'est-ce qu'il vous faut pour écrire une composition?
4. Qu'est-ce qu'il ne faut pas faire pendant une soirée élégante?
5. Quand est-ce qu'il faut dire «merci»?
6. Qu'est-ce qu'il va falloir faire ce soir?

Lecture

Bon appétit!

Les Français *prennent* généralement leur déjeuner à midi et demie et leur dîner à huit heures ou huit heures et demie. Le petit déjeuner est moins important en France qu'aux États-Unis mais le déjeuner est un repas complet, bien plus important et varié qu'aux États-Unis. C'est presque toujours la mère de famille qui *fait la cuisine.* Tout le monde est réuni autour de la table de la salle à manger et il y a, d'habitude,[6] *une bouteille de* vin sur la table. Les enfants ne boivent pas *de* vin; ils boivent généralement *de l'*eau minérale ou *de l'*eau fraîche et quelquefois on verse dans leur *verre d'*eau *un peu de* vin pour leur donner l'impression qu'ils boivent *du* vin comme les adultes.

Pour le déjeuner il y a *des* hors-d'œuvre, qui sont généralement *des* légumes en salade (*des* tomates, *des* concombres), *de la* charcuterie (*du* pâté, *du* jambon ou *du* saucisson), *des* œufs durs, etc. (Pour le dîner on sert *de la* soupe comme hors-d'œuvre, surtout en hiver, quand il fait froid.)

Le plat principal, c'est généralement *de la* viande ou *du* poisson et on mange aussi *des* légumes, *des* pâtes, *du* riz ou *des* pommes de terre. Les portions sont généralement plus petites qu'aux États-Unis. Les Français mangent *du* pain, alors il y a toujours *une corbeille de* pain sur la table.

Après le plat principal on mange *de la* salade verte et après la salade, *des* fromages variés. Comme vous le savez, il y a *beaucoup de* fromages en France. Et, bien sûr, *il faut* boire *du* vin avec le fromage pour bien l'apprécier.

À la fin du repas il y a le dessert, qui peut être un gâteau, une glace, un yaourt ou simplement *des* fruits frais. Après le dessert on boit *du* café dans de petites tasses avec *du* sucre mais *pas de* crème.

Les façons de manger varient. D'habitude *il faut* tenir[7] la fourchette dans la main gauche et le couteau dans la main droite. Mais certaines personnes font comme aux États-Unis et changent leur fourchette de la main gauche à la main droite pour manger. Pour le petit déjeuner on *ne* mange *pas d'*œufs,

6. *D'habitude* = généralement, habituellement.

7. *Tenir* est un verbe irrégulier, conjugué comme *venir: je tiens, tu tiens,* etc. Voir le Système Verbal, page 488.

Pour le dîner on sert de la soupe, surtout en hiver, quand il fait froid.

La Chaise vide
   Anne a vingt-deux ans. Elle habite seule avec son fils, qui a trois ans. Elle rencontre Maxime, un jeune et gentil musicien, mais elle ne peut pas oublier son mari, mort en Angola au cours d'un reportage photographique.

pas de bacon, *pas de* céréales. *On prend* simplement *du* café noir ou au lait ou *du* thé, *du* pain grillé ou *des* toasts avec *du* beurre et *de la* confiture, et pour les grands jours *des* croissants. Bon appétit!

Questions sur la lecture

1. À quelle heure les Français prennent-ils leur déjeuner? Leur dîner? Et les Américains?
2. Qu'est-ce qu'on boit au déjeuner en France?
3. Pourquoi verse-t-on quelquefois du vin dans le verre d'eau des enfants?
4. Qu'est-ce qu'il y a généralement comme hors-d'œuvre au déjeuner?
5. Généralement quel est le plat principal?
6. Pourquoi y a-t-il toujours une corbeille de pain sur la table? Y a-t-il une corbeille de pain sur la table dans votre famille?
7. Qu'est-ce qu'on mange après le plat principal?
8. Qu'est-ce que les Français mangent comme dessert?
9. Qu'est-ce qu'on boit après le dessert?
10. Qu'est-ce qu'on mange au petit déjeuner en France? Aux États-Unis?

LA COUPOLE MONTPARNASSE

· à la Coupole...
les "chefs" aussi sont des artistes !

Boissons Chaudes

Café ou Décaféiné	3.70
Café au Lait	3.70
Lait	3.30
Chocolat	4.80
Thé ou Infusion	6.—
Vin chaud	6.—

Boissons Froides

Jus de Fruits: Abricot, Ananas, Orange	5.50
Pamplemousse, Raisin, Tomato	5.50
San Pellegrino, Orangina, Coca-Cola	5.50
Limonade	5.—
Orange ou Citron pressé	7.—
Muscadet A. C. (le verre)	6.—
Côtes du Rhône A.C. (le verre)	6.—

Sandwiches Pain: Mie ou Baguette

Rillettes, Saucisson ou Jambon de Paris	8.—
Gruyère ou Camembert	8.—
Saucisson (Rosette)	10.—
Veau ou Roastbeef	14.—
Mixte (Jambon de Paris et Gruyère)	12.—
Jambon York ou Bayonne	14.—
Croque Madame	14.—
Croque Monsieur	13.—

Pâtisseries et Entremets

Croissant	2.40
Brioche	2.70
Alsacien, Éventail	4.50
Pâtisseries du Thé	7.—
Tarte au Citron	13.—
Crème Caramel	9.—
Mousse au Chocolat	10.—
Tarte chaude aux Pommes	14.—
Biscottes	1.—
Petit Pain	1.50
2 Toasts	1.60
Beurre	1.—
Confiture	2.40

Glaces

Au choix: 2 boules (Vanille, Café, Chocolat, Praliné, Fraise, Pistache)	8.—
Ice Cream Soda (glace, sirop)	9.—
Milk Shake (glace, sirop, lait)	9.—
Plombières, Meringues glacées, Sorbet	12.—
Café ou Chocolat liégeois	10.—
Poire belle Hélène (poire, glace, chocolat chaud, amandes grillées)	12.—
Fruits Melba (Pêches, Poires ou Ananas)	11.—
Parfait Coupole (fruits, glace, groseille, chantilly)	12.—
Hot Fudge (glace, chocolat ou caramel chaud, amandes grillées)	12.—
Nuts Sundae (glace, vanille, chocolat chaud, noix éffilées)	12.—
Banane Royale (banane, fruits, glace, groseille, chantilly)	13.—
Mikadoriz (glace, vanille, chocolat chaud, crème, chantilly)	14.—

Service non compris 15%

Discussion / Composition

1. Quelles différences remarquez-vous entre les repas français et les repas américains? Expliquez, et utilisez le partitif et beaucoup d'expressions de quantité.
2. Racontez un dîner typique chez vous. Qui fait la cuisine? À quelle heure mangez-vous? Qu'est-ce que vous mangez? Qui fait la vaisselle?
3. Regardez le menu à la page 204. Qu'est-ce que vous choisissez? Pourquoi? Combien est l'addition[8] à la fin du repas? Le service[9] est-il compris?[10] Qui paie l'addition?

---

8. *Addition* = le prix total du repas.
9. *Service* = supplément qu'on ajoute au total.
10. *Compris* = inclus.

Vocabulaire

noms

addition f.
ange m.
beurre m.
boîte f.
caisse f.
cave f.
charcuterie f.
concombre m.
confiture f.
corbeille f.
décalitre m.
déjeuner m.
façon f.
fin f.
fourchette f.
fromage m.
gâteau m.
jambon m.
lait m.
légume m.
matière f.
œuf m.
pain m.
pain grillé m.
pâte f.
petit déjeuner m.
pomme de terre f.
repas m.
riz m.
saucisson m.
sel m.
sucre m.
thé m.
viande f.
yaourt m.

adjectifs

compris(-e)
couvert(-e)
dur(-e)
étrange
frais / fraîche
insuffisant(-e)
plein(-e)
quelques
réuni(-e)
suffisant(-e)

verbes

comporter
gagner
prendre
tenir
verser

autres expressions

à bicyclette
à cheval
à pied
autant de
combien de
d'habitude
en auto
en avion
en bateau
en voiture
faire la vaisselle
faire le marché
il faut
je voudrais
si
tant de
trop de
un peu de

noms apparentés

acide m.
alcool m.
clarinette f.
courage m.
crème f.
croissant m.
dessert m.
douzaine f.
football m.
fruit m.
golf m.
instrument m.
kilo m.
kilogramme m.
litre m.
océan m.
partie f.
pâté m.
philosophie f.
salade f.
soupe f.
spaghetti m. pl.
tomate f.
train m.
valise f.
violon m.

Échanges

— Salut! C'est marrant! Chaque fois que je mets les pieds[1] dans ce café, tu y es aussi.[2]

— C'est qu'on[3] a les mêmes besoins au même moment. Je t'offre un pot.[4]

—D'accord. Moi, je prends un demi.[5]

— Moi, je bois café sur café.[6] J'ai encore la gueule de bois[7] après la partie d'hier soir.

— Veinard![8] Moi, je passe tout mon temps à la bibal.[9] Ce n'est pas de la tarte.[10]

1. *Je mets les pieds* = j'entre.
2. *Tu y es aussi* = tu es ici aussi.
3. *C'est qu'on a* = c'est parce que nos avons.
4. *Un pot* = une boisson (café, vin, bière, etc.).
5. *Un demi* = un demi-litre de bière, un grand verre de bière.
6. *Café sur café* = un café après un autre café.
7. *La gueule de bois* = ''hangover.''
8. *Veinard* = ''lucky (guy).''
9. *Bibal* = bibliothèque.
10. *Ce n'est pas de la tarte* = Ce n'est pas drôle.

Improvisation

Pour deux, trois ou quatre personnes. La scène est dans un restaurant américain. Une personne joue le rôle du garçon (ou de la serveuse). Les clients sont français et ils essaient de manger comme en France. Le garçon (ou la serveuse) essaie de proposer des choix plus américains.

bonne justice

Paul Éluard
1895–1952

C'est la chaude loi des hommes
Du raisin ils font du vin
Du charbon ils font du feu
Des baisers ils font des hommes

C'est la dure loi des hommes
Se garder intact malgré
Les guerres et la misère
Malgré les dangers de mort

C'est la douce loi des hommes
De changer l'eau en lumière
Le rêve en réalité
Et les ennemis en frères

Une loi vieille et nouvelle
Qui va se perfectionnant
Du fond du cœur de l'enfant
Jusqu'à la raison suprême

Pouvoir tout dire
© Éditions Gallimard

14
Quatorzième Leçon

Le partitif / l'article défini
Un sandwich *au* fromage, un café *au* lait
Les verbes réguliers en *-re*
Les verbes irréguliers *voir* et *recevoir*
Ne . . . *que* et *seulement*
Les adverbes de transition
Lecture: *Qui finance la télé? La Publicité,
l'État ou le public?*

La télé: éducation ou indoctrination?

DÉCOUVERTE

Présentation

Aimez-vous **les** *distractions?*

J'aime **les** *spectacles.* J'aime **le** *théâtre.* J'aime **le** *cinéma.* J'aime **les** *bons restaurants.* J'aime **la** *cuisine française.*

Préférez-vous **le** *café* ou **le** *thé?*

Le matin j'aime **le** *café* et je prends **du** *café* avec **de la** *crème* et un peu **de** *sucre,* mais l'après-midi je préfère **le** *thé.*

Explications

1 Le partitif est différent de l'article défini.

A. Étudiez les exemples:

> Je voudrais **du** *café* parce que j'aime **le** *café.*
> **Les** *légumes frais* sont bons pour vous. Il faut manger **des** *légumes* pour avoir beaucoup de vitamines.

B. Le partitif: On utilise **du, de la, de l', des** ou **de** (une quantité indéterminée) quand on exprime une idée concrète:

> Je voudrais **du** *café.*
> Il faut **des** *légumes* pour le dîner.
> Il y a **de l'***eau* dans l'océan.

> Donnez-moi **de la** *glace,* s'il vous plaît.
> Vous n'avez pas **de** *yacht.*

C. L'article défini:

1. On utilise l'article défini **le, la, l'** ou **les** quand on exprime une idée générale ou abstraite. Dans ce cas, le nom est souvent le sujet du verbe ou le complément d'objet d'un verbe qui exprime un jugement de valeur.

a. Le nom comme sujet du verbe:

> **Les** *légumes* sont bons pour la santé.
> **Le** *pain* est délicieux à Paris.

> **L'***argent* est quelquefois nécessaire.
> **La** *salade* est bonne pour vous.

b. Le nom comme complément d'objet d'un verbe qui exprime un jugement de valeur, comme **j'aime, j'adore, je déteste, je préfère:**

> J'aime **le** *café.*
> J'adore **la** *bonne cuisine.*
> Je déteste **l'***eau.*
> Je préfère **le** *champagne.*

2. On utilise aussi l'article défini pour exprimer une chose spécifique (exactement comme en anglais):

> J'ai **la** *clé de la maison.*
> Je regarde **le** *livre de Jacques.*
> Comprenez-vous **les** *explications du professeur?*
> **L'***assiette* est pleine de riz.

Présentation

Qu'est-ce qu'il y a dans un sandwich **au** fromage?	Il y a du pain et du fromage.
Quelle est votre glace préférée: la glace **à la** vanille ou la glace **au** chocolat?	La glace **à la** vanille.
Aimez-vous les quiches **aux** champignons?	Non, j'aime mieux les quiches **aux** épinards.

Explications

2 Usage idiomatique de la préposition **à**: ingrédient ou manière

A. Pour indiquer un des ingrédients principaux ou le parfum ("flavor"), utilisez **à la, à l', au** ou **aux.**

Exemples: un sandwich **au** fromage   une soupe **à l'**oignon
un café **au** lait   une tarte **aux** pommes

Présentation

Entendez-vous des voix célestes comme Jeanne d'Arc?	Oui, quelquefois **j'entends** une voix. **J'entends** la voix de ma conscience.

Entendez-vous des voix célestes comme Jeanne d'Arc?

Le Dernier Baiser, Dolorès Grassian, 1977.
Annie Girardot est une des actrices les plus populaires du cinéma français d'aujourd'hui. Ici elle joue le rôle d'un chauffeur de taxi parisien. Elle devient l'amie d'une de ses clientes, comme elle, abandonnée par l'homme qu'elle aime. Toutes deux, elles décident d'aller chercher à Bruxelles l'ami infidèle de la cliente.

Qui **attendez-vous?**

Nous attendons notre professeur; il est en retard comme toujours.

Rendez-vous toujours *les livres* que vous prenez à la bibliothèque?

Oui, **je rends** toujours *les livres* que je prends à la bibliothèque.

Est-ce que les bonnes notes **rendent** les étudiants *heureux?*

Oui, les bonnes notes **rendent** les étudiants *heureux.*

Perdez-vous vos clés quelquefois?

Oui, et quand **je** les **perds** je ne peux pas entrer chez moi. Et alors **je perds** la tête.[1]

Pour aller chez votre grand-mère, qui habite au septième étage, montez-vous ou **descendez-vous?**

Je monte. Et après ma visite, je **descends.**

Où **vend-on** du pain?

On vend du pain dans une boulangerie.

1. *Perdre la tête* = devenir un peu fou (irrationnel).

Explications

3   Les verbes réguliers en **-re**:

A. **Attendre, rendre, vendre, répondre, descendre, entendre,[2] perdre:**

attendre	
j'attend**s**	**nous** attend**ons**
tu attend**s**	**vous** attend**ez**
il attend	**ils** attend**ent**

Attention: **Attendre** + complément d'objet direct (comme **écouter** et **regarder**):

Nous attendons **le train.**   Nous écoutons **un concert.**
J'attends **ma mère.**   Nous regardons **un spectacle.**

rendre	
je rend**s**	**nous** rend**ons**
tu rend**s**	**vous** rend**ez**
il rend	**ils** rend**ent**

B. Les sens du verbe **rendre**:

1. **Rendre** + *nom* = restituer.

Exemples: Le professeur **rend** *les devoirs* aux étudiants.
Je rends *l'argent et les livres* que j'emprunte.

2. **Rendre** + *adjectif* exprime le résultat physique ou psychologique.

Exemples: La chirurgie esthétique **rend** les gens *beaux.*
L'expérience **rend** les gens *sages.*

Présentation

Ursule, vous qui êtes clairvoyante, regardez dans votre boule de cristal. Qu'est-ce que **vous voyez?**

Je vois beaucoup de choses. **Je vois** une belle maison. **Je vois** des enfants. **Je vois** quelques problèmes.

Est-ce que **vous recevez** des messages?

Oui, **je reçois** des messages prophétiques.

---

2.   *Entendre* n'est pas synonyme d'*écouter. Écouter* = entendre intentionellement, avec attention, avec application: *J'entends* une explosion mais *j'écoute* une symphonie.

Je vois beaucoup de choses. Je vois une belle maison. Je vois des enfants. Je vois quelques problèmes.

Si c'était à refaire, Claude Lelouche, 1976. Sur la photo: Jean-Jacques Briot.
  Simon a quinze ans. Son problème dans la vie, c'est que sa mère, qui a trente ans, sort de prison après quinze ans de réclusion. Il est aussi amoureux de la meilleure amie de sa mère, qui est naturellement très surprise.

Explications

4 Les verbes **voir** et **recevoir** sont irréguliers:

A. **Voir** (la vision) et ses composés **(prévoir, revoir)**:

voir	
je vois	nous voyons
tu vois	vous voyez
il voit	ils voient

Exemples: Jack **voit** très bien avec ses lunettes.
Je prévois toujours mon programme pour le semestre.
Est-ce que **vous revoyez** la famille de François quand vous retournez à Paris?

Remarquez: L'expression **aller voir** + *nom de personne:*

Je vais voir ma grand-mère. **Je vais la voir.**

Attention: On **visite** un monument, un musée, une ville, une maison, un appartement, etc., mais **on rend visite à** une personne (généralement une personne importante ou très respectée):

Le premier ministre **rend visite à** la reine.

B. **Recevoir** (la réception des choses ou des gens):

recevoir	
je reçois	nous recevons
tu reçois	vous recevez
il reçoit	ils reçoivent

Exemples: **Je reçois** régulièrement des lettres de ma mère.
Madame Perrier **reçoit** (des gens) le jeudi.

Remarquez: **Apercevoir** (la perception à distance) est conjugué comme **recevoir (j'aperçois,** etc.):
J'aperçois une forme indistincte.

Présentation

Avez-vous beaucoup de frères et de sœurs?

Mais non. J'ai **seulement** une sœur; je **n'**ai **qu'**une sœur.

Qu'est-ce que vous faites généralement le lundi? Racontez!

D'abord je vais à l'université. **Ensuite** je vais à la bibliothèque et j'étudie. **Et puis** je vais chez mes amis. **Alors** nous discutons. Et **finalement** je retourne chez moi.

Explications

5 **Ne... que** = **seulement** ("only").

> Je **ne** prends **qu'**une tasse de café le matin. = Je prends **seulement** une tasse de café le matin.
> Il **ne** reçoit **que** très rarement des lettres de sa petite amie. = Il reçoit **seulement** très rarement des lettres de sa petite amie.

6 Voici quelques adverbes employés pour exprimer l'ordre, une suite ou une transition: **d'abord, ensuite, et puis, alors, enfin.** Ce sont des formules de liaison très pratiques pour faire la transition dans une succession d'actions ou d'idées différentes.

Exemples: **D'abord** je quitte ma maison à huit heures du matin. **Ensuite** je bois mon café au restaurant de l'université. **Et puis** je vais à ma classe de mathématiques. **Alors** je parle avec mes amis. **Enfin** quand le professeur entre, je fais vraiment attention parce que nous allons avoir un examen demain.

CRÉATION

Exercices oraux

A. Finissez les phrases suivantes avec le mot donné précédé par l'article défini ou partitif: (§1)

Exemple: *argent*
Nous n'aimons pas...
Nous n'aimons pas l'argent.

1. vin
   a. Je n'aime pas...
   b. Mais quelquefois je bois...
2. musique
   a. Dans un concert on écoute...
   b. Tout le monde aime...
3. eau
   a. Voulez-vous... ?
   b. Buvez... !
   c. Nous préférons...
   d. Je ne déteste pas...

B. Identifiez la sorte de plat en question par l'emploi de **à** + l'article défini: (§2)

Exemple: *Il y a des champignons dans cette omelette.*
C'est une omelette aux champignons.

1. Il y a du jambon dans ce sandwich.
2. Il y a des pommes dans cette tarte.
3. Il y a du chocolat dans ce gâteau.
4. Il y a du fromage dans cette crêpe.
5. Il y a des pommes dans ce yaourt.
6. Il y a des oignons dans cette pizza.
7. Il y a du vin rouge dans cette sauce.

C. Répondez à ces questions: (§3)

1. Les professeurs répondent-ils bien aux questions?
2. Où attendez-vous l'autobus?
3. Qu'est-ce qu'on vend dans un supermarché?
4. Qu'est-ce que Nicole fait quand elle perd son portefeuille?
5. Les examens rendent-ils les étudiants nerveux?

D. Demandez à un autre étudiant ou à une autre étudiante: (§3)

    1. s'il (si elle) attend le week-end avec impatience.
    2. s'il (si elle) entend les avions qui passent.
    3. s'il (si elle) descend en ascenseur[3] après la classe.
    4. s'il (si elle) vend ses compositions aux autres étudiants.
    5. s'il (si elle) répond toujours en français.
    6. s'il (si elle) rend toujours les livres à la bibliothèque.
    7. s'il (si elle) rend ses parents fous.
    8. s'il (si elle) entend le téléphone.

E. Demandez à un autre étudiant ou à une autre étudiante: (§4)

    1. s'il (si elle) reçoit des lettres anonymes.
    2. s'il (si elle) voit l'océan de sa fenêtre.
    3. s'il (si elle) voit bien la nuit.
    4. quand il (elle) reçoit des cartes de Noël.
    5. s'il (si elle) prévoit des difficultés.

F. Remplacez **seulement** par **ne... que** dans les phrases suivantes: (§5)

Exemple: *Il aime seulement une femme.*
Il n'aime qu'une femme.

    1. Il aime seulement une chose: manger.
    2. Nous avons seulement un dollar.
    3. J'aime seulement le vrai champagne.
    4. Elle parle seulement avec ses amis.
    5. Je le fais seulement parce que c'est nécessaire.
    6. Tu lis seulement des romans.

G. Employez les termes de liaison donnés pour continuer l'histoire: (§6)

Exemple: *D'abord un homme arrive à la porte... ensuite*
Ensuite il entre dans la chambre.

    1. D'abord Alice trouve une petite clé...
       a. ensuite   b. et puis   c. alors   d. enfin
    2. D'abord l'espion[4] arrive devant la porte secrète...
       a. et puis   b. ensuite   c. enfin
    3. D'abord le jeune homme téléphone à la jeune fille...
       a. et alors   b. et puis   c. ensuite   d. enfin

3. *Ascenseur* = machine qui monte et descend les personnes dans un bâtiment.
4. Évidemment, un *espion* fait de l'espionnage.

H. Répondez aux questions suivantes:

1. Regardez la photo, page 212.
   a. Qu'est-ce que l'homme à gauche dit à l'autre?
   b. L'homme à droite entend-il les autres? Pourquoi ou pourquoi pas?
   c. Inventez une question à propos de la photo. Posez-la à un autre étudiant ou à une autre étudiante.
2. Regardez la photo, page 214.
   a. Qui est-ce?
   b. Attend-il des amis?
   c. Qu'est-ce qu'il voit?
   d. Est-ce que la scène le rend curieux? Content? Triste? Pourquoi?
   e. Qui est derrière le jeune homme? (Imaginez.)
   f. Inventez une question à propos de la photo. Posez-la à un autre étudiant ou à une autre étudiante.

Exercices écrits

A. Écrivez les exercices oraux C, F et G.

B. Mettez **le (la, l', les)**, **du (de la, de l', des)** ou **de** dans les phrases suivantes: (§1)

1. Je bois mon café avec _____ lait.
2. Elle achète _____ tomates aujourd'hui.
3. Elle n'a pas _____ tomates aujourd'hui.
4. Je n'aime pas _____ tomates.
5. Ils achètent _____ vin
6. Ils n'ont pas _____ vin
7. Il y a _____ Californiens qui n'aiment pas _____ vin français.
8. Les Américains adorent _____ choses pratiques.

C. Inventez une question avec les mots donnés. Écrivez une question et une réponse: (§1)

Exemple: *les champignons*
Les champignons sont-ils dangereux?
Oui, quelquefois les champignons sont dangereux.

1. du vinaigre   3. les escargots   5. de la glace
2. le vinaigre   4. des escargots   6. l'eau Perrier

D. Répondez par une expression qui indique un des ingrédients principaux ou le parfum: (§2)

Exemple: *Quelle sorte de soupe adorez-vous?*
J'adore la soupe à l'oignon.

1. Quelle sorte de glace aimez-vous?
2. Quelle sorte de sandwich détestez-vous?
3. Quelle sorte de gâteau ne mangez-vous pas?
4. Quelle sorte de tarte préférez-vous?

E. Répondez aux questions suivantes: (§3)

1. Qu'est-ce qu'un marchand de journaux vend?
2. Répondez-vous à toutes les lettres de vos amis?
3. Qu'est-ce que vous entendez maintenant?
4. Où est-ce qu'on attend un avion?
5. Les épinards rendent-ils les gens plus forts (ou est-ce seulement l'imagination de Popeye)?

F. Répondez aux questions suivantes: (§4)

1. Apercevez-vous des montagnes de votre fenêtre?
2. Recevez-vous beaucoup de cartes d'anniversaire?
3. Qu'est-ce que vous dites quand vous recevez un cadeau?
4. Qui voit mieux que vous? (Expliquez.)

G. Pour chaque phrase, écrivez la forme correcte du verbe. Choisissez les verbes de la liste suivante: **attendre, vendre, répondre, entendre, perdre, rendre, recevoir, voir** (quelquefois il y a des possibilités différentes): (§3, 4)

1. Sherlock Holmes _____ ses clients dans sa chambre.
2. Le vin _____ les gens heureux.
3. Quand il a ses lunettes il _____ très bien.
4. Ne donnez pas vos clés à Maurice: il _____ tout.
5. On _____ des fruits au supermarché.
6. Si le professeur est en retard, quelquefois les étudiants _____ son arrivée.

H. Utilisez chaque verbe suivant dans une question. Écrivez la question et la réponse: (§3, 4)

Exemple: *rendre*
Rendez-vous vos amis heureux?
Oui, je rends mes amis heureux.

1. rendre   4. entendre   7. perdre
2. vendre   5. attendre   8. apercevoir
3. voir   6. recevoir   9. répondre

Lecture

Qui finance la télé? La Publicité, l'État ou le public?

Debbie: Tu viens chez moi ce soir, Jean-Louis? Catherine, François et David vont venir aussi. Je vais vous préparer une quiche *au* jambon, ma spécialité, une tarte *aux* pommes délicieuse et quelques petits sandwichs *au* rosbif.

Jean-Louis: Oh, j'adore *la* quiche et *la* tarte! Miam, miam. Est-ce que j'apporte quelque chose à boire? *Du* vin blanc, par exemple?

Debbie: Si tu veux. Mais David et François préfèrent *la* bière, Catherine aime mieux *le* vin rouge, et moi, je *ne* bois *que de* l'eau ou *du* café parce que l'alcool est mauvais pour moi. *Je* vous *attends* à six heures parce qu'il y a un programme spécial à *la* télé que nous voulons *voir*.

Jean-Louis: Ah! Non, je ne vais pas te *voir* pour *regarder la* télé. D'ailleurs[5] je n'aime pas beaucoup *la* télé. *Et puis* en Amérique il y a trop de publicité! *Des* crèmes qui *rendent la* peau douce, *des* pillules pour dormir, *du* dentifrice qui *rend les* dents plus blanches et *les* gens plus sexy. *La* télé française n'est pas parfaite mais *les* programmes ne sont pas interrompus toutes les dix minutes par *des* réclames.

Debbie: Quoi? En France vous n'avez pas *de* publicité à *la* télé?

Jean-Louis: Très peu, et on *ne* présente *la* publicité *qu'*à certaines heures, à une heure et à huit heures, après *le* journal télévisé. Mais *on ne voit pas de* publicité pendant *les* programmes ou *les* informations.

Debbie: Mais qui finance *les* programmes?

Jean-Louis: *L'*État essentiellement, *et puis la* publicité fournit un peu d'argent et les gens qui ont *la* télé paient aussi une taxe.

Debbie: Mais *alors,* l'État peut influencer l'opinion publique?

Jean-Louis: Oui et non. *La* presse est libre en France et la RTF[6] essaie de maintenir une certaine objectivité. Mais il *n'*y a *que* trois chaînes.

---

5. *D'ailleurs* = "anyway."
6. *RTF* = Radio-Télévision Française.

Debbie: Est-ce que tu sais que nous avons aussi une chaîne de télévision non-commerciale aux États-Unis qui n'a pas *de* publicité? En fait, le programme que je vous propose est à cette chaîne et tu vas pouvoir le *voir* sans interruptions... excepté tes commentaires et tes blagues! *Alors, à* ce soir!

Questions sur la lecture

1. Qui va aller chez Debbie?
2. Qu'est-ce que Debbie va préparer?
3. Qu'est-ce que Jean-Louis adore manger?
4. Qu'est-ce que les amis de Debbie boivent?
5. Pourquoi Debbie attend-elle ses amis à six heures?
6. Pourquoi Jean-Louis déteste-t-il la télé en Amérique?
7. Quand y a-t-il de la publicité à la télé en France?
8. Qui finance la télé en France?

GUIDE TÉLÉVISION

LUNDI 19 MAI
16 h 45, A2. Rendez-vous sculpture. L'œuvre de Henry Moore.

17 h 20, A2. Café-théâtre Story. Les Bronzés au théâtre.

20 h 35, A2. Cartes sur table. André Bergeron, Edmond Maire, Georges Séguy.

*21 h 40, A2. Marins-pêcheurs. Document réaliste et poétique de la série «Des hommes».

*21 h 50, TF1 Tennis. En direct de Londres. Il y aura Borg.

22 h 25, A2. Salle des fêtes. «Bérénice» (Vitez), «Wophtsline», le Festival de Cannes, etc.

MARDI 20
14 h, A2. Aujourd'hui Madame, Nos lendemains chanteront-ils?

*20 h 30, TF1. Une puce dans la fourrure. Téléfilm français humoristique à trois personnages: Danielle Darrieux, Catherine Réthoré, Thierry Lhermitte.

20 h 35, A2. Pierre de Coubertin. Téléfilm français de Pierre Cardinal. Fiction et documents.

*21 h 35, TF1. La roue de la vie. Série documentaire de Jacotte Chollet et André Voisin. Ce soir: «La beauté de l'adolescence». Beaucoup d'interviews.

Vers 22 h, A2. Débat. Les jeux Olympiques vont-ils disparaître? («Les dossiers de l'écran».)

*22 h 25, TF1. Une approche d'Alain Resnais. Essai sur l'un de nos meilleurs cinéastes.

MERCREDI 21
14 h, A2. Aujourd'hui Madame. Avoir et avoir eu 20 ans.

20 h 30, TF1. L'été indien. Téléfilm de Jean Delannoy. Un homme essaie de reconquérir sa femme. Grands sentiments et belles images. Avec Brigitte Fossey, Pierre Vernier.

20 h 35, A2. Collaroshow. Invités: France Gall, Julien Clerc, etc.

21 h 40, A2. Grand Stade. Magazine sportif.

*22 h 15, TF1. La rage de lire. Des femmes savantes: Clara Malraux, Han Suyin, Dominique Desanti, Claudine Hermann.

*22 h 40, A2. Histoires courtes. «Carole», de Dominique Maillet, et «La champignonne», de Pascal Aubier.

JEUDI 22
15 h 55, A2. L'invité du jeudi. Le professeur Apfelbaum, nutritionniste.

20 h 30, TF1. Kick, Raoul, la moto, les jeunes et les autres. (2ᵉ épisode.)

21 h 30, TF1. L'événement.

22 h 10, A2. Courte échelle pour grand écran. En direct de Cannes.

23 h, A2. Première. Lynn Harrel, violoncelliste.

VENDREDI 23
14 h, A2. Aujourd'hui Madame. Les jeunes ont la parole.

17 h 20, A2. Fenêtre sur: Ceylan. (3ᵉ partie.)

17 h 55, A2. Football: URSS-France, en direct de Moscou, Match amical.

20 h 30, TF1. Beaufils et fils («Au théâtre ce soir»).

*20 h 30, FR3. V3. Le trafic du sang dans les pays pauvres.

20 h 35, A2. Sam et Sally. (2ᵉ épisode.)

21 h 30, FR3. So long, rêveuse. Thème: un cinéaste amateur se moque de la télévision.

*21 h 35, A2. Apostrophes. L'Afrique noire racontée par cinq romanciers.

22 h 10, TF1. Festival de Cannes. Gala de clôture.

22 h 45, FR3. Thalassa: vivre à l'île de Sein.

SAMEDI 24
*20 h 30, TF1. Numéro un spécial: Annie Cordy.

*20 h 30, FR3. La grande-duchesse de Gerolstein, d'Offenbach (Capitole de Toulouse).

20 h 35, A2. La grande chasse. Téléfilm de Jean Sagols.

21 h 30, TF1. Ike. Feuilleton américain sur Eisenhower.

22 h 45, A2. Direct. «Les Wings», et un portrait de Paul McCartney.

DIMANCHE 25
20 h 30, TF1. Le disparu. Série «Hunter».

20 h 30, FR3. Les villes aux trésors. Rouen.

*21 h 40, FR3. L'arbre de vie. Le Canada. Emission de Frédéric Rossif.

*21 h 50, A2. Voir. Magazine de l'image. Passionnant.

22 h 30, TF1. L'antichambre. Une pièce lyrique de Janos Komives.

22 h 40, A2. Vidéo USA. «Nouvelle technique, art nouveau» (série).

---

*Intéressant

Gilbert Salachas
Le Point

Discussion / Composition

1. Y a-t-il une chaîne non-commerciale dans votre région? Y a-t-il de la publicité qui finance cette chaîne? Une chaîne non-commerciale est-elle préférable à une chaîne commerciale? Pourquoi?
2. Êtes-vous d'accord avec l'opinion de Jean-Louis sur la télé? Quels sont les avantages du système qu'on a en Amérique? Du système qu'on a en France? Discutez ces questions avec les expressions de transition **d'abord, ensuite, et puis, alors,** etc. *Exemple:* D'abord je pense que... et puis... D'ailleurs... mais... Enfin...
3. Comment la publicité influence-t-elle les gens? Est-ce un phénomène dangereux? Ridicule? Naturel? Utilisez les termes de transition **d'abord, ensuite,** etc.

Vocabulaire

noms
argent de poche m.
arrivée f.
ascenseur m.
boulangerie f.
chaîne f.
champignon m.
chirurgie f.
dentifrice m.
épinards m. pl.
informations f. pl.
oignon m.
parfum m.
peau f.
pillule f.
réclame f.
santé f.

adjectifs
interrompu(-e)
libre
sage

verbes
apercevoir
attendre
descendre
entendre
fournir
maintenir
monter
perdre
recevoir
rendre
répondre
vendre
voir

autres expressions
aller voir
d'abord
d'ailleurs
miam miam
perdre la tête
puis
quoi?
rendre visite à
seulement

noms apparentés
client m.
conscience f.
dispute f.
ingrédient m.
jugement m.
phénomène m.
quiche f.
sauce f.
spectacle m.
tarte f.
taxe f.
vanille f.
visite f.
vitamine f.

Échanges

— Voilà la speakerine[1] qui annonce les programmes de ce soir! Viens voir sa bouille.[2]

— Tiens! Elle a une nouvelle coiffure et deux kilos de mascara sur les yeux.

— Son sourire artificiel me tape sur les nerfs.[3] Et tu vas voir son baratin[4] pseudo-intellectuel sur le film.

— Il faut être débile[5] pour faire ce métier-là.

1. *La speakerine,* toujours élégante, ne paraît que dix minutes chaque soir pour annoncer les programmes.
2. *Sa bouille* = son visage.
3. *Me tape sur les nerfs* = m'irrite.
4. *Baratin* = commentaire.
5. *Débile* = idiot.

Improvisation

Pour deux ou trois personnes. Inventez la publicité pour un produit réel ou imaginaire. Employez beaucoup de verbes de la leçon.

la bonne chanson

Paul Verlaine
1844–1896

La lune blanche
Luit dans les bois;
De chaque branche
Part une voix
Sous la ramée...

O bien-aimée.

L'étang reflète
Profond miroir,
La silhouette
Du saule noir
Où le vent pleure...

Rêvons, c'est l'heure.

Un vaste et tendre
Apaisement
Semble descendre
Du firmament
Que l'astre irise...

C'est l'heure exquise.

15
Quinzième Leçon

Six verbes irréguliers en *-re: comprendre,
  vivre, suivre, mettre, croire, craindre*
Deux pronoms compléments: *y* et *en*
Lecture: *Deux Générations, deux systèmes*

Un supermarché: il y en a beaucoup et les gens
âgés y vont aussi.

DÉCOUVERTE

Présentation

Qu'est-ce que **vous apprenez?**

Nous apprenons le français, les sciences politiques, les mathématiques et la chimie. **Nous apprenons à** parler français.

Les Français **vivent-ils** bien ou mal? Et vous?

Ils vivent bien, probablement. Moi, **je vis** assez bien.

Suivez-vous un cours d'histoire?

Oui, **je suis** un cours d'histoire américaine.

Où **mettez-vous** vos vêtements?

Je mets mes vêtements dans mon placard.

Qu'est-ce qu'**on met** pour sortir quand il fait très froid ou quand il pleut?

On met un manteau mais quand il pleut, **on met** un imperméable.

Craignez-vous les tremblements de terre?

Oh oui, **je les crains! Je crains de** recevoir une maison sur la tête.

Explications

1 Les verbes irréguliers en **-re:**

A. Les composés du verbe **prendre** (voir[1] page 195) ont le même système de conjugaison que **prendre: comprendre, apprendre, surprendre, reprendre:**

comprendre		apprendre	
je comprends	nous comprenons	j'apprends	nous apprenons
tu comprends	vous comprenez	tu apprends	vous apprenez
il comprend	ils comprennent	il apprend	ils apprennent

Remarquez: **Apprendre** + **à** + infinitif:

J'apprends à organiser mes idées.

1. *Voir* = voyez. On emploie souvent l'infinitif pour l'impératif dans des directives officielles.

Remarquez: La différence entre ces verbes et les verbes réguliers comme **vendre** et **attendre** (voir leçon 14) aux trois personnes du pluriel:

nous prenons	nous ven**dons**
vous prenez	vous ven**dez**
ils prennent	ils ven**dent**

B. Le verbe **vivre** et ses composés **(revivre, survivre):**

vivre

je vis	**nous vivons**
tu vis	**vous vivez**
il vit	**ils vivent**

C. Le verbe **suivre:**

suivre

je suis	**nous suivons**
tu suis	**vous suivez**
il suit	**ils suivent**

D. Le verbe **mettre** et ses composés **(permettre, admettre, remettre, soumettre, promettre, omettre, commettre,** etc.):

mettre

je mets	**nous mettons**
tu mets	**vous mettez**
il met	**ils mettent**

permettre

je permets	**nous permettons**
tu permets	**vous permettez**
il permet	**ils permettent**

E. Le verbe **croire** (la croyance, la supposition, la conviction):

croire

je crois	**nous croyons**
tu crois	**vous croyez**
il croit	**ils croient**

Remarquez: **Croire** a souvent le même sens que **penser:**

Je crois qu'il a raison. **Je pense** qu'il a raison.
Je crois savoir la réponse. **Je pense** savoir la bonne réponse.

Attention: Dans les autres cas, **croire** et **penser** ont des sens différents:

Il croit toutes les histoires que les gens disent.
Je pense à mes problèmes. = Je réfléchis à mes problèmes.

F. Le verbe **craindre** (= *avoir peur de*) est le modèle d'un groupe de verbes irréguliers assez nombreux (voyelle nasale **-ein, -ain, -oin** + **dre**) avec le même système de conjugaison **(éteindre, peindre, atteindre, joindre, plaindre,** etc.):

craindre		éteindre[2]	
je crains	nous craignons	j'éteins	nous éteignons
tu crains	vous craignez	tu éteins	vous éteignez
il craint	ils craignent	il éteint	ils éteignent

Remarquez: Je crains la bombe atomique. = J'ai peur de la bombe
atomique.

Remarquez: **Craindre + de + infinitif:**
Tout le monde **craint de mourir.**

Présentation

Sommes-nous dans la classe?	Oui, nous **y** sommes.
Allez-vous souvent en ville?	Non, je n'**y** vais pas souvent.
Aimez-vous aller à la campagne?	Oui, j'aime **y** aller.

Explications

2 Le pronom complément **y:**

A. **Y** remplace un nom construit avec **à (au, aux, à la, à l')** ou une
préposition de lieu, comme **dans, en, sur, sous, chez, devant, derrière.**

Exemples: Habitez-vous *aux États-Unis?*	Oui, nous **y** habitons.
Aimez-vous aller *au cinéma?*	Oui, j'aime **y** aller.
	Non, je n'aime pas **y** aller.
Allez-vous aller *à la soirée de Pat?* Êtes-vous content d'**y** aller?	Oui, je vais **y** aller et je suis content d'**y** aller.

B. **Y** est placé *directement devant le verbe* qui a un rapport logique avec ce
pronom.

Exemples: Êtes-vous *en classe?*	Oui, j'**y** suis.
Réfléchissez-vous *à ce problème?*	Oui, j'**y** réfléchis.
Aimez-vous aller *au laboratoire?*	Non, je n'aime pas **y** aller.

2. *Éteindre* = "to put out (light, fire)"; "to turn off."

C. Attention: Avec l'*impératif affirmatif,* **y** est placé *après le verbe.*

Exemples: *impératif affirmatif   impératif négatif*

Vas-**y**![3]   N'**y** va pas!
Allons-**y**!   N'**y** allons pas!
Allez-**y**!   N'**y** allez pas!

Remarquez: Faites bien la liaison à l'impératif affirmatif entre le verbe et le pronom objet:

Vas̬-y!   Allez̬-y!
[z]   [z]

Présentation

Leslie a-t-elle de l'imagination? Et vous, **en** avez-vous?

Oui, elle **en** a et j'**en** ai aussi.

Les étudiants ont-ils besoin de temps libre? **En** ont-ils besoin?

Oui, ils **en** ont besoin.

Peut-on avoir trop d'amis?

Non, on ne peut pas **en** avoir trop.

Est-il difficile d'avoir des amis quand on est sympathique?

Non, il n'est pas difficile d'**en** avoir. Mais si on est méchant, on n'**en** a pas beaucoup.

Aimez-vous faire du ski? **En** faites-vous?

Oui, j'aime **en** faire et j'**en** fais beaucoup et souvent.

Êtes-vous contents de parler français?

Oui, nous **en** sommes très contents.

Votre mère a-t-elle des sœurs? Combien **en** a-t-elle?

Elle **en** a deux.

Peut-on faire de la natation à la montagne?

Oui, on peut **en** faire à la montagne quand il y a un lac.

3. Avec le complément *y,* on est obligé d'ajouter un -*s* à l'impératif familier pour des raisons euphoniques. Vous remarquez qu'au négatif, le -*s* disparaît.

—Est-il difficile d'avoir des amis quand on est sympathique?
—Non, il n'est pas difficile d'en avoir. Mais si on est méchant, on n'en a pas beaucoup.

Nous irons tous au paradis, Yves Robert, 1977; sur la photo de gauche à droite: Guy Bedos, Jean Rochefort, Victor Lanoux, Claude Brasseur.

Ces quatre hommes ne sont pas de véritables amis. Ils sont simplement réunis par la vie et par leurs problèmes conjugaux. Chasses, rendez-vous, séparations, nouvelles rencontres: voilà les ingrédients de cette comédie très typique du cinéma français contemporain.

Explications

3 Le pronom complément **en:**

A. **En** remplace un nom construit avec **de** (**du, de la, de l', des**).

Exemples:

On trouve **du sucre** dans une épicerie.	On **en** trouve dans une épicerie.
Prenez-vous **de l'essence** dans une station-service?	**En** prenez-vous dans une station-service?
J'achète **des livres** dans une librairie.	J'**en** achète dans une librairie.
Prenez-vous **de la crème** dans votre café?	**En** prenez-vous dans votre café?
Elle vient **de Philadelphie.**	Elle **en** vient.

B. Dans l'absence du nom, **en** est obligatoire avec les expressions de quantité comme:

assez de	**tant de**	**un litre de**
beaucoup de	**un peu de**	**un kilo de**
trop de	**combien de**	**autant de**

Remarquez: **En** remplace le nom; **en** ne remplace pas l'expression de quantité.

Exemples: Y a-t-il trop **d'étudiants** ici? Y en a-t-il trop ici?

Il n'y a pas assez **d'étudiants** ici. Il n'**y** **en** a pas assez ici.

Je veux un litre **de vin**. J'**en** veux un litre.

C. Dans l'absence du nom, **en** est obligatoire après les nombres **(un, deux, vingt, quarante,** etc.). Les nombres sont bien des expressions de quantité.

Exemples: J'ai un **livre**. J'**en** ai un.

Je n'ai qu'une **mère**. Je n'**en** ai qu'une.

Je connais trois **architectes**. J'**en** connais trois.

Il mange dix-huit **crêpes**. Il **en** mange dix-huit.

D. Avec certaines expressions verbales (en particulier des expressions avec **avoir**) **en** remplace **de** + nom objet ou même tout le complément verbal (**de** + infinitif + objet):

avoir besoin de   avoir l'intention de   avoir l'occasion de
avoir envie de   avoir la possibilité de   avoir honte de
avoir peur de

Exemples: J'ai besoin **de vos notes**. J'**en** ai besoin.

J'ai besoin **de dormir**. J'**en** ai besoin.

Elle a envie **de champagne**. Elle **en** a envie.

Ils ont peur **de la nuit**. Ils **en** ont peur.

E. Le pronom **en** est aussi placé *directement devant le verbe* qui a un rapport logique avec ce pronom.

Exemples: J'ai des amis. J'**en** ai.

J'aime avoir des amis chez moi. J'aime **en** avoir chez moi.

Elle va prendre deux photos. Elle va **en** prendre deux.

F. Attention: À l'impératif, on dit:

Prends-**en**!   N'**en** prends pas!
Prenons-**en**!   N'**en** prenons pas!
Prenez-**en**!   N'**en** prenez pas!

Remarquez: Faites bien la liaison à l'impératif affirmatif entre le verbe et le pronom objet:

Prends-en!   Prenez-en!   Donnons-en!
[z]   [z]   [z]

CRÉATION

Exercices oraux

A. Répondez aux questions suivantes: (§1)

1. Quels cours suivez-vous?
2. Qu'est-ce que vous craignez?
3. Éteignez-vous votre stéréo quand vous allez au lit?
4. Quand mettez-vous un imperméable?
5. Qu'est-ce qu'on apprend à faire dans une classe de danse?
6. Où mettez-vous votre argent?
7. Croyez-vous les histoires de science-fiction?

B. Demandez à un autre étudiant ou à une autre étudiante: (§1)

1. s'il (si elle) suit les explications du livre.
2. s'il (si elle) vous craint.
3. s'il (si elle) vit pour manger (ou s'il mange pour vivre).
4. s'il (si elle) comprend le système du métro.
5. s'il (si elle) commet des crimes.
6. s'il (si elle) croit les journaux.

C. Pour chaque verbe inventez une question. Demandez à un autre étudiant ou à une autre étudiante d'y répondre: (§1)

Exemple: *croire*
Croyez-vous vos parents?
Oui, généralement je crois mes parents parce qu'ils ne mentent pas.

1. craindre
2. mettre
3. vivre
4. apprendre
5. suivre
6. comprendre
7. éteindre
8. croire

D. Répétez les phrases suivantes et remplacez le complément du verbe par le pronom **y**: (§2)

Exemple: *Ils vont au Mexique.*
Ils y vont.

1. Tu vas au cinéma.
2. Je vais en France.
3. Je vais étudier en France.
4. Vous refusez d'aller à Lima.
5. Nous répondons au télégramme.
6. Ils vont souvent au théâtre.

E. Utilisez l'impératif affirmatif et négatif et le(-s) pronom(-s) approprié(-s) et dites à un autre étudiant ou à une autre étudiante: (§2, révision)

Exemple: *de parler à Jacques.   Parle-lui!*
Ne lui parle pas!

1. d'écrire son nom.
2. de répondre au professeur.
3. de répondre à la question.
4. d'aller à ses cours.
5. de vous aider.
6. de nous écrire.
7. d'écrire une lettre.
8. de réfléchir à ses examens.

F. Répétez les phrases suivantes et remplacez le complément du verbe par le pronom **en**: (§3)

Exemple: *Je viens des États-Unis.*
J'en viens.

1. Ils font du camping.
2. Ils font beaucoup de camping.
3. Je demande quatre cigares.
4. Vous avez l'occasion de voyager.
5. Il a peur des chiens méchants.
6. Tu as assez de travail.

G. Regardez la photo, page 232 et répondez aux questions suivantes. Employez un pronom si c'est possible:

1. Le match de tennis est-il terminé? Si oui, qui est victorieux?
2. Pourquoi l'homme qui est derrière la victime met-il les mains sur les épaules de son ami?
3. Inventez une question à propos de la photo. Posez-la à un autre étudiant ou à une autre étudiante.

Exercices écrits

A. Écrivez les questions et les réponses des exercices oraux A et C.

B. Écrivez l'exercice oral E.

C. Mettez la forme correcte des verbes entre parenthèses dans les phrases suivantes: (§1)

1. (apprendre)   Ils _____ des choses pratiques.
2. (mettre)   Cet homme ne _____ pas de cravate.

3. (croire)   Les enfants _____ les adultes.

4. (vivre)   Je _____ assez bien parce que mon père est généreux.

5. (suivre)   Sherlock Holmes _____ les traces du criminel

6. (permettre)   _____-vous les questions indiscrètes?

D. Répondez aux questions suivantes. Dans votre réponse, utilisez le pronom approprié **(y, lui, leur)**: (§2, révision)

1. Aimez-vous parler à votre père?
2. Répondez-vous aux lettres de vos amis?
3. Téléphonez-vous à vos professeurs?
4. Voulez-vous danser sur le pont d'Avignon?
5. Avez-vous envie d'aller voir votre grand-mère?

E. Remplacez les mots soulignés par **y** ou **en**: (§2, 3)

Exemples: *Ils ne fument pas de cigarettes dans la maison.*
Ils n'en fument pas dans la maison.

Bélise fait un voyage au Brésil.
Bélise y fait un voyage.

1. Un crocodile a beaucoup de dents.
2. Adélaïde ne met pas de saccharine dans le thé de Dagobert.
3. Elle met de l'arsenic dans son thé.
4. Le docteur Von Humbugskoff comprend dix-sept langues.
5. Avez-vous assez de macaronis?
6. Je veux vivre à Dallas.

F. Voici des réponses. Inventez des questions qui correspondent aux réponses. Écrivez les questions, mais n'utilisez pas **en** dans la question: (§3)

Exemple: *J'en ai deux.*
Combien de frères avez-vous?

1. J'en ai une.
2. Non, je n'en connais pas.
3. Oui, il en boit trop.
4. Effectivement, j'en ai peur.
5. Oui, naturellement nous allons en parler.
6. Mais non! Vous ne pouvez pas en avoir.

G. Pour chaque phrase, transformez le verbe ou l'expression verbale en une phrase équivalente: (révision)

La Côte d'Azur, séjour estival par excellence, va de la
frontière italienne jusqu'au delta du Rhône. St. Tropez,
sur la Côte d'Azur, est un petit port très à la mode,
fréquenté par des stars de cinéma aussi bien que par
des étudiants et des touristes.

Des étudiants font la vendange en Bourgogne où on trouve des vignobles très réputés: Romanée-Conti, Nuits-St. Georges, Clos Vougeot.

Voici des caves de Roquefort, dans la région du Massif Central, où on fait le fromage du lait de brebis. Les produits laitiers forment une grande industrie en France, qui produit plus de quatre cents sortes de fromages!

Voici un chef-pâtissier qui admire sa production gastronomique dans un restaurant de haute-cuisine.

Les Provinces et les loisirs

La technologie nucléaire est déjà
depuis longtemps une industrie
importante en France, mais on cherche
aussi d'autres solutions à la crise de
l'énergie: ici un générateur solaire près
d'Odeillo dans les Pyrénées.

Les sports d'hiver sont bien organisés
en France. Les jeunes skieurs et jeunes
skieuses font des épreuves évaluées
partout selon la norme de l'E.S.F.
(École de Ski Français). Beaucoup
d'écoliers français ont la chance de
passer trois ou quatre semaines de
l'année scolaire en «classe de neige»
dans les nombreuses stations de ski
des Alpes ou des Pyrénées: Val
d'Isère, Chamonix, Megève, les Airelles,
Font-Romeu.

Les Provinces et les loisirs

Sur la plaine de la Beauce, à 90 kilomètres à l'ouest de
Paris, la majestueuse Cathédrale de Chartres
s'élève parmi les champs de blé. C'est un grand
monument gothique et un site de pèlerinages au Moyen
Âge. Ses vitraux sont les plus vieux et les plus beaux
d'Europe. Remarquez aussi ses magnifiques tours
asymétriques au-dessus de la ville enneigée en hiver.

Les Provinces et les loisirs

En France il y a un Ministre des Sports et du Tourisme qui dirige et subventionne des événements sportifs et touristiques: tournois de tennis, matchs de «foot», campings, alpinisme.

L'événement sportif le plus suivi en France est peut-être le Tour de France, où participent des champions de cyclisme de tous les pays d'Europe. C'est un parcours difficile qui prend un mois entier. Le gagnant est un héros et est reçu par le Président de la République.

Les Provinces et les loisirs

Voici Étretat, jolie plage normande dominée par des falaises blanches et une petite chapelle. Les plages de haute Normandie ont inspiré bien les peintres impressionnistes. À trois heures de la capitale, elles offrent maintenant aux Parisiens un lieu de distraction et de détente.

Les Provinces et les loisirs

Un dieu romain conduit ses chevaux à travers les grandes eaux du bassin de Neptune dans les jardins du palais de Versailles. Ce palais, conçu par Louis XIV, est l'œuvre des plus grands architectes du XVIIe siècle: Le Vau, Mansart, Le Nôtre. Versailles devient d'abord le symbole de l'hégémonie française en Europe et puis de la décadence de la noblesse assiégée par les révolutionnaires de 1789. Le monument historique le plus fréquenté de la France, le palais est grandement restauré.

Les Provinces et les loisirs

Exemple: *Je désire un café.*   *J'ai envie d'un café.*

1. Nous rendons visite au président.
2. Je pense que vous avez raison.
3. On a besoin de vitamines.
4. Les Français déjeunent à midi.
5. Tu fais de la guitare.
6. Les chiens ont peur des explosions.
7. Vous avez l'air heureux.
8. Veux-tu dîner chez moi?

Lecture

Deux Générations, deux systèmes

Madame Pasquier mère habite dans le XVe arrondissement[4] à Paris. Elle *vit* seule et comme elle mange peu, elle fait ses courses trois fois par semaine. Elle *craint* les voleurs, alors quand elle part, elle *n'éteint pas* sa radio et elle ferme toujours sa porte à clé. Elle *met* sa liste dans son sac, prend un filet et part à pied.

D'abord, elle va au marché rue Cambronne. Elle *croit* que les légumes et les fruits *y* sont bien plus frais que dans les supermarchés. Au marché, les marchands sont très pittoresques. On les entend crier les mérites de leur marchandise: «Les voilà, les carottes de Bretagne, les pommes de Normandie! Regardez-les! Goûtez-les! Achetez-*en!* Voilà ma petite dame! Ça fait deux francs cinquante.»

Ensuite, Madame Pasquier va à l'épicerie. Elle *y* achète du thé et de l'huile. Et puis elle entre à la crémerie où elle choisit quelques fromages; elle les *met* dans son filet. Elle va aussi à la boucherie pour prendre de la viande. Elle n'*en* achète pas beaucoup mais elle aime bien discuter avec la bouchère et *suit* toujours ses conseils culinaires. Quelquefois elle va à la charcuterie. On *y* vend du pâté, du jambon, du saucisson et des plats préparés. Le vendredi, traditionnellement, elle prend du poisson à la poissonnerie. Chaque jour elle va à la boulangerie acheter une baguette de pain frais. D'ailleurs,

---

4. La ville de Paris est divisée en vingt arrondissements.

Une boulangerie

elle *y* achète souvent une ficelle, qui est plus petite qu'une baguette.

Madame Pasquier *comprend* mal le rythme de la vie moderne. Elle *suit* toujours la même routine parce que cette routine lui *permet* de bavarder et d'avoir des rapports plus humains avec les commerçants.

Par contre, son fils et sa belle-fille, Jean-Luc et Chantal, *vivent* autrement. Ils travaillent tous les deux. Alors ils font les courses une fois par semaine dans un supermarché. *Ils ne croient pas* au système traditionnel qui prend trop de temps. Comme ils habitent aussi le XVᵉ ils vont en voiture à Inno Montparnasse, qui est le plus grand supermarché du quartier. En fait, on l'appelle un hypermarché parce qu'on *y* vend des meubles, des vêtements, etc., aussi bien que de la nourriture.

Quand ils arrivent, ils prennent un caddy. Ils *y mettent* toutes sortes de nourriture: du lait, du beurre, des œufs, des boîtes de conserve, de la viande, du vin et des fromages. Ils achètent plusieurs fromages car, comme tous les Français, il *en* mangent beaucoup. Quand leur marché est fini, ils vont à la caisse. La caissière est pressée et n'a pas le temps de dire bonjour. Comme *elle ne met pas* les provisions dans des sacs, Jean-Luc et Chantal les *mettent* dans leurs filets et dans leurs paniers. Ce système mécanique et impersonnel leur *permet* de faire leurs courses d'une semaine en une heure et demie. Que de temps gagné! Que vont-ils *en* faire?⁵

5. *Que vont-ils en faire?* = Que vont-ils faire *de* leur temps gagné?

Une boucherie

Un marché aux légumes

Questions sur la lecture

1. Combien de fois par semaine Madame Pasquier mère fait-elle ses courses?
2. Où achète-t-elle des légumes et des fruits? Pourquoi?
3. Qu'est-ce que Madame Pasquier achète à l'épicerie?
4. Qu'est-ce qu'elle achète à la crémerie?
5. Où achète-t-elle de la viande? Du poisson?
6. Qu'est-ce qu'elle achète à la boulangerie?
7. Où vont les Pasquier pour faire les courses?
8. Combien de fois par semaine y vont-ils?
9. Y vont-ils à pied ou en voiture?
10. Qu'achètent-ils à Inno?

Discussion / Composition

1. La lecture vous montre deux systèmes différents. Quel système est plus pratique? Plus économique? Plus pittoresque? Où est-ce que la qualité des produits est meilleure? Pourquoi? Y a-t-il une différence de systèmes selon les générations dans votre famille? Pourquoi?
2. Qui fait les courses chez vous? Où va-t-il (elle)? Combien de fois par semaine? Où achète-t-il (elle) des légumes? De la viande? Du pain?
3. Aimez-vous faire les courses ou détestez-vous les faire? Expliquez en détail.

Vocabulaire

noms

arrondissement m.
baguette f.
boîte de conserve
  f.
boucher /
  bouchère m. ou
  f.
boucherie f.
caddy m.
caissière f.
commerçant(-e) m.
  ou f.
commode f.
crémerie f.
épicerie f.
ficelle f.
filet m.
huile f.
hypermarché m.
imperméable m.
librairie f.
lumière f.
manteau m.
marchand(-e) m.
  ou f.
marché m.
meubles m. pl.
nourriture f.
panier m.
pont m.
poissonnerie f.
tremblement de
  terre m.
voleur m.

adjectifs

gagné(-e)
seul(-e)

verbes

apprendre
bavarder
comprendre
craindre
crier
croire
éteindre
goûter
mettre
suivre
surprendre
vivre

autres expressions

à la campagne
aussi bien que
autrement
donc
en ville
être pressé(-e)
faire du ski
faire les courses
fermer à clé
par contre
tous les deux

noms apparentés

architecte m.
bombe atomique f.
station-service f.

Échanges

— Je suis chargé des courses. Quelle corvée!

— Je t'accompagne; à deux[1] c'est moins embêtant.

— D'ac.[2] On y va![3] Et après, je t'invite à bouffer.[4]

— Ça tombe bien,[5] je crève de faim.[6]

— Tu vas voir, c'est mon frangin[7] qui fait la popote.[8] Il est génial.[9]

— J'en ai déjà l'eau à la bouche.[10] Dépêche![11]

1. *À deux* = quand il y a deux personnes.
2. *D'ac* = d'accord.
3. *On y va!* = Allons-y!
4. *Bouffer* = manger.
5. *Ça tombe bien* = C'est une coïncidence opportune.
6. *Je crève de faim* = J'ai très faim.
7. *Mon frangin* = mon frère.
8. *La popote* = la cuisine.
9. *Génial* = d'un talent supérieur.
10. *J'en ai déjà l'eau à la bouche.* L'envie de manger fait venir la salive.
11. *Dépêche!* = "Hurry!"

Improvisation

Pour deux personnes. Deux camarades de chambre, qui ont des goûts très différents, essaient de préparer une liste pour faire les courses ensemble: par exemple, un végétarien et quelqu'un qui adore la viande. Ils ont une dispute.

16
Seizième Leçon

Trois verbes irréguliers:
    ouvrir (*couvrir, souffrir,* etc.)
    courir (*parcourir, secourir,* etc.)
    rire (sourire)
Les pronoms disjoints
Penser à, penser de, parler de + personne
    ou chose
Lecture: *Analysez la personnalité et les
    instincts de vos amis*

Où est la clé?

DÉCOUVERTE

Présentation

Ouvrez-vous votre livre en classe?

Généralement **je n'ouvre pas** mon livre en classe, mais pour étudier il faut **ouvrir** le livre à la maison ou à la bibliothèque.

Offrez-vous des cadeaux à vos amis?

Oui, **j'offre** des cadeaux à mes amis intimes.

Souffrez-vous beaucoup? Quand est-ce que **vous souffrez?**

Oh, **je souffre** quelquefois pendant un examen difficile, et **je souffre** beaucoup quand mon camarade de chambre prépare le dîner.

Quand vous êtes pressée, **courez-vous?**

Quelquefois **je cours** après l'autobus.

Riez-vous quand vous écrivez vos exercices de français?

Quelquefois **je ris**, mais généralement **je souris** simplement.

Explications

1 Les verbes irréguliers **ouvrir, couvrir, découvrir, offrir** et **souffrir** ont le même système de conjugaison:

ouvrir		souffrir	
j'ouvre	nous ouvrons	je souffre	nous souffrons
tu ouvres	vous ouvrez	tu souffres	vous souffrez
il ouvre	ils ouvrent	il souffre	ils souffrent

2 Le verbe irrégulier **courir** (et ses composés **parcourir, secourir, accourir, recourir,** etc.):

courir	
je cours	nous courons
tu cours	vous courez
il court	ils courent

Je souffre beaucoup quand mon camarade de chambre prépare le dîner.

L'Événement le plus important depuis que l'homme a marché sur la lune, Jacques Demy, 1973; sur la photo: Micheline Presle et Marcello Mastroianni.

Jacques Demy a fait cette histoire absurde. Ici, la gynécologue ausculte le malade et déclare: «Il n'y a pas de doute, cet homme attend un enfant.» Le monde entier croit cette nouvelle. La télévision et les journaux ne parlent que de cet événement.

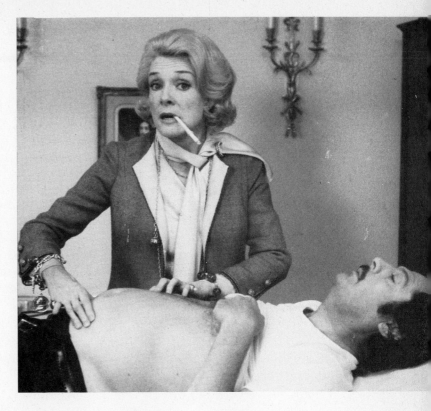

3 Les verbes **rire** et **sourire** ont la même conjugaison:

rire	
je ris	**nous** rions
tu ris	**vous** riez
il rit	**ils** rient

sourire	
je souris	**nous** sourions
tu souris	**vous** souriez
il sourit	**ils** sourient

Présentation

Venez-vous au cinéma avec **nous** ou y allez-vous avec Georges et Annette?

Je préfère y aller avec **vous**. Je n'y vais pas avec **eux**.

Aimez-vous les escargots?

Moi, je ne les aime pas, mais mon père, **lui,** les adore. Les Américains ne mangent pas souvent d'escargots, mais les Français, **eux,** en mangent beaucoup.

Explications

4 Les *pronoms disjoints* (pronoms d'accentuation, pronoms après les prépositions):

moi	**lui**	**nous**	**eux**
toi	**elle**	**vous**	**elles**

A. On les utilise pour insister sur la personne qui est le sujet ou l'objet (direct ou indirect) d'une action. On place ces pronoms—quand ils insistent sur le sujet—au commencement de la phrase (**Moi,** je...), après le nom sujet (Louise, **elle...**) ou à la fin de la phrase (Je n'y vais pas, **moi!**). On met généralement à la fin de la phrase un pronom disjoint qui accentue un complément d'objet (Pierre ne m'aime pas, **moi.**).

Exemples: Louise, **elle,** part en vacances, mais Jean-Luc, **lui,** reste ici.
Louise part en vacances, **elle,** mais Jean-Luc reste ici, **lui.**
Vous avez de la chance, **vous! Moi,** je n'en ai pas!
Nous, nous préférons marcher, mais les Smith, **eux,** adorent rouler en voiture.
C'est **vous** qui avez tort et c'est **moi** qui ai raison.
Ce n'est pas **moi** qui apporte le vin, c'est **toi!**

B. On les utilise aussi après les prépositions comme **devant, derrière, à côté de, chez, pour, avec, en, comme, sans,** etc.

chez **moi**	pour **moi**	avec **moi**	devant **moi**
chez **toi**	pour **toi**	avec **toi**	devant **toi**
chez **lui**	pour **lui**	avec **lui**	devant **lui**
chez **elle**	pour **elle**	avec **elle**	devant **elle**
chez **nous**	pour **nous**	avec **nous**	devant **nous**
chez **vous**	pour **vous**	avec **vous**	devant **vous**
chez **eux**	pour **eux**	avec **eux**	devant **eux**
chez **elles**	pour **elles**	avec **elles**	devant **elles**

Exemples: Elle fait ce voyage **sans lui.**
Nous sommes **derrière eux.**
Ils viennent **avec nous** quand nous allons en ville.
Voilà Arthur; justement nous parlons **de lui.**

Attention. Ne confondez pas **lui,** pronom disjoint masculin, avec **lui,** pronom objet indirect masculin *ou* féminin.

Exemples:
Jacques parle à la jeune fille.	Jacques **lui** parle.
Jacques parle de la jeune fille.	Jacques parle **d'elle.**
Jacques parle avec la jeune fille.	Jacques parle **avec elle.**
Je parle au jeune homme.	Je **lui** parle.
Je parle du jeune homme.	Je parle **de lui.**
Je parle avec le jeune homme.	Je parle **avec lui.**

C. On utilise aussi les pronoms disjoints après **que** dans une phrase comparative.

> *Exemples:* Gilberte est plus gentille **que moi.**
> Paul joue du piano mais Thérèse joue mieux **que lui.**

Présentation

Pensez-vous à vos amis quand ils ne sont pas ici?	Oui, **je pense à eux,** et **je parle** beaucoup **d'eux** aussi.
Pensez-vous à vos problèmes?	Oui, **j'y pense** mais **je n'en parle pas** toujours.
Que **pensez-vous de** ce tableau moderne?	Je **pense qu'**il est intéressant.
Que **pensez-vous de** cette actrice?	Je **pense qu'**elle est formidable.

Explications

5 **penser à**
penser de } + une personne ou une chose
parler de

A. **Penser à** + objet de la réflexion mentale.

> *Exemples:* Je pense **à mes problèmes.** Je pense aussi **aux (à + les) problèmes** universels.
> Robert pense **à Françoise.**

Remarquez bien l'emploi des pronoms compléments avec **penser à:**

1. Une chose → **y:**

> Je pense **à mon premier jour d'école élémentaire.** J'**y** pense.
> Elle pense **à sa correspondance.** Elle **y** pense.
> Vous pensez **à vos dettes.** Vous **y** pensez.

2. Une personne → pronom disjoint:

> Anne pense **à Michel.** Anne pense **à lui.**
> Michel pense **à ses amis.** Michel pense **à eux.**
> Vous pensez **à toutes vos amies.** Vous pensez **à elles.**

B. **Penser de** + objet de l'opinion.

1. On emploie **penser de** particulièrement dans une question mais **penser que** dans la réponse.

   Exemples: Que pensez-vous **de ma composition? Je pense qu'**elle est excellente.

   Que penses-tu **du président** de l'université? **Je pense qu'**il est trop austère.

2. On emploie le pronom **en** pour une chose et les pronoms disjoints pour une personne.

   Exemples: Claire propose un pique-nique. Qu'**en** penses-tu?

   Il y a deux nouveaux étudiants dans la classe. Que pensez-vous **d'eux?**

C. Remarquez bien l'emploi des pronoms compléments avec **parler:**

1. Une chose → **en:**

   Tu parles **de ta voiture.** Tu **en** parles.
   Nous parlons **de notre classe.** Nous **en** parlons.

2. Une personne → pronom disjoint:

   Anne parle **de Michel.** Anne parle **de lui.**
   Vous parlez **de vos sœurs.** Vous parlez **d'elles.**

CRÉATION

Exercices oraux

A. Demandez à une autre étudiante ou à un autre étudiant: (§1)

1. s'il (si elle) souffre quand il y a un examen.
2. s'il (si elle) découvre une solution à ses problèmes.
3. s'il (si elle) ouvre les lettres de son (sa) camarade de chambre.
4. s'il (si elle) offre de l'argent à tout le monde.
5. s'il (si elle) va offrir du cognac à la classe.
6. s'il (si elle) va ouvrir son livre de français ce soir.

B. Demandez à un autre étudiant ou à une autre étudiante: (§2, 3)

1. s'il (si elle) court quand il (elle) a peur.
2. s'il (si elle) rit quand il (elle) voit un film de Woody Allen.

3. s'il (si elle) sourit quand on prend sa photo.
4. s'il (si elle) court pour arriver en classe.

C. Dites à quelqu'un: (§1, 2, 3, révision)

Exemple: *d'ouvrir la fenêtre   Ouvrez la fenêtre!*

1. d'ouvrir la porte.
2. de finir l'exercice.
3. d'offrir une pomme au professeur.
4. de ne pas mentir.
5. de ne pas courir beaucoup de risques.
6. de ne pas dormir en classe.
7. de ne pas sourire.
8. de rire.

D. Dans les phrases suivantes insistez sur les sujets ou sur les objets.
Employez les pronoms disjoints: (§4)

Exemple: *J'ai les yeux bruns mais mon père a les yeux bleus.*
Moi, j'ai les yeux bruns mais mon père, lui, a les yeux
bleus.

1. Je comprends la question, mais Martin ne la comprend
pas.
2. Tu téléphones à Sylvie ce soir, et nous lui téléphonons
demain.
3. Nathalie, on l'aime, mais on ne m'aime pas.
4. Vous pouvez préparer la salade et nous pouvons
préparer le rosbif.
5. Je t'adore mais tes amis, je les déteste.
6. Jacqueline et Marianne parlent français, et Tom et moi
parlons anglais.

E. Dans les phrases suivantes, remplacez les noms par un pronom disjoint
approprié: (§4)

Exemple: *Je vais chez mon professeur.*
Je vais chez lui.

1. Je vais chez mon oncle.
2. Nous voyageons avec Claude et Jean-Louis.
3. Tu parles de Josette.
4. Elle est à côté de ses amis.
5. Je déjeune avec Élisabeth.
6. Je déjeune avec Paul.
7. Je déjeune avec Paul et Élisabeth.
8. C'est une photo de Catherine et de moi.
9. C'est une photo de Catherine et d'Élisabeth.

F. Répondez aux questions suivantes: (§5)

1. À quoi pensez-vous quand vous êtes dans la classe de français?
2. Que pensez-vous du système électoral aux États-Unis?
3. À quoi pensez-vous quand vous êtes dans un restaurant?
4. À qui pensez-vous quand vous êtes avec votre petit(-e) ami(-e)?
5. De quoi parlez-vous quand vous êtes avec votre petit(-e) ami(-e)?
6. Pensez-vous au professeur de français le samedi?
7. Que pensez-vous de la crise d'énergie?
8. De quoi parlez-vous le plus souvent avec vos amis?

G. Répétez les phrases suivantes avec **y, en** ou un pronom disjoint: (§4, 5)

Exemple: *Ils parlent de leur maison d'étudiants.*
Ils en parlent.

1. Je pense à mes difficultés.
2. Vous pensez à vos amis.
3. Tu parles de ton camarade de chambre.
4. Tu parles de ta camarade de chambre.
5. On parle du Président.
6. Nous pensons à nos exercices.
7. Vous parlez de la situation politique.
8. Je pense à mes sœurs.

H. Répondez aux questions suivantes:

1. Regardez la photo, page 245.
   a. Est-ce que la femme rit? Sourit-elle? Pourquoi?
   b. Pourquoi ce monsieur souffre-t-il?
   c. Parlent-ils du dîner du monsieur? (Répondez avec un pronom.)
   d. Inventez une question à propos de la photo. Posez votre question à un autre étudiant ou à une autre étudiante.
2. Regardez la photo, page 253.
   a. Qu'est-ce que l'homme à gauche découvre?
   b. À qui va-t-il offrir cet objet?
   c. Le chat désire-t-il cet objet?
   d. Pourquoi les autres ne rient-ils pas?
   e. Inventez une question sur la photo. Posez-la à un autre étudiant ou à une autre étudiante.

Exercices écrits

A. Écrivez les exercices oraux D et E.

B. Répondez aux questions suivantes: (§1)
1. Souffrez-vous maintenant?
2. Quand vous ouvrez les yeux le matin, qu'est-ce que vous voyez?
3. Qu'est-ce qu'on vous offre pour votre anniversaire?
4. Qu'est-ce que vous faites si vous découvrez un insecte dans votre salade?

C. Répondez aux questions suivantes: (§2, 3)
1. Quand riez-vous?
2. Quand courez-vous?
3. Souriez-vous souvent? Pourquoi?
4. Qui court très vite? *(Réponse: _____ et _____...)*
5. Qui ne sourit pas? *(Réponse: _____ et _____...)*
6. Qui rit beaucoup? *(Réponse: _____ et _____...)*

D. Pour chaque verbe inventez une question. Écrivez la question et une réponse: (§1, 2, 3)

Exemple: *souffrir*
Qui souffre beaucoup?
Mes parents souffrent beaucoup parce que je ne leur écris pas assez.

1. souffrir 3. offrir 5. courir 7. sourire
2. ouvrir 4. découvrir 6. rire 8. couvrir

E. Répondez à ces questions et remplacez les mots en italique par un pronom approprié. *Attention:* Il y a toutes sortes de pronoms possibles dans cet exercice parce que c'est un exercice de révision: (§4, révision)
1. Avez-vous beaucoup *d'imagination* quand vous écrivez?
2. Aimez-vous étudier *chez vous?*
3. Quand allez-vous voir *vos parents?*
4. Parlez-vous *à votre professeur de français* le dimanche?
5. Quand il y a *du soleil,* aimez-vous aller *à la plage?*
6. Écoutez-vous généralement *vos amis* quand ils *vous* parlent?
7. Avez-vous envie de connaître *la Russie?*
8. Avez-vous *des problèmes* avec *votre camarade de chambre?*

F. Employez **y, en** ou un pronom disjoint pour répondre aux questions suivantes: (§4, 5)

    1. Parlez-vous souvent de vos grands-parents?
    2. Parlez-vous souvent de votre voiture?
    3. Pensez-vous à la réponse correcte?
    4. Pensez-vous à votre mère maintenant?
    5. Est-ce qu'on parle de votre père à la télé?
    6. Souriez-vous quand vous pensez à votre premier (première) petit(-e) ami(-e)?

G. Remplacez les tirets par des mots appropriés. *Attention:* Il faut des noms, des pronoms et des verbes: (révision)

Lisa: Allô, est-ce que Suzanne est là? Je désire _____ parler.

Julie: Ah non. Elle est à la _____ où elle étudie pour son examen de _____ demain.

Lisa: Justement, je veux étudier avec _____ ce soir. Est-ce que je peux _____ trouver à la _____?

Julie: Probablement pas. Il y a trop de _____. Mais viens ici. Suzanne va revenir pour _____ le dîner. _____- tu dîner chez _____?

Lisa: D'accord. C'est très gentil. Alors je vais vous apporter une bouteille de _____.

Lecture

Analysez la personnalité et les instincts de vos amis!

Nous sommes dans le restaurant «Chez Léon l'Assassin». C'est un restaurant qui *offre* des plats très spéciaux de nouvelle cuisine, la «cuisine minceur».[1] La serveuse, Antoinette, est très pittoresque. Elle connaît tous les clients et leur parle comme à des copains. Le dîner est fini, tout le monde *rit,* l'atmosphère est très décontractée. Thierry et Noëlle, étudiants de psychologie, veulent administrer un petit test à Paul. *Lui,* il prétend[2] qu'il a trop de complexes.

---

1. *Cuisine minceur* = une invention de la gastronomie moderne en France. On peut en manger beaucoup sans *gros*sir *(mince ≠ gros).*

2. *Prétendre* = affirmer (sans nécessairement convaincre).

Je la regarde, je l'examine et je la garde parce que je peux en avoir besoin.

Un balcon en forêt, Michel Mitrani, 1978; sur la photo: Jacques Villeret, Hubert Balsan, Yves Alfonso, Serge Martina.
    Pendant la Seconde Guerre Mondiale quatre hommes vont attendre durant sept mois l'attaque de l'ennemi dans une place forte située au milieu de la forêt des Ardennes. Plus que le récit de leurs exploits militaires, c'est la chronique de ces hommes qui attendent un événement: leur mort. Voilà le véritable sujet de ce film adapté d'un roman de Julien Gracq.

Noëlle: Voyons, Paul. Imagine que tu fais une promenade dans la nature et que tu es sur un chemin. Comment est-il? Et qu'est-ce que tu y fais?

Paul: Oh! C'est un très joli chemin qui monte et descend doucement. On y marche facilement. Il y a des arbres qui m'*offrent* de l'ombre et de la fraîcheur quand j'en ai besoin. Il fait beau. Nous sommes au printemps. Naturellement, je suis avec ma petite amie. Je suis toujours avec *elle* quand je suis heureux.

Noëlle: Bon, très bien. Maintenant, sur le chemin, tu trouves une tasse. Comment est-elle et qu'est-ce que tu en fais?[3]

Paul: Oh! C'est une jolie tasse. Je la regarde, je l'examine, et je la garde parce que je peux en avoir besoin.

Noëlle: Parfait! Bon. Ensuite, *toi,* le curieux, tu regardes par terre et tu y vois une clé. Comment est-elle et qu'est-ce que tu en fais?

Paul: En effet, c'est une très belle clé ancienne, très artistique. Je la prends et je la garde ou je l'*offre* à mon amie, parce que *je pense* toujours *à elle...*

3. *Tu en fais* (faire de quelque chose) = expression idiomatique: *Que fais-tu de la tasse?*

Noëlle: Mais *ne parlons pas d'elle. Parlons de toi.* Te voilà devant un obstacle. C'est peut-être un mur ou une petite rivière ou autre chose. Il y a aussi un poteau ou une borne.[4] Comment sont-ils et qu'est-ce que tu fais?

Paul: Ah! Voyons... Oui... L'obstacle est un mur de vieilles pierres. Il est ravissant, entièrement recouvert de lierre,[5] et au milieu du mur il y a une porte. Le poteau est sur le bord du chemin; il est bien solide et il est très intéressant pour moi parce que c'est un poteau indicateur qui me renseigne et m'aide... enfin, qui nous aide (je suis avec mon amie, ne l'oubliez pas). Il nous aide et il nous indique que la jolie clé va *ouvrir* la porte spécialement pour *nous. Nous l'ouvrons et nous découvrons* un paysage magnifique.

Noëlle: Formidable! Te voilà maintenant devant un grand tigre féroce.

Paul: Oh! J'en ai un peu peur, et mon amie et *moi, nous courons* pour nous protéger. Finalement le tigre disparaît.

Noëlle: Bien, bien, bien!... Maintenant *toi,* tu arrives devant une rivière, ou un lac, ou l'océan... Raconte la scène. Qu'est-ce que tu y fais?

Paul: Ah! C'est un lac bleu magnifique, l'eau y est transparente et la température est parfaite. Alors, nous enlevons nos vêtements, nous entrons dans l'eau et nous y restons longtemps... longtemps. C'est une scène idyllique et nous y sommes très heureux. La vie est merveilleuse!

Noëlle: Bon. Finalement, tu arrives devant un grand trou noir, un précipice ou un gouffre.[6] Comment est-il et qu'est-ce que tu fais?

Paul: Oh. Je ne sais pas!... Voyons... Je n'aime pas ce trou noir. Alors, je regarde mon amie et je lui demande de revenir au lac bleu. Naturellement, elle accepte et elle vient avec moi... Voilà!

Thierry: Le test est terminé! Voici la clé des symboles. Maintenant, interprétons le tout!

le chemin   = la vie
la tasse   = le rôle des femmes dans la vie de l'individu
la clé   = l'intellect, la connaissance

---

4. *Un poteau* ou *une borne* = "a pole" ou "a road mark."
5. *Lierre* = "ivy."
6. *Un gouffre* = "an abyss."

l'obstacle   = les obstacles dans la vie
le poteau   = le rôle des hommes dans la vie de l'individu
le tigre   = le danger
l'eau   = la volupté, l'amour, le plaisir
le trou noir = la mort

Questions sur la lecture

1. Où sont Paul et ses amis?
2. Comment est le restaurant?
3. Qui veut administrer un test psychologique à Paul? Pourquoi?
4. Comment est le chemin que Paul décrit?
5. Paul est-il seul?
6. Comment est la tasse et qu'est-ce que Paul en fait?
7. Comment est la clé et qu'est-ce que Paul en fait?
8. Comment est le mur?
9. Qu'est-ce que Paul fait quand il est devant le tigre?
10. Décrivez le lac de Paul. Qu'est-ce que Paul y fait?
11. Que fait Paul devant le trou noir?

Discussion / Composition

1. Faites une analyse détaillée de la personnalité de Paul.
2. Administrez ce test à un(-e) de vos amis (amies) et écrivez l'analyse de son tempérament.
3. Imaginez qu'on vous administre le même test. Dites les réponses que vous, vous faites et contrastez-les avec les réponses que Paul, lui, donne.
4. Étudiez-vous la psychologie? Approuvez-vous les différents symboles? Ce test est-il valide, à votre avis?[7]

7. *Avis* = opinion.

Vocabulaire

noms
borne f.
chemin m.
école f.
escargot m.
fraîcheur f.
gouffre m.
lierre m.
ombre f.
paysage m.
pierre f.
plaisir m.
poteau m.
psychiatre m.
rêve m.
rivière f.
serveuse f.
trou m.
volupté f.

adjectifs
décontracté(-e)
indicateur /
   indicatrice
merveilleux /
   merveilleuse
ravissant(-e)

verbes
apporter
corriger
courir
couvrir
découvrir
enlever
offrir
ouvrir
prétendre
protéger
renseigner
rester
rire
souffrir
sourire

adverbes
doucement
facilement
justement

autres expressions
à votre avis
avoir de la chance
cuisine minceur
nouvelle cuisine

noms apparentés
autobus m.
dette f.
insecte m.
instinct m.
intellect m.
obstacle m.
précipice m.
risque m.
rôle m.
scène f.
tempérament m.
température f.
test m.

Échanges

— Tu sais Albert,[1] depuis son accident de moto[2] ça tourne pas rond.[3] Et puis la nuit il ne peut pas fermer l'œil.

— Il n'a qu'à[4] demander des somnifères à son toubib.[5]

— Ça ne marche pas.[6] Alors, il va voir un psychiatre.

— Oh là! là! les psychiatres, moi, je pense que c'est du blablabla. Ce sont des bourreurs de crâne.[7]

— Tu parles![8] Il faut faire gaffe avec[9] ces gens-là!

— Et puis ça coûte les yeux de la tête![10]

— Pauvre Albert, il est bien un peu farfelu mais quand même[11] il n'est pas complètement zinzin.[12]

1. *Tu sais Albert* = Tu sais à propos d'Albert que...
2. *Moto* = motocyclette.
3. *Ça tourne pas rond.* = Ça ne tourne pas rond. = Ça ne va pas mentalement.
4. *Il n'a qu'à...* = Il a seulement besoin de...
5. *Son toubib* = son médecin, son docteur.
6. *Ça ne marche pas.* = ''It isn't working.''
7. *Des bourreurs de crâne* = des charlatans (littéralement: ''skullstuffers'').
8. *Tu parles!* = En effet! (Tu as absolument raison!)
9. *Faire gaffe avec* = faire attention à.
10. *Ça coûte les yeux de la tête.* = C'est très cher.
11. *Quand même* = ''Gee!'' (''however'').
12. *Zinzin* = fou, mentalement dérangé.

Improvisation

Pour deux personnes. Une personne est troublée par un rêve («dream») obsédant. Elle raconte son rêve à un psychiatre, qui essaie d'interpréter le rêve et les symboles avec son client.

17
Dix-septième Leçon

L'imparfait et le passé composé:
  signification générale
  formation, négation, interrogation
  place des adverbes
  précision sur le passé composé (I)
  participe passé des verbes irréguliers
  précisions sur l'imparfait
    état de choses, description
    actions habituelles
  situations en développement, scène
  précision sur le passé composé (II)

Lecture: *L'Histoire tragique d'une petite grenouille française qui voulait devenir aussi grosse qu'un bœuf (d'après Jean de la Fontaine)*

DÉCOUVERTE

Présentation

Aujourd'hui, c'est mercredi. Il y a une leçon importante dans notre classe. C'est la dix-septième leçon.

Hier, **c'était** mardi. **Il y avait** aussi une leçon importante dans notre classe. **C'était** la seizième leçon.

Étiez-vous absent hier, Paul?

Non, **je n'étais pas** absent; **j'étais** présent, mais Pat **était** absente.

Avez-vous étudié hier soir?

Oui, **j'ai étudié** parce que **nous avions** un examen dans ma classe de chimie.

Avez-vous répondu à toutes les questions?

Oui, **j'ai répondu** à toutes les questions. **Je savais** que **vous vouliez** des réponses complètes.

Explications

1 Deux concepts différents du passé et leur formation:

A. Le passé a essentiellement deux temps: *l'imparfait* et *le passé composé.* *Le passé composé* indique une action ou un état **terminés.** Au contraire, on emploie *l'imparfait* quand on ne veut pas insister sur la fin de l'action ou de l'état mais sur le **développement** (une description, une action habituelle, etc.). On emploie souvent ces deux temps différents dans une même phrase pour exprimer deux notions différentes. On peut employer tous les verbes *à l'imparfait* **ou** *au passé composé* selon le sens de la phrase.

   Exemple: Hier soir, **j'avais** très faim... alors, **j'ai mangé** un énorme sandwich.

B. Formation de l'imparfait:

   1. On prend la *première personne du pluriel du présent* **(nous),** on enlève la terminaison **-ons** et on ajoute les terminaisons de l'imparfait:

je	**-ais**	nous	**-ions**
tu	**-ais**	vous	**-iez**
il	**-ait**	ils	**-aient**

pouvoir

(nous pouv~~ons~~ → pouv-)

je pouv**ais**	nous pouv**ions**
tu pouv**ais**	vous pouv**iez**
il pouv**ait**	ils pouv**aient**

avoir

(nous av~~ons~~ → av-)

j'av**ais**	nous av**ions**
tu av**ais**	vous av**iez**
il av**ait**	ils av**aient**

2. Pour l'imparfait, le verbe **être** a un radical irrégulier:

être

j'**étais**	nous **étions**
tu **étais**	vous **étiez**
il **était**	ils **étaient**

3. On forme l'*imparfait interrogatif et négatif* comme le présent interrogatif et négatif:

Exemples: présent

imparfait

Êtes-vous?	**Étiez-vous?**
Savent-ils?	**Savaient-ils?**
Est-ce qu'elle sait?	**Est-ce qu'elle savait?**
Tu n'as pas.	**Tu n'avais pas.**
Ce n'est pas.	**Ce n'était pas.**

Remarquez: Le **t** de l'inversion interrogative des verbes réguliers en **-er** est éliminé:

présent   *imparfait*

Y a-**t**-il?   **Y avait-il?**

C. Formation du passé composé avec l'auxiliaire **avoir:**

1. Le verbe **avoir** au présent + le participe passé du verbe:

Exemple:

j'ai mangé	**nous avons mangé**
tu as mangé	**vous avez mangé**
il a mangé	**ils ont mangé**

2. Formation du participe passé des verbes réguliers:

a. Tous les verbes en **-er** ont un participe passé régulier en **-é:**

j'ai écout**é**   j'ai décid**é**   j'ai invit**é**

b. Pour les verbes réguliers en **-ir**, la terminaison du participe passé est **-i:**

j'ai fin**i**   j'ai chois**i**   j'ai réuss**i**

c. Pour les verbes réguliers en **-re**, la terminaison du participe passé est **-u:**

j'ai attend**u**   j'ai répond**u**   j'ai entend**u**

3. À l'interrogatif et au négatif: Ce sont simplement les formes interrogatives et négatives de l'*auxiliaire*. L'auxiliaire est considéré comme le verbe et le participe passé est ajouté après.

Exemples: **Avez-vous** déjeuné?

Oui, j'ai déjeuné.

Non, **je n'ai pas** déjeuné.

Avez-vous fini votre travail? Oui, j'ai fini mon travail.
Non, **je n'ai pas** fini mon travail.

4. Place des adverbes: On place les adverbes—particulièrement les adverbes courts (**bien, mal, encore, déjà, toujours**)—entre l'auxiliaire et le participe passé.

Exemples: J'ai **bien** répondu.
As-tu **déjà** fini?
Nous n'avons pas **mal** dîné.

Remarquez: Les adverbes longs sont en général après le participe passé:

Vous avez répondu **très correctement**.
Ils n'ont pas obéi **immédiatement**.

Présentation

Je joue au basket et puis je prends mon dîner. Ensuite je regarde la télé. Enfin je dors.

Hier, **j'ai joué** au basket et puis **j'ai pris** mon dîner. Ensuite **j'ai regardé** la télé. Enfin, **j'ai dormi**.

Explications

2 Précision sur *le passé composé (I):*

A. Le PASSÉ COMPOSÉ exprime une action ou une succession d'actions **finies à un moment déterminé** (explicite ou implicite: *hier, l'année dernière, dimanche passé, ce matin à sept heures et demie*). La durée[1] de chaque action n'est pas importante: *J'ai regardé la télé... cinq, dix, vingt minutes... deux heures.*

B. Au passé composé, beaucoup de participes passés sont irréguliers. (Voir page 267, §6 B pour la suite.)

Exemples: prendre (apprendre, comprendre)   **pris (appris, compris)**
mettre (permettre, promettre)   **mis (permis, promis)**
faire   **fait**
écrire (décrire)   **écrit (décrit)**
dire   **dit**
vivre   **vécu**
suivre   **suivi**

---

1. *Durée* = "duration," "length of time."

Saviez-vous qu'il y avait un examen ce matin?

Trop petit mon ami, Eddy Matalon, 1969; sur la photo: Jane Birkin et Bernard Fresson.

Ce film est adapté d'un roman policier de James Hadley Chase. Humilié par tout le monde, un nain (une personne anormalement petite) cherche un moyen de vengence. Il décide de faire un hold-up. Mais son projet ne réussit pas à cause de l'amour qui naît entre sa complice et sa victime.

lire	lu
courir	couru
voir	vu
boire	bu
recevoir (apercevoir)	reçu (aperçu)
offrir (souffrir)	offert (souffert)
ouvrir (couvrir, découvrir)	ouvert (couvert, découvert)
tenir (obtenir)	tenu (obtenu)
éteindre (peindre)	éteint (peint)
rire (sourire)	ri (souri)

Présentation

Saviez-vous qu'il y avait un examen ce matin?

Oui, **je savais,** mais Pat, elle, **ne savait pas** parce qu'**elle était** absente.

Pourquoi **était-elle** absente?

Elle ne pouvait pas venir parce qu'**elle avait** un rendez-vous important et **elle voulait** avoir toutes mes notes pour étudier.

Quel temps **faisait-il** hier?

Il faisait mauvais. **Il pleuvait.** **Il fallait** porter un parapluie.

Explications

3   Précision sur *l'imparfait:*

Pour exprimer *un état de choses (de pensée, d'émotion, d'opinion),* une *description mentale ou physique, une scène,* dans le passé, **sans précision de moment,** utilisez l'IMPARFAIT.

A. État de choses, de pensée, d'émotion, d'opinion, dans le passé:

1. Vous remarquez que certains verbes ou expressions verbales sont plus aptes à exprimer *l'état de choses:*

c'est	il y a	je suis	j'ai	je peux
c'était	**il y avait**	**j'étais**	**j'avais**	**je pouvais**

il fait beau (mauvais, chaud, etc.)		il faut	il pleut
il faisait beau (mauvais, chaud, etc.)		**il fallait**	**il pleuvait**

2. Comme *l'imparfait* est essentiellement le temps de la **description mentale,** certains verbes qui expriment un **état de pensée, d'opinion** ou **d'émotion** sont le plus souvent **à l'imparfait:**

je pense	je sais	je veux	je crois	je désire
je pensais	**je savais**	**je voulais**	**je croyais**	**je désirais**
j'aime	je déteste	j'adore	j'espère	je préfère
j'aimais	**je détestais**	**j'adorais**	**j'espérais**	**je préférais**

Avec ces verbes, si le contexte n'indique pas un moment précis ou soudain au passé, utilisez l'imparfait.

Exemples: Quand **j'avais** seize ans, **j'avais** des idées précises sur la vie. **Je voulais** devenir astronaute ou pilote. **Je savais** que mes parents **n'aimaient pas** mes idées, mais j'étais sensible et **je croyais** avoir une vocation. Ma mère **ne pouvait pas** comprendre mes idées; mon père, qui **désirait** avoir le calme et la tranquillité, **pensait** que **j'étais** jeune et idéaliste et **il espérait** voir sa fille changer d'idée plus tard et devenir médecin, avocat, ingénieur ou professeur. **Avait-il** raison?

B. On utilise aussi l'imparfait pour *une description* ou *une scène* au passé:

Exemples: La scène **était** dans une forêt, **il faisait** beau, **on entendait** les oiseaux qui **chantaient** dans les arbres, **il y avait** un petit vent froid, mais **j'avais** un pull-over et **nous étions** parfaitement heureux.

Présentation

Comment **était** votre vie quand **vous étiez** enfant?

Oh, **nous habitions** dans une petite ville. **J'allais** à l'école avec mon frère et ma sœur. **Nous prenions** l'autobus pour y aller. **Je faisais** beaucoup de sports, **je jouais** avec mes amis. **Je n'avais pas** de problèmes.

Explications

4   On utilise l'IMPARFAIT pour indiquer une *situation coutumière, habituelle* au passé. Comparez avec le passé composé, qui exprime toujours une action finie:

Exemples: action finie dans le passé au passé composé | description d'une situation habituelle dans le passé à l'imparfait

Hier, Nicolas **a mangé** dans un restaurant chic.
Hier, **j'ai écrit** une lettre à la machine.

Quand **il était** petit **il mangeait** chez McDonald's.
Au dix-huitième siècle, **on écrivait** à la main.

Présentation

Racontez un rêve.

Je marchais dans la nature. **Il faisait** très beau. Les oiseaux **chantaient**. Des créatures bizarres **jouaient** des instruments que **je ne connaissais pas.**

Et alors?

Alors, à un moment, **j'ai vu** un immense château blanc. **J'ai frappé** à la porte et **j'ai demandé** si **je pouvais** entrer et **on a répondu** non!

Explications

5 Pour indiquer une situation **en développement,** une scène qui prépare généralement une action, on utilise *l'imparfait.*

> *Exemple:* Tout **allait** bien, **il faisait** beau, **nous regardions** les gens qui **passaient** dans la rue, quand un enfant a crié.

Aviez-vous peur la nuit quand **vous étiez** petit?

Non, généralement **je n'avais pas** peur, mais un jour **j'ai vu** un fantôme et **j'ai eu** très peur!

Pouviez-vous dormir hier soir?

Non, **je ne pouvais pas** dormir. Alors, **j'ai pris** un somnifère et **j'ai pu** dormir.

Explications

6 Précision sur *le passé composé (II):*

A. Même avec des verbes ou des expressions utilisées le plus souvent à l'imparfait, on utilise le PASSÉ COMPOSÉ pour exprimer *un état de choses* (de pensée, d'émotion, d'opinion) ou *une action* (des actions) à **un moment précis** ou **soudain** dans le passé.

> *Remarquez:* Quand les expressions comme **c'est, il y a, il fait beau (mauvais,** etc.) et les verbes comme **croire, savoir, pouvoir, vouloir, aimer,** etc., sont *au passé composé,* il y a souvent
> — une expression adverbiale comme: **tout à coup, à ce moment (-là),** etc.
> — un adverbe comme: **soudain (soudainement),** **subitement,** etc.
> — un mot-clé comme: **une explosion, un accident, un choc,** etc.

> *Exemples:* *J'étais* sur l'autoroute quand **il y a eu** *un accident.* **J'ai eu** peur.
> *J'étais* découragée; *je voulais* abandonner le projet mais, *soudain,* **j'ai su** que *j'avais* tort. **J'ai voulu** continuer.

B. Remarquez le participe passé de ces autres verbes irréguliers:

être (c'est)	**été (cela a été)**	croire	**cru**
avoir (il y a)	**eu[2] (il y a eu)**	paraître	**paru**
pouvoir	**pu**	connaître	**connu**
savoir	**su**	falloir (il faut)	**fallu (il a fallu)**
vouloir	**voulu**	pleuvoir (il pleut)	**plu (il a plu)**

CRÉATION

Exercices oraux

A. Dites à l'imparfait: (§1)

Exemple: *C'est samedi.*
C'était samedi.

1. C'est dimanche.
2. Il y a une question.
3. Elle n'a pas peur.
4. Je suis triste.
5. Nous avons faim.
6. Vous êtes impossible.
7. A-t-il soif?
8. Elles sont malades.
9. Es-tu content?
10. J'ai une question.

B. Mettez ces phrases au passé composé: (§1)

Exemple: *Je parle de mon professeur.*
J'ai parlé de mon professeur.

1. Il accepte l'invitation.
2. Nous regardons la télévision.
3. Ils choisissent leur représentant.
4. Vous obéissez à votre père.
5. Je réponds à la lettre.
6. Nous dansons ensemble.
7. Elle vend sa stéréo.
8. Ils oublient la question.
9. Vous finissez votre travail.
10. Elle entend le téléphone.

2. Prononcez seulement le *u* [y].

C. Dites au négatif: (§1)

Exemple: *J'ai accepté l'invitation.*
Je n'ai pas accepté l'invitation.

1. J'ai parlé à Thierry.
2. Tu as réussi.
3. Nous avons entendu la réponse.
4. Ils ont dansé ensemble.
5. Vous avez fini l'exercice.
6. Elle a téléphoné à Marseille.
7. Il a menti.
8. Marie a perdu la tête.

D. Mettez les adverbes correctement dans les phrases: (§1)

Exemple: *(mal)   Il a choisi ses amis*
Il a mal choisi ses amis.

1. (mal)   Il a commencé.
2. (déjà)   Nous avons étudié la biologie.
3. (souvent)   J'ai dîné chez mon oncle.
4. (toujours)   Vous avez réussi.
5. (lentement)   On a voyagé.
6. (trop)   Tu as mangé.
7. (correctement)   L'enfant a parlé.
8. (bien)   Monsieur Van Winkle a dormi.

E. Mettez ces phrases au passé composé: (§2)

Exemple: *Je mets la phrase au passé composé.*
J'ai mis la phrase au passé composé.

1. Nous écrivons nos exercices.
2. Ils prennent leur dîner.
3. Vous apprenez la leçon.
4. Il comprend la situation.
5. Elle voit la difficulté.
6. Tu lis le livre.
7. Je mets mon imperméable.
8. Nous recevons des lettres.

F. Demandez à quelqu'un: (§2, 3)

1. s'il (si elle) a pris de l'aspirine hier.
2. s'il (si elle) était à Rome pour Noël.
3. s'il (si elle) a bu du café ce matin.
4. s'il (si elle) a vu un film hier.
5. s'il y avait beaucoup d'étudiants en classe hier.
6. s'il faisait beau hier.

G. Mettez les phrases suivantes au passé: (§1, 2, 3)

Exemple: *Comme il pleut, j'achète un parapluie.*
Comme il pleuvait, j'ai acheté un parapluie.

1. Il fait beau, alors nous décidons de faire un pique-nique.
2. Comme Suzie est malade, elle ne mange pas.
3. Ernie ne sait pas la réponse, alors il ne répond pas à la question.
4. J'ai peur mais j'essaie de skier.
5. Comme il faut faire quelque chose, nous dansons.

H. Répondez aux questions suivantes (à propos d'une habitude passée): (§4)

1. Qu'est-ce que vous faisiez tous les jours quand vous aviez quatorze ans?
2. En 1700 est-ce qu'on voyageait en auto? Pourquoi (pas)?
3. Est-ce que vous fumiez quand vous aviez sept ans?
4. Qu'est-ce que vous faisiez tous les jours l'année dernière?

I. Mettez les verbes à l'imparfait et finissez les phrases. Attention: vous créez le décor pour une autre action: (§5)

Exemple: *Nous faisons un pique-nique...*
Nous faisions un pique-nique quand il a commencé à pleuvoir.

1. Nous dînons...
2. J'écris une lettre...
3. Tu prépares le déjeuner...
4. Marguerite regarde la télé...
5. Jacques fait des exercices...
6. Paul et Virginie font une promenade...

J. Dites au passé (n'oubliez pas qu'une action ou une réflexion à un moment précis est indiquée par le passé composé): (§6)·

1. Quand nous voyons le gangster, tout à coup nous avons peur.
2. Soudain il y a une explosion.
3. Quand je vois votre visage, immédiatement je comprends la situation.
4. Marc-Philippe finit son examen et tout de suite il veut partir.
5. Carol lit votre lettre et alors elle croit votre histoire.

K. Regardez la photo, page 274, et répondez aux questions suivantes:

1. Pourquoi la dame n'a-t-elle pas pris son bain chez elle?
2. Est-ce que tout le monde regardait quand elle a commencé?
3. Où a-t-elle mis ses vêtements?
4. Inventez une question à propos de la photo et posez-la à un autre étudiant ou à une autre étudiante.

Exercices écrits

A. Écrivez les exercices oraux B, C, D et E.

B. Répondez aux questions et employez des verbes choisis de la liste suivante: (§1, 2)

dormir	**faire**	**recevoir**	**téléphoner**
écrire	**manger**	**regarder**	**voir**
étudier	**parler**	**rendre visite à**	

1. Qu'est-ce que vous avez fait hier soir?
2. Qu'est-ce que votre camarade de chambre a fait hier soir?
3. Qu'est-ce que vous avez fait dimanche?
4. Qu'est-ce que les étudiants de votre classe ont fait le premier jour de classe?
5. Qu'est-ce que votre professeur a fait hier?

C. Imaginez les habitudes de chaque personnage ou groupe. Écrivez trois phrases à l'imparfait pour chaque personnage ou groupe: (§4)

Exemple: *Napoléon*
Chaque jour il parlait à ses soldats. Il allait souvent en manœuvres. Il essayait toujours d'augmenter son influence politique.

1. Jules César
2. Cendrillon («Cinderella»)
3. Adam et Ève
4. P. T. Barnum
5. Marie Antoinette et Louis XVI
6. Mata Hari

D. Mettez le paragraphe suivant au passé: (§2, 4)

1. Lisez tout le texte.
2. Identifiez les actions habituelles et les actions qui ont lieu seulement une fois.
3. Écrivez le texte au passé. (Changez les verbes entre parenthèses au passé composé ou à l'imparfait.)

Chaque été ma famille et moi (faisons) du camping. Nous (allons) à la montagne où nous (habitons) sous une tente. Nous (faisons) des promenades dans la nature, nous (regardons) les animaux. Mais un été, nous (essayons) de réserver un emplacement.[3] Nous (téléphonons) et on (dit) que, à la place du camping, (il y a) un grand supermarché. Quel dommage!

3. *Un emplacement de camping* = ''a campsite.''

E. Commencez chaque phrase par un verbe à l'imparfait qui fonctionne comme décor: (§1, 5)

Exemple: ... *quand il a fait une erreur.*
Joseph passait un examen quand il a fait une erreur.

1. ... quand nous avons entendu une explosion.
2. ... quand quelqu'un a pris le portefeuille de Nicole.
3. ... quand soudain la police a frappé à la porte.
4. ... quand j'ai reçu votre lettre.
5. ... et tout à coup ils ont quitté la salle.

F. Mettez le paragraphe suivant au passé: (§1, 2, 3)

1. Lisez tout le texte.
2. Décidez quelles actions font partie de la scène et précisez le moment où l'histoire commence.
3. Écrivez le texte au passé. (Changez les verbes entre parenthèses au passé composé ou à l'imparfait.)

Tout le monde (est) content. Les spectateurs (attendent) le commencement de la pièce de théâtre. Quelques personnes (parlent) à des amis, d'autres (retrouvent) leurs places. Plusieurs personnes (mangent) des bonbons. Tout à coup on (entend) les trois coups.[4] On (éteint) les lampes. La pièce (commence).

G. Pour chaque verbe inventez un contexte où il y a un moment précis. Écrivez une ou deux phrases avec le verbe au passé composé: (§6)

Exemple: *être*
Quand j'ai entendu cette histoire risquée, j'ai été choqué!

1. avoir   3. savoir   5. vouloir
2. être   4. croire   6. pouvoir

---

4. Au théâtre en France, on frappe trois fois pour avoir l'attention du public avant le commencement de la pièce.

H. Mettez le paragraphe suivant au passé: (§1, 2, 3, 6)

1. Lisez tout le texte.
2. Identifiez les actions qui ont lieu à un moment précis. (Cherchez les expressions comme **soudain, tout à coup,** etc.)
3. Écrivez le texte au passé. (Changez les verbes entre parenthèses au passé composé ou à l'imparfait.)

Jocelyne (croit) que tout (va) bien, mais quand elle (est) en route pour son appartement elle (commence) à avoir des doutes. Enfin, quand elle (voit) son bâtiment, tout de suite elle (sait) que les pompiers (ne peuvent pas) sauver le bâtiment. Alors, à ce moment, elle (pense) à son chien et soudain elle (a) peur. Où (est-il)? Enfin, quand elle (voit) son petit animal à côté d'un pompier elle (est) rassurée.

I. Écrivez le texte suivant au passé: (révision de toute la leçon)

Tous les hommes (désirent) Carmen. Elle (est) belle et séduisante, et elle (travaille) dans une usine de cigarettes. Un jour elle (tue) une autre femme. Alors, on (met) Carmen en prison. Mais Don José, le gardien, (aime) cette femme fatale. Donc, Carmen (obtient) facilement sa liberté. Don José (accompagne) Carmen et ils (décident) de vivre ensemble. Tout (va) bien. Ce (sont) des criminels, ils (font) de la contrebande, ils (vivent) dans la nature. La vie (est) magnifique. Mais un jour, Carmen (fait) la connaissance d'Escamillo, un toréador qui (est) grand, beau et très «macho». Au moment où il (voit) Carmen, il (veut) immédiatement sortir avec elle. Elle (dit): «Pourquoi pas?» Et elle (décide) de finir sa liaison avec Don José. Mais Don José ne (peut) pas permettre ça. Alors, il (tue) Carmen.

Lecture

**L'Histoire tragique d'une petite grenouille française
qui voulait devenir aussi grosse qu'un bœuf *ou*
La Vanité punie**

Il était une fois une petite grenouille verte qui *vivait* avec sa
famille au bord d'un lac. Son existence *n'était pas* très
stimulante mais *c'était* une bonne vie de grenouille de classe
moyenne. Bref, une vie de grenouille française bourgeoise.
Tous les jours *elle prenait* plusieurs bains dans le lac, *elle
sautait* d'une pierre à l'autre, *elle mangeait* beaucoup de
petits insectes. En été, comme *il faisait chaud* dans la région
où *elle habitait, elle faisait* la sieste après son déjeuner. Le
soir *elle discutait* beaucoup avec ses amies les autres
grenouilles. Sa mère et son père lui *disaient* toujours d'être
modeste et d'être satisfaite de cette bonne vie de grenouille
française qui *n'était pas,* après tout, si mauvaise.

Mais voilà! Les petites grenouilles *aimaient* beaucoup lire
ou écouter les histoires romanesques de métamorphoses de
grenouilles qui *devenaient* des princes charmants ou des
princesses plus belles que Vénus.

Un jour où *elle sautait* d'une pierre à l'autre, *elle a vu* un
animal, inconnu pour elle, *qui mangeait* de l'herbe. *Il était*
énorme pour la petite grenouille. *Elle a regardé* cet animal
avec surprise et admiration mais *elle a sauté* très vite parce
que malgré son admiration *elle avait peur.*

Quand *elle a retrouvé* ses amies *elle a raconté* son aventure; *elle a dit* qu'*elle ne pouvait pas* concevoir de créature plus belle, plus forte, plus séduisante et *elle a dit* aussi que la nature *était très* injuste et qu'*elle voulait* devenir aussi grande et aussi belle que cet animal superbe. Ensuite *elle a commencé* à avoir des complexes.

Ses amies *ont dit* que pour devenir aussi grande que cet animal (c'était un bœuf) *il fallait* manger comme un bœuf. Alors la petite grenouille *a commencé* à manger tout ce qu'*elle trouvait:* de l'herbe, des insectes, des fourmis... Quand *elle a fini, elle a demandé* à ses amies si *elles pensaient* qu'*elle était* plus grosse. *Elles ont répondu* que non et qu'*il fallait* continuer. Alors *elle a mangé* encore et encore et, quand *elle ne pouvait pas* continuer à avaler, *elle a eu* une indigestion si forte que son estomac *a éclaté.* Quand *on a trouvé* la pauvre petite grenouille, *elle était* morte.

Inventez la morale de cette histoire tragique.

D'après Jean de La Fontaine

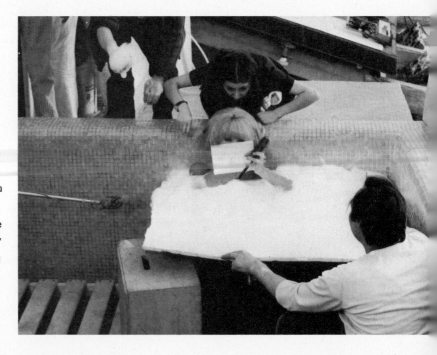

Tous les jours elle prenait plusieurs bains.

Laisse aller c'est une valse, Georges Lautner, 1970; sur la photo: Mireille Darc.

Carla, qui prend ici son bain, parle trop. Parce qu'elle a trop parlé, son mari, Serge, a passé trois ans en prison pour vol de diamants. Quand il sort de prison, il essaie de retrouver Carla pour récupérer les diamants... et éliminer Carla aussi! Mais Carla fait en sorte que Serge lui pardonne.

Questions sur la lecture

1. Où habitaient la petite grenouille et ses parents?
2. Comment était la vie de la petite grenouille?
3. Quelles sortes d'histoires est-ce que les grenouilles aimaient écouter? Pourquoi?
4. Quand la grenouille a-t-elle vu le grand animal?
5. Qu'est-ce que le grand animal faisait?
6. Quelle a été la réaction de la petite grenouille?
7. Pourquoi la petite grenouille admirait-elle le bœuf?
8. Pourquoi trouvait-elle la nature injuste?
9. Qu'est-ce que la petite grenouille a fait pour devenir plus grande?
10. Pourquoi est-elle morte?

Discussion / Composition

1. Racontez une fable ou une histoire que vous connaissez. Inventez une morale. Utilisez le passé composé et l'imparfait.
2. Racontez une expérience traumatique de votre vie passée: un accident, un choc psychologique, votre première classe de français, etc.
3. Quand vous étiez encore un(-e) enfant, quelles choses pouviez-vous faire et quelles choses ne pouviez-vous pas faire? Étiez-vous un(-e) enfant normal(-e), sensible, hypersensible, timide, complexé(-e)? Obéissiez-vous toujours à vos parents? Aviez-vous beaucoup d'amis? Où alliez-vous souvent? Que faisiez-vous souvent? Aimiez-vous vraiment vos parents à cette époque? Et maintenant?

Vocabulaire

noms
autoroute f.
avocat m.
bain m.
bœuf m.
coup m.
fourmi f.
gardien m.
grenouille f.
herbe f.
oiseau m.
parapluie m.
pièce de théâtre f.
pompier m.
soldat m.

adjectifs
charmant(-e)
choqué(-e)
inconnu(-e)
puni(-e)
rassuré(-e)
romanesque
séduisant(-e)
sensible

verbes
avaler
concevoir
éclater
frapper
obtenir
sauter
sauver
tuer

autres expressions
à ce moment(-là)
bref
(la) classe
   moyenne
écrire à la machine
faire la sieste
malgré
soudain
subitement
tout à coup

noms apparentés
aventure f.
calme m.
camping m.
choc m.
créature f.
doute m.
forêt f.
habitude f.
morale f.
police f.
projet m.
surprise f.
tente f.

Échanges

— Hier, au Parc des Princes[1] on a vu un match de foot[2] —Reims contre Nantes. Qu'est-ce que c'était disputé![3]

— T'as du pot.[4] Moi, j'ai fait du vélo[5] avec les copains.

— Dupont,[6] il jouait comme un dieu... et puis leur gardien de but était dans une forme du tonnerre.[7] Il a arrêté trois buts coup sur coup dans la première mi-temps.[8] L'équipe de Nantes était lamentable.

— Ils ont perdu combien?

— Sept à zéro, une vraie piquette.[9]

1. *Parc des Princes* = le grand stade de football à Paris.
2. *Foot* = football ("soccer").
3. *Qu'est-ce que c'était disputé!* = Comme c'était disputé ("hard-fought")!
4. *T'as du pot.* = Tu as de la chance.
5. *J'ai fait du vélo.* = J'ai fait de la bicyclette.
6. *Dupont* = nom d'un joueur.
7. *Du tonnerre* = formidable.
8. *Mi-temps* = "half."
9. *Piquette* = "shut-out."

la grenouille qui veut se faire aussi grosse que le bœuf

Jean de la Fontaine
1621—1695

Une Grenouille vit un Bœuf
Qui lui sembla de belle taille.
Elle, qui n'était pas grosse en tout comme un œuf,
Envieuse, s'étend, et s'enfle, et se travaille
Pour égaler l'animal en grosseur,
Disant: «Regardez bien, ma sœur;
Est-ce assez? dites-moi; n'y suis-je point encore?
—Nenni. —M'y voici donc? —Point du tout. —M'y voilà?
—Vous n'en approchez point.» La chétive pécore
S'enfla si bien qu'elle creva.

Le monde est plein de gens qui ne sont pas plus sages:
Tout bourgeois veut bâtir comme les grands seigneurs,
Tout petit prince a des ambassadeurs,
Tout marquis veut avoir des pages.

Fables, Livre I

18
Dix-huitième Leçon

Les verbes avec l'auxiliaire *être*
La place des pronoms objets avec le passé
L'accord de l'objet direct au passé composé
Le passé composé et l'imparfait (suite et fin)
Lecture: *Le Tour du monde en quinze jours*
   ou *L'Odyssée de Jean-Louis*

Le Concorde

DÉCOUVERTE

Présentation

Quel âge avez-vous, David?

J'ai vingt ans, **je suis né** le 26 décembre.

Où est le tombeau de Napoléon?

Il est aux Invalides.

Où **est-il mort?**

Il est mort à Sainte-Hélène.

Où allez-vous cette année pour les vacances?

Cette année je vais au Japon. L'année dernière **je suis allé** en Europe.

Aujourd'hui, vous arrivez à l'heure, Mesdemoiselles.[1] **Êtes-vous arrivées** à l'heure hier?

Non, **nous ne sommes pas arrivées** à l'heure parce que **nous sommes parties** en retard de la maison.

Est-ce que vos parents viennent souvent à l'université?

Non, ils ne viennent pas souvent ici, mais **ils sont venus** l'année dernière.

Quand vous étiez à Paris, **êtes-vous montée** au dernier étage de la tour Eiffel?

Oui, **je suis montée** au dernier étage.

Explications

1 Les verbes avec l'auxiliaire **être:**

A. Quelques verbes forment leur passé composé avec l'auxiliaire **être.** Ce sont certains verbes *intransitifs* (qui n'ont pas de complément d'objet). Voici leur conjugaison:

je suis entré(-e)	**nous sommes entré(-e)s**
tu es entré(-e)	**vous êtes entré(-e)(-s)**
il (on) est entré	**ils sont entrés**
elle est entrée	**elles sont entrées**

1. *Mesdemoiselles*, pluriel de *mademoiselle*.

Note: On dit généralement *entrer* **dans:**

Il est entré **dans** la classe.

1. L'accord du participe passé:

a. Avec les verbes qui prennent **être** comme auxiliaire, le participe passé est comme un adjectif. *Il y a accord du participe passé avec le sujet.*

Exemples: **Il** est descend**u.**   **Ils** sont arriv**és.**

Elle est descend**ue.**   **Elles** sont arriv**ées.**

b. Quand le verbe a un sujet masculin et un sujet féminin le participe passé est *masculin pluriel.*

Exemples: Alice est arriv**ée.**

Marc et Robert sont arriv**és.**

Alice et Robert sont arriv**és.**

2. Les formes interrogatives, négatives et la place des adverbes sont comme avec les verbes qui prennent l'auxiliaire **avoir.**

Exemples: **Êtes-vous allés** en ville la semaine dernière?

Non, **nous ne sommes pas allés** en ville la semaine dernière. **Nous sommes restés tranquillement** à la maison. Mais aujourd'hui **nous sommes déjà allés** en ville.

B. Il y a seulement vingt verbes environ qui forment leur passé composé avec l'auxiliaire **être:**

naître	je suis **né(-e)**	≠ **mourir**	je suis **mort(-e)**
monter	vous êtes **monté(-e)(-s)**	≠ **descendre**	vous êtes **descendu(-e)(-s)**
entrer	ils sont **entrés**	≠ **sortir**	ils sont **sortis**
aller	elle est **allée**	≠ **venir**	elle est **venue**
arriver	nous sommes **arrivé(-e)s**	≠ **partir**	nous sommes **parti(-e)s**
tomber	elle est **tombée**	**retourner**	nous sommes **retourné(-e)s**
rester	vous êtes **resté(-e)(-s)**	**passer**	je suis **passé(-e)**

1. Généralement les composés des verbes précédents sont aussi formés avec l'auxiliaire **être: revenir, devenir, repartir, rentrer,** etc.

2. Remarquez que ces vingt verbes sont tous intransitifs. Mais tous les verbes intransitifs ne prennent pas **être** comme auxiliaire.

Exemples: courir   **J'ai couru.**

voler   **Il a volé.**

3. **Monter, descendre, passer, sortir** et **rentrer** sont *quelquefois transitifs,* c'est-à-dire qu'ils peuvent avoir un complément d'objet. Dans ce cas, au passé, on utilise l'auxiliaire **avoir.**

Nous sommes montés au quatrième étage.	**Nous avons monté** *l'escalier.*
Vous êtes passé chez eux.	**Vous avez passé** *l'examen.* [2]
Ils sont descendus en bateau.	**Ils ont descendu** *le rapide.*
Elle est sortie avec lui.	**Elle a sorti** *son revolver.*
Je suis rentré tard.	**J'ai rentré** *l'auto* dans le garage.

Présentation

Avez-vous pris les papiers sur mon bureau?	Oui, *je* **les** *ai pris.*
Avez-vous pris mes crayons aussi? **Les** *avez-vous mis* sur votre table?	*Je ne* **les** *ai pas pris* et *je ne* **les** *ai pas mis* sur ma table.
J'ai vu un loup derrière cet arbre. **L'***avez-vous vu?*	Non, *je ne* **l'***ai pas vu.*
Avez-vous téléphoné à votre mère hier?	Non, *je ne* **lui** *ai pas téléphoné.*
Est-ce que vous **m'***écoutiez* bien quand j'expliquais l'imparfait?	Oui, *je* **vous** *écoutais* bien.
Preniez-vous des notes?	Non, *je n'***en** *prenais pas.*

Explications

2 Avec le passé—exactement comme avec le présent—on met les pronoms objets devant le verbe.

A. Avec le passé composé *l'auxiliaire* est le verbe. Par conséquent, les pronoms objets précèdent l'auxiliaire. Si la phrase est négative, **ne** précède le pronom objet et **pas** vient après l'auxiliaire. Le participe passé est le dernier élément.

---

2. *Passer l'examen* = écrire l'examen. (Si on réussit à l'examen, on est *reçu.*)

Est-ce que vous m'écoutiez bien quand j'expliquais l'imparfait?

Le Juge et l'assassin (voir page 103).

Exemples: *présent*   *passé composé (affirmatif)*   *passé composé (négatif)*

présent	*passé composé (affirmatif)*	*passé composé (négatif)*
Je **le** vois.	Je **l'**ai vu.	Je ne **l'**ai pas vu.
Il **l'**étudie.	Il **l'**a étudié.	Il ne **l'**a pas étudié.
Nous **y** répondons.	Nous **y** avons répondu.	Nous n'**y** avons pas répondu.
Ils **en** prennent.	Ils **en** ont pris.	Ils n'**en** ont pas pris.
Elles **lui** parlent.	Elles **lui** ont parlé.	Elles ne **lui** ont pas parlé.

B. Avec l'imparfait on place le pronom objet et les mots de négation (**ne... pas**) comme avec le présent.

Exemples: *présent*   *imparfait (affirmatif)*   *imparfait (négatif)*

présent	*imparfait (affirmatif)*	*imparfait (négatif)*
Je **la** regarde.	Je **la** regardais.	Je ne **la** regardais pas.
Tu **leur** téléphones.	Tu **leur** téléphonais.	Tu ne **leur** téléphonais pas.
Il **y** réfléchit.	Il **y** réfléchissait.	Il n'**y** réfléchissait pas.

Présentation

Avez-vous compris *mes explications?*

Oui, je *les* ai compris**es** assez bien.

Avez-vous vu la lune hier soir?

Oui, je l'ai vu**e**.

Avez-vous oublié *vos parents?*

Naturellement je ne *les* ai pas oubli**és**!

Explications

3 L'accord de l'objet direct au passé composé:

Avec les verbes qui prennent **avoir,** quand le complément d'objet direct précède le verbe, le participe passé adopte le genre et le nombre du complément d'objet direct.

Exemples: As-tu dit *la vérité?* Mais oui, je l'ai dit**e!**
Cette dame dit qu'elle *nous* a déjà rencontr**és.**
Avez-vous vu *mes parents?* Non, je ne *les* ai pas vu**s.**
Voilà *les pommes* que j'ai mang**ées.**

Remarquez: Quand le pronom est **y** ou **en,** on ne fait pas l'accord du participe passé.

Exemples: Ont-elles créé *des problèmes?*

Oui, elles **en** ont créé.

Avez-vous réfléchi *à la crise économique?*

Non, je n'**y** ai pas réfléchi.

Présentation

Qu'est-ce qu'**ils faisaient** quand le réveil **a sonné?**

Quand le réveil **a sonné, ils dormaient.**

Qu'est-ce qu'**elle a dit** quand **vous avez posé** la question?

Quand **j'ai posé** la question, **elle n'a pas répondu.**

Explications

4 Le passé composé et l'imparfait (suite et fin):

A. Étudiez les phrases suivantes:

1. Quand **nous sommes arrivés, ils sont sortis.**
2. Quand **nous sommes arrivés, ils sortaient.**

Dans l'exemple (1), les deux passés composés indiquent qu'*une action a motivé ou provoqué une autre action:* notre arrivée a provoqué leur départ. Dans l'exemple (2), le passé composé indique *une action* et l'imparfait indique *une progression descriptive:* **ils sortaient.** Cette nuance est exprimée en anglais par la forme progressive, "they *were* leaving."

B. Dans un contexte passé, le futur immédiat est toujours à l'imparfait.

Exemples: Nous allons voir ce film.   Nous **allions** voir ce film.
          Il va falloir expliquer   Il **allait** falloir expliquer nos
          nos actions.   actions.

C. À l'imparfait, les verbes réguliers en **-cer** (comme **commencer**) et **-ger** (comme **manger**) changent d'orthographe:

$$-c + a- \rightarrow -ça- \qquad -g + a- \rightarrow -gea-$$

Exemples: je commen**ç**ais   je mang**e**ais
          tu commen**ç**ais   tu mang**e**ais
          il commen**ç**ait   il mang**e**ait
          ils commen**ç**aient   ils mang**e**aient

Mais: nous commencions   nous mangions
      vous commenciez   vous mangiez

CRÉATION

Exercices oraux

A. Mettez les phrases suivantes au passé composé; (§1)

1. Je sors de la ville.
2. Il vient chez moi.
3. Elle tombe dans l'escalier.
4. Vous restez à Amsterdam.
5. Elles partent en auto.
6. J'arrive avec mes amis.
7. Ils entrent dans le cinéma.
8. Sue monte dans l'autobus.
9. Nous descendons[3] chez Paul.
10. Tu deviens triste.

3. *Descendre chez quelqu'un, descendre dans un hôtel,* etc. = "to stay."

B. Demandez à un autre étudiant ou à une autre étudiante: (§1)

1. quand il est né (elle est née).
2. où ses parents sont nés.
3. si ses grands-parents sont morts.
4. s'il est monté (si elle est montée) à cheval hier soir.
5. à quelle heure il est rentré (elle est rentrée) à la maison hier.
6. s'il est allé (si elle est allée) au cinéma hier soir.
7. s'il est sorti (si elle est sortie) avec vous.
8. s'il est allé (si elle est allée) en Europe l'été passé.

C. Répondez et employez un pronom objet: (§2)

Exemple: *Avez-vous aimé le programme hier?*
Oui, je l'ai aimé. ou Non, je ne l'ai pas aimé.

1. Où est-ce que vous avez mis vos vieux exercices?
2. Avez-vous lu le dernier paragraphe de ce livre?
3. Avons-nous fini ce cours de français?
4. Vos parents ont-ils réfléchi à votre carrière?
5. Combien de verbes irréguliers avez-vous appris?
6. Qui a répondu aux questions de l'exercice B?

D. Refaites les phrases suivantes. Employez un pronom objet. Attention à l'accord du participe passé: (§2, 3)

Exemple: *Il a pris sa voiture.*
Il l'a prise.

1. Ils ont compris la leçon.
2. Nous avons pris le train.
3. Il a mis sa chemise préférée.
4. Tu n'as pas dit la vérité.
5. Vous avez écrit la réponse correcte.
6. Elle a écrit des lettres.

E. Dites au passé. Employez le passé composé ou l'imparfait selon le sens de la phrase: (§4)

Exemple: *Quand Carter devient président, je suis jeune.*
Quand Carter est devenu président, j'étais jeune.

1. Quand je vois l'accident, j'ai peur.
2. Quand je vois l'accident, j'ai quinze ans.
3. Quand elle entend la réponse, elle est choquée.
4. Quand elle entend la réponse, elle est chez son frère.
5. Quand nous recevons votre invitation, nous décidons de l'accepter.
6. Quand nous recevons votre invitation, nous ne pensons pas à vous.

F. Devinettes: Demandez à un autre étudiant ou à une autre étudiante:
   (§4)

    1. pourquoi le poulet a traversé la rue.

    2. ce que Tarzan a dit quand il a vu les éléphants.

    3. pourquoi le pompier a mis des bretelles (''suspenders'') rouges, blanches et bleues.

    4. pourquoi l'idiot a jeté le réveil par la fenêtre.

    5. comment l'éléphant est sorti d'un grand trou plein d'eau.

Réponses aux devinettes:

5. Mouillé (= humide).
4. Parce qu'il voulait voir le temps voler.
3. Parce qu'il ne voulait pas perdre son pantalon.
2. «Voilà les éléphants!»
1. Parce qu'il voulait être de l'autre côté.

G. Regardez la photo, page 291, et répondez aux questions suivantes:

    1. L'avion est-il tombé? Pourquoi est-il tombé?

    2. Sont-ils morts dans l'accident?

    3. Sont-ils arrivés à leur destination?

    4. Inventez une question à propos de la photo et posez-la à un autre étudiant ou à une autre étudiante.

Exercices écrits

A. Répondez par écrit aux exercices oraux A et C.

B. Écrivez les questions de l'exercice oral B. Ensuite, écrivez une réponse à chaque question.

C. Mettez au passé composé. Attention à l'accord du participe passé:
   (§1, 2, 3)

    1. Elle part pour toujours.   5. Vous la regardez.

    2. Elle le mange.   6. Vous le regardez.

    3. Elle les achète.   7. Elles rentrent.

    4. Tu nous vois.   8. Ils en lisent.

D. Mettez ces phrases au passé: (§1, 4)

1. Nous lisons le journal quand Marie et Leslie arrivent.
2. Quand nous lisons la lettre, nous pâlissons.
3. Quand elle arrive, il fait mauvais.
4. Quand elle arrive, tout le monde applaudit.
5. Je suis un enfant quand il meurt.
6. Nous mangeons quand vous téléphonez.
7. Nous allons manger quand vous téléphonez.

E. Récapitulation du passé (écrivez ces passages au passé):

1. «Le Petit Chaperon rouge» (''Little Red Riding Hood'')
Un jour, il y (a) une petite fille qui (fait) une promenade
dans la forêt pour aller voir sa grand-mère. Elle (a) une
corbeille pleine de bonnes choses. Elle ne (sait) pas qu'il
y (a) un loup qui la (regarde) et qui (a) faim. Soudain, le
loup (décide) d'arriver chez la grand-mère avant elle. La
petite fille (frappe) à la porte; elle (entre); et tout à coup,
elle (a) peur. Elle (voit) le loup qui (est) dans le lit de la
grand-mère et la petite fille (sait) que ce n'(est) pas sa
grand-mère. Elle ne (veut) pas être le dîner du loup.
Donc, très vite, elle (pense) à une ruse. Elle (parle) au
loup et elle (prend) le couteau qui (est) dans la corbeille.
Avec le couteau, elle (coupe) la tête du loup. Alors, le
loup (meurt).
    Morale: Certaines petites filles sont plus intelligentes
    que d'autres. (vérité éternelle)

2. «La Solitude d'un docteur suisse»
Il y (a) un docteur suisse qui (est) très intelligent, mais il
(a) des problèmes psychologiques. Alors, il (n'a pas)
d'amis. Un jour, il (décide) de créer quelqu'un qui (va)
être son ami. Et donc, le docteur (va) au cimetière et il
(cherche) un bras par-ci et une jambe par-là. Et après
quelques heures, il (a) tous les éléments qu'il (faut) pour
faire un homme. Alors il (rentre) chez lui et il
(commence) à travailler avec enthousiasme. Quand il
(finit) de travailler, il (regarde) son nouvel ami et il (voit)
que (c'est) un monstre. Mais, hélas! (c'est) trop tard, et
le monstre, qui (prend) le nom de son créateur,
Frankenstein, (part) de la maison pour aller tuer des
gens. Le docteur (reste) sans amis, mais le monstre
(arrive) un jour à Hollywood, où il (devient) célèbre.

Lecture

Le Tour du monde en quinze jours *ou* L'Odyssée de Jean-Louis

Jean-Louis, pompeux et mystérieux, raconte une aventure extraordinaire:

Voilà. Tout *a commencé* un soir de novembre où *j'étais* à la bibliothèque. Une femme mystérieuse *était* en face de moi et me *regardait* fixement. Quand *je l'ai vue, je l'ai regardée* aussi. *Elle n'avait pas* l'air d'une étudiante, *elle n'avait pas* l'air d'un professeur non plus. *Elle était* grande, blonde et encore très jeune. À un certain moment, *je suis sorti* pour fumer une cigarette dans le hall. Quand *je suis rentré j'ai trouvé* un petit mot sur mon livre qui *me disait* de la retrouver dans un certain endroit à dix heures dix. *C'était* Madame X. *Je suis allé* au rendez-vous et *elle m'a expliqué* qu'*elle avait* besoin de quelqu'un comme moi, mathématicien et français, pour accomplir une mission secrète dans plusieurs pays de langue française et dans d'autres pays où on parle français. Comme cette mission *me paraissait* intéressante, *je l'ai acceptée.*

Nous sommes partis de New York à l'aéroport Kennedy et *nous avons atterri* à Bruxelles. Madame X *a pris* contact avec plusieurs personnalités et *je servais* d'interprète. Ensuite

Elle n'avait pas l'air d'une étudiante, elle n'avait pas l'air d'un professeur non plus.

La Baie des anges, Jacques Demy, 1063; sur la photo: Jeanne Moreau.

Jeanne Moreau est une star française. Jacques Demy a donné ici à cette très grande actrice le rôle d'une femme fatale qui a le démon du jeu. C'est tout à fait une histoire romantique et mélodramatique dans le style d'Hollywood. Jeanne Moreau est une vamp en robes ajustées et boa blanc.

Nous sommes partis de New York à l'aéroport Kennedy et nous avons atterri à Bruxelles.

Jeu de massacre, Alain Jessua, 1967; sur la photo: Claudine Auger et Michel Duchaussoy.

Les personnages de *Jeu de massacre* ont tous trop d'imagination. Il y a Pierre (Jean-Pierre Cassel), qui écrit des histoires de bandes dessinées avec sa femme (Claudine Auger). Il y a aussi Bob (Michel Duchaussoy), qui admire Pierre et son sens de la fiction. Voilà qu'ils commencent à vivre les aventures des héros de la dernière bande dessinée de Pierre, *Les Aventures du tueur de Neuchâtel.*

nous sommes allés à Paris mais *nous n'avons pas quitté* Roissy.[4] Madame X *a parlé* avec les gens qu'*elle voulait* voir et puis *nous sommes remontés* dans l'avion pour la Suisse. *Nous sommes descendus* dans un hôtel de grand luxe à Genève. *Nous y sommes restés* très peu. *J'ai voulu* [5] vous envoyer une carte mais Madame X *m'a défendu* de le faire pour ne pas éveiller les soupçons. Alors *je l'ai gardée. Je l'ai mise* dans mes bagages. La voilà!

Après un bref séjour à Genève, *nous sommes remontés* en avion, cette fois-ci pour le Moyen-Orient, et *nous sommes arrivés* à Damas en Syrie. Mais *nous avons manqué* l'avion pour aller à Beyrouth, capitale du Liban: alors, *nous avons loué* une voiture pour y aller. Par miracle *je n'ai pas eu* d'accident. Mais *il n'y avait pas* d'autres voitures sur la route et *il faisait* nuit. Bref, de Beyrouth *nous avons pris* un autre avion qui *nous a emmenés* au Caire, en Égypte. *C'était* merveilleux! *J'ai fait* la connaissance d'une femme égyptienne adorable qui *parlait* couramment notre langue, comme beaucoup d'Égyptiens. Mais, malheureusement, *je ne pouvais pas* lui dire mon véritable nom. Alors *c'était* une

4. L'aéroport Charles de Gaulle, près de Roissy-en-France, est un des grands aéroports de Paris.
5. *J'ai voulu* = j'ai essayé (à un moment précis).

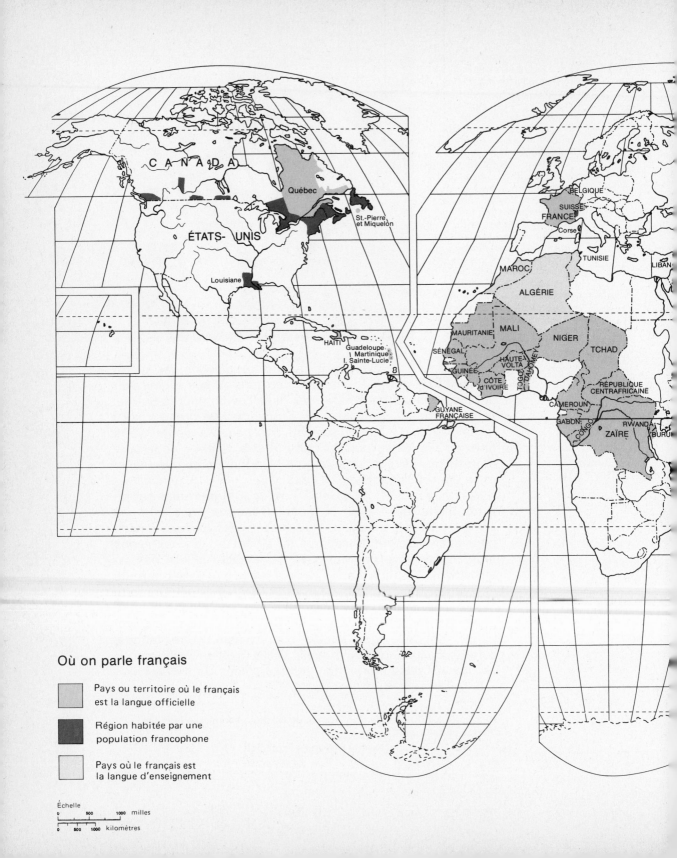

Où on parle français

Pays ou territoire où le français
est la langue officielle

Région habitée par une
population francophone

Pays où le français est
la langue d'enseignement

Échelle

0   500   1000 milles

0   500 1000 kilomètres

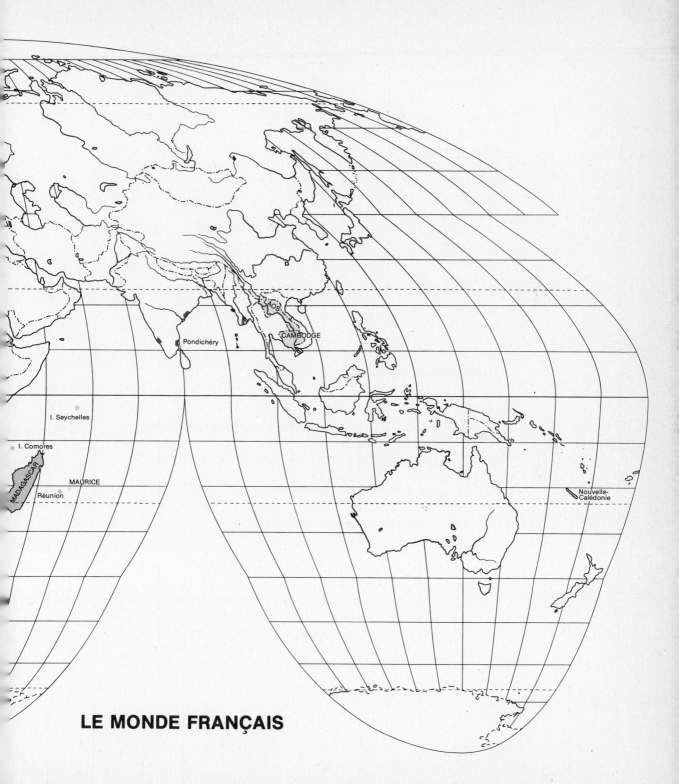

LE MONDE FRANÇAIS

aventure sans espoir! Ah, les nuits du Caire! Quelle féerie! L'odeur des jasmins, les reflets du Nil et, de temps en temps, le crieur des mosquées qui appelle le peuple à la prière et à la méditation.

Du Caire *nous sommes allés* à Tunis où l'avion *a fait* escale avant de repartir pour Alger. D'Alger *nous avons repris* l'avion pour le Maroc. *Nous sommes descendus* vers Dakar, ville principale du Sénégal, et *nous sommes restés* une semaine en Afrique Noire. *Nous avons parcouru* des espaces immenses pour trouver les gens que Madame X *avait* besoin de voir. *Nous sommes repartis* de Kinshasa au Zaïre pour la République Malgache; et puis, *nous avons repris* l'avion pour les Antilles françaises, Haïti et la Guyane. De là *nous sommes remontés* vers le Québec où *nous sommes restés* plusieurs jours. Et me voilà. Je suis littéralement mort, ou presque... *Saviez-vous* qu'*on parlait* français dans tous ces pays? Et il y a bien d'autres endroits où le français est la langue d'une minorité élégante et cultivée, comme ici par exemple!

Questions sur la lecture

1. Qui est Madame X? Où Jean-Louis a-t-il fait sa connaissance? Comment? Quand?
2. Pourquoi Madame X avait-elle besoin de quelqu'un comme Jean-Louis?
3. Pourquoi Jean-Louis a-t-il accepté de faire ce voyage avec Madame X?
4. Où sont-ils allés au commencement du voyage?
5. Pourquoi Madame X a-t-elle défendu à Jean-Louis d'envoyer la carte postale de Genève?
6. Comment sont-ils allés de Damas à Beyrouth? Pourquoi?
7. Pourquoi Jean-Louis aimait-il tant le Caire?
8. Dans quels pays parle-t-on français?
9. Dans quels pays le français est-il une des langues nationales?
10. Est-ce qu'il y a d'autres pays où on parle français et où Jean-Louis et Madame X ne sont pas allés? Nommez-les.

Discussion / Composition

1. Imaginez que vous avez fait un voyage autour du monde, mais limité aux pays où on parle français comme une des langues nationales. Où êtes-vous allé(-e) en Europe, en Afrique, au Moyen-Orient, en Asie, en Amérique?
2. Racontez (au passé) un film ou un programme de télévision que vous avez vu récemment où il y avait une intrigue internationale. Y avait-il un espion comme Madame X avec un interprète comme Jean-Louis?
3. Racontez votre vie (pas tous les détails, bien sûr) et utilisez les verbes avec l'auxiliaire **être**.

Vocabulaire

noms
bateau m.
espoir m.
féerie f.
hall m.
loup m.
lune f.
luxe m.
Moyen-Orient m.
prière f.
réveil m.
séjour m.
soupçon m.
témoin m.
tombeau m.
traité m.

adjectifs
mouillé(-e)
pompeux

verbes
accomplir
atterrir
couper
créer
emmener
éveiller
louer
manquer
mourir
naître
parcourir
quitter
rencontrer
sonner
tomber
traverser
voler

autres expressions
cette fois-ci
de temps en temps
faire escale
faire la
   connaissance de
hélas
par-ci
par-là
(un) petit mot
peu
prendre contact
   avec
regarder fixement
tour du monde

noms apparentés
le Caire m.
capitale f.
détail m.
intrigue f.
miracle m.
reflet m.
revolver m.
ruse f.

Échanges

— Salut vieux pote![1]

— Ah! Salut! Qu'est-ce que t'es bronzé![2] D'où tu sors?

— Tu ne vas pas y croire: trois semaines au Club Med[3] à Tahiti.

— Eh ben, dis donc! Tu te l'es coulée douce![4]

— Si tu savais! C'était le paradis là-bas. Je suis parti en avion et quand je suis arrivé à Papeete,[5] adieu la civilisation!

— Ça me plaît tout ça![6] Alors, tu mangeais avec tes doigts, tu dormais à la belle étoile[7] et naturellement tu portais un pagne.[8]

— Mais non! espèce d'idiot! C'était la vie primitive mais... de luxe! On a fait la bringue[9] tous les soirs.

1. *Vieux pote* = mon vieux, mon ami.
2. *Qu'est-ce que t'es bronzé!* = Comme tu es bronzé!
3. *Club Med* = Club Méditerranée, organisation touristique d'origine française.
4. *Tu te l'es coulée douce!* = "You really took it easy!"
5. *Papeete* = capitale de Tahiti.
6. *Ça me plaît tout ça!* = J'aime beaucoup tout cela!
7. *À la belle étoile* = "out(side), in the open."
8. *Un pagne* = "a loincloth."
9. *On a fait la bringue* = "We lived it up."

Improvisation

Pour quatre ou cinq personnes. On a découvert un crime. On a arrêté un criminel Vous êtes au commissariat de police. L'inspecteur pose des questions. L'acusé répond. Des témoins ("witnesses") répondent aussi.

19
Dix-neuvième Leçon

Parce que et *à cause de*

La négation (suite): *ne . . . jamais, plus, pas encore, personne, rien, aucun, nulle part, ni . . . ni*

Les pronoms indéfinis: *quelque, chose, rien, quelqu'un, personne*

Avant et *après* avec un nom ou un verbe

Le plus-que-parfait

Lecture: *Traditions et superstitions*

C'est vendredi 13! Achetez votre billet de loterie.

DÉCOUVERTE

Présentation

Philippe, expliquez-moi votre absence d'hier.

Oh, Madame, j'étais absent **à cause d'**une maladie. Je ne suis pas venu en classe **parce que** j'étais malade.

Explications

1 **Parce que** et **à cause de:** On emploie **parce que** devant une proposition (un *sujet* + *verbe)*. On emploie **à cause de** devant un nom.

Exemples: Nous ne voulons pas danser **parce que** la musique est détestable.
Elle est partie **à cause d'**une dispute avec son père.

Présentation

Dites-vous toujours des bêtises?

Non, je **ne** dis **jamais** de bêtises.

Avez-vous déjà trente-cinq ans?

Non, je **n'**ai **pas encore** trente-cinq ans. Je n'ai que vingt ans.

Avez-vous encore douze ans?

Non, je **n'**ai **plus** douze ans; je **ne** suis **plus** un enfant.

Y a-t-il quelqu'un chez vous maintenant?

Non, il **n'**y a **personne** chez moi, j'habite seul.

Qu'est-ce que David a dans la bouche? Et vous?

David a du chewing-gum dans la bouche. Moi, je **n'**ai **rien** dans la bouche.

Paul est fils unique. A-t-il des frères et des sœurs?

Non, il **n'**a **ni** frères **ni** sœurs.

Explications

2 La négation (suite):

ne +	jamais	pas encore	rien	nulle part
	plus	personne	aucun(-e)	ni... ni...

A. Étudiez les phrases suivantes et leur contraire:

Elle parle **toujours.**
Elle parle **quelquefois.** } ≠ Elle **ne** parle **jamais.**

Vos parents sont **encore** ≠ Vos parents **ne** sont **plus**
jeunes.   jeunes.

Huey a **déjà** dix ans. ≠ Huey **n'**a pas **encore** dix ans.

Il y a **quelqu'un** à la porte. ≠ Il **n'**y a **personne** à la porte.

Quelqu'un est absent. ≠ **Personne n'**est absent.

Nous voyons **quelque** ≠ Nous **ne** voyons **rien.**
chose.

Ils ont **quelques** amis. ≠ Ils **n'**ont **aucun** ami.

Vous allez **partout.**
Vous allez **quelque part.** } ≠ Vous **n'**allez **nulle part.**

Tu es grand **et** gros. ≠ Tu **n'**es **ni** grand **ni** gros.

Le vin **ou** la bière sont ≠ **Ni** le vin **ni** la bière **ne** sont
bons pour vous.   bons pour vous.

B. Les négations avec **jamais** et **plus** sont formées avec **ne** devant le verbe et **jamais** et **plus** après le verbe. **Pas** est éliminé. **Pas de...** est remplacé par **jamais de...** ou **plus de...**

Exemples: Je lis un livre d'histoire
Je **ne** lis **pas de** livre de psychologie.
Je **ne** lis **jamais de** livre d'anthropologie.
Je **ne** lis **plus de** livre d'alchimie.

Je lis des livres de physique.
Je **ne** lis **pas de** livres de biologie.
Je **ne** lis **jamais de** livres de mathématiques.
Je **ne** lis **plus de** livres d'espagnol.

Attention: Je **ne** lis **pas encore** *de* livre de sociologie.

C. **Personne** et **rien** peuvent être à la place du sujet ou du complément d'objet. **Ne** est devant le verbe.

Exemples: Je **ne** vois **personne.**   **Personne ne** voit la vérité.
Je **n'**entends **rien.**   **Rien n'**est impossible.

D. **Aucun(-e)** est un adjectif. **Ne** est devant le verbe. **Aucun(-e)** est toujours singulier.

Exemples: Je n'ai **aucune** idée.

Aucun psychiatre **ne** comprend ses problèmes.

E. **Ni... ni...** remplace **pas** et élimine complètement **pas de. Ne** est devant le verbe.

Exemples: Je veux du vin et de la bière.

Je **ne** veux **pas de** vin **et pas de** bière.

Je **ne** veux **ni** vin **ni** bière.

Attention: **Pas de,** la négation normale de **un, une, des, du, de la, de l',** est éliminée, mais l'article défini ou l'adjectif possessif sont conservés.

Exemples: J'aime **le** vin et **la** bière.   Je **n'**aime **ni le** vin **ni la** bière.

Il a **son** chien et **son** chat.   Il **n'**a **ni son** chien **ni son** chat.

F. On peut utiliser deux ou trois termes négatifs dans la même phrase. (Ce n'est pas possible en anglais.)

Exemples: Nous **ne** parlons **plus jamais** à **personne.**

Ces gens **ne** vont **jamais nulle part.**

G. Avec le passé composé, les négations **ne... plus, ne... pas encore, ne... jamais** et **ne... rien** sont placées entre l'auxiliaire et le participe passé.

Exemple: Je **n'**ai **jamais** vu cet homme.

Présentation

Sandra, y a-t-il **quelque chose d'intéressant** dans le journal d'aujourd'hui?

Oui, Ethel Jones a reçu le prix Nobel. Cette femme est **quelqu'un de remarquable.**

Tim, avez-vous **quelque chose à faire** après la classe?

Non, je n'ai **rien à faire.** Je n'ai **rien d'urgent à faire.**

Avez-vous **quelqu'un à voir?**

Je n'ai **personne à voir.** Je n'ai **personne d'important à voir.**

Explications

3 Les pronoms indéfinis: **quelque chose** / **ne... rien**   **de** + *adjectif*

ou   + ou

quelqu'un / **ne... personne**   **à** + *infinitif*

A.

| quelque chose
quelqu'un | + **de** + adjectif |

| ne... rien
ne... personne | + **de** + adjectif |

Exemples: Il y a **quelque chose de bon** dans le réfrigérateur.
C'est **quelqu'un d'intéressant.**

Il n'y a **rien de bon** dans le réfrigérateur.
Ce n'est **personne d'intéressant.**

B.

| quelque chose
quelqu'un | + **à** + infinitif |

| ne... rien
ne... personne | + **à** + infinitif |

Exemples: J'ai **quelque chose à faire.**
Nous avons **quelqu'un à voir.**

Je n'ai **rien à faire.**
Nous n'avons **personne à voir.**

C. On peut utiliser les constructions A et B ensemble:

| quelque chose
quelqu'un
ne... rien
ne... personne | + **de** + adjectif + **à** + infinitif |

Exemples: C'est **quelque chose d'intéressant à faire.**
Je **ne** vois **rien d'intéressant à faire.**
Elle va inviter **quelqu'un de fascinant à connaître.**
Il **ne** fréquente **personne d'amusant à connaître.**

Présentation

Qu'est-ce que vous faites généralement **avant de dîner?**

Avant de dîner je prends un apéritif.

Qu'est-ce que vous faites **après avoir dîné?**

Après avoir dîné je prends un café.

Qu'est-ce que vous avez dit **après être arrivé** en classe?

Après y **être arrivé** j'ai dit bonjour et j'ai dit au revoir **avant de sortir.**

Après avoir dîné je prends un café.

Les Malheurs d'Alfred, Pierre Richard, 1972; sur la photo: Pierre Richard.

Alfred n'est pas heureux, il est très malheureux. Quand il est architecte, ses bâtiments instables sont immédiatement des ruines. Il prépare son suicide. Agathe prépare son suicide aussi! Résultat: Alfred renonce à son projet de suicide et Agathe renonce à son suicide aussi. Pierre Richard, avec Jacques Tati et Pierre Étaix, est un des trois grands réalisateurs-comédiens de France.

Explications

4 **Avant** et **après** + nom ou verbe:

A. **avant** ⎱
    après ⎰ + nom

    avant + **de** + infinitif

    après + infinitif passé (**avoir** ou **être** + participe passé)

   Exemples: Il fait ses devoirs **avant** sa classe.
              Il rentre à la maison **après** le cinéma.

              Il fait ses devoirs **avant d'aller** en classe.
              Elle réfléchit **avant de** leur **parler.**

              Elles rentrent à la maison **après être allées** au cinéma.
              Il leur répond **après** les **avoir écoutés.**

  Remarquez: L'accord du participe passé au passé composé est le même avec l'infinitif passé. Pour les verbes qui prennent **être,** l'accord est avec *le sujet.* Pour les verbes qui prennent **avoir,** l'accord est avec le complément d'*objet direct quand il précède l'infinitif.*

B. Ces constructions *ne varient pas* quand le temps de la phrase change.

   Exemples: Il a acheté son billet **avant d'aller** à la pièce.
              Elles sont rentrées à la maison **après être allées** au cinéma.
              Elles vont rentrer à la maison **après être allées** au cinéma.

Présentation

Est-ce que **vous aviez mangé** avant de venir en classe?

Oui, **j'avais mangé.**

Est-ce que **vous étiez** déjà **arrivés** quand je suis entrée dans la classe?

Oui, **nous étions** déjà **arrivés** quand vous êtes entrée dans la classe.

Explications

5 Le *plus-que-parfait* est un temps du passé qui précède un autre temps du passé. On emploie donc le plus-que-parfait par rapport à un autre verbe, explicite ou implicite. La formation du plus-que-parfait est facile:

> auxiliaire (**avoir** ou **être**) à l'imparfait + participe passé

A. Contrastez:

passé composé	*plus-que-parfait*
j'ai parlé	**j'avais** parlé
vous avez vendu	**vous aviez** vendu
nous sommes allées	**nous étions** allées

Exemples: Ils sont arrivés en retard, mais leurs amis **étaient arrivés** à l'heure.

Nous **avions** déjà **écrit** nos devoirs avant la classe.

B. La conjugaison de quelques verbes au plus-que-parfait:

parler	arriver
j'avais parlé	**j'étais arrivé(-e)**
tu avais parlé	**tu étais arrivé(-e)**
il avait parlé	**il était arrivé**
elle avait parlé	**elle était arrivée**
nous avions parlé	**nous étions arrivé(-e)s**
vous aviez parlé	**vous étiez arrivé(-e)(-s)**
ils avaient parlé	**ils étaient arrivés**
elles avaient parlé	**elles étaient arrivées**

finir	répondre
j'avais fini, etc.	**j'avais répondu,** etc.

Remarquez: L'accord du participe passé au plus-que-parfait est le même que pour le passé composé.

CRÉATION

Exercices oraux

A. Inventez deux réponses à chaque question: (1) avec **parce que** et (2) avec **à cause de**: (§1)

    Exemple: *Pourquoi êtes-vous triste?*
        Je suis triste parce que mes plantes sont mortes.
        Je suis triste à cause de la mort de mes plantes.

    1. Pourquoi mangez-vous?
    2. Pourquoi dit-on «Quel dommage»?
    3. Pourquoi souffrez-vous?
    4. Pourquoi n'avez-vous pas votre composition aujourd'hui?
    5. Pourquoi êtes-vous furieux (furieuse)?

B. Répondez aux questions suivantes. Employez les expressions négatives de la leçon: (§2)

    1. Êtes-vous déjà mort(-e)?
    2. Êtes-vous souvent allé(-e) sur Jupiter?
    3. Y a-t-il quelque chose sur votre nez?
    4. Parlez-vous à quelqu'un maintenant?
    5. Êtes-vous encore au lit?
    6. Avez-vous découvert l'Amérique et l'Australie?
    7. Est-ce que quelqu'un a vu un éléphant qui vole?

C. Demandez à un autre étudiant ou à une autre étudiante: (§2)

    1. s'il (si elle) a écrit quelques livres de philosophie.
    2. s'il (si elle) est souvent allé(-e) à Pondichéry.
    3. où il (elle) va quand il (elle) dort.
    4. s'il (si elle) a déjà dîné aujourd'hui.
    5. s'il y a encore des dinosaures.
    6. si tous les gangsters sont sentimentaux.
    7. s'il (si elle) est né(e) sur Mars.
    8. s'il (si elle) a mangé des chats ou des chiens.

D. Faites une seule phrase en employant **à** ou **de**: (§3)

    Exemples: *important | Le président est quelqu'un*
           Le président est quelqu'un d'important.

étudier | C'est quelque chose
C'est quelque chose à étudier.

1. craindre / Tu n'as rien
2. faire / Nous avons quelque chose
3. original / Voilà quelqu'un
4. détestable / Je ne connais personne
5. manger / Voilà quelque chose
6. admirer / Voilà quelqu'un

E. Formez une phrase complète à propos de la personne ou de l'objet nommés. Utilisez **quelqu'un** ou **quelque chose** + **de** + adjectif ou **quelqu'un** ou **quelque chose** + **à** + verbe: (§3)

Exemple: *un dîner dans un restaurant français*
Un dîner dans un restaurant français est quelque chose à apprécier!

1. Jean-Claude Killy
2. Une Citroën
3. Salvador Dali
4. *Paris-Match*
5. Une grenouille française
6. Le Centre d'art et de culture Georges Pompidou

F. Refaites chaque phrase et utilisez **avant de** + infinitif: (§4)

Exemple: *Il étudie et il va au cinéma.*
Avant d'aller au cinéma, il étudie.

1. Nous mettons un manteau et nous sortons.
2. J'ai lu mon horoscope et ensuite je suis parti en vacances.
3. Tu vas faire des choses extraordinaires et puis tu vas écrire ton autobiographie.
4. Louise a beaucoup travaillé et alors elle est devenue riche.
5. Frédéric buvait un martini et après il prenait son dîner.

G. Refaites chaque phrase en utilisant **après** + infinitif passé: (§4)

Exemple: *Il étudie et il va au cinéma.*
Après avoir étudié, il va au cinéma.

1. Il regarde la télévision et il fait une promenade.
2. J'ai mangé chez eux et j'ai eu mal à l'estomac.
3. Nous revenons à la maison et nous lisons le journal.
4. Elle a dit au revoir et elle est partie.
5. On boit beaucoup de cognac et on voit des éléphants roses.

H. Mettez les phrases suivantes au plus-que-parfait: (§5)

Exemple: *J'ai parlé.*
J'avais parlé.

1. Il a couru.
2. Nous avons mangé.
3. Elles ont souffert.
4. Je suis parti.
5. Tu as compris.
6. Ils ont dîné.
7. Vous êtes arrivés.
8. On a bien dormi.
9. Avez-vous étudié?
10. Elle est sortie.

I. Mettez les phrases suivantes au plus-que-parfait et continuez les phrases pour former une phrase logique et cohérente. Ajoutez **déjà, comme, parce que** ou d'autres mots appropriés si vous voulez: (§5)

Exemple: *Nous voyons le film...*
Nous avions déjà vu le film, mais nous n'avons pas raconté la fin à Joseph parce qu'il ne l'avait pas vu.

1. Nous allons au parc...
2. Fred essaie...
3. Mes amis entrent...
4. Je n'entends pas la question...
5. Anne prépare du café...

J. Regardez la photo, page 302, et répondez aux questions suivantes:

1. Quelle substance est tombée sur ce monsieur?
2. Qu'est-ce que la femme fait?
3. A-t-il mérité cet accident? Si oui, pourquoi?
4. Inventez une question à propos de la photo et posez-la à un autre étudiant ou à une autre étudiante.

Exercices écrits

A. Écrivez les exercices oraux A, B, F et G.

B. Remplacez les tirets par les mots appropriés (**ne... jamais, personne, rien, nulle part, plus, pas encore, aucun(-e), ni... ni...**): (§2)

Exemple: *Je _____ suis _____ allé _____ en hélicoptère.*
Je ne suis jamais allé nulle part en hélicoptère.

1. Nixon _____ est _____ président.
2. _____ _____ veut dormir dans la salle de bain!
3. Quand j'avais mal à la gorge je _____ pouvais _____ parler.

4. Nous avons l'intention d'aller au concert mais nous
_____ avons _____ acheté nos billets. Il faut le
faire maintenant.
5. Quel snob! Il _____ aime _____ les ouvriers _____
les bourgeois. Il ne parle qu'aux aristocrates.
6. À minuit il _____ y a _____ _____ au laboratoire.
7. Dans une soirée chic on _____ insulte _____ l'hôte
_____ l'hôtesse et on _____ met _____ les pieds dans le
punch non plus.
8. _____ question _____ est stupide.

C. Écrivez une question et ensuite écrivez une réponse avec l'expression
donnée: (§2)

Exemple: *ne... personne*
Y a-t-il quelqu'un sous votre lit?
Non, il n'y a personne sous mon lit.

1. ne... jamais   4. ne... rien   7. ne... pas encore
2. ne... plus   5. personne... ne   8. ne... nulle part
3. ne... aucun(-e)   6. ne... ni... ni...

D. Répondez aux questions suivantes. Pour chaque réponse employez deux
ou trois phrases pour expliquer votre réponse en détail: (§3)

Exemple: *Connaissez-vous quelqu'un d'intelligent?*
Oui, mon camarade de chambre est quelqu'un de très
intelligent. Il sait beauçoup de choses, il a des idées
originales et intéressantes.

1. Connaissez-vous quelqu'un de bizarre?
2. Avez-vous quelque chose de remarquable?
3. Voulez-vous quelque chose à boire maintenant?
4. Pourquoi êtes-vous quelqu'un d'intéressant à connaître?
5. Avez-vous quelque chose de difficile à faire ce soir?

E. Écrivez la négation de chaque phrase: (révision)

1. Tarzan a besoin d'une maison.
2. J'ai mangé une pomme.
3. Quelqu'un de monstrueux nous parle.
4. Evel Knievel a peur de quelque chose.
5. Il y a encore un Empire romain.
6. J'ai déjà terminé cet exercice.
7. Vous avez réussi à inventer le téléphone.
8. Tout le monde veut boire du vinaigre.

F. Mettez le verbe entre parenthèses au passé composé ou au plus-que-parfait: (§5)

1. Pauvre Albert! Quand il est arrivé tout le monde _____ (dîner), alors il a dîné tout seul.
2. Nous sommes allés voir ce nouveau film parce que nos amis nous _____ (dire) que c'était excellent.
3. À minuit nous avons terminé la discussion et alors tout le monde _____ (partir).
4. Quand j'ai reçu votre lettre, j'_____ (écrire) une longue réponse à toutes vos questions.
5. Quand les astronautes sont revenus sur terre après leur voyage de plusieurs années, ils ont trouvé que la vie terrestre _____ (changer) énormément.

Lecture

Traditions et superstitions

Nous sommes dans l'appartement de Sylvie. Jerry et Christian sont assis sur le canapé. Jerry *était arrivé* le premier et *avait offert* à Sylvie un très joli bouquet de chrysanthèmes jaunes. *Après avoir arrangé* les fleurs dans un vase, Sylvie les a mises sur la table basse.

Christian: Tiens, Jerry, comme c'est drôle, en France on n'offre *jamais* de chrysanthèmes. On les considère comme *quelque chose de* morbide.

Jerry: Ah! Vraiment? *Personne ne* m'a dit ça. Je *ne* comprends *rien* à[1] vos traditions. Pour moi ce sont des fleurs comme les autres. C'est simplement *quelque chose de* joli *à* regarder. Et pourquoi pas de chrysanthèmes?

Christian: *Parce que* ce sont des fleurs réservées aux morts[2] et les Français *n'associent jamais* les morts et les vivants.

Jerry: C'est différent en Amérique et nous avons même une fête où les vivants invitent les morts. C'est Halloween!

Christian: Comme c'est bizarre, nous *n'avons rien* comme ça en France!

---

1. *À* = à propos de.

2. Le premier novembre est la Toussaint, fête religieuse en l'honneur de tous les saints. On apporte des fleurs au cimetière.

On m'a dit que le vendredi 13 était un jour néfaste ici en Amérique et qu'il ne fallait rien entreprendre un vendredi 13.

Rien ne va plus, Jean-Michel Ribes, 1979; sur la photo: Jacques Villeret, au centre (voir aussi page 186).

Jacques Villeret est un acteur de café-théâtre. Un café-théâtre est un endroit typiquement parisien où un jeune comédien peut faire ses débuts avant de jouer dans un vrai théâtre ou un film. Dans ce film, Villeret incarne dix rôles différents. Il est propriétaire d'un café, réparateur, candidat de jeu télévisé, etc.

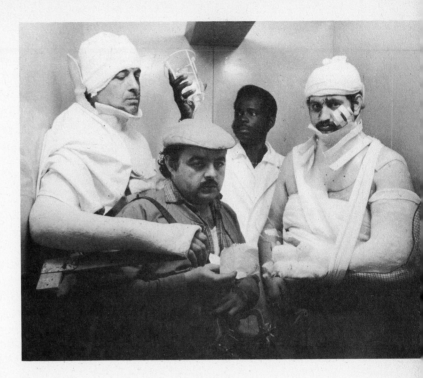

Sylvie: Moi, je *n'*ai *rien* contre les chrysanthèmes. Je les trouve très jolis. *Ne* parlons *plus* de ces bêtises.

Christian: On m'a dit que le vendredi 13 était un jour néfaste en Amérique et qu'il *ne* fallait *rien* entreprendre un vendredi 13. En France, au contraire, beaucoup de gens considèrent le chiffre treize comme un porte-bonheur ou un porte-chance.

Sylvie: En effet les gens superstitieux achètent leur billet de loterie le treize. C'est un jour de chance. Mais nous avons beaucoup d'autres superstitions. Par exemple, *après avoir cassé* un verre blanc (transparent), *personne n'*est furieux *parce qu'*on dit que cela porte chance. Pourtant beaucoup de superstitions sont pareilles en France et en Amérique. Le trèfle à quatre feuilles, par exemple, porte chance, mais casser un miroir, voir un chat noir ou passer sous une échelle portent malchance.

Jerry: Est-ce qu'on touche du bois pour éviter la malchance?

Sylvie: Oui, mais on *ne* croise *jamais* les doigts. Mais je *ne* veux *plus* parler de ces superstitions. Il *ne* faut *jamais* écouter ces histoires ridicules. Je *n'*aime *ni* ces superstitions *ni* les gens qui les observent... Mais mon Dieu! Quel jour sommes-nous? Le treize? Oh! Nous avons un examen demain matin et je *n'*ai *rien* étudié *à cause de* cette discussion.

Christian: Tiens! C'est vrai! Moi non plus. Je *n'*ai *pas encore* ouvert mon livre! Je *ne* peux *plus rien* faire!

Jerry: *Ne* fais *rien,* crois en la Providence et croise tes doigts!

Questions sur la lecture

1. Qu'est-ce que Jerry a offert à Sylvie?
2. Pourquoi n'offre-t-on jamais de chrysanthèmes en France?
3. Quelle est la signification du vendredi treize en Amérique?
4. Qu'est-ce que le chiffre treize signifie en France?
5. Pourquoi est-ce que personne n'est furieux si on casse un verre blanc?
6. Quelles sont quelques superstitions similaires en France et en Amérique? Qu'est-ce qui porte chance? Qu'est-ce qui porte malchance?
7. Pourquoi Sylvie n'a-t-elle rien étudié?
8. Qu'est-ce que Jerry dit à Christian de faire?

Discussion / Composition

1. Les superstitions sont-elles basées sur un certain sens commun ou sont-elles simplement ridicules? Expliquez votre opinion en considérant quelques superstitions que vous connaissez. Racontez leur origine si vous la savez. À quelles superstitions croyez-vous?

2. Imaginez la vie d'une personne excessivement superstitieuse. Racontez sa routine en employant les expressions négatives de la leçon, **parce que, à cause de, quelqu'un de** + adjectif, **quelque chose de** + adjectif, etc.

Vocabulaire

noms
bêtise f.
billet m.
chance f.
chiffre m.
échelle f.
feuille f.
malchance f.
porte-bonheur m.
porte-chance m.
trèfle m.
vivant m.

adjectifs
aucun(-e)
bas / basse
néfaste

verbes
casser
croiser
entreprendre
éviter

adverbes
jamais
jamais plus
nulle part
pas encore
quelque part
rien

autres expressions
à cause de
au contraire
contre
en effet
ni... ni...

noms apparentés
bouquet m.
chewing-gum m.
chrysanthème m.
contraire m.
désastre m.
interview f.
loterie f.
maladie f.
miroir m.
sens commun m.
vase m.
victime f.
vinaigre m.

Échanges

— J'ai le cafard[1] aujourd'hui. Ça ne va pas du tout.

—Tu broies du noir[2] parce que c'est vendredi 13.

— Mais non! C'est hier que j'ai eu des tas de pépins.[3] D'abord j'ai perdu 100 balles[4] à la sortie du métro.

— Peut-être qu'on te les avait piquées.[5]

— Possible. Je courais parce que j'étais en retard. J'avais rendez-vous avec Maurice.

— Dis donc! Tu as dû bien te marrer avec lui...[6] c'est un rigolo.[7]

— Tu parles de rigolo![8] Il m'avait posé un lapin.[9] Je l'ai attendu trois quarts d'heure pour rien.

— Ça suffit. Plus de jérémiades.[10] Oublie tout ça. On va aller voir un vieux charlot.[11]

1. *J'ai le cafard.* = Je suis déprimé. ("I have the blues.")
2. *Tu broies du noir.* = "You have the blues."
3. *Des tas de pépins* = beaucoup de difficultés.
4. *100 balles* = 100 francs.
5. *On te les avait piquées.* = "They were stolen from you."
6. *Tu as dû bien te marrer avec lui.* = "You must have had a good laugh with him."
7. *Un rigolo* = "a funny guy."
8. *Tu parles de rigolo!* = "You talk about funny!"
9. *Il m'avait posé un lapin.* = "He stood me up."
10. *Plus de jérémiades.* = "No more whining (complaining)."
11. *Un vieux charlot* = un vieux film de Charlie Chaplin.

Improvisation

Pour deux, trois ou quatre personnes. Un(-e) journaliste fait l'interview d'une victime ou d'un groupe de victimes immédiatement après un désastre.

on n'oublie rien

Jacques Brel
1929–1978

On n'oublie rien de rien
On n'oublie rien du tout
On n'oublie rien de rien
On s'habitue c'est tout

Ni ces départs ni ces navires
Ni ces voyages qui nous chavirent
De paysages en paysages
Et de visages en visages
Ni tous ces ports ni tous ces bars
Ni tous ces attrape-cafard
Où l'on attend le matin gris
Au cinéma de son whisky

Ni tout cela ni rien au monde
Ne sait pas nous faire oublier
Ne peut pas nous faire oublier
Qu'aussi vrai que la terre est ronde
On n'oublie rien de rien
On n'oublie rien du tout
On n'oublie rien de rien
On s'habitue c'est tout

20
Vingtième Leçon

Deux pronoms compléments et leurs places
  respectives
L'infinitif complément: nom ou adjectif +
  de, à, pour ou *sans* + infinitif
Adjectif + *de* + nom
Lecture: *Orphée noir*

Homme au tam-tam

DÉCOUVERTE

Présentation

Votre père vous donne-t-il de l'argent?	Oui, il **m'en** donne.
Y a-t-il de mauvais étudiants dans cette classe?	Non, il n'**y en** a pas.
Parlez-vous de vos problèmes à votre camarade de chambre?	Oui, je **lui en** parle.
Vous donne-t-il la solution?	Oui, il **me la** donne.
Rendez-vous la composition à votre professeur?	Oui, nous **la lui** rendons.
Est-ce que j'ai expliqué le vocabulaire aux étudiants?	Oui, vous **le leur** avez expliqué.
Est-ce que je vous explique personnellement vos fautes?	Oui, vous **me les** expliquez personnellement.
Est-ce que vous montriez vos exercices à Kim quand je suis entré?	Non, je ne **les lui** montrais pas.
Montrez-moi votre cahier. Vite! Montrez-**le-moi!**	D'accord. Je **vous le** montre.

Explications

1 Deux pronoms compléments et leurs places respectives:

A. Quand il y a deux pronoms, **en** est toujours *le dernier.*

Exemples: Me donnez-vous du café? Oui, je **vous en** donne.
Non, je ne **vous en** donne pas.

Y a-t-il des gens? Oui, il **y en** a.
Non, il n'**y en** a pas.

Est-ce que je vous explique personnellement vos fautes?

Les Valseuses, Bertrand Blier, 1974; sur la photo: Jacques Chailleux, Gérard Depardieu et Patrick Dewaere.

On discute, on discute et la discussion finit en dispute... Le jeune homme de gauche sort de prison et les deux copains Dewaere et Depardieu sont bien inquiets. Ils pensent que le jeune homme va peut-être faire des choses stupides ou compromettantes.

Avez-vous écrit des lettres à votre ami?	Oui, je **lui en** ai écrit. Non, je ne **lui en** ai pas écrit.

B. Le pronom objet indirect précède le pronom objet direct, excepté quand les deux pronoms sont à la troisième personne.

Exemples:	Me présentez-vous votre amie?	Oui, je **vous la** présente.	Non, je ne **vous la** présente pas.
	Est-ce que je vous ai rendu les exercices?	Oui, vous **me les** avez rendus.	Non, vous ne **me les** avez pas rendus.
	Votre professeur vous explique-t-il la leçon?	Oui, il **nous** l'explique.	Non, il ne **nous** l'explique pas.
Attention:	Est-ce que je rends les compositions aux étudiants?	Oui, vous **les leur** rendez.	Non, vous ne **les leur** rendez pas.
	Michel présente-t-il Sue à Ted et à Alice?	Oui, il **la leur** présente.	Non, il ne **la leur** présente pas.
	Votre professeur a-t-il expliqué la leçon à Paul?	Oui, il **la lui** a expliquée.	Non, il ne **la lui** a pas expliquée.

C. Résumé de l'ordre régulier des pronoms compléments:

(1)	(2) première et deuxième personnes —objet direct ou indirect	(3) troisième personne —objet direct	(4) troisième personne —objet indirect	(5)	(6)	(7) verbe (auxiliaire)	(8) mot de négation	(9) (participe passé)
(ne)	**me** **te** **nous** **vous**	**le** **la** **l'** **les**	**lui** **leur**	**y**	**en**	——	(pas, jamais, etc.)	——

D. Place des pronoms compléments avec l'impératif:

    1. Avec l'impératif affirmatif, les pronoms compléments viennent *après* le verbe; avec l'impératif négatif, *devant:*

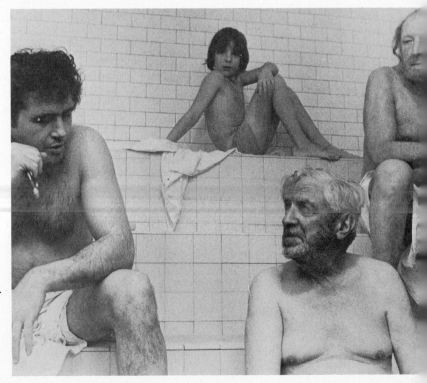

—**Êtes-vous content d'être ici?**
—**Oui, je suis très content d'être ici.**

Au bout du bout du banc, Peter Kassovitz, 1979; sur la photo: Victor Lanoux, Matthieu Kassovitz, Henri Crémieux, Georges Wilson.
   Quatre générations d'hommes dans le même bain! Ils sont tous de la même famille Oppenheim: Roméo, Élie, Ben et Matthias. Roméo est peut-être le plus jeune. Il est revenu dans sa famille pour fêter son anniversaire: il a quatre-vingt-dix ans et étonne tout le monde par la jeunesse de son caractère.

Exemples: Donne-**le-lui!**   Ne **le lui** donne pas!
              Donnons-**le-lui!**   Ne **le lui** donnons pas!
              Donnez-**le-lui!**   Ne **le lui** donnez pas!

              Présente-**la-leur!**   Ne **la leur** présente pas!
              Présentons-**la-leur!**   Ne **la leur** présentons pas!
              Présentez-**la-leur!**   Ne **la leur** présentez pas!

2. L'ordre des pronoms avec *l'impératif affirmatif* est le suivant:

(1)	(2)	(3)	(4)	(5)
verbe	*objet direct*	*objet indirect*	**y**	**en**

Exemples: affirmatif   négatif

              Dites-**le-moi!**   Ne me le dites pas!
              Rendez-**la-moi!**   Ne me la rendez pas!
              Donnez-**les-nous!**   Ne nous les donnez pas!

Remarquez: Avec l'impératif affirmatif, **moi** + **en** → **m'en**:

              Parlez-**m'en!**   Donnez-**m'en!**

Présentation

Êtes-vous **content d'être** ici?

Oui je suis très **content d'être** ici.

Avez-vous eu **l'occasion de voir** le dernier film de Truffaut?

Oui, j'ai eu **l'occasion de le voir.** Cest un film très **emouvant à voir.**

Pourquoi l'avez-vous revu?

Je l'ai revu **pour** mieux **l'apprécier.**

Est-ce que Nancy est **contente de son voyage interplanétaire?**

Oui, elle est **folle de joie.**

Est-ce que vous êtes **prêts à passer** l'examen?

Non, nous ne sommes pas **prêts à passer** l'examen.

Explications

2 L'infinitif complément:

A. L'infinitif est presque toujours la forme du verbe à utiliser après une préposition.

Exemples: J'ai l'honneur **d'accepter** votre invitation.
　　　　　Il travaille **pour acheter** une auto.
　　　　　Vous ne pouvez pas entrer **sans payer**.

B. NOM
　ou　　⎫ + **DE** + INFINITIF
ADJECTIF ⎭

On ne peut pas attacher un infinitif directement à un nom ou à un adjectif.
Il faut l'intermédiaire d'une préposition. Cette préposition est souvent **de**.

Exemples: Je suis **heureux de faire** votre connaissance.
　　　　　J'ai **l'honneur de présenter** la nouvelle présidente.
　　　　　Elles n'ont pas **l'air de croire** à leur bonheur.

C. NOM
　ou　　⎫ + **À** + INFINITIF
ADJECTIF ⎭

1. Quand l'objet direct de l'infinitif précède la préposition, on utilise **à**.

Exemples: C'est **un film extraordinaire à voir!**
　　　　　Voilà **un homme à écouter**.
　　　　　Elle a **des choses à faire**.
　　　　　Nous avons vu **une étoile difficile à observer**.

2. Certains adjectifs prennent régulièrement **à** + infinitif **(prêt, seul, dernier, premier)**.

Exemples: Je suis **prête à passer** l'examen.
　　　　　Êtes-vous **seul à faire** ce travail?
　　　　　Il est toujours le **dernier à comprendre**.
　　　　　Elle est toujours la **première à finir**.

D. NOM
　ou　　⎫ + **POUR** + INFINITIF exprime le but d'une chose ou d'une action.
VERBE ⎭

Exemples: Voilà **des vitamines pour assurer** votre santé.
　　　　　Regardez **les illustrations pour comprendre** le texte.
　　　　　Elle est allée dans sa chambre **pour être** plus tranquille.

3　ADJECTIF + **DE** + NOM est une construction idiomatique—mais
　　fréquente et utile—parce que dans ce cas **de** est l'équivalent de ''with.''

Exemples: Ils sont **tremblants de rage**.
　　　　　Les Champs-Élysées sont **scintillants de lumière**.
　　　　　Il est **ivre de bonheur**.

Remarquez: Dans ces cas, **de** + *nom* précise (explique avec plus de
　　　　　détail) la signification de l'adjectif et du nom qu'il modifie.

CRÉATION

Exercices oraux

A. Dites les phrases suivantes avec les deux pronoms appropriés: (§1)

Exemple: *Je parle de mes problèmes à mon psychiatre.*
Je lui en parle.

1. Tu demandes de l'argent à tes parents.
2. Nous disons la vérité à nos amis.
3. Jean-Louis a décrit son voyage à David.
4. Je dénonce l'inégalité sexuelle à mon sénateur.
5. Il a écrit des lettres à Ann Landers.
6. Vous avez proposé un voyage à vos parents.
7. Elle a offert beaucoup d'argent à son ami.
8. Ils ont vendu les réponses de l'examen aux autres étudiants.

B. Demandez à un autre étudiant ou à une autre étudiante; employez deux pronoms: (§1)

Exemple: *s'il (si elle) a parlé de son exercice au professeur.*
Lui en as-tu parlé?
(Réponse: *Oui, je lui en ai parlé.* ou
Non, je ne lui en ai pas parlé.)

1. s'il (si elle) vous parle de ses difficultés.
2. s'il (si elle) donne des fleurs au professeur.
3. si vous lui posez une question.
4. s'il (si elle) veut offrir un cadeau aux autres étudiants de la classe.
5. s'il (si elle) a écrit beaucoup de lettres à ses parents cette semaine.

C. Dites à quelqu'un (utilisez l'impératif affirmatif et négatif et les pronoms appropriés): (§1)

Exemple: *de parler d'amour à Jacques.*
Parle-lui-en!   Ne lui en parle pas!

1. de nous écrire une lettre.
2. de nous écrire des lettres.
3. de nous écrire beaucoup de lettres.

4. de vous vendre sa voiture.
5. de présenter Paul à Elizabeth.
6. de vous présenter ses amis.
7. de servir des crêpes à ses amis.
8. de vous demander l'heure.

D. Faites une seule phrase. Employez **à** ou **de** + infinitif: (§2)

Exemple: *C'était un livre excellent. On a lu le livre.*
C'était un livre à lire.

1. Nous avons l'intention. Nous partons.
2. Je suis ravi. Je vous connais.
3. Elle a l'occasion. Elle voyage en France.
4. Elle est prête. Elle part.
5. Nous avons une composition. Il faut écrire cette composition.
6. J'ai eu le plaisir. J'ai vu votre sœur.
7. Il y a des réparations. On va faire les réparations.
8. Qui va être le premier? Qui va terminer?

E. Finissez les phrases suivantes avec un infinitif approprié: (§2)

Exemple: *On ne peut pas vivre sans...*
On ne peut pas vivre sans dormir régulièrement.

1. Vous travaillez pour...
2. Elle entre dans la salle sans...
3. J'aime écouter de la musique pour...
4. Nous avons des amis à...
5. J'ai lu le journal pour...
6. Tu as écrit ta lettre sans...
7. On emploie des lunettes pour...
8. C'était une femme à...

F. Formez une phrase avec adjectif + **de** + nom pour exprimer l'idée donnée: (§3)

Exemple: *Je suis rouge. Je suis furieux.*
Je suis rouge de colère.

1. Il est devenu vert. Il était jaloux.
2. Ils étaient ivres. Ils étaient joyeux.
3. Vous êtes bleu. Vous avez froid.
4. Tu es pâle. Tu as peur.

G. Regardez la photo, page 318, et répondez aux questions suivantes. Employez deux pronoms dans les phrases où c'est possible:

1. L'homme de gauche est-il content d'être ici? Pourquoi ou pourquoi pas?
2. Parle-t-il à l'homme qui est devant lui?

3. Le garçon est-il surpris d'entendre leur conversation? Expliquez votre réponse.
4. Inventez une question sur la photo et posez-la à un autre étudiant ou à une autre étudiante.

Exercices écrits

A. Écrivez l'exercice oral D.

B. Répondez à ces questions et remplacez les mots en italique par les pronoms appropriés: (§1)

Exemple: *Aimez-vous raconter des anecdotes à vos amis?*
Oui, j'aime leur en raconter. ou
Non, je n'aime pas leur en raconter.

1. Dites-vous *la vérité à vos parents?*
2. Avez-vous parlé *de la France à vos parents?*
3. Est-ce qu'un professeur donne facilement *son numéro de téléphone aux étudiants?*
4. Est-ce que vos parents *vous* donnent *de l'argent?*
5. Votre professeur *vous* dit-il toujours *la vérité?*

C. Écrivez les impératifs suivants avec deux pronoms: (§1)

Exemple: *Donnez votre portefeuille à ce gangster!*
Donnez-le-lui!

1. Donnons deux livres à Marguerite.
2. Parlez à Susie et moi de votre travail
3. Demandez-moi mon nom de famille.
4. Ne dites pas cette chose à vos parents!
5. Ne me rends pas mes cadeaux!
6. N'offre pas de chrysanthèmes à tes amis français.
7. Ne racontez pas beaucoup d'histoires à Martin.

D. Remplacez les tirets par un adjectif ou par un nom: (§3)

Exemple: *Tu es ivre de _____.*
Tu es ivre de joie.

1. Je suis _____ de rage.
2. Elle est morte de _____.
3. Nous étions paralysés de _____.
4. Vous allez être _____ d'envie.
5. Ils sont _____ de terreur.

E. Mettez **à, de, sans** ou **pour** dans les tirets: (§2, 3)

> Cher Jean,
>
>   J'ai quelque chose _____ te dire. Je suis enfin prête
> _____ révéler mes sentiments. Je suis tremblante _____
> émotion. Après six ans, j'ai envie _____ terminer notre
> liaison amoureuse. Tu es un homme _____ admirer, c'est
> vrai, mais j'ai un très grand désir _____ aller au Tibet
> _____ étudier avec le Dalai Lama. C'est inutile _____ me
> demander pourquoi j'ai décidé _____ faire ce voyage. Ne
> sois pas triste _____ me voir partir. Ce n'est pas très
> facile _____ être seul, mais, de toute façon, tu es sûr
> _____ trouver une autre femme _____ aimer.
>
>   Notre vie ensemble va finir demain. Ce n'est pas une vie
> _____ oublier, et il me sera impossible _____ oublier notre
> amour. Mais, enfin, j'ai des choses essentielles _____ faire
> toute seule. Aujourd'hui je vais acheter mon billet _____
> aller au Tibet, et j'ai l'intention _____ partir _____ te dire
> au revoir. Bon courage, mon amour.
>
> Amitiés,
Agathe

Lecture

Orphée[1] noir

Voici deux poèmes *à lire* et *à apprécier.* Ils sont du poète Léon
Damas, né à Cayenne en Guyane. Élevé à la Martinique, il y a
fait ses études secondaires. Ensuite il a décidé d'aller à Paris
pour y *continuer* ses études à la Faculté de Droit.

  Ses poèmes nous évoquent d'une manière puissante
l'angoisse et la tragédie des Noirs soumis au colonialisme.
Dans le premier poème, «Ils sont venus ce soir», le rythme
en crescendo, la répétition des sons durs [t] et sifflants [s],
le cri de «frénésie» nous donnent une impression de catastrophe et de cataclysme. Quelle catastrophe? Quel cataclysme? Le poète n'a pas besoin de *nous en* parler ou de *nous*
l'expliquer. C'est le malheur des Noirs qui commence avec
l'arrivée des Blancs.

  Le deuxième poème, «Solde», exprime la révolte des

---

1. Grand poète de la mythologie grecque.

Noirs obligés *d'adopter* les habitudes de la société blanche. Dans ce poème aussi, qui commence assez légèrement, le rythme, les sons et les idées y évoluent en crescendo *pour finir* dans une révolte violente et sanguinaire dans les dernières strophes.[2]

Demandez à votre professeur de *vous les* lire et de *vous les* expliquer. Si vous avez des amis qui aiment la poésie *sans connaître* ces beaux vers, montrez-*les-leur!* Expliquez-*les-leur* et parlez-*leur-en!*

ILS SONT VENUS CE SOIR

Ils sont venus ce soir où le
tam
    tam
        roulait de
               rythme
                    en
                        rythme
                            la frénésie

des yeux
la frénésie des mains
la frénésie
des pieds de statues
DEPUIS[3]
combien de MOI MOI MOI
sont morts
depuis qu'ils sont venus ce soir où le
tam
    tam
        roulait de
               rythme
                    en
                        rythme
                            la frénésie

des yeux
la frénésie
des mains
la frénésie
des pieds de statues

Pigments
© Présence Africaine

2. *Une strophe* = "a stanza."
3. *Depuis* = "since."

SOLDE

J'ai l'impression d'être ridicule
dans leurs souliers[4]
dans leur smoking[5]
dans leur plastron[6]
dans leur faux-col[7]
dans leur monocle
dans leur melon[8]

J'ai l'impression d'être ridicule
avec mes orteils qui ne sont pas faits
pour transpirer du matin jusqu'au soir qui déshabille
avec l'emmaillotage[9] qui m'affaiblit les membres
et enlève à mon corps sa beauté de cache-sexe

J'ai l'impression d'être ridicule
avec mon cou en cheminée d'usine
avec ces maux de tête qui cessent
chaque fois que je salue quelqu'un

J'ai l'impression d'être ridicule
dans leurs salons
dans leurs manières
dans leurs courbettes[10]
dans leur multiple besoin de singeries

J'ai l'impression d'être ridicule
avec tout ce qu'ils racontent
jusqu'à ce qu'ils vous servent l'après-midi
un peu d'eau chaude
et des gâteaux enrhumés

J'ai l'impression d'être ridicule
avec les théories qu'ils assaisonnent
au goût de leurs besoins
de leurs passions
de leurs instincts ouverts la nuit
en forme de paillasson[11]

J'ai l'impression d'être ridicule
parmi eux complice
parmi eux souteneur[12]
parmi eux égorgeur[13]
les mains effroyablement rouges
du sang de leur civilisation

Pigments
© Présence Africaine

Questions sur la lecture

1. Où Léon Damas est-il né? Où a-t-il étudié?
2. Quel est le sujet principal des poèmes de Léon Damas?
3. Relisez le poème «Ils sont venus ce soir». Qui sont *ils?* Pourquoi le poète ne nous dit-il pas qui *ils* sont?
4. À votre avis, qu'est-ce que la répétition du mot *rythme* suggère? De quelles sortes de rythmes peut-on parler ici?
5. Comment Damas réussit-il à créer l'impression de frénésie? Quelles sortes de frénésie voyez-vous dans ce poème?
6. Regardez les mots *DEPUIS* et *MOI.* À votre avis, pourquoi ces mots sont-ils en lettres majuscules? Identifiez *MOI.*
7. Quelle est votre interprétation des mots *des pieds de statues?*
8. Relisez le poème «Solde». Dans ce poème, vous voyez encore le mot *ils* et aussi l'adjectif possessif *leur. Leur* indique la possession de qui? Identifiez *ils.*
9. Regardez la première strophe de «Solde». De quelles sortes de vêtements parle le poète? Pourquoi a-t-il l'impression d'être ridicule dans ces vêtements?
10. Regardez la deuxième strophe. Pourquoi les orteils du poète transpirent-ils? Quel est l'emploi normal de l'emmaillotage? Quel est l'effet de l'emmaillotage sur le poète?
11. Regardez la troisième strophe. À votre avis, pourquoi le poète compare-t-il son cou à une cheminée d'usine? Imitez le geste qu'il emploie pour saluer quelqu'un. Pourquoi pensez-vous qu'il dit que ses maux de tête cessent chaque fois qu'il salue quelqu'un?

4. *Un soulier* = "a shoe."
5. *Un smoking* = "a tuxedo."
6. *Un plastron* = "a shirtfront."
7. *Un faux-col* = "a high dress collar."
8. *Un melon* = "a derby."
9. *L'emmaillottage* = "swaddling."
10. *Une courbette* = "a bow."
11. Un *paillasson* = "a doormat."
12. *Un souteneur* = "a pimp."
13. *Un égorgeur* = "a strangler; a throat-slitter."

12. Regardez la quatrième strophe. Quels aspects de la vie sociale sont difficiles ou impossibles à accepter pour le poète?
13. Regardez la cinquième strophe. De quelle coutume parle-t-il dans cette strophe? Quels termes nous indiquent son attitude négative?
14. Regardez la dernière strophe. Pourquoi les mains sont-elles rouges? À votre avis, qui égorge qui ou quoi? Dans quel sens peut-on dire qu'une civilisation est égorgée? *Leur* indique la civilisation de qui?
15. Comment interprétez-vous le titre de ce poème?

Discussion / Composition

1. Vous remarquez que le livre d'où sont tirés ces deux poèmes s'appelle *Pigments.* Expliquez ce titre et ses rapports avec les poèmes que vous avez lus. Comparez et contrastez ces deux poèmes.
2. Avez-vous eu l'impression d'être ridicule? Dans quelles circonstances? Analysez ce sentiment et écrivez un poème à ce sujet. Employez «Solde» comme modèle.
3. Connaissez-vous un écrivain ou un autre artiste (musicien, peintre, sculpteur, etc.) qui proteste une condition de vie injuste et difficile à supporter? Parlez de cette personne et de son travail.

Vocabulaire

noms
bonheur m.
colère f.
complice m.
cri m.
droit m.
écrivain m.
geste m.
mal de tête m.
  (pl. maux de
  tête)
malheur m.
peintre m.
poésie f.
sang m.
son m.
strophe f.
titre m.
vers m.

adjectifs
choquant(-e)
élevé(-e)
émouvant(-e)
enrhumé(-e)
faux/fausse
fier/fière
ivre
majuscule
opprimé(-e)
prêt(-e)
puissant(-e)
ravi(-e)
scintillant(-e)
sifflant(-e)
soumis(-e)
supporter

verbes
affaiblir
assaisonner
cesser
décrire
déshabiller
exprimer
saluer
suggérer
transpirer

adverbes
effroyablement
légèrement

autres expressions
depuis
faire ses études
jusqu'à ce que
parmi

noms apparentés
angoisse f.
attitude f.
cheminée f.
circonstance f.
coutume f.
formule f.
frénésie f.
honneur m.
instinct m.
joie f.
manière f.
membre m.
rage f.
révolte f.
sculpteur m.
terreur f.
texte m.
théorie f.

Échanges

— Oh! les élections, j'en ai par-dessus la tête.[1] On voit toujours les mêmes binettes.[2]

— Et puis ce qu'ils disent, c'est du vent. C'est quand même moche.[3] On n'est pas fichu de[4] trouver un
— candidat à la hauteur.

— Moi, ça me dégoûte tellement... je ne vais pas voter.

— Alors, t'attends[5] la révolution. C'est dur dur.[6]

1. *J'en ai par-dessus la tête.* = J'en ai assez.
2. *Les mêmes binettes* = les mêmes visages.
3. *Moche* = mauvais.
4. *On n'est pas fichu de...* = On n'est pas capable de...
5. *T'attends* = tu attends.
6. *Dur dur* = très difficile.

Improvisation

À trois, quatre, cinq ou six personnes. Présentez une scène d'activité révolutionnaire: Les opprimés font une réunion pour protester la condition de leur vie et pour décider s'il faut faire une révolution. Plusieurs groupes opprimés sont possibles. Par exemple: Les Noirs sous la domination des Blancs, les Canadiens francophones sous la domination des Candiens anglophones, les Terrestres sous la domination des Martiens, les animaux sous la domination des hommes, etc.

21
Vingt et unième Leçon

Le futur

Quand, si, lorsque, dès que, aussitôt que

Expressions de temps et de durée:
depuis et *depuis que*
il y a . . . que
il y a + temps
jusque
pendant et *pendant que*

Passer et *durer, prendre* et *mettre*

Lecture: *Une Expérience cosmique* (d'après Albert Camus, *L'Exil et le Royaume*)

Bergers arabes dans leurs burnous

DÉCOUVERTE

Présentation

Que **ferez-vous** cet été, Bill?

J'irai en Europe, j'y **resterai** deux mois.

Quand **partirez-vous?**

Je partirai dès que les classes **seront** finies.

Verrez-vous vos amis en France?

Oui, **si je peux j'irai** les voir.

Quand les **verrez-vous?**

Je ne sais pas. Mais **je leur téléphonerai quand j'arriverai.**

Explications

1 Le futur:

A. Le futur et le futur immédiat:
On peut presque toujours utiliser le futur immédiat (**aller** + infinitif) pour exprimer une idée ou une action future. Mais dans les cas où l'idée ou l'action ont un caractère plus défini, plus distant ou plus littéraire, on emploie le futur.

Exemples: **Je déjeunerai** avec elle. *ou*
Je vais déjeuner avec elle. *mais*
À l'avenir **il sera médecin.**

B. Formation régulière:
Pour former le futur, on prend l'*infinitif* du verbe et pour les terminaisons on ajoute le verbe **avoir** au présent (mais: **avons → -ons, avez → -ez).** Si le verbe est en **-re** on supprime le **e:**

parler	finir	rendre
je parlerai	**je** finirai	**je** rendrai
tu parleras	**tu** finiras	**tu** rendras
il parlera	**il** finira	**il** rendra
nous parlerons	**nous** finirons	**nous** rendrons
vous parlerez	**vous** finirez	**vous** rendrez
ils parleront	**ils** finiront	**ils** rendront

C. Quelques verbes ont un *radical irrégulier* pour le futur, mais les terminaisons sont régulières:

voir

je **verr**ai	nous **verr**ons
tu **verr**as	vous **verr**ez
il **verr**a	ils **verr**ont

aller

j'**ir**ai	nous **ir**ons
tu **ir**as	vous **ir**ez
il **ir**a	ils **ir**ont

savoir: je **saur**ai, etc.   **pouvoir:** je **pourr**ai, etc.
faire: je **fer**ai, etc.   **venir:** je **viendr**ai, etc.
avoir: j'**aur**ai, etc.   **mourir:** je **mourr**ai, etc.
être: je **ser**ai, etc.   **courir:** je **courr**ai, etc.
vouloir: je **voudr**ai, etc.   **envoyer:** j'**enverr**ai, etc.

Remarquez: Le futur de: c'est   il y a   il faut
     ce sera   **il y aura**   **il faudra**

2 Notez l'usage du futur après **quand, lorsque,**[1] **dès que**[2] et **aussitôt que**[2] dans les phrases suivantes:

Exemples: **Quand j'irai** à Rome je verrai le Vatican.
Lorsque j'irai à Rome je verrai le Vatican.
Dès que nous serons à Paris nous téléphonerons à nos amis.
Nous téléphonerons à nos amis **aussitôt que nous serons** à Paris.

Remarquez: Avec une action future, il faut utiliser le futur après **quand, lorsque, dès que** et **aussitôt que**. En anglais, au contraire, on utilise le présent: "When *I go* to Rome, I'll see the Vatican."

Attention: On n'utilise pas le futur après **si** (même avec une action future). On dit:

Si je le **vois,** je lui parlerai.
Si je vais à Rome, je verrai le Vatican.

---

1. *Lorsque* = quand.
2. *Dès que* = *aussitôt que* = "as soon as."

Qu'est-ce que vous faites pendant que j'explique la leçon?

La Communale, Jean Lhote, 1965; sur la photo: Robert Dhéry.

L'école communale, la «communale», est l'école publique française. Cet instituteur est un professeur de petite classe. Il fait sa classe sous le buste de Marianne. «Marianne» est le symbole de la République Française en souvenir de la Révolution de 1789.

Présentation

Depuis quand êtes-vous à l'université?

J'y suis **depuis** septembre; je suis étudiant de première année.

Combien de temps **y a-t-il que** vous y êtes?

Voyons... nous sommes en mars maintenant, alors **il y a** sept mois **que** je suis ici.

Et vous, Jim?

Je suis arrivé **il y a** trois ans.

Combien de temps allez-vous rester à l'université?

Je vais y rester un an.[3] Je vais y rester **pendant** un an.

Qu'est-ce que vous faites **pendant que** j'explique la leçon?

Pendant que vous l'expliquez, nous écoutons et nous faisons attention à vos explications.

Jusqu'à quelle heure avez-vous étudié hier soir?

J'ai etudié **jusqu'**à minuit.

---

3. On utilise *an* après un chiffre, après *tous les,* après *par.* Pour les autres situations, utilisez *année.*

Exemples: J'ai *vingt ans.*
Il vient *tous les ans.*
Je la vois quatre fois *par an.*

Mais: Chaque année nous allons à Paris.

Explications

3 Prépositions, conjonctions et expressions de temps:

A. **Depuis** et **depuis que** indiquent *le commencement* d'une situation.

> **depuis** + nom
> **depuis que** + sujet + verbe

Exemples: Je suis à Paris **depuis** *le premier mai.*
Depuis que *je suis* à Paris je ne parle plus anglais.
Il ne parle plus anglais **depuis qu'***il a quitté* les États-Unis.

Remarquez: Le verbe est au présent si cette situation continue encore au présent.

B. **Il y a... que** + *sujet* + *verbe* indique une quantité de temps, un intervalle entre le commencement d'une situation et le présent. On emploie **il y a... que** uniquement avec le présent.

Exemples: **Il y a** *trois heures* **que** *j'attends* mon ami.
Il y a *deux ans* **que** *nous sommes* ici.

C. **Il y a** + *temps* indique aussi une quantité de temps, mais c'est l'intervalle entre le présent et une situation ou une action passées. On emploie **il y a** uniquement avec le passé.

Exemples: Vous êtes arrivé ici **il y a** *trois semaines.*
J'ai terminé mes études **il y a** *longtemps.*

D. **Jusque** indique *la fin* ou *la limite* d'une situation ou d'une distance.

Exemples: Ils sont partis de Paris et sont allés **jusqu'**à Rome.
Nous allons vous accompagner **jusque** chez vous.
Tu resteras ici **jusqu'**en juin.

4 **Pendant** et **pendant que:**

A. **Pendant** + *nom* indique *la durée.*

Exemples: La guillotine a beaucoup fonctionné **pendant** *la révolution.*
Je resterai chez vous **pendant** *quinze jours.*[4]

Remarquez: **Pendant** n'est pas obligatoire avec une quantité de temps précise:

Il a attendu **pendant** *dix minutes.* = Il a attendu *dix minutes.*
Je resterai chez vous **pendant** *quinze jours.* = Je resterai chez vous *quinze jours.*

B. **Pendant que** + *sujet* + *verbe* indique *la simultanéité* de deux actions.

---

4. *Quinze jours* = deux semaines. *Huit jours* = une semaine.

Exemples: Jules rêve **pendant qu'***il dort.*
Pendant que Marty *réparait* l'auto, ses amis buvaient de la bière.

Présentation

Combien de temps **durent** les études universitaires?

Elles durent quatre ans. **Elles durent** pendant quatre ans.

Est-ce que le temps **passe** vite dans cette classe?

Oui, **il passe** très vite en général, mais quelquefois **il passe** lentement.

Combien de temps la visite du monument **prend-elle?**

Elle prend trois quarts d'heure.

Combien de temps **mettez-vous** à écrire une composition?

Généralement **je mets** une heure; quelquefois **je mets** plus longtemps.

Explications

4 Les verbes qui expriment le temps:

A. **Passer** et **durer:**

1. **Passer** dans le sens temporel est souvent suivi d'un *adverbe.*

Exemples: Hélas, le temps **passe** vite!
Le temps **passe** lentement, difficilement, agréablement, péniblement, horriblement, etc.

2. Remarquez qu'**on passe** *le temps* (unité de temps: une heure, deux jours, etc.) **à** *faire quelque chose.*

Exemples: **Elle passe** toujours trois heures à écouter la leçon de laboratoire.
J'ai passé deux semaines **à** préparer mes examens.

3. **Durer** a généralement un complément qui exprime un espace de temps.

Exemples: La guerre **a duré** cinquante ans.
Ce film est long, **il dure** deux heures quinze minutes.

B. **Prendre** et **mettre** indiquent quelquefois la *durée.*

Exemples: Cette excursion **prend** quatre heures.
J'ai mis trois heures *à* écrire ma composition.

CRÉATION

Exercices oraux

A. Mettez ces phrases au futur: (§1)

Exemple: *Je finis mon travail.*
Je finirai mon travail.

1. Cet enfant grandit.
2. Il vend sa voiture.
3. Nous parlons avec lui.
4. Vous faites des progrès.
5. Ils viennent sur le campus.
6. Je suis content.
7. Nous savons la réponse.
8. Elles ont de la chance.
9. On voit le problème.
10. Vous pouvez le faire.
11. Vous voulez le faire.
12. Il y a du champagne.
13. Il faut le discuter.
14. C'est l'essentiel.
15. Il va chez eux.
16. Il court chez elle.

B. Demandez à un autre étudiant ou à une autre étudiante: (§1)

1. où il (elle) ira après la classe.
2. ce qu'il (elle) fera ce week-end. («Qu'est-ce que tu...?»)
3. où il (elle) sera en 1985.
4. quand il (elle) terminera ses études.
5. où il (elle) dormira ce soir.
6. quand il (elle) vous enverra une carte postale.
7. s'il (si elle) viendra en classe samedi.
8. quel temps il fera demain.

C. Mettez les phrases suivantes au futur: (§1, 2)

Exemple: *S'il fait beau, nous allons à la plage.*
S'il fait beau, nous irons à la plage.

1. Si je viens, je la vois.
2. Dès que je viens, je la vois.
3. Si vous avez de l'argent, vous visitez le Mexique.
4. Aussitôt que vous avez de l'argent, vous visitez le Mexique.
5. S'il arrive, il peut nous aider.
6. Lorsqu'il arrive, il peut nous aider.
7. S'ils sont prêts, nous partons ensemble.
8. Quand ils sont prêts, nous partons ensemble.

D. Faites une seule phrase. Employez **depuis** ou **depuis que** pour indiquer le commencement: (§3)

Exemple: *Ils habitent ensemble / leur mariage.*
Ils habitent ensemble depuis leur mariage.

1. Elles sont en vacances / le 3 décembre
2. Il pleut / nous sommes ici
3. Marc travaille / son arrivée à Paris
4. Marc travaille / il est arrivé à Paris
5. Vous n'aimez plus les chrysanthèmes / nous avons lu la lecture de la leçon 9.

E. Faites une phrase enemployant **il y a... que:** (§3)

Exemple: *Nous étudions le français / six mois*
Il y a six mois que nous étudions le français.

1. La Guerre Civile est finie / longtemps
2. Je vous écoute / deux minutes
3. Elle souffre / des semaines
4. Charles est aux toilettes / une heure
5. Les dents de mes grands-parents sont fausses / longtemps

F. Faites une seule phrase. Employez **jusque** pour indiquer la fin: (§3)

Exemples: *Nous allons en France.*
Nous allons jusqu'en France.

Ils travaillent. Ils finissent vendredi.
Ils travaillent jusqu'à vendredi.

1. Ce train va à Chicago.
2. Les pionniers sont allés en Californie.
3. Je t'accompagnerai chez toi.
4. Nous avons dansé. Nous avons fini à six heures du matin.
5. Vous serez en vacances. Les vacances finiront en septembre

G. Faites une seule phrase. Employez **pendant** ou **pendant que:** (§3)

1. Ils sont en vacances / le mois de décembre
2. Ils parlaient / nous regardions le film
3. Les autres étudiaient / nous mangions
4. Ils ont regardé la télévision / une heure
5. Vous avez dormi / le professeur lisait la lecture
6. Je resterai ici / deux jours

H. Demandez à un autre étudiant ou à une autre étudiante: (§3)

1. depuis quelle heure il (elle) est à l'université.
2. jusqu'à quelle heure il (elle) étudie le soir.
3. ce qu'il (elle) fait pendant le week-end. («Qu'est-ce que tu...?»)
4. depuis quand les États-Unis sont indépendants.
5. combien de temps il y a que son professeur de français le (la) connaît.
6. où il (elle) était il y a trois heures.
7. combien de temps il y a qu'il (elle) parle anglais.
8. si on peut aller jusqu'à Paris à bicyclette.

I. Répondez aux questions suivantes: (§4)

1. Combien de temps durent les vacances de Noël?
2. Est-ce que le temps passe vite quand vous êtes avec des amis?
3. Combien de temps dure un film en général?
4. Combien de temps mettez-vous à écrire une composition de français?
5. Combien de temps prend un voyage autour du monde?

J. Répondez aux questions suivantes:

1. Regardez la photo, page 334.
   a. Que fait le professeur pendant cette leçon?
   b. Pendant combien de temps gardera-t-il cette position? Expliquez.
   c. Inventez une question sur la photo et posez-la à quelqu'un.
2. Regardez la photo, page 342.
   a. Depuis quand marchent-ils?
   b. Où vont-ils? Qu'est-ce qu'ils feront lorsqu'ils y arriveront?
   c. Pourquoi sont-ils dans cette situation?
   d. Inventez une question sur la photo et posez-la à quelqu'un.

Exercices écrits

A. Écrivez les questions et les réponses des exercices oraux B et H.

B. Finissez les phrases suivantes avec un verbe au présent ou au futur: (§2)

Exemple: *Je ne te parlerai plus si...*
Je ne te parlerai plus si tu m'insultes.

1. Je ne t'aimerai plus si...
2. La vie deviendra facile lorsque...
3. On partira aussitôt que...
4. Nous mourrons quand...
5. Madame X reviendra lorsque...
6. Vous verrez des éléphants roses si...
7. Tu sauras la vérité quand...

C. Récapitulation du passé composé, de l'imparfait et du futur:

1. Récrivez le paragraphe suivant et mettez les verbes entre parenthèses au passé:

Jocaste, la mère d'Œdipe, (vouloir) savoir l'avenir de son fils. Avec son mari, elle (aller) voir l'oracle de Thèbes. L'oracle (réfléchir) pendant quelque temps. Bien sûr, Jocaste et le roi (espérer) que leur fils (aller) être très heureux. Hélas! Ils ne (savoir) pas encore ce que l'oracle (aller) leur dire. Soudain l'oracle (répondre):

2. Maintenant récrivez le paragraphe suivant et mettez les verbes entre parenthèses au futur:

«Après avoir fait un grand voyage, votre fils (devenir) roi. Mais pendant le voyage il (rencontrer) son père et il le (tuer) sans le reconnaître. Ensuite, devant Thèbes, il (pouvoir) répondre aux questions du Sphinx et il (réussir) à libérer la ville. Finalement, il (épouser) sa mère, la reine. Mais quand il (savoir) la vérité de son origine, il (perdre) la vue et il (partir) en exil.»

D. Choisissez une des expressions suivantes pour remplacer les tirets: (§3)

depuis	il y a	pendant	jusque
depuis que	il y a... que	pendant que	

1. Néron jouait de la lyre _____ Rome brûlait.
2. Je connais mes parents _____ je suis née.
3. Madame X et Jean-Louis sont allés _____ au Moyen-Orient.
4. Nous avons commencé cette leçon _____ une semaine.
5. _____ 200 ans _____ Louis XVI et Marie-Antoinette sont morts.

E. Pour chaque mot inventez une question et une réponse avec un élément de temps: (§4)

Exemple: *mettre*
Combien de temps mettez-vous à préparer un sandwich?
Je mets cinq minutes à en préparer un.

1. prendre 2. durer 3. passer 4. mettre

Lecture

Une Expérience cosmique

Il y a plusieurs années que Janine vit avec son mari Marcel dans un petit appartement à Alger. Marcel est un commerçant assez prospère sans être riche. Le temps *passe* sans incidents: les jours suivent les jours, les heures suivent les heures dans une sorte de bonheur bourgeois, toujours le même. Certes, Janine aime ce brave Marcel qui travaille dur dans son petit magasin pour lui donner cette vie à l'abri du besoin. Mais la monotonie de leur vie conjugale et le manque d'activité physique oppressent Janine. Pour la première fois *depuis* la fin de la guerre Marcel peut enfin faire un voyage d'affaires et il a décidé d'emmener sa femme.

Imaginez-les, tous les deux, dans le vieil autocar qui va d'Alger *jusque* dans les territoires du sud. C'est un long voyage qui *prend* toute une journée: Marcel dort lourdement sur l'épaule de sa femme. Janine, elle, ne dort pas. Pour la première fois *depuis* son adolescence, elle redécouvre un monde et des sensations disparues en elle *depuis* longtemps, en fait, *depuis* son mariage avec Marcel. Car avant son mariage, c'était une jeune fille sportive qui vivait en harmonie avec la nature, l'eau, le soleil. Maintenant, c'est une femme bourgeoise, un peu trop forte, mais qui attire encore le regard des hommes. Il fait chaud dans l'autocar et puis tout d'un coup, il y a une tempête de sable. Elle remarque les Arabes dans leur burnous, assis sur le bord de la route, qui lui paraissent merveilleusement adaptés aux éléments. Ils ont un regard droit et noble et semblent apprécier, sans bouger, les forces du cosmos dans une attitude fataliste, mais fière. Elle sent le regard d'un soldat de la garnison saharienne assis en face d'elle. Son corps mince et bronzé, ses yeux clairs expriment aussi cette union et cette harmonie entre l'homme et le cosmos.

Le voyage *dure* encore quelques heures et l'autocar arrive finalement dans le petit village du désert où Marcel va voir quelques clients. À l'hôtel, Marcel, fatigué, commence vite à dormir et à ronfler, à côté de sa femme. Janine, les yeux ouverts, sent surgir une force plus intense que toute sa vie de femme blanche, bourgeoise et respectable. Une force qui l'appelle et lui dit de sortir. *Pendant que* Marcel dort lourdement, elle met vite ses vêtements et quitte la chambre conjugale. Elle sort. Elle marche *pendant* quelques minutes, droit devant elle, sans savoir où elle va. Elle marche, elle court, *jusqu'au* fort qui surmonte l'oasis. Là, seule, pressée contre le mur, elle observe le ciel d'Afrique, plein d'étoiles, ce dôme céleste qui l'envoûte et la prend. Elle sent la nuit qui la pénètre entièrement et, comme ivre d'un bonheur à la fois sensuel et mystique, elle tombe sur la terrasse en pleine extase.

Quand Janine *reviendra* à la chambre d'hôtel, Marcel *sera* encore endormi. *Aussitôt qu'il sentira* le mouvement de sa femme à côté de lui, *il ouvrira* les yeux et *dira* quelques mots incohérents. *Il allumera* la lampe, *ira* boire un peu d'eau

Pour la première fois depuis la fin de la guerre Marcel peut enfin faire un voyage d'affaires et il a décidé d'emmener sa femme.

Liza, Marco Ferreri, 1972; sur la photo: Catherine Deneuve et Marcello Mastroianni.
Mastroianni est une sorte de Robinson Crusoe vivant seul dans une île. Catherine, une riche snob faisant une croisière en bateau, passe au large de l'île et décide d'y débarquer. Mais elle ne peut pas marcher car elle s'est tordu la cheville. Mastroianni se change en porteur, et la belle bourgeoise, toute vêtue de blanc, se laisse promener ainsi. Marco Ferreri est aussi réalisateur de *La Grande Bouffe.* Deneuve et Mastroianni ont joué ensemble déjà dans plusieurs films.

Un village algérien

minérale; puis, rassuré de la voir, *il* la *regardera* sans comprendre. Janine, ivre de bonheur, les yeux pleins de larmes, lui *dira* finalement: «Ce n'est rien, mon chéri, ce n'est rien!»

D'après Albert Camus, *L'Exil et le royaume*

Questions sur la lecture

1. Décrivez la vie de Marcel et de Janine.
2. Pourquoi Janine est-elle oppressée?
3. Qu'est-ce que Janine redécouvre pendant le voyage?
4. Quand Janine regarde les Arabes, qu'est-ce qu'elle remarque?
5. Est-ce la première fois que Marcel fait un voyage d'affaires dans le sud?
6. Qu'est-ce que Marcel fait quand ils arrivent à l'hôtel?
7. Qu'est-ce que Janine fait pendant que son mari dort?
8. Qu'est-ce qu'elle sent quand elle est sur la terrasse du fort?
9. Que fera Marcel quand sa femme rentrera dans la chambre?
10. À la fin, pourquoi Janine sera-t-elle heureuse? Pourquoi pleurera-t-elle de joie?

Discussion / Composition

1. Imaginez la suite de cette histoire. Que feront Janine et Marcel demain? Leur vie changera-t-elle ou restera-t-elle la même? Expliquez.
2. Avez-vous eu une expérience cosmique comme dans l'histoire? Racontez: Ma vie était... Mais une fois... Et pour la première fois... Utilisez aussi les expressions **depuis, il y a, pendant,** etc.

Vocabulaire

noms
autocar m.
avenir m.
chéri(-e) m. ou f.
corps m.
durée f.
étoile f.
larme f.
manque m.
regard m.
royaume m.
sable m.

adjectifs
brave
bronzé(-e)
disparu(-e)
endormi(-e)
mince
prospère
quelque

verbes
allumer
appeler
attirer
bouger
brûler
envoyer
exprimer
pleurer
rêver
ronfler

adverbes
lourdement
merveilleusement
péniblement

conjonctions
aussitôt que
car
depuis que
dès que
il y a... que
lorsque
pendant que

autres expressions
à l'abri du besoin
certes
faire attention à
jusque

noms apparentés
agence f.
dôme m.
élément m.
exil m.
force f.
harmonie f.
lyre f.
monotonie f.
tempête f.
terrasse f.
territoire m.

Échanges

— Ça y est![1] Je l'ai bousillé![2]

— Qu'est-ce que c'est que ce bidule-là?[3]

— Ce machin-là? Chais pas trop...[4] Tout le monde en a un.

— Depuis quand tu l'as?[5]

— Je l'ai acheté hier.

— Ben... c'est de la camelotte.[6] Et puis regarde: tu l'as branché sur le 220... c'est du 110[7] qu'il faut. T'as l'air fin.[8]

— Qu'est-ce que ça me met en rogne![9]

1. *Ça y est!* = "There it is; now I've done it!"
2. *Je l'ai bousillé!* = "I've wrecked it!"
3. *Ce bidule-là* = cette chose-là.
4. *Chais pas trop.* = Je ne sais pas exactement.
5. *Depuis quand tu l'as?* = Depuis quand l'as-tu?
6. *De la camelotte* = "junk."
7. *Le 220... du 110* = le courant électrique.
8. *T'as l'air fin.* = "You're really clever."
9. *Qu'est-ce que ça me met en rogne!* = Comme cela me rend furieux!

Improvisation

Pour deux, trois, quatre ou cinq personnes. Chez un médium. Vous interrogez un médium sur votre avenir; si vous désirez, essayez de prendre contact avec des esprits (vos ancêtres, par exemple) qui vous conseilleront aussi. (Une personne joue le rôle du médium, une ou plusieurs lui posent des questions, et peut-être une ou plusieurs jouent le rôle des revenants.)

sensation

Arthur Rimbaud
1854—1891

Par les soirs bleus d'été, j'irai dans les sentiers,
Picoté par les blés, fouler l'herbe menue:
Rêveur, j'en sentirai la fraîcheur à mes pieds.
Je laisserai le vent baigner ma tête nue.

Je ne parlerai pas, je ne penserai rien:
Mais l'amour infini me montera dans l'âme,
Et j'irai loin, bien loin, comme un bohémien,
Par la Nature,—heureux comme avec une femme.

22
Vingt-deuxième Leçon

Les verbes pronominaux, principe et
conjugaison:
présent (affirmatif, interrogatif, négatif)
imparfait, futur
avec une partie du corps
sens réciproque
sens passif, sens idiomatique
impératif et impératif négatif
passé composé
infinitif (verbe + verbe, *avant de* ou
après + verbe pronominal)
Lecture: *La Découverte du feu*

Il se regarde. (Palais de Versailles, la galerie des glaces)

DÉCOUVERTE

Présentation

Que faites-vous tous les matins? — D'abord **nous nous réveillons** et puis **nous nous levons.** Ensuite **nous nous lavons** et **nous nous habillons.**

Que ferez-vous ce soir, Ralph? · — Je dînerai, j'étudierai, **je me laverai, je me déshabillerai** et puis **je me coucherai.** Et si tout va bien **je m'endormirai** bien et je ferai de jolis rêves.

Que faisiez-vous le soir, l'an dernier? — La même chose: j'étudiais, **je me lavais, je me couchais,** etc.

Explications

1 Le principe des verbes pronominaux:

A. Ces verbes indiquent une action *réfléchie, réciproque, passive* ou simplement *idiomatique.* On utilise beaucoup de verbes pronominaux en français pour exprimer des actions qui ne sont pas nécessairement réfléchies dans d'autres langues.

   Exemples: **Nous nous réveillons.** = ''We wake up.''
   Vous vous lavez. = ''You wash up.''

B. Le *sujet* et l'*objet* d'un verbe pronominal réfléchi sont *identiques,* c'est-à-dire la même personne ou la même chose. Donc, il faut utiliser un pronom objet réfléchi. Voici la liste des pronoms objets réfléchis:

je → **me**	nous → **nous**
tu → **te**	vous → **vous**
il (elle, on) → **se**	ils (elles) → **se**

   Remarquez: Grammaticalement, presque tous les verbes *transitifs* peuvent exister à la forme pronominale, mais le sens ne le permet pas toujours.

Exemples: *forme simple*   *forme pronominale*

Je lave la voiture.

Je me lave.

Il regarde la maison.

Il se regarde dans un miroir.

Vous habillez votre fils.

Vous vous habillez.

2 La conjugaison des verbes pronominaux:

A. Pour conjuguer un verbe pronominal, on ajoute le pronom objet réfléchi au verbe simple.

1. À l'affirmatif:

se laver		**s'habiller**	
je me lave	nous nous lavons	je m'habille	nous nous habillons
tu te laves	vous vous lavez	tu t'habilles	vous vous habillez
il se lave	ils se lavent	il s'habille	ils s'habillent
elle se lave	elles se lavent	elle s'habille	elles s'habillent

2. À l'interrogatif:

forme simple   *forme pronominale*

Lavez-vous votre voiture?   **Vous lavez-vous?**

a. Remarquez l'inversion du pronom sujet et du verbe, comme dans la forme simple, mais le *pronom objet reste devant le verbe.*

Exemple: Nous nous réveillons de bonne heure.
À quelle heure **nous** réveillons-nous?

b. Avec **est-ce que,** l'ordre des mots ne change pas.

Exemple: Est-ce que **vous vous lavez?**

3. Au négatif: **Ne** est entre le sujet et le pronom objet réfléchi; **pas** est après le verbe.

Exemples: Nous nous lavons.   Nous **ne** nous lavons **pas.**
Ils se réveillent.   Ils **ne** se réveillent **pas.**

B. L'imparfait des verbes pronominaux est régulier:

se laver

je me lavais	nous nous lavions
tu te lavais	vous vous laviez
il se lavait	ils se lavaient

C. Le futur des verbes pronominaux est aussi régulier:

se laver

je me laverai	nous nous laverons
tu te laveras	vous vous laverez
il se lavera	ils se laveront

Présentation

Vous rasez-vous, Georges?

Oui, je me rase; **je me rase** le visage.

Est-ce que **vous vous brossez** les dents?

Je me brosse les dents après chaque repos.

Explications

3   La forme pronominale réfléchie + une partie du corps:

Exemples: **Elle se lave** *les mains.* = Elle lave ses mains.
Nous nous rasons *la barbe.* = Nous rasons notre barbe.
Vous vous brossez *les dents.* = Vous brossez vos dents.

Vous remarquez que lorsqu'on utilise un verbe pronominal pour une action réfléchie avec un autre complément (partie du corps), l'adjectif possessif n'est plus nécessaire parce que la possession est exprimée par le pronom réfléchi.

Présentation

Debbie, téléphonez-vous à Leslie?

Oui, je lui téléphone quelquefois. Et elle me téléphone aussi. Alors **nous nous téléphonons.**

Barry aime Kim. Et Kim aime Barry. Est-ce qu'**ils s'aiment?**

Oui, **ils s'aiment.** Mais Dick et Liz **ne s'aiment plus.** En fait, **ils se détestent.**

Est-ce qu'on parle français au Canada?

Oui, le français **se parle** au Canada.

Explications

4 Sens particuliers de la forme pronominale:

A. La forme pronominale à sens réciproque:
Quand un verbe représente une *action réciproque* entre deux ou plusieurs personnes, on utilise la forme pronominale de ce verbe.

Exemples: Marie m'aime et j'aime Marie. → **Nous nous aimons.**
Vous parlez à vos amis et vos amis vous parlent. → **Vous vous parlez.**
Ils rencontrent leurs amis à la bibliothèque et leurs amis les rencontrent à la bibliothèque. → **Ils se rencontrent** à la bibliothèque.

B. La forme pronominale à sens passif:

1. On utilise aussi la forme pronominale pour exprimer une idée *passive.*

Exemples: Le français est parlé en Belgique. *(le vrai passif)* = On parle français en Belgique. = *Le français* **se parle** en Belgique.

2. En général, le français emploie moins que l'anglais le vrai passif; il préfère utiliser la forme impersonnelle avec **on** ou la forme pronominale avec **se** pour exprimer une idée passive.

Exemples: On fait ça. = *Ça* **se fait.**
On dit ça. = *Ça* **se dit.**
On vend ces journaux dans la rue. = *Ces journaux* **se vendent** dans la rue.
On trouve ça partout. = *Ça* **se trouve** partout.

Présentation

Comment **vous appelez-vous?**　　**Je m'appelle** Lynne.

S'amuse-t-on ici?　　Oui, **nous nous amusons** bien.
Nous ne nous ennuyons pas.

Explications

5 La forme pronominale idiomatique:

A. Avec certains verbes il y a une différence de signification entre la forme
simple et la forme pronominale.

> *Exemples:* J'appelle mon amie au téléphone.
> *Mais:* **Je m'appelle** Georges.
>
> Vous allez chez des amis.
> *Mais:* **Vous vous en allez.** (Vous partez.)
>
> Nous amusons les enfants.
> *Mais:* **Nous nous amusons.** (Nous passons le temps dans
> des activités amusantes.)

B. Voici une liste de quelques verbes pronominaux idiomatiques, ou qui
n'ont pas la même signification que la forme simple:

s'en aller = partir

s'amuser = prendre plaisir, avoir une expérience agréable

s'ennuyer ≠ s'amuser (Quand une situation est ennuyeuse, on s'ennuie.)

s'appeler = indication du nom

se demander = se poser une question

se dépêcher = être pressé

se disputer = avoir une dispute

se fâcher (avec) = devenir furieux

se marier avec = épouser

se rappeler ≠ oublier

se servir de = utiliser

se souvenir de = se rappeler

se trouver = être situé

Présentation

Dites-moi de me réveiller.　　**Réveillez-vous!**

Dites-moi de m'en aller.　　**Allez-vous-en!**

Dites à Susie de ne pas se lever.　　**Ne te lève pas!**

Explications

6 L'impératif des verbes pronominaux:
À l'impératif affirmatif, on utilise les pronoms **toi, nous** et **vous** après le verbe. À l'impératif négatif, on utilise **ne** + pronom objet réfléchi dans l'ordre normal.

Exemples:

affirmatif	négatif
Réveille-**toi!**	Ne **te** réveille pas si tôt!
Lavons-**nous!**	Ne **nous** lavons pas!
Va-**t'**en![1]	Ne **t'**en va pas!
Allez-**vous**-en!	Ne **vous** en allez pas!

Attention: Ne confondez pas l'impératif des verbes pronominaux avec la forme interrogative normale de **vous** et **nous.**

question   *ordre*

Regardez-vous la télévision?   **Regardez-vous** dans ce miroir!

1. Remarquez: *toi* devant une voyelle → *t'*.

Présentation

Qu'est-ce que vous avez fait ce matin, Alice?

Je me suis réveillée, je me suis lavée, je me suis brossé les dents, je me suis habillée et j'ai pris mon petit déjeuner.

Avez-vous parlé à votre mère hier?

Oui, elle m'a parlé et je lui ai parlé. **Nous nous sommes parlé.**

Vous êtes-vous lavé les cheveux ce matin, Agnès?

Oui, **je me suis lavé les cheveux. Je me les suis lavés.**

Explications

7 Le passé composé des verbes pronominaux:

A. Le passé composé de tous les verbes pronominaux est avec l'auxiliaire **être:**

laver	se laver
j'ai lavé	**je me suis lavé(-e)**
tu as lavé	**tu t'es lavé(-e)**
il a lavé	**il s'est lavé**
elle a lavé	**elle s'est lavée**
nous avons lavé	**nous nous sommes lavé(-e)s**
vous avez lavé	**vous vous êtes lavé(-e)s**
ils ont lavé	**ils se sont lavés**
elles ont lavé	**elles se sont lavées**

B. L'accord du participe passé suit la règle des verbes avec l'auxiliaire **avoir:**

1. Le participe passé s'accorde avec le complément d'objet direct quand ce complément est placé devant le verbe. Quand le complément d'objet direct est placé après le verbe, le participe passé reste invariable. Le participe passé reste invariable aussi quand le complément n'est pas direct.

Exemples: J'ai mangé la pomme.
Je l'ai mang**ée.**
La pomme que j'ai mang**ée...**

J'ai parlé à Marie.
Je lui ai parl**é.**

De même avec les verbes pronominaux:

Exemples: Nous nous sommes lav**és.**
Elles se sont prépar**ées.**
Mais: Elles se sont téléphon**é.**

Attention: Dans le dernier exemple, le participe passé reste invariable parce que **se** ne représente pas l'objet direct, mais l'objet indirect (on téléphone **à** quelqu'un):

Ils se sont vus et ils se sont parl**é**. (**Parlé** est sans **-s** parce qu'on parle **à** quelqu'un.)

2. Quelquefois, il y a *deux compléments d'objet*. Dans ce cas, on considère l'*objet non-réfléchi* comme le *seul complément d'objet direct* et l'*objet réfléchi* comme le *complément d'objet indirect*. On applique la règle de l'accord du participe passé des verbes avec l'auxiliaire **avoir**.

Exemples: Elle s'est lav**é les mains**.
Elle se **les** est lav**ées**.

Nous nous sommes bross**é les dents**.
Nous nous **les** sommes bross**ées**.

Présentation

Allez-vous **vous amuser** le week-end prochain?	Oui, nous allons **nous amuser;** nous n'allons pas **nous ennuyer**.
Qu'est-ce que vous faites **avant de vous coucher?**	**Avant de me coucher,** je me déshabille.
Qu'est-ce que vous faites **après vous être couché?**	**Après m'être couché,** je lis un peu et j'essaie de m'endormir.

Explications

8   L'infinitif du verbe pronominal:

A. Verbe + verbe pronominal:
Quand un autre verbe précède un verbe pronominal, on utilise l'infinitif du verbe pronominal, *précédé du pronom qui correspond au sujet*.

Exemples: se lever   Nous détestons **nous lever**.
s'ennuyer   Les étudiants détestent **s'ennuyer** en classe.
se dépêcher   Tu vas **te dépêcher** pour arriver à l'heure.
                     (futur immédiat)

Après m'être couché, je lis un peu et j'essaie de m'endormir.

Hellé, Roger Vadim, 1972; sur la photo: Bruno Pradal.

   Hellé, c'est le nom d'une jeune sourde-muette (une personne qui ne peut ni entendre ni parler). Fabrice, un étudiant en vacances, tombe amoureux d'elle et pendant un temps, ils vivent une histoire d'amour, séparés de la société des adultes. Mais l'idylle prendra fin avec les vacances.

B. **Avant de** + verbe pronominal; **après** + verbe pronominal:

Comparez: **Avant de dîner,** nous prenons un apéritif.
         Avant de nous habiller, nous nous lavons.

         Prenez quelque chose **avant de partir.**
         Prenez quelque chose **avant de vous en aller.**

         Après avoir dormi, ils ont repris leur travail.
         Après nous être habillés, nous sommes sortis.

Remarquez: La règle **avant de** + *infinitif* et **après** + *infinitif passé* est respectée, mais on conserve le pronom objet correspondant. N'oubliez pas l'accord du participe passé.

CRÉATION

Exercices oraux

A. Voici des phrases à la forme simple. Changez-les à la forme pronominale: (§1)

Exemple: *Je regarde la télé.*
Je me regarde.

1. Nous lavons la voiture.
2. Il amuse bien le bébé.
3. Je réveille ma sœur.
4. Tu habilles ta fille.
5. Vous regardez une photo.
6. Ils déshabillent leur fils.

B. Répétez ces questions, mais employez l'inversion: (§2)

Exemple: *Est-ce qu'il se lève tôt?*
Se lève-t-il tôt?

1. Est-ce que tu te réveilles à midi?
2. Est-ce que vous vous couchez à minuit?
3. Est-ce qu'il se lève vite?
4. Est-ce qu'il lave sa voiture tous les week-ends?
5. Est-ce que nous nous habillons le matin?
6. Est-ce qu'elles s'endorment en classe?

C. Mettez ces verbes pronominaux au futur. Puis, mettez-les à l'imparfait: (§2)

Exemple: *Elle se couche.*   *Elle se couchera.*
Elle se couchait.

1. Elle se réveille.
2. Vous vous parlez.
3. Nous nous lavons.
4. Tu te lèves.
5. Je me rase.
6. Ils s'endorment.

D. Demandez à un autre étudiant ou à une autre étudiante: (§3)

1. s'il (si elle) se rasait la barbe quand il (elle) avait treize ans.
2. s'il (si elle) se lave les pieds quelquefois.
3. avec quoi il (elle) se brosse les dents.
4. s'il (si elle) se brosse les cheveux souvent.
5. s'il (si elle) se casse la jambe quand il (elle) fait du ski.

E. Indiquez la réciprocité par l'emploi de la forme pronominale: (§4)

Exemple: *Il l'aime et elle l'aime.*
Ils s'aiment.

1. Je lui téléphone et elle me téléphone.
2. Vous la rencontrez et elle vous rencontre.
3. Je lui parlerai et elle me parlera.
4. Vous le détestiez et il vous détestait.

F. Demandez à un autre étudiant ou à une autre étudiante: (§4)

1. quel journal se trouve sur le campus.
2. si ''week-end'' se dit en français.
3. si l'auto-stop[2] se fait en Europe.
4. si le chinois se parle à San Francisco.

G. Demandez à un autre étudiant ou à une autre étudiante: (§5)

Exemple: *s'il (si elle) s'ennuie souvent.*
Question: *T'ennuies-tu souvent?*
Réponse: *Oui, je m'ennuie souvent.* ou
Non, je ne m'ennuie pas souvent.

1. s'il (si elle) s'amuse souvent.
2. s'il (si elle) se dépêche tous les matins.
3. s'il (si elle) se mariera ce week-end.
4. s'il (si elle) se sert d'un dictionnaire.
5. s'il (si elle) se souvient du premier jour de classe.
6. à quelle heure il (elle) s'en va.

H. Mettez ces phrases à l'impératif affirmatif et puis à l'impératif négatif: (§6)

Exemples: *Nous nous levons.*
Levons-nous!   *Ne levons-nous pas!*

1. Nous nous dépêchons.
2. Vous vous rasez bien.
3. Tu t'endors maintenant.
4. Vous parlez assez fort.
5. Tu te laves.
6. Vous vous en allez.

I. Mettez ces phrases au passé composé: (§7)

Exemple: *Je me lave.*
Je me suis lavé(-e).

1. Je me réveille.
2. Elle s'habille.
3. Elles s'endorment.
4. Tu te dépêches.
5. Nous ne nous amusons pas.
6. Vous vous en souvenez.

---

2. *Faire l'auto-stop* = ''to hitchhike.''

J. Demandez à un autre étudiant ou à une autre étudiante: (§7)

Exemple: *s'il (si elle) s'est lavé(-e) ce matin.*
Question: *T'es-tu lavé ce matin?*
Réponse: *Oui, je me suis lavé ce matin.* ou
Non, je ne me suis pas lavé ce matin.

1. à quelle heure il (elle) s'est levé(-e) ce matin.
2. s'il (si elle) s'est dépêché(-e) ce matin.
3. s'il (si elle) s'est amusé(-e) hier soir.
4. s'il (si elle) s'est couché(-e) de bonne heure hier soir.
5. s'il (si elle) s'est servi(-e) d'un couteau hier soir.

K. Mettez ces phrases au futur immédiat (**aller** au présent + infinitif): (§8)

Exemple: *Nous nous amusons.*
Nous allons nous amuser.

1. Tu te lèves.
2. Ils se disputent.
3. Tu te maries.
4. Vous vous habillez.
5. Elles se regardent.
6. Tu t'endors.
7. Nous nous ennuyons.
8. Je me fâche.

L. Répondez à ces questions: (§8)

1. Que faites-vous après vous être habillé(-e)?
2. Que faites-vous avant de vous coucher le soir?
3. Que faites-vous pour vous amuser le week-end?
4. Que faites-vous après vous être disputé(-e) avec un(-e) ami(-e)?
5. Quand avez-vous besoin de vous dépêcher?

M. Regardez la photo, page 356, et répondez aux questions suivantes:

1. Où se trouve ce monsieur?
2. S'est-il rasé aujourd'hui? Pourquoi pas?
3. S'est-il déjà déshabillé?
4. S'amuse-t-il ou s'ennuie-t-il? Expliquez.
5. Inventez une question sur la photo et posez-la à quelqu'un.

Exercices écrits

A. Écrivez les exercices oraux E et H.

B. Écrivez les questions et les réponses de l'exercice oral F.

C. Répondez à ces questions: (§1, 2)

1. Vous levez-vous quand le professeur entre dans la classe?
2. Vous ennuyez-vous quelquefois le week-end?
3. Dans quelle pièce vous lavez-vous?
4. Vous regardez-vous souvent avec plaisir?
5. Où vous coucherez-vous ce soir?
6. Quand vous étiez très jeune, à quelle heure vous réveilliez-vous le dimanche?
7. À quelle heure vos parents se levaient-ils le dimanche?

D. Remplacez les tirets par la forme correcte d'un verbe pronominal approprié: (§3)

1. Linda _____ les cheveux.
2. Tu _____ les dents.
3. Je _____ les mains.
4. Marc ne _____ pas les jambes.
5. Nous _____ le visage.

E. Pour chaque verbe inventez une question. Écrivez la question et une réponse possible: (§5)

Exemple: *se dépêcher*
Quand vous dépêchez-vous?
Je me dépêche quand je suis en retard.

1. s'en aller
2. se fâcher
3. se servir de
4. se dépêcher
5. se souvenir de
6. se demander
7. se rappeler
8. se marier avec

F. Écrivez les phrases suivantes et donnez un synonyme pour les expressions soulignées: (§2, 5)

Exemple: *Nous passons le temps très agréablement.*
Nous nous amusons.

1. Il n'a pas d'activité intéressante.
2. Je ne me rappelle pas ce que le professeur a dit.
3. Pourquoi es-tu furieux?
4. J'utilise ce stylo.
5. Il ne part pas avec eux.

Pour les phrases suivantes, donnez le contraire des expressions soulignées:

Exemple: *Je me lève avec plaisir.*
Je me couche avec plaisir.

6. Je m'endors à minuit.
7. Les enfants se couchent de bonne heure.
8. On s'ennuie à Las Vegas.
9. Vous oubliez tout.
10. Il ne faut pas s'habiller devant la fenêtre.

G. Dans les phrases suivantes, remplacez les expressions soulignées par les pronoms convenables; attention à l'accord possible au passé composé: (§7)

1. Je ne me suis pas brossé les dents.
2. Nous nous sommes rappelé cette promesse.
3. Nous ne nous sommes pas souvenus de cette promesse.
4. Nous nous sommes amusés au cinéma.
5. Il s'est servi de mon auto.

H. Mettez les verbes entre parenthèses au passé composé ou à l'imparfait: (§7)

Eliza Doolittle (vend) des fleurs à Londres. Elle (n'est) ni riche ni chic. Le professeur Higgins, expert en phonétique, la (voit) un jour et (l'invite) chez lui pour lui apprendre à parler comme une dame bien élevée. Eliza (vient) chez le professeur. Chaque jour elle (se lève) et puis elle (se dépêche) de travailler. Après plusieurs mois le professeur Higgins (invente) un test pour mesurer son succès: Eliza (s'habille) élégamment, et ils (vont) ensemble à un bal où (se trouvent) beaucoup d'aristocrates. Le professeur la (présente) et (dit) que (c'est) une duchesse. Personne ne (sait) la véritable origine d'Eliza. Eliza (se fâche) à cause de l'égoïsme du professeur. Elle (s'en va) pour se marier avec un garçon qui (l'aime). Pourtant, Eliza (décide) bientôt de ne pas se marier avec le garçon, parce qu'elle (aime) bien le professeur. Alors elle (revient) chez lui.

I. Qu'est-ce que vous avez fait hier soir avant de vous endormir? (Employez **avant de** + infinitif). Écrivez cinq phrases: (§8)

Exemple: *Avant de m'endormir, je me suis couché. Avant de me coucher...*

J. Qu'est-ce que vous ferez demain matin après vous être réveillé(-e)? (Employez **après** + infinitif passé.) Écrivez cinq phrases: (§8)

Exemple: *Après m'être réveillé(-e), je me lèverai. Après m'être levé(-e)...*

Lecture

La Découverte du feu

Nous sommes en pleine préhistoire. C'est une époque intéressante mais un peu mystérieuse et obscure pour tout le monde. Pourtant, les gens qui vivent à cette époque ont certainement des sensations et des émotions, et ils ont probablement des rapports avec les autres membres de leur famille ou de leur tribu.

La vie quotidienne de Cro Magnon, homme préhistorique, est très active, et *il ne s'ennuie* jamais. Tous les matins, *il se réveille* très tôt (ou plutôt, le soleil le réveille parce qu'il n'a pas de réveil). *Il se lève, il se lave* rapidement avec de l'eau mais sans savon. *Il ne se regarde pas* dans un miroir (les miroirs n'existent pas encore). *Il ne se rase pas* non plus, *parce que ça ne se fait pas* dans la préhistoire et aussi parce que sa femme, Marie Magnon, née Derthal, adore sa barbe et sa moustache. Il n'a pas besoin de *s'habiller* parce que, quand *il se couche, il ne se déshabille* jamais!

Les Magnon ont une très grande famille, mais *ils ne se souviennent pas* des noms de tous leurs enfants. Le dimanche tous les Magnon *se promènent*[3] dans la nature

---

3. *Se promener* = faire une promenade.

Mais Cro, qui avait des prétentions d'artiste et d'inventeur, s'est mis à dessiner...

Les Caprices de Marie.
Angevine est un paisible petit village français. Un milliardaire américain décide d'épouser Marie, la fille du «bistro» du village. Marie accepte la proposition de l'Américain à condition qu'il transporte Angevine à New York! Angevine devient donc une réserve française que visitent les touristes, mais Marie se rétracte et retourne vers son premier amour. Le milliardaire devient promoteur de villages à la française aux États-Unis.

avec leur dinosaure domestique, Fido. Quand ils sont fatigués, ils montent sur le dos de Fido, et *ils se reposent*. Comme Fido est très grand, ils sont plus hauts que les arbres de la forêt, et quand il fait beau la vue est magnifique.

Le jour de cette histoire, les Magnon ne sont pas allés *se promener*. Tout le monde est resté à la caverne pour la visite du grand-père Néant Derthal, père de Madame Magnon. Il avait promis d'amener l'ancêtre maternel de toute la famille, le vieil Australo Pithèque. Madame Magnon voulait servir un bon dîner (froid, naturellement, parce que le feu n'existait pas encore); mais Cro, qui avait des prétentions d'artiste et d'inventeur, *s'est mis à*[4] dessiner sur les murs de la caverne. Il *se servait d'*un morceau de bois.

—*Dépêche-toi,* Cro! *Va-t-en* vite! Est-ce que *tu te rends compte de*[5] l'heure qu'il est? Mon père, Néant, sera là dans quelques minutes et nous n'avons rien à manger. *Va-t-en* vite chercher des animaux très tendres. *Rappelle-toi* qu'il n'a plus de dents à son âge, le pauvre! Il nous faut aussi du lait pour notre ancêtre Australo, qui est retombé en enfance il y a bien longtemps!

Pendant qu'elle parlait, Cro continuait à dessiner des animaux. *Il se disait* qu'il y avait tant de choses à inventer: le feu, la roue, la fusion des métaux, une machine à mesurer le temps... *Il se demandait* quand il allait trouver le temps de découvrir tout cela. C'était un illuminé, un rêveur, un sentimental...!

—Cro! Je te dis de *t'en aller!* Quand vas-tu *t'arrêter de*[6] dessiner ces graffiti grotesques, puérils et ridicules?

Alors Cro, insulté, est sorti de sa rêverie:

—Je veux marquer notre passage ici pour la postérité et montrer à nos futurs descendants que leur ancêtre Cro n'était pas un primitif—qu'en fait c'était un très grand artiste!

À ce moment-là Marie *s'est mise en colère.*[7] Comme tout le monde dans la préhistoire, elle avait tendance à *se disputer* facilement et à devenir violente. Elle *s'est rendu compte* qu'une grosse pierre *se trouvait* à côté de son pied, et elle l'a jetée sur son mari.

Heureusement pour Cro (et pour la postérité) la pierre ne l'a pas touché et *s'est écrasée* contre le mur de la caverne. Alors, une grande étincelle *s'est produite* devant toute la famille et elle a éclairé toute la caverne, qui était normalement très sombre. Tout le monde *s'est arrêté de* parler. Émerveillés par l'étincelle, les enfants *se sont amusés* à jeter des pierres contre le mur et sur les dessins du pauvre Cro pour essayer de provoquer le même phénomène.

---

4. *Se mettre à* + *infinitif* = commencer à.
5. *Se rendre compte* = réaliser.
6. *S'arrêter de* + *infinitif* = finir de.
7. *Se mettre en colère* = se fâcher.

Les Magnon ont continué à *se disputer,* mais ce jour-là les Magnon, Néant Derthal et leur ancêtre maternel Australo Pithèque ont savouré leur premier repas chaud, le premier de tous les temps! C'était une grande sensation! Après cet incident, Marie Magnon prétendait qu'elle avait créé le feu et Cro *s'en disait* aussi l'inventeur. Ni la préhistoire ni l'histoire n'ont éclairci ce mystère.

Questions sur la lecture

1. Qui est Cro Magnon?
2. Que fait-il tous les matins?
3. Pourquoi ne se rase-t-il pas?
4. Qu'est-ce que les Magnon font le dimanche?
5. Pourquoi les Magnon ne sont-ils pas allés se promener le jour de notre histoire?
6. Qu'est-ce que Marie dit à Cro de faire?
7. Que faisait Cro pendant que Marie parlait?
8. Qu'est-ce qu'il y avait à inventer?
9. Pourquoi Cro était-il insulté?
10. Quand Marie s'est mise en colère, qu'est-ce qu'elle a fait?
11. Qu'est-ce qui est arrivé quand la pierre s'est écrasée contre le mur? Quelle a été la réaction de la famille?
12. À votre avis, qui a inventé le feu?

Discussion / Composition

1. Comment est-ce que votre vie quotidienne est différente de la vie de Cro et de Marie? Est-elle aussi intéressante que leur vie? Expliquez.
2. Imaginez le jour d'une invention ou d'une découverte importante pour l'histoire (le téléphone, la photographie, le vaccin contre la rage,[8] la découverte de l'électricité, la découverte de l'Amérique, etc.). Imaginez la journée de l'inventeur ou les circonstances de la découverte. La vérité historique n'est pas absolument nécessaire. Employez beaucoup de verbes pronominaux au passé.

Vocabulaire

noms
barbe f.
dessin m.
enfance f.
étincelle f.
feu m.
morceau m.
roue f.
savon m.
tribu f.

adjectifs
bien élevé(-e)
chargé(-e)
émerveillé(-e)
quotidien(-ne)

verbes
amener
s'amuser
s'appeler
s'arrêter de
se brosser
se coucher
se demander
se dépêcher
se déshabiller
dessiner
se disputer
éclaircir
s'écraser
s'en aller
s'endormir
s'ennuyer
épouser
se fâcher
féliciter
s'habiller
se laver
se lever
se marier (avec)
se mettre en colère
se promener
se rappeler
se raser
se regarder
se rendre compte
  de
se reposer
se réveiller
se servir de
se souvenir de
se trouver

noms apparentés
égoïsme m.
graffiti m. pl.
métal m.
passage m.
photographie f.
promesse f.
rêverie f.
succès m.

8. *La rage* = "rabies."

Échanges

— On se rase ici.[1]

— Oui! Quelle barbe![2] On se tire alors?[3]

— D'acc! Allons chez Michel. On se fend toujours la gueule[4] chez lui.

— Et puis après on pourra se pointer[5] chez Sylvie.

— Super! Je me marre[6] toujours chez elle aussi.

— Cette soirée mal commencée va se terminer en beauté.

— On se débrouille[7] bien nous deux.

1. *On se rase.* = Nous nous ennuyons.
2. *Quelle barbe!* = Comme c'est ennuyeux!
3. *On se tire.* = Nous nous en allons.
4. *On se fend la gueule.* = On rit beaucoup.
5. *Se pointer* = aller, arriver.
6. *Je me marre.* = Je ris beaucoup.
7. *On se débrouille bien nous deux.* = "Between the two of us we work things out."

Improvisation

Pour quatre ou cinq personnes. Préparez un documentaire qui s'appelle «La Vie quotidienne de _____». Choisissez un personnage réel ou fictif, célèbre ou ordinaire. Une personne joue le rôle d'un journaliste, les autres peuvent jouer le rôle du personnage principal et d'autres gens dans sa vie quotidienne.

rondeau

Charles d'Orléans
1394—1465

Le temps a laissé son manteau
De vent, de froidure et de pluie,
Et s'est vêtu de broderie,
De soleil luisant, clair et beau.

Il n'y a bête ni oiseau
Qu'en son jargon ne chante ou crie:
Le temps a laissé son manteau!

Rivière, fontaine et ruisseau
Portent en livrée jolie,
Gouttes d'argent d'orfèvrerie,
Chacun s'habille de nouveau:
Le temps a laissé son manteau!

23
Vingt-troisième Leçon

Le conditionnel:
    formation du présent et du passé
    usage

Récapitulation de la concordance des temps
    avec *si*

Le verbe *devoir:*
    devoir + nom
    devoir + infinitif

Lecture: *La Belle Histoire de Tristan et Iseult*

Vie de la noblesse au Moyen Âge *(Les Très Riches Heures du Duc de Berry)*

DÉCOUVERTE

Présentation

Voudriez-vous déjeuner avec moi?

Oui, volontiers.[1] **Pourriez-vous** venir me chercher?

Si vous alliez en France, **iriez-vous** seul ou avec des amis?

*Si j'*y *allais,* **je préférerais** y aller seul.

Où **vous installeriez-vous?**

Je m'installerais dans un petit hôtel et **je ferais** toutes les choses que les Français font.

Explications

1   *Le conditionnel est un mode.*[2] Il y a deux temps conditionnels: le *conditionnel présent* et le *conditionnel passé.*

A. Formation du *conditionnel présent:*

    1. Pour former le *conditionnel présent,* on prend le radical du futur, mais on remplace les terminaisons du futur par les terminaisons de l'imparfait: **-ais, -ais, -ait, -ions, -iez, -aient.**

    Exemples: futur   *conditionnel*

parler	
je parler**ai**	**je** parler**ais**
tu parler**as**	**tu** parler**ais**
il parler**a**	**il** parler**ait**
nous parler**ons**	**nous** parler**ions**
vous parler**ez**	**vous** parler**iez**
ils parler**ont**	**ils** parler**aient**

---

1. *Volontiers* = certainement, avec plaisir.

2. Le mode que vous avez le plus employé jusqu'ici est l'indicatif (présent, passé composé, futur, imparfait, plus-que-parfait). L'impératif est aussi un mode, mais qui n'a qu'un seul temps—le présent.

finir

je finir**ai**	**je** finir**ais**
tu finir**as**	**tu** finir**ais**
il finir**a**	**il** finir**ait**
nous finir**ons**	**nous** finir**ions**
vous finir**ez**	**vous** finir**iez**
ils finir**ont**	**ils** finir**aient**

rendre

je rendr**ai**	**je** rendr**ais**
tu rendr**as**	**tu** rendr**ais**
il rendr**a**	**il** rendr**ait**
nous rendr**ons**	**nous** rendr**ions**
vous rendr**ez**	**vous** rendr**iez**
ils rendr**ont**	**ils** rendr**aient**

s'installer

je m'installer**ai**	**je** m'installer**ais**, **tu** t'installer**ais**, etc.

2. Naturellement, les verbes qui ont un *radical irrégulier* au futur ont la même irrégularité au conditionnel. *Les terminaisons sont toujours régulières.*

Exemples: futur   conditionnel

avoir

j'**aur**ai	j'**aur**ais, tu **aur**ais, etc.

être

je **ser**ai	je **ser**ais, tu **ser**ais, etc.

aller

j'**ir**ai	j'**ir**ais, tu **ir**ais, etc.

venir

je **viendr**ai	je **viendr**ais, tu **viendr**ais, etc.

faire

je **fer**ai	je **fer**ais, tu **fer**ais, etc.

voir

je **verr**ai	je **verr**ais, tu **verr**ais, etc.

savoir

je **saur**ai	je **saur**ais, tu **saur**ais, etc.

vouloir

je **voudr**ai	je **voudr**ais, tu **voudr**ais, etc.

pouvoir

je **pourr**ai	je **pourr**ais, tu **pourr**ais, etc.

3. Voici le conditionnel de certaines expressions impersonnelles:

présent	*futur*	*conditionnel*
c'est	ce sera	**ce serait**
il y a	il y aura	**il y aurait**
il faut	il faudra	**il faudrait**
il fait (beau, mauvais)	il fera	**il ferait**

B. Usage du conditionnel présent:

1. On utilise le conditionnel pour être plus poli ou plus gentil.

Exemples: **Je voudrais** un peu de sucre, s'il vous plaît.
Pourriez-vous venir me voir?
Auriez-vous la bonté de m'accompagner?

2. On utilise le conditionnel quand l'action exprimée par le verbe dépend d'une condition ou d'une supposition hypothétiques; cette condition ou cette supposition sont introduites par:

si + imparfait

Exemples: Si **vous veniez** avec nous, **nous serions** très contents.
Si **tu voulais** vraiment étudier, **tu apprendrais** facilement.

Présentation

Si vous aviez pu choisir votre famille, quelle sorte de famille **auriez-vous choisie?**

Oh, je ne sais pas, mais je pense que **j'aurais voulu** avoir les mêmes parents.

Si vous n'aviez pas dormi la nuit dernière, **seriez-vous venu** en classe aujourd'hui?

Naturellement! Même si je n'avais pas dormi, **je serais venu!**

Explications

2 Le *conditionnel passé* est le deuxième temps du mode conditionnel.

A. Formation du *conditionnel passé:*
Pour former le *conditionnel passé,* on met l'*auxiliaire au conditionnel présent* et on ajoute le *participe passé.*

parler	arriver
j'aurais parlé	je serais arrivé(-e)
tu aurais parlé	tu serais arrivé(-e)
il aurait parlé	il serait arrivé
elle aurait parlé	elle serait arrivée
nous aurions parlé	nous serions arrivé(-e)s
vous auriez parlé	vous seriez arrivé(-e) (-s)
ils auraient parlé	ils seraient arrivés
elles auraient parlé	elles seraient arrivées

finir	partir
j'aurais fini	je serais parti(-e)
tu aurais fini, etc.	tu serais parti(-e), etc.

rendre	s'installer
j'aurais rendu	je me serais installé(-e)
tu aurais rendu, etc.	tu te serais installé(-e), etc.

B. Usage du conditionnel passé:
Quand la condition ou la supposition hypothétiques sont introduites par un verbe au *plus-que-parfait,* l'autre verbe est au *conditionnel passé.*

Exemples: Si **vous étiez venu** avec nous, **nous aurions été** très
contents.
Si **tu avais voulu** étudier, **tu m'aurais fait** plaisir.

Remarquez que le résultat de la situation hypothétique est seulement une possibilité du passé. On emploie le plus-que-parfait pour exprimer l'hypothèse du passé et le conditionnel passé pour en exprimer le résultat.

3 Récapitulation de la concordance (''agreement'') des temps avec **si:**

A. Vous savez que quand la condition ou la supposition hypothétiques sont introduites par un verbe au *présent,* l'autre verbe est au *futur.*

Exemples: Si **vous voulez** le savoir, **je** vous le **dirai.**
Si **elles viennent** la semaine prochaine, **nous serons**
contents.

Remarquez que la situation hypothétique, exprimée au présent, est déjà presque réelle et que le résultat, exprimé au futur, est une probabilité immédiate.

> *Résumé:* **si** + *présent,* l'autre verbe est au *futur*
> **si** + *imparfait,* l'autre verbe est au *conditionnel présent*
> **si** + *plus-que-parfait,* l'autre verbe est au *conditionnel passé*

Remarquez qu'il n'y a ni futur, ni conditionnel après **si** hypothétique.

B. La condition ou la supposition peuvent être placées avant ou après l'autre verbe.

> *Exemples:* **Nous serons** contents **si vous venez.**
> **Si tu voulais** étudier, **tu me ferais** plaisir.
> **Nous aurions été** contents **si vous étiez venu.**

> *Remarquez:* Quand **si** n'introduit pas une condition ou une supposition hypothétiques (c'est-à-dire quand **si** a le sens de ''whether''), on peut utiliser le futur, le conditionnel ou les autres temps quand ils sont nécessaires, particulièrement avec les verbes qui posent une question indirecte **(savoir, demander, se demander).**

> *Exemples:* Il me demande **si je viendrai** demain.
> Antoinette voulait savoir **si Louis allait dire** la vérité.
> Je me suis demandé **si vous reconnaîtriez** notre maison.

C. L'expression **on dirait (on aurait dit):** C'est une expression très utile pour exprimer une comparaison, une probabilité, ou l'apparence d'une personne, d'un sentiment, d'une situation, d'un fait.

> *Exemples:* Elle a l'air pâle. **On dirait** qu'elle est malade.
> Elle avait l'air pâle. **On aurait dit** qu'elle était malade.
> Ces animaux sont intelligents. **On dirait** des êtres humains.

Présentation

Est-ce que **vous** me **devez** *de l'argent?*	Oui, **je** vous **dois** *un dollar.*
Qu'est-ce que **vous devez** *faire* aujourd'hui?	**Je dois** *aller* à mes cours, **je dois** *déjeuner* avec Pat et puis **je dois** *aller* à un rendez-vous à quatre heures.
Ted et Alice sont absents. **Ils doivent** *être* malades.	Non. Ils sont absents parce qu'**ils doivent** *avoir peur* de l'examen.
Vous deviez *écrire* une composition pour aujourd'hui, n'est-ce pas?	Oui, **nous devions** en *écrire* une... mais nous n'avons pas fini de l'écrire.
Où est votre clé? **Vous avez dû** la *perdre.*	Je ne la trouve pas. En effet, **j'ai dû** la *perdre.*

Est-ce que **vous devriez** *écrire* plus souvent à vos parents?

Oui, **je devrais** leur *écrire* plus souvent, mais, hélas! je n'ai pas le temps.

La voiture de Fred a coûté très cher. Est-ce qu'**il aurait dû** l'*acheter?*

Non. **Il n'aurait pas dû** *acheter* cette voiture.

Explications

4 **Devoir:**

A. La conjugaison du verbe **devoir:**

présent	
je dois	**nous devons**
tu dois	**vous devez**
il doit	**ils doivent**

futur	*conditionnel*	*imparfait*
je devrai	**je devrais**	**je devais**
tu devras, etc.	**tu devrais**, etc.	**tu devais**, etc.

passé composé	*plus-que-parfait*	*conditionnel passé*
j'ai dû	**j'avais dû**	**j'aurais dû**
tu as dû, etc.	**tu avais dû**, etc.	**tu aurais dû**, etc.

B. **Devoir** + *nom* exprime une dette financière ou morale.

Exemples: présent
On doit *de l'argent* à la banque, à un ami.
On doit *un livre* à la bibliothèque.
On doit *du respect* à ses parents.

imparfait
Mon père **devait** *de l'argent* à ma grand-mère.

futur
Quand nous aurons fini de payer la voiture et la maison, **nous ne devrons plus** *rien* à personne.

C. **Devoir** + *infinitif* exprime une obligation, une probabilité ou une éventualité.

1. Obligation:

Exemples: présent
Vous devez *avoir* votre passeport quand vous voyagez en Europe.
Il doit *dire* la vérité devant la commission d'enquête du Sénat.

imparfait

Vous deviez *avoir* votre passeport quand vous voyagiez en Europe.

Il devait *dire* la vérité devant la commission d'enquête du Sénat.

futur

Vous devrez *avoir* votre passeport quand vous voyagerez en Europe.

Il devra *dire* la vérité devant la commission d'enquête du Sénat.

2. Probabilité (généralement au présent ou au passé composé):

Exemples: Charles est absent; **il doit** *être* malade.

Vous avez dû *vous amuser* pendant les vacances.

La mort de Marie Stuart **a dû** *être* horrible.

3. Éventualité (généralement au présent ou à l'imparfait):

Exemples: Georges et Maureen **doivent** *se marier* le 14 septembre.

Nous devions *aller* à la plage, mais il a plu; alors, nous sommes restés à la maison.

Elles devaient *venir,* mais elles n'ont pas pu.

D. **Devoir** *au mode conditionnel:*

1. **Devoir** *(au conditionnel présent)* + *infinitif* indique un avis ("advice"), une recommandation, un conseil ou une suggestion.

Exemples: **Vous ne devriez pas** *fumer.*

Je devrais *manger* régulièrement.

Nous devrions *nous préparer* pour l'examen.

2. **Devoir** *(au conditionnel passé)* + *infinitif* indique un avis, une recommandation rétrospective, un conseil ou une suggestion tardifs au passé.

Exemples: **Vous n'auriez pas dû** *fumer.*

J'aurais dû *manger* régulièrement.

Nous aurions dû *nous préparer* pour l'examen.

CRÉATION

Exercices oraux

A. Les verbes suivants sont au futur. Mettez-les au conditionnel présent: (§1)

Exemple: *Il parlera fort. Il parlerait fort.*

1. Il parlera vite.
2. Vous obéirez au juge.
3. Je ferai la cuisine.
4. Nous voudrons dormir.
5. Ils s'ennuyeront.
6. Tu voudras partir.
7. Elle viendra chez vous.
8. Vous pourrez entrer.
9. Nous nous en irons.
10. Elles répondront bien.

B. Employez le conditionnel pour rendre les phrases suivantes plus polies: (§1)

Exemple: *Savez-vous l'heure? Sauriez-vous l'heure?*

1. Avez-vous cinq dollars?
2. Nous voulons votre opinion.
3. Est-ce que je peux vous aider?
4. Est-il possible de partir maintenant?
5. Il faut du vin.
6. Y a-t-il de la place pour moi?

C. Demandez à un autre étudiant ou à une autre étudiante: (§1)

Exemple: *où il (elle) habiterait s'il (si elle) avait le choix.*
Question: *Où habiterais-tu si tu avais le choix?*
Réponse: *Si j'avais le choix, j'habiterais dans un château.*

1. où il (elle) irait s'il (si elle) avait un avion.
2. où il (elle) serait s'il (si elle) n'était pas en classe.
3. comment il (elle) s'appellerait s'il (si elle) était français(-e).
4. avec qui il (elle) sortirait s'il (si elle) avait le choix.
5. ce qu'il (elle) changerait s'il (si elle) pouvait changer son apparence physique. («Qu'est-ce que tu...?»)
6. à quelle heure il (elle) se réveillerait s'il n'y avait pas de classe aujourd'hui.
7. quel temps il ferait si c'était le premier janvier.
8. de quoi il (elle) se servirait s'il fallait faire une statue.

D. Les verbes suivants sont au présent de l'indicatif. Mettez-les au conditionnel passé: (§2)

1. Tu n'entends pas.
2. Je me sers d'un crayon.
3. Ils ont peur.
4. Vous revenez.
5. Nous nous disputons.
6. Elle est triste.
7. Je vois mes amis.
8. Nous savons la réponse.

E. Répondez aux questions suivantes: (§2)

1. Si vous aviez été dans la famille de Cro, auriez-vous habité dans une caverne?
2. Si vous étiez couché(-e) à trois heures du matin, auriez-vous pu venir en classe aujourd'hui?
3. Si vous aviez vu Cléopatre, seriez-vous tombé amoureux d'elle?
4. Si vous aviez vécu à l'époque de Paul Revere, quelle aurait été votre profession?
5. Si on n'avait pas découvert l'électricité, comment la vie aurait-elle été différente?

F. Ajoutez **on dirait...** ou **on aurait dit...** aux phrases suivantes pour exprimer une comparaison: (§3)

Exemple: *Comme il est obèse!*
Comme il est obèse. On dirait un éléphant!

1. Mon chat est féroce.
2. Quel nez énorme!
3. Il chantait très bien.
4. Oh! Quel idiot!

G. Mettez une forme du verbe **devoir** dans les phrases suivantes pour exprimer une action obligatoire: (§4)

Exemple: *Je suis obligé d'étudier maintenant.*
Je dois étudier maintenant.

1. Nous sommes obligés de parler français.
2. Vous êtes obligé de vous souvenir de vos rendez-vous.
3. On est obligé d'être poli.
4. Elles ont besoin de voir leur grand-mère.
5. Ils auront besoin d'aller en ville ce soir.
6. J'aurai besoin de faire attention.
7. Vous serez obligé de répondre à cette lettre.
8. Ils seront obligés de finir avant une heure.

H. Utilisez le verbe **devoir** pour exprimer «probablement»: (§4)

Exemple: *Cet exercice est probablement trop facile.*
Cet exercice doit être trop facile.

1. Cet exercice est probablement trop simple.
2. Elle est probablement venue ce matin.
3. Il a probablement oublié notre réunion.
4. Ils s'en sont probablement allés.
5. Elle lui a probablement parlé.
6. Nous sommes probablement en avance.

I. Imaginez les explications possibles pour les situations suivantes et formulez une déduction probable avec une forme du verbe **devoir**: (§4)

Exemple: *J'entends toujours de la musique.*
Je dois être amoureux.

1. Tu as beaucoup d'énergie aujourd'hui!
2. Ce petit garçon a mal à l'estomac.
3. La femme de Jacques Spratt est obèse.
4. Carol ne peut pas s'endormir.
5. Les étudiants sont brillants aujourd'hui.

J. Donnez un conseil à un ami ou à une amie et employez **devoir** au conditionnel: (§4)

Exemple: *d'être plus souvent en classe.*
Tu devrais être plus souvent en classe.

1. d'étudier avant l'examen final.
2. d'écrire à ses parents.
3. de se coucher plus tôt.
4. de manger régulièrement.
5. de dire la vérité.
6. de se brosser les dents.

K. Réagissez aux situations suivantes avec un conseil. Utilisez le verbe **devoir** au conditionnel ou au conditionnel passé: (§4)

Exemple: *J'ai oublié mon rendez-vous.*
J'aurais dû regarder mon agenda.

1. Marilyn a perdu tout son argent à Las Vegas.
2. Je ne comprends pas la leçon.
3. Mes plantes sont mortes.
4. J'ai froid.
5. Papa s'est mis en colère!
6. Archibald a perdu ses cheveux.

Exercices écrits

A. Écrivez l'exercice oral E.

B. Dans les phrases suivantes, mettez le présent à l'imparfait et faites les autres changements nécessaires: (§1)

Exemple: *Si j'ai le temps, j'irai au concert.*
Si j'avais le temps, j'irais au concert.

1. S'il pleut, je resterai chez moi.
2. Elle achètera beaucoup de disques si elle va en France.
3. Je parlerai de vous si je rencontre votre professeur.
4. S'ils insistent, nous obéirons.
5. Il ira en Europe s'il a assez d'argent.
6. Si je sais la réponse, je répondrai à la question.

C. Répondez à ces questions par des phrases complètes: (§3)

Exemple: *Quelle langue parleriez-vous si vous étiez canadien(-ne)?*
Si j'étais canadien(-ne) je parlerais français et anglais.

1. Quelles langues parleriez-vous si vous étiez suisse?
2. Que feriez-vous si vous étiez président des États-Unis?
3. Si vous aviez été à Paris l'été dernier, quels monuments auriez-vous visités? (Notre-Dame, Versailles, l'Arc de Triomphe, etc.)
4. Iriez-vous au cinéma le soir avant un examen si on vous donnait deux billets?
5. Si vous étiez malade, iriez-vous à vos cours?
6. Si vous avez un cours à midi, mangez-vous avant ou après?

D. Complétez ces phrases: (§3)

Exemple: *S'il y avait des habitants sur Mars,...*
S'il y avait des habitants sur Mars, nous voudrions les connaître.

1. S'il pleut aujourd'hui,...
2. Si j'avais de l'argent,...
3. Je me serais endormi si...
4. Si j'avais été dans le jardin d'Éden,...
5. Si je pouvais recommencer ma vie,...
6. Nous aurions réussi à l'examen si...
7. Cet enfant serait gentil si...
8. Je rougirais si...

E. Répondez à la question qui accompagne chaque photo. Écrivez cinq phrases par photo et utilisez le verbe **devoir** dans vos réponses: (§4)

1. Hier soir ces gens sont allés à une grande soirée où ils ont trop mangé et trop bu. Aujourd'hui ils en souffrent. Qu'est-ce qu'ils devraient faire pour diminuer leur souffrance?

Sans mobile apparent, Philippe Labro, 1971; sur la photo: Jean-Pierre Marielle et Laura Antonelli.

2. Il y a un instant, Louise a répondu au téléphone. La voix qu'elle entend n'est pas la voix d'un ami. C'est la voix d'une personne qui a enlevé[3] son chien, Roméo, que Louise aime beaucoup. La voix lui demande une somme astronomique d'argent pour lui rendre Roméo; sinon, la voix menace d'envoyer le chien en Sibérie! Qu'est-ce que Louise devrait faire?

Nathalie Granger, Marguerite Duras, 1972; sur la photo: Jeanne Moreau.

3. *Enlever* = kidnapper.

F. Répondez aux questions suivantes: (§4)

1. Devez-vous de l'argent?
2. Devrez-vous être présent(-e) le jour de l'examen?
3. À quelle heure devez-vous vous réveiller pour arriver en classe à l'heure?
4. Devrait-on regarder la télévision?
5. Devriez-vous répondre à cette question en français?
6. Auriez-vous dû faire attention aux recommandations de vos parents?

G. Complétez le paragraphe suivant en employant les formes correctes du verbe **devoir**: (§4)

Mon Dieu! C'est une question sur le verbe **devoir**! Je ne savais pas que nous _____ étudier ça. Je _____ être absent le jour où on a parlé de ça en classe. Mais, si le professeur avait vu que j'étais absent ce jour-là, elle _____ répéter l'explication le jour suivant. Eh bien, que faut-il faire maintenant? Peut-être que je _____ expliquer au professeur que je ne connais pas le verbe **devoir** parce que je ne savais pas qu'il fallait l'étudier. Non, je ne peux pas. Le professeur n'a pas l'air sympathique aujourd'hui; elle _____ être fatiguée.

H. Traduisez les phrases suivantes: (§4)

1. You must study.
2. You should study.
3. You were supposed to study yesterday.
4. You must have studied.
5. You should have studied.
6. We must get washed.
7. We were supposed to get washed.
8. We will have to get washed.

Mais Tristan et Iseult se sont sauvés et se sont réfugiés dans la forêt.

À nous deux, Claude Lelouche, 1979; sur la photo: Catherine Deneuve, Jacques Dutronc.

Simon est le fils du «Marquis», chef d'un gang. On arrête Simon, qui, comme son père, est devenu un bandit. Condamné à dix ans de prison, il s'échappe le soir de Noël. Il rencontre alors Françoise, spécialiste de la fraude et de la falsification. Ils doivent se sauver ensemble.

Lecture

La Belle Histoire de Tristan et Iseult

Vous devez connaître les histoires d'amour les plus célèbres: Daphnis et Chloë, Antoine et Cléopatre, Roméo et Juliette, et *vous avez dû* être, vous-même, le protagoniste d'une histoire d'amour aussi romantique, mais moins fameuse. Pourtant, les circonstances romanesques et miraculeuses de l'amour de Tristan pour Iseult et d'Iseult pour Tristan ont quelque chose d'unique et de fantastique.

Vous devez savoir que le roman se situe au milieu du douzième siècle, c'est-à-dire au commencement de l'époque de la littérature courtoise. Il fait partie d'un ensemble de romans sur la cour du roi Arthur et les chevaliers de la Table ronde. C'était l'époque des croisades, et les nobles dames de France *devaient* s'ennuyer dans leurs châteaux. Il y avait quelquefois des troupes de troubadours qui s'installaient dans les châteaux pour quelque temps. C'étaient de très beaux jeunes gens aux cheveux longs, acrobates, musiciens, poètes qui jouaient du luth, de la flûte à bec, du tambourin et beaucoup d'autres instruments qui ne se font plus aujourd'hui. Pendant les longues soirées d'hiver on s'asseyait dans la grande salle du château, on racontait de belles histoires romanesques et on s'accompagnait en musique.

Or, Tristan était un jeune homme très vaillant. Son oncle Marc était roi de Cornouaille. L'oncle et le neveu s'aimaient beaucoup, mais les circonstances allaient rendre leurs rapports très difficiles. *Si* Tristan *avait imaginé* son destin extra-ordinaire, *il ne serait pas parti.* Cependant, deux hirondelles avaient apporté un cheveu blond. *Si* Tristan *trouvait* la jeune fille à qui appartenait ce cheveu *il devrait* la ramener en Cornouaille, et *elle se marierait* avec le roi Marc. *Si* les hirondelles *n'avaient pas apporté* le cheveu, *il n'y aurait pas eu* d'aventure. Mais, naturellement, Tristan a réussi à trouver la jeune fille, qui s'appelait Iseult et qui habitait en Irlande. Quand il est arrivé chez elle, tout le pays avait peur d'un dragon qui dévorait toutes les jeunes filles. *Si* Tristan *réussissait* à tuer le dragon, *il pourrait* demander la main d'Iseult pour son oncle. Finalement, Tristan a débarrassé le pays de cet horrible monstre. Les deux jeunes gens se préparaient à partir lorsque la mère d'Iseult a mis dans le bateau une bouteille de potion magique pour sa fille et le roi Marc.

Les deux amants se sont mis en route. Pendant le voyage, ils avaient soif et ils ont bu, par erreur, la potion magique. Alors, Tristan est tombé amoureux d'Iseult et Iseult s'est sentie transportée d'un amour pour Tristan. Les jeunes gens se sont aperçus qu'ils s'étaient trompés de flacon et que désormais ils s'aimaient pour toujours, dans la vie et dans la mort. *S'ils n'avaient pas bu* la potion, *ils ne se seraient pas* sans doute[4] *aimés.*

Arrivés en Cornouaille, ils ont essayé de se séparer et Iseult et Marc se sont mariés. Iseult est devenue reine, mais la passion des deux jeunes gens était plus forte que tout et ils ont continué à se voir en secret. Quand le roi s'est rendu compte de leur liaison, il les a condamnés à être brûlés vifs.

Mais Tristan et Iseult se sont sauvés et se sont réfugiés dans la forêt. Là, ils avaient une existence très dure: ils n'avaient pas de maison, ils mangeaient les animaux que Tristan chassait et quelques racines, mais ils s'aimaient et c'était l'essentiel. Un jour, le roi Marc, qui chassait par là, les a surpris endormis, l'un à côté de l'autre. Alors, il s'est demandé s'il fallait les tuer. Mais il y a renoncé. Il pensait: «*Si j'enlevais* la bague d'Iseult et *si je* la *remplaçais* par ma bague, *elle se rendrait* compte que je lui ai pardonné. Et *si je prenais* l'épée de Tristan et *si je* la *remplaçais* par mon épée, *il comprendrait* aussi que je lui ai pardonné.»

4. En français, *sans doute* a un sens faible, c'est-à-dire «probablement». Quand on veut insister, on dit «sans aucun doute» (certainement).

Après cet épisode, Iseult et Tristan, pleins de remords, ont décidé de se séparer et Iseult est retournée avec Marc. Tristan, pour oublier Iseult la Blonde, s'est marié avec une autre Iseult, Iseult la Brune.

Un jour, Tristan est blessé par une arme empoisonnée et il ne veut pas mourir sans revoir Iseult.[5] Il envoie son beau-frère chercher la reine. *S'il* la *ramène,* la voile du bateau *sera* blanche; sinon, *elle sera* noire. Iseult accepte sans hésitation. Tristan attend; il va mourir. En mer, une tempête empêche le bateau d'aborder. Tristan, qui se meurt,[6] demande à Iseult la Brune si la voile est blanche. En effet, elle est blanche, mais, perfide et jalouse, elle lui répond qu'elle est noire et Tristan meurt sans revoir Iseult. Quand Iseult la Blonde arrive devant le corps de son bien-aimé, elle se rend compte qu'elle ne pourra plus vivre sans lui car la potion les a réunis pour la vie et pour la mort. Alors, elle s'allonge à côté de Tristan et elle meurt.

On les enterre, l'un à côté de l'autre, et alors, ô merveille! un rosier sauvage sort du tombeau de Tristan et va fleurir sur le tombeau d'Iseult.

Belle amie, ainsi est de nous,
Ni vous sans moi, ni moi sans vous.

---

5. Remarquez que cet emploi du présent, qu'on appelle le «présent historique», donne une force particulière à la narration du passé.

6. *Se mourir* (verbe littéraire) = être sur le point de mourir.

Questions sur la lecture

1. À quelle époque se situe l'histoire de Tristan et Iseult?
2. Pourquoi les nobles dames de France s'ennuyaient-elles dans leurs châteaux?
3. Que faisaient les troubadours?
4. Qu'est-ce que Tristan devait faire pour gagner la main d'Iseult pour son oncle?
5. Pourquoi Tristan et Iseult se sont-ils aimés?
6. Avec qui Iseult était-elle obligée de se marier?
7. Qu'est-ce que Marc a fait quand il a vu qu'Iseult aimait Tristan?
8. Où Tristan et Iseult se sont-ils réfugiés? Comment était leur vie?
9. Marc a-t-il pardonné aux deux amants?
10. Pourquoi Tristan s'est-il marié avec Iseult la Brune?
11. Pourquoi Tristan est-il mort sans revoir Iseult la Blonde? Pourquoi Iseult est-elle morte?
12. Croyez-vous à la force du destin? Si les deux amants n'avaient pas eu soif, auraient-ils bu la potion? S'ils n'avaient pas bu la potion, se seraient-ils aimés?

Discussion / Composition

1. Si vous aviez été le roi Marc, auriez-vous pardonné à Tristan et à Iseult? Qu'est-ce que vous auriez fait? Est-ce que Tristan et Iseult auraient dû résister à leur amour?
2. Racontez une histoire d'amour tragique et puis essayez d'imaginer une fin plus heureuse. Utilisez le conditionnel passé. (Exemple d'une fin plus heureuse: Si Tristan et Iseult n'avaient pas bu la potion magique, Iseult l'aurait bu avec le roi Marc. Ils se seraient aimés...)
3. Si vous pouviez recommencer votre vie, feriez-vous les mêmes choses? Les mêmes erreurs? Auriez-vous les mêmes amours? Préféreriez-vous être dans un autre pays? Vivre à une autre époque? À une époque passée? Future? Pourquoi?

Vocabulaire

noms
amant(-e) m. ou f.
bague f.
bonté f.
chevalier m.
choix m.
cour f.
destin m.
enquête f.
épée f.
fin f.
flacon m.
hirondelle f.
merveille f.
mort f.
psychologue m.
racine f.
roi m.
rosier m.
séance f.
voile f.

adjectifs
amoureux /
    amoureuse
bien-aimé(-e)
blessé(-e)
courtois(-e)
perfide
poli(-e)
sauvage
vif / vive

autres expressions
ainsi
cependant
désormais
jeunes gens
sinon
tomber amoureux
    de
volontiers

verbes
aborder
s'allonger
s'apercevoir
appartenir
s'asseoir
chasser
coûter
débarrasser
devoir
empêcher
enterrer
s'installer
se mettre en route
ramener
réunir
se sauver
se tromper de

noms apparentés
épisode m.
instant m.
remords m.
secret m.
somme f.
troubadour m.
troupe f.

Échanges

— Si j'avais su, je ne serais pas allé à cette partie. J'ai le moral à zéro.[1]

— C'était si embêtant[2] que ça?

— Non! J'ai rencontré une fille et j'ai eu le coup de foudre.[3]

— C'est super ça!

— Mais non! Je suis trop moche[4] pour elle. C'est une vraie déesse.

— Tu veux dire qu' t'es[5] le ver de terre amoureux d'une étoile.[6]

— C'est assez ça,[7] oui.

— Eh ben, t'es dans de beaux draps,[8] mon vieux.

1. *J'ai le moral à zéro.* = Je suis très déprimé, découragé.
2. *Embêtant* = ennuyeux.
3. *J'ai eu le coup de foudre.* = "It was love at first sight."
4. *Moche* ≠ beau.
5. *T'es* = tu es.
6. *Le ver de terre amoureux d'une étoile* = "earthworm in love with a star."
7. *C'est assez ça.* = "That's about the way it is."
8. *T'es dans de beaux draps.* = "You're in a fine fix."

Improvisation

Pour trois, quatre, cinq ou six personnes. Une séance de thérapie de groupe. Une personne peut jouer le rôle du psychologue ou du psychiatre. Les autres parlent du problème d'un des membres du groupe, ou d'un problème que tout le monde a. Utilisez le conditionnel et le verbe **devoir** à toutes ses formes.

les enfants qui s'aiment

Jacques Prévert
1900–1977

Les enfants qui s'aiment s'embrassent debout
Contre les portes de la nuit
Et les passants qui passent les désignent du doigt
Mais les enfants qui s'aiment
Ne sont là pour personne
Et c'est seulement leur ombre
Qui tremble dans la nuit
Excitant la rage des passants
Leur rage leur mépris leurs rires et leur envie
Les enfants qui s'aiment ne sont là pour personne
Ils sont ailleurs bien plus loin que la nuit
Bien plus haut que le jour
Dans l'éblouissante clarté de leur premier amour.

Spectacle
© Éditions Gallimard

24
Vingt-quatrième Leçon

Le subjonctif présent:
    Il faut que + subjonctif
Le passé du subjonctif
Le participe présent
Le passé immédiat
Lecture: *Une Lettre d'une mère à sa fille et la réponse de la fille*

Les universités sont pleines de jeunes gens de toutes sortes: arrivée des trains de banlieue à l'Université de Nanterre.

DÉCOUVERTE

Présentation

Nous avons besoin d'être en bonne forme physique. Nous sommes obligés d'être en bonne forme physique. Nous devons être en bonne forme physique. Il nous faut être en bonne forme physique.

= En effet, *il faut que* **nous soyons** en bonne forme physique.

Nous avons besoin de faire de l'exercice. Nous sommes obligés de faire de l'exercice. Nous devons faire de l'exercice. Il nous faut faire de l'exercice.

= En effet, *il faut que* **nous fassions** de l'exercice.

Faut-il que **vous ayez** de la patience avec votre professeur?

Oui, *il faut que* **nous** en **ayons** beaucoup.

Faut-il que le professeur **ait** de la patience avec les étudiants?

Oui, *il faut qu'***il** en **ait** aussi.

Faudrait-il que **vous puissiez** répondre aux questions en français?

Oui, *il faudrait que* **je puisse** y répondre en français.

Faut-il que **vous sachiez** le subjonctif?

Oui, *il faut que* **je** le **sache**.

Fallait-il que **vous écriviez** des compositions l'année passée?

Oui, *il fallait que* **j'**en **écrive** et *il faut* encore que **j'**en **écrive**.

Fallait-il que **je finisse** la leçon 23 avant de commencer la leçon 24?

Oui, *il fallait que* **vous finissiez** la leçon 23 d'abord.

Où *fallait-il que* **vous alliez** hier?

Il fallait que **j'aille** au laboratoire.

Qu'est-ce qu'*il faudra que* **vous disiez** demain matin quand vous arriverez?

Il faudra que **je dise** bonjour.

Explications

1 Le subjonctif d'obligation:

A. Le subjonctif est un mode verbal[1] employé dans certaines propositions subordonnées. Quand la proposition principale exprime une idée subjective (désir, opinion, recommandation personnels, etc.) le verbe de la proposition subordonnée est souvent au subjonctif. Par exemple, le subjonctif est obligatoire après un verbe ou une expression de nécessité comme **Il est nécessaire que...**, **Il est essentiel que...**, **Il est indispensable que...**, **Il faut que...**

	proposition principale	proposition subordonnée
	il faut	**que** + sujet + verbe au subjonctif

	Exemples:	proposition principale	proposition subordonnée	
indicatif présent		Il faut qu'**elle finisse** sa lettre aujourd'hui. Il faut que **nous n'oubliions pas** ce détail. Il ne faut pas qu'**ils le sachent**.		*subjonctif présent*
indicatif imparfait		Il fallait qu'**elle finisse** sa lettre hier. Il fallait que **nous n'oubliions pas** ce détail. Il ne fallait pas qu'**ils le sachent**.		*subjonctif présent*
indicatif futur		Il faudra qu'**elle finisse** sa lettre demain. Il faudra que **nous n'oubliions pas** ce détail. Il ne faudra pas qu'**ils le sachent**.		*subjonctif présent*
conditionnel présent		Il faudrait qu'**elle finisse** sa lettre aujourd'hui ou demain. Il faudrait que **nous n'oubliions pas** ce détail. Il ne faudrait pas qu'**ils le sachent**.		*subjonctif présent*

B. Formation du subjonctif présent:

  1. Le radical de la majorité des verbes est celui de la troisième personne du pluriel (**ils, elles**) du présent de l'indicatif:

infinitif	*3e personne du pluriel du présent de l'indicatif*		*radical du subjonctif*
parler	(ils) parlent	⟶	**parl-**
rendre	(ils) rendent	⟶	**rend-**
finir	(ils) finissent	⟶	**finiss-**

---

1. Les autres modes verbaux que vous avez appris sont l'*indicatif,* qui exprime ou suppose une réalité objective *(Il fait beau. Vous avez des amis. J'ai vu ce film.)*; le *conditionnel,* qui exprime le résultat probable d'une situation hypothétique *(André ferait ce voyage s'il avait assez d'argent.)*; l'*impératif,* qui exprime un ordre direct *(Faites vos devoirs! Fais ton lit! Écoutons bien!).*

connaître	(ils) connaiss~~ent~~	⟶ **connaiss-**
dormir	(ils) dorm~~ent~~	⟶ **dorm-**
dire	(ils) dis~~ent~~	⟶ **dis-**

2. Les terminaisons du subjonctif présent sont:

je	**e**	nous	**ions**
tu	**es**	vous	**iez**
il (elle, on)	**e**	ils (elles)	**ent**

3. Voici la conjugaison complète de quelques verbes au présent du subjonctif:

parler	**finir**	**rendre**
il faut que **je parle**	il faut que **je finisse**	il faut que **je rende**
il faut que **tu parles**	il faut que **tu finisses**	il faut que **tu rendes**
il faut qu'**il parle**	il faut qu'**il finisse**	il faut qu'**il rende**
il faut que **nous parlions**	il faut que **nous finissions**	il faut que **nous rendions**
il faut que **vous parliez**	il faut que **vous finissiez**	il faut que **vous rendiez**
il faut qu'**ils parlent**	il faut qu'**ils finissent**	il faut qu'**ils rendent**

4. Certains verbes irréguliers avec deux radicaux à l'indicatif présent donnent deux radicaux au subjonctif présent (**reçoivent, recevons; viennent, venons**). À cause de cette double formation, il est plus simple de considérer irrégulière toute la conjugaison et de faire particulièrement attention au **nous** et au **vous**:

infinitif	*3ᵉ personne du pluriel de l'indicatif présent*	*1ère personne du pluriel de l'indicatif présent*
voir	(ils) voi ~~ent~~	(nous) voy ~~ons~~
subjonctif présent	il faut que **je voie** il faut que **tu voies** il faut qu'**il voie** il faut qu'**ils voient**	il faut que **nous voyions** il faut que **vous voyiez**
recevoir	(ils) reçoiv ~~ent~~	(nous) recev ~~ons~~
subjonctif présent	il faut que **je reçoive** il faut que **tu reçoives** il faut qu'**il reçoive** il faut qu'**ils reçoivent**	il faut que **nous recevions** il faut que **vous receviez**
prendre	(ils) prenn ~~ent~~	(nous) pren ~~ons~~
subjonctif présent	il faut que **je prenne** il faut que **tu prennes** il faut qu'**il prenne** il faut qu'**ils prennent**	il faut que **nous prenions** il faut que **vous preniez**

venir   (ils) | vienn | ént   (nous) | ven | ǿná

subjonctif présent

il faut que **je vienne**
il faut que **tu viennes**
il faut qu'**il vienne**
il faut qu'**ils viennent**

il faut que **nous venions**
il faut que **vous veniez**

5. Les radicaux des trois verbes suivants sont des formes entièrement nouvelles, mais les terminaisons sont régulières:

faire

il faut que **je fasse**
il faut que **tu fasses**
il faut qu'**il fasse**
il faut que **nous fassions**
il faut que **vous fassiez**
il faut qu'**ils fassent**

savoir

il faut que **je sache**
il faut que **tu saches**
il faut qu'**il sache**
il faut que **nous sachions**
il faut que **vous sachiez**
il faut qu'**ils sachent**

pouvoir

il faut que **je puisse**
il faut que **tu puisses**
il faut qu'**il puisse**
il faut que **nous puissions**
il faut que **vous puissiez**
il faut qu'**ils puissent**

6. Au subjonctif, les verbes **aller** et **vouloir** contiennent un radical irrégulier (**aill-, veuill-**) et un autre radical qui dérive de la première personne du pluriel de l'indicatif présent (**allǿná, voulǿná**):

aller

il faut que **j'aille**
il faut que **tu ailles**
il faut qu'**il aille**
il faut que *nous allions*
il faut que *vous alliez*
il faut qu'**ils aillent**

vouloir

il faut que **je veuille**
il faut que **tu veuilles**
il faut qu'**il veuille**
il faut que *nous voulions*
il faut que *vous vouliez*
il faut qu'**ils veuillent**

7. Il y a seulement deux verbes avec un radical et des terminaisons irréguliers:

être

il faut que **je sois**
il faut que **tu sois**
il faut qu'**il soit**
il faut que **nous soyons**
il faut que **vous soyez**
il faut qu'**ils soient**

avoir

il faut que **j'aie**
il faut que **tu aies**
il faut qu'**il ait**
il faut que **nous ayons**
il faut que **vous ayez**
il faut qu'**ils aient**

8. Quelques expressions impersonnelles au présent du subjonctif:

c'est   il faut que **ce soit**
il y a   il faut qu'**il y ait**
il fait beau   il faut qu'**il fasse beau**

C. On emploie le présent du subjonctif si l'action de la proposition subordonnée est *en même temps* que—ou vient *après*—l'action ou la situation de la proposition principale.

proposition principale	proposition subordonnée
Il faut (maintenant)	que **nous finissions** cette leçon (maintenant).

L'action est en même temps que la situation présente.

Il faut (maintenant)	que **je finisse** mes devoirs ce soir (= futur).

L'action est après la nécessité déclarée au présent.

Présentation

Faudra-t-il que **vous ayez fini** cette leçon avant la semaine prochaine?

Oui, *il faudra que* **nous ayons fini** cette leçon avant la semaine prochaine.

Faudrait-il que **vous ayez écouté** la leçon 23 au lab avant de faire la leçon 24?

Oui, *il faudrait que* **j'aie écouté** la leçon 23 avant.

Est-ce qu'*il faut que* **vous soyez arrivés** avant le professeur?

Oui, *il faut que* **nous soyons arrivés** avant lui.

Explications

2 Le passé du subjonctif:

A. On emploie le passé du subjonctif quand l'action de la proposition subordonnée vient *avant* l'action ou la situation de la proposition principale.

Exemples: proposition principale	proposition subordonnée
Il faudra	que **nous ayons fini** cette leçon avant la semaine prochaine.

L'action est avant la nécessité future.

Il faut	que **nous soyons arrivés** avant le professeur.

L'action est avant le moment de la nécessité.

B. Le passé du subjonctif est formé du subjonctif présent de l'auxiliaire (**être** ou **avoir**) + le participe passé:

donner	venir
...que **j'aie donné**	...que **je sois venu(-e)**
...que **tu aies donné**	...que **tu sois venu(-e)**
...qu'**il ait donné**	...qu'**il soit venu**
...qu'**elle ait donné**	...qu'**elle soit venue**
...que **nous ayons donné**	...que **nous soyons venu(-e)s**
...que **vous ayez donné**	...que **vous soyez venu(-e)(-s)**
...qu'**ils aient donné**	...qu'**ils soient venus**
...qu'**elles aient donné**	...qu'**elles soient venues**

Présentation

Quand vous voyagez, envoyez-vous beaucoup de cartes postales?

Oui, **en voyageant** je trouve toujours le temps d'écrire.

Cet étudiant écoute-t-il de la musique quand il étudie?

Oui, il écoute de la musique **en étudiant,** ou il étudie **en écoutant** de la musique.

Avez-vous vu Liz ce matin?

Oui, je l'ai rencontrée **en allant** à l'université.

Comment êtes-vous devenu champion de gymnastique?

En travaillant et **en faisant** beaucoup d'exercices.

Explications

3 Le participe présent:

A. Emploi: Le participe présent est une forme verbale généralement employée dans une phrase adverbiale pour indiquer le temps ou la manière. Le suffixe **-ant** est le signe du participe présent. En général, la préposition **en** le précède. (**En** est la seule préposition du français employée avec le participe présent.)[2]

2. L'infinitif est la forme du verbe qu'il faut employer avec toutes les autres prépositions: Je m'amuse *à* regarder les chimpanzés. Je passe le temps *à* lire. J'essaie *de* skier. Il a fini *par* comprendre.

1. Le participe présent indique une action faite en même temps que ou immédiatement après le temps du verbe. Le même sujet détermine donc les deux actions:

Exemples: Jeanne chante **en travaillant.** = Jeanne chante et travaille.

En écoutant cette conférence sur la métaphysiconigologie, les étudiants se sont endormis. = Les étudiants ont écouté et se sont endormis.

2. Le participe présent peut indiquer aussi comment est accomplie l'action du verbe principal. Il répond donc à la question «Comment?»

Exemples: Comment avez-vous appris le français?

J'ai appris le français **en parlant.**

Comment avez-vous ouvert la porte sans la clé?

J'ai ouvert la porte **en mettant** une épingle à cheveux dans la serrure.

B. Formation:

1. Le participe présent des verbes réguliers et irréguliers se forme avec la terminaison **-ant** attachée au radical. Le radical est celui de la première personne du pluriel **(nous)** de l'indicatif présent.

infinitif	1ère personne du pluriel de l'indicatif présent	radical	participe présent
parler	(nous) parlǿnʂ	parl-	**parlant**
choisir	(nous) choisissǿnʂ	choisiss-	**choisissant**
rendre	(nous) rendǿnʂ	rend-	**rendant**
prendre	(nous) prenǿnʂ	pren-	**prenant**
vouloir	(nous) voulǿnʂ	voul-	**voulant**

Attention aux verbes réguliers en **-ger** et **-cer**:

manger	(nous) mangeǿnʂ	mange-	**mangeant**
commencer	(nous) commençǿnʂ	commenç-	**commençant**

2. Il y a seulement trois verbes exceptionnels:

être	**étant**
avoir	**ayant**
savoir	**sachant**

3. Le négatif du participe présent est le même que pour un verbe conjugué: **ne** devant et **pas** (ou un autre mot de négation) après.

Exemples: **En ne voyant pas** cette erreur, je me suis trompé complètement.

En n'ayant pas peur de parler, j'ai pu pratiquer mon français oral.

En ne faisant jamais rien, il est devenu très paresseux.

C. Le participe présent avec des pronoms objets:

1. Les pronoms objets précèdent le participe présent.

Examples: **En vous voyant,** Monsieur, je vous ai reconnu
immédiatement.

En ne lui écrivant pas, elle lui a fait du mal.

2. Le pronom objet d'un verbe pronominal, naturellement, s'accorde avec le sujet.

Examples: **En me réveillant, j'**ai regardé l'heure.

En te levant, tu as cherché tes chaussons.

En se rasant, Maurice s'est coupé.

En vous habillant, vous avez mis votre chemise à l'envers.

Présentation

Debbie est arrivée il y a deux minutes.	Oui, **elle vient d'arriver.**
Nous avons écrit à nos parents il y a deux jours.	Oui, **nous venons de** leur **écrire.**
Vous êtes arrivé à 5 heures et le téléphone a sonné à 5 heures 03.	En effet, **je venais d'arriver** quand le téléphone a sonné.

Explications

4 Le passé immédiat exprime une action terminée récemment. Il est formé par l'indicatif présent du verbe **venir** + **de** + infinitif.

Exemples: **Je viens de voir** Monsieur Wilson.
Nous venons de nous réveiller.

Attention: Cette construction est utilisée *uniquement pour un passé très récent*: quelques secondes, quelques heures, quelques jours.

Dans un contexte passé, le passé immédiat est formé par l'imparfait du verbe **venir** + **de** + infinitif.

Exemples: Nous venons de voir un film.
Nous venions de voir un film quand nous sommes allés prendre un café.

Je viens d'entrer.
Je venais d'entrer quand tout le monde est sorti!

CRÉATION

Exercices oraux

A. Mettez les phrases suivantes au subjonctif présent et commencez-les par **Il faut que:** (§1)

Exemple: *Je suis présent.*
Il faut que je sois présent.

1. Elle est ici.
2. Il est à l'heure.
3. Nous sommes présents.
4. Vous êtes logique.
5. Vous avez du courage.
6. Nous avons de l'argent.
7. Ils ont un parapluie.
8. Tu vas à la piscine.
9. Je vais chez moi.
10. Vous allez vite.

B. Mettez les phrases suivantes au subjonctif présent; commencez-les par **Il faudrait que:** (§1)

1. Je fais mes exercices.
2. Nous faisons attention.
3. Elle fait un grand effort.
4. Tu sais la réponse.
5. Vous savez l'adresse.
6. Ils savent nager.

Maintenant, commencez ces phrases par **Il fallait que:**

7. Je peux réussir.
8. Nous pouvons voir.
9. Il peut voyager.
10. Vous voulez réussir.
11. Elles veulent sourire.
12. Tu veux travailler.

C. Répétez les phrases suivantes et exprimez l'idée d'obligation par **Il faut que** ou **Il faudrait que** + le subjonctif présent: (§1)

Exemple: *Les étudiants doivent être présents pour l'examen.*
Il faut que les étudiants soient présents pour l'examen.

1. Je dois obéir à mes parents.
2. Nous devons rentrer immédiatement.
3. Il doit faire attention aux explications.
4. Vous devez recevoir une bonne note.
5. Nous devrions faire du sport régulièrement.
6. Je devrais aller voir mes grands-parents.

D. Répondez aux questions suivantes: (§1)

1. Que faut-il que vous fassiez quand vous avez mal à la gorge?
2. Que faut-il que vous fassiez avant de vous coucher?

3. Que fallait-il que vous fassiez quand vous étiez petit(-e)?
4. Que faudra-t-il que vous fassiez quand vous aurez cinquante ans?
5. Que faudrait-il que vos amis fassent le jour de votre anniversaire?

E. Demandez à un autre étudiant ou à une autre étudiante: (§1)

1. s'il faut qu'il (elle) déjeune à midi.
2. s'il faut qu'il (elle) vende son auto.
3. s'il faut qu'il (elle) réfléchisse à son avenir.
4. s'il faudrait qu'il (elle) apprenne le subjonctif.
5. s'il faudra qu'il (elle) dise son opinion.
6. s'il faut qu'il (elle) attende encore pour se marier.
7. s'il fallait qu'il (elle) écrive une composition hier soir.
8. s'il faudrait que vous veniez en classe plus tôt.

F. Commencez chaque phrase par **il faut que** et changez le futur au passé du subjonctif: (§2)

Exemple: *Ils finiront avant minuit.*
Il faut qu'ils aient fini avant minuit.

1. Vous vous habillerez avant la classe.
2. Tu mangeras tes légumes avant de quitter la table.
3. Je me brosserai les dents avant de sortir.
4. Vous vous laverez les mains avant le dîner.
5. Nous étudierons avant l'examen.

G. Changez un des verbes en participe présent: (§3)

Exemple: *Je travaille et je chante.*
Je travaille en chantant. ou
Je chante en travaillant.

1. Je comprends et j'écoute.
2. Vous riez et vous parlez.
3. Vous vous plaignez et vous finissez votre devoir.
4. Tu es modeste et tu réussis.
5. Les soldats détestent le général; ils lui obéissent.
6. Je m'habille; je me lève.
7. Je me couche; je m'endors.
8. Vous regardez les gens et vous vous promenez.

H. Mettez les phrases suivantes au passé immédiat: (§4)

Exemple: *Elle a écrit un poème il y a quelques instants.*
Elle vient d'écrire un poème.

1. Ils sont arrivés à l'université il y a quelques instants.
2. J'ai vu votre camarade il y a quelques minutes.
3. On a appris le subjonctif il y a quelques jours.
4. Vous vous êtes levés il y a une minute.
5. Nous nous sommes habillés il y a quelques instants.
6. Ils se sont mariés ce matin.
7. Tu as répondu il y a quelques secondes.
8. Il y a un instant, je me suis rendu compte que cet exercice était facile.

I. Regardez la photo, page 407, et répondez aux questions suivantes:

1. Comment cette femme est-elle arrivée à être dans cette position?
2. Que faudrait-il qu'elle fasse?
3. Inventez une question sur la photo et posez-la à quelqu'un.

Exercices écrits

A. Mettez une forme du subjonctif présent du verbe entre parenthèses dans ces phrases: (§1)

Exemple: *(répondre) Il faut que nous _____ à la lettre.*
Il faut que nous répondions à la lettre.

1. (rendre)	Il faut que nous _____ ces livres.	
2. (dire)	Il fallait qu'elle _____ ce qui s'était passé.	
3. (prendre)	Il a fallu que vous _____ votre temps.	
4. (choisir)	Il faut que je _____ un autre cours.	
5. (savoir)	Il faudra que vous _____ lui répondre.	
6. (faire)	Il faudrait qu'ils _____ de l'auto-stop.	
7. (aller)	Il faut que j'_____ à ma prochaine classe.	
8. (avoir)	Il fallait qu'elle _____ du courage.	
9. (être)	Il faudrait que vous _____ à l'heure au match de football.	
10. (mettre)	Il faut que nous _____ notre imperméable aujourd'hui.	
11. (boire)	Il faudra que tu _____ du lait.	
12. (écrire)	Il a fallu qu'il m'_____.	
13. (venir)	Il aurait fallu que vous _____ à cette conférence.	

14. (dormir)   Il faudrait que je _____ pendant huit heures.
15. (s'en aller)   Il fallait qu tu _____ bientôt.
16. (lire)   Il a fallu que nous _____ cent pages par jour.
17. (se souvenir)   Il aurait fallu qu'elle _____ de moi.
18. (se conduire)   Il faudrait que je _____ bien chez mes parents.
19. (recevoir)   Il aurait fallu que vous _____ de meilleures notes.
20. (se servir)   Il fallait que tu _____ de ma stéréo.

B. Remplacez les tirets par le subjonctif d'un verbe de votre choix: (§1)

1. Il ne faut pas que tu _____ dans la piscine!
2. Il aurait fallu que nous _____ moins souvent.
3. Il faut que vous _____ vos vitamines.
4. Il faudra que je _____ demain.
5. Il faudrait que Leah _____ avec Jerry.

C. Utilisez l'expression **Il faut que** et le subjonctif présent pour répondre aux questions qui accompagnent chaque photo. Écrivez cinq phrases par photo: (§1)

1. Cette petite fille vient de demander à son papa des renseignements sur son origine. Le papa est très puritain mais il croit qu'il faut dire la vérité aux enfants. C'est une situation gênante pour le pauvre père. Que faudrait-il qu'il fasse? Comment faudrait-il qu'il réagisse?

La Peau douce, François Truffaut, 1963; sur la photo: Jean Desailly et Sabine Haudepin.

2. Chaque fois que Mathilde et Bernard (au piano) vont voir leur cousin Maurice (le monsieur qui n'a pas l'air content), ils restent très longtemps et ils insistent pour passer des heures au piano à chanter et à jouer pour le pauvre Maurice. Il déteste ces visites et il déteste leur musique (ils ne sont pas très forts en musique). Mais Maurice est trop poli pour leur dire de ne pas venir ou de ne pas chanter et jouer. Qu'est-ce qu'il aurait fallu que Maurice fasse pour éviter cette visite particulièrement désagréable?

Ce Cher Victor, Robin Davis, 1975; sur la photo: Jacques Dufilho, Bernard Blier et Alida Valli.

D. Répondez aux questions suivantes en utilisant le subjonctif passé: (§2)

1. Quand faudra-t-il que vous ayez reçu votre diplôme?
2. À quelle heure fallait-il que Cendrillon soit rentrée chez elle?
3. Que faudrait-il que vous ayez fait avant de mourir?
4. Que faudrait-il que nous ayons découvert avant l'an 2000?
5. Quand faut-il que vous ayez bien dormi?

E. Finissez les phrases suivantes par le participe présent d'un verbe de votre choix: (§3)

Exemple: *Je lis le journal en _____.*
Je lis le journal en prenant mon café.

1. Je chante en _____.
2. Tu écris une lettre en _____.
3. Tristan est tombé amoureux d'Iseult en _____.
4. Nous nous sommes habillés en _____.
5. Quel politicien! Il parle beaucoup en _____.

F. Répondez aux questions suivantes: (§4)

1. Qu'est-ce que vous venez de faire?
2. Si vous venez de dîner, avez-vous encore faim?
3. Quand vous veniez de recevoir votre permis de conduire,[3] comment avez-vous célébré l'occasion?
4. Qu'est-ce que le Président vient de faire?
5. Quand Dieu venait de créer l'univers, qu'est-ce qu'il a fait?
6. Est-ce que vous venez de commencer à étudier le français?

Lecture

Une Lettre d'une mère à sa fille et la réponse de la fille
le 5 octobre

Ma chérie,

Il y a maintenant plus d'une semaine que tu as quitté la maison et nous sommes encore sans nouvelles. Il faut absolument que *tu* nous *écrives* souvent *en donnant* tous les détails de ta vie à l'université, car il faut que *nous sachions* comment tu vis pour pouvoir supporter cette première séparation. Je suis surprise que *tu ne* nous *aies pas écrit.*

J'espère que tu as assez d'argent pour payer ton inscription, tes livres, ta chambre et ta pension. Écris-moi s'il faut que *nous* t'en *envoyions* davantage.

Tu sais que ton père et moi, nous faisons de gros sacrifices *en t'envoyant* à l'université (il faut bien que *tu* le *saches*). Il faut donc que *tu puisses* bénéficier pleinement de tes cours et de tes rapports avec les autres étudiants.

Les universités sont pleines de jeunes gens de toutes sortes et il y a beaucoup de mauvaises tentations pour une jeune fille pure comme toi. Il faut donc que *tu sois* très prudente en ce qui concerne le choix de tes amis.

Je n'ai pas besoin de te dire d'autre part, que c'est souvent à l'université qu'on trouve à se marier.[4] Il y a certainement

---

3. *Un permis de conduire* = certificat officiel qui vous autorise à conduire une automobile.

4. *Trouver à se marier* = trouver quelqu'un à épouser.

des quantités de jeunes gens sérieux et de bonne famille qui cherchent à connaître des jeunes filles. C'est *en allant* à l'université que j'ai connu ton père. Donc il faut que *tu penses* à cela. On n'est pas toujours jeune et il faut que *tu considères* l'avenir. Ton bonheur et ta sécruité doivent te préoccuper autant que tes études. Il aurait fallu que *nous parlions* de tout cela avant ton départ.

Pour faire une bonne impression *en te présentant* aux gens, il faut que *tu sois* toujours correctement habillée. Si tu fais la connaissance d'un jeune homme intéressant, sérieux, qui t'aime et te respecte, écris-moi vite!

Je t'envoie le bonjour de nos voisins, les Martin. Il faudra que *tu* leur *envoies* une carte postale de ton campus avant la fin de la semaine car ils partent en vacances.

Écris-moi vite, ma chérie! Je t'embrasse affectueusement.

Ta maman

le 15 octobre

Ma chère petite maman,

Je viens de recevoir ta lettre du 5 octobre. Je suis désolée d'avoir tardé à vous écrire, mais il fallait que *je finisse* de m'occuper de beaucoup de choses avant la rentrée. Voilà pourquoi il a fallu que *je m'en aille,* mais cette séparation nous fera réciproquement beaucoup de bien. J'ai vécu jusqu'à maintenant dans le cadre familial; maintenant il faut que *je sache* qui je suis vraiment, il faut que mon identité et ma personnalité *puissent* se définir librement.

Il faut que *tu comprennes,* ma chère maman, que je sais, mieux que personne, les choses qui sont bonnes pour moi et il faut que *tu admettes* que j'ai ma vie à vivre. Je prends note de tous tes conseils et je les apprécie et il ne faut pas que *tu sois* inquiète pour moi.

Il faut aussi que *tu te rendes* compte de mon âge. Je ne suis plus une enfant. Je suis une femme. Il faudrait que papa et toi, *vous soyez* conscients de cette réalité et que *vous l'acceptiez!* Les temps ont changé, ma petite maman! Quant au mariage, il faut bien que *je te dise* que je n'y pense pas: c'est la moindre de mes préoccupations.

Quant au mariage, c'est la moindre de mes préoccupations!

La Route de Corinthe, Claude Chabrol, 1967; sur la photo: Jean Seberg.
   Les Français sont amoureux des westerns et des policiers du cinéma américain. Dans ce film abracadabrant, il y a des agents doubles, des enquêtes, une mystérieuse boîte saisie à la frontière. Il y a aussi des paysages bizarres comme ici, où le metteur en scène suspend son actrice principale dans le vide au bout d'un fil. Mais juste au bon moment, son fiancé Dex surgit, tue l'espion... et ils partent ensemble pour être heureux et avoir beaucoup d'enfants...

Il y a des choses qu'il faut que *je fasse* pour avoir une vie, une carrière, des intérêts à moi, indépendamment de ma famille et de mon mari (si je me marie).

Voilà, ma chère maman, mais il faut aussi que *vous sachiez,* papa et toi, que j'ai besoin de votre affection et de votre confiance. Sans elles, il me serait difficile de réaliser mes aspirations. Je t'embrasse affectueusement.

Julie

P.S. La vie est très chère ici et il faut que *j'achète* beaucoup de livres qui coûtent très cher. Pourriez-vous m'envoyer un peu d'argent pour subsister *en attendant* que je trouve un emploi?

Questions sur la lecture

1. Pourquoi faut-il que Julie écrive souvent à ses parents?
2. Que pensez-vous de la mère? Cette mère ressemble-t-elle à votre mère?
3. Selon sa mère, pourquoi Julie doit-elle être prudente en ce qui concerne le choix de ses amis?
4. Pourquoi faut-il qu'elle commence à chercher un mari?
5. D'après la mère de Julie, qu'est-ce qu'il faut faire pour faire une bonne impression? Êtes-vous d'accord avec elle?
6. Comment doit être la situation sociale et économique de cette famille?
7. Pourquoi cette séparation était-elle nécessaire?
8. Comment sont les rapports entre Julie et ses parents? Sont-ils similaires aux rapports qui existent entre vous et vos parents?
9. Quelles différences d'opinion remarquez-vous entre la mère et la fille? Correspondent-elles aux différences entre vos opinions et les opinions de votre mère?

Discussion / Composition

1. Écrivez une lettre à une journaliste comme Ann Landers ou Abigail Van Buren. Expliquez un problème réel ou imaginaire que vous avez et écrivez sa réponse. (Employez beaucoup de subjonctifs!)
2. Qu'est-ce qu'il faut faire pour réussir à l'université? Est-ce qu'il faut que vous fassiez vos études seulement, ou est-ce qu'il y a d'autres choses à faire? Qu'est-ce qu'il faut que vous fassiez pour votre vie sociale à l'université? (Employez beaucoup de subjonctifs!)

Vocabulaire

noms
cadre m.
chausson m.
épingle f.
pension f.
permis de
    conduire m.
serrure f.

adjectifs
familial(-e)
gênant(-e)
moindre

verbes
bénéficier
se passer
se plaindre
réagir

autres expressions
à l'envers
affectueusement
cela
chercher à (+
    infinitif)
en ce qui concerne
faire de l'exercice
faire du mal à
    quelqu'un
prendre le parti
quant à

noms apparentés
controverse f.
diplôme m.
patience f.
sacrifice m.

Échanges

— Je me barre.[1] Il faut que j'aille chercher les mioches[2] à l'école.

— Et ta femme?

— Ben non,[3] vieux, elle est en voyage d'affaires; alors il faut que je m'occupe de tout... des gosses,[4] des corvées de ménage et de la bouffe. J'en ai plein le dos.[5]

— Ça te fait les pieds.[6] C'est bien ton tour quand même.

— T'es cinglé! J'attrape la crève[7] avec tout ce boulot!

— Ça t'apprendra à jouer les phallocrates.[8]

— Dis donc! Ne me fais pas la morale.[9] Je voudrais bien te voir à ma place.

1. *Je me barre.* = Je m'en vais très vite.
2. *Les mioches* = les petits enfants.
3. *Ben non* = Eh bien, non.
4. *Des gosses* = des enfants.
5. *J'en ai plein le dos.* = "I've had it up to here."
6. *Ça te fait les pieds.* = Ça te fait du bien. ("It's good for you.")
7. *La crève* = la fatigue.
8. *Ça t'apprendra à jouer les phallocrates.* = "That'll teach you to act like a male chauvinist."
9. *Ne me fais pas la morale.* = "Don't tell me how to act."

Improvisation

Pour deux ou quatre personnes. Un débat. Une ou deux personnes prennent le parti *pour*, une ou deux personnes prennent le parti *contre*. Disputez-vous sur une question de controverse. Employez **il faut que, il ne faut pas que, il faudrait que, il ne faudrait pas que, il aurait fallu que, il n'aurait pas fallu que**, etc. Par exemple: Faut-il qu'il y ait des réacteurs nucléaires? Faudrait-il que l'université élimine les fraternités? Faudrait-il qu'il y ait des notes à l'université?

25
Vingt-cinquième Leçon

Le subjonctif (suite):
autres emplois du subjonctif

Lecture: *Une Lettre d'un père à son fils et la
réponse du fils*

J'ai souvent peur que tu sois influencé par ces
gens qu'on voit sur le campus qui ne sont pas là
pour étudier.

DÉCOUVERTE

Présentation

Voulez-vous avoir de bonnes notes?

Oui, *nous voulons avoir* de bonnes notes.

Voulez-vous que **je** vous **donne** de bonnes notes?

Oui, *nous voulons que* **vous** nous **donniez** de bonnes notes.

Explications

1 Le subjonctif s'emploie dans la proposition subordonnée quand son sujet est différent du sujet de la proposition principale. S'il y a un seul sujet, on emploie un verbe avec un infinitif dans une phrase simple:

un seul sujet	*deux sujets différents*
phrase simple	*phrase complexe*
verbe + infinitif	*subjonctif dans la proposition subordonnée*

Exemples: Je veux **être** juste.

Je veux que **vous soyez juste.**

Vous avez peur de savoir la vérité.

Vous avez peur que **nous ne**[1] **sachions** la vérité.

Elle travaille pour **pouvoir** vivre confortablement.

Elle travaille pour qu'**ils puissent** vivre confortablement.

Elles ne pensent pas **recevoir** la lettre à temps.

Elles ne pensent pas que **je reçoive** la lettre à temps.

Attention: Si le subjonctif ne s'emploie généralement que dans la proposition subordonnée, il ne faut pas supposer que le subjonctif s'emploie dans toutes les propositions subordonnées. Vous avez déjà appris à employer l'indicatif

---

1. Le verbe est affirmatif. Le *ne* pléonastique est une redondance négative qui vient s'ajouter à l'aspect déjà négatif du sens du verbe. Ce *ne* pléonastique devant le verbe de la proposition subordonnée est causé par certains verbes dans la proposition principle (p. e., *avoir peur, craindre*), par certaines conjonctions de subordination *(à moins que, avant que),* et par certaines constructions de comparaison (Elle est *plus* intelligente que vous *ne* pensez. Nous avons *moins* d'argent que vous *ne* supposez).

Pensez-vous que je sois intelligent?

Antoine et Sebastien, Jean-Marie Perier, 1974; sur la photo: François Perier et un inconnu.

Antoine et Sébastien, le père et le fils, sont copains plus que parents. Mais Sébastien trouve que son père aime trop manger et boire. Quand Sébastien n'est pas là, Antoine en profite. Mais s'il boit trop de vin rouge, il va avoir une cirrhose. Et s'il mange trop, il va avoir de l'hypertension artérielle. Pauvre Antoine qui aime tant les plaisirs de la table!

dans des propositions subordonnées quand il s'agit d'un fait réel ou très probable:

Exemples: Je sais qu'**ils sont** arrivés.
Je remarque que le vent **vient** souvent de l'est.
Elle se rend compte pourquoi **nous la cherchons**.

Présentation

Voudriez-vous faire un voyage?	Oui, nous voudrions faire un voyage.
Voulez-vous que **je fasse** ce voyage avec vous?	Oh oui, *nous voulons que* **vous** le **fassiez** avec nous.
Êtes-vous contents d'être dans cette classe?	Oui, nous sommes contents d'y être.
Êtes-vous contents que **je sois** votre professeur?	Oui, *nous sommes* très *contents que* **vous soyez** notre professeur.
Pensez-vous que **je sois** intelligent?	Oui, nous pensons que vous êtes intelligent.
*Pensez-vous qu'*Alfred E. Newman **soit** intelligent?	Non, *nous ne pensons pas qu'***il soit** intelligent!

Explications

2 Il faut une raison précise pour employer le subjonctif. Voici plusieurs catégories différentes qui vous permettront d'étudier et d'apprendre l'usage du subjonctif:

A. Dans les propositions subordonnées introduites par les verbes qui expriment *la volonté:*

vouloir	commander	recommander	suggérer
ordonner	demander	proposer	permettre, etc.

Exemples: Ma mère *voudrait que* **je fasse** mon lit tous les matins.
Il recommande que **vous soyez arrivés** avant trois heures.
On suggère que **nous sachions** toutes les dates de la guerre de sécession.

B. Après les verbes et les expressions qui expriment *un sentiment, une attitude, une opinion* ou *une émotion:*

aimer	avoir peur	se fâcher	être préférable
préférer	craindre	être fâché(-e)	être regrettable
regretter	s'étonner	être content	être désólé(-e)

Exemples: *J'aime qu'***elle vienne** ici.
Sa mère *a peur qu'***elle ne choisisse** un mauvais mari.
Je m'étonne que **vous ayez** déjà envie de partir.
Je suis heureux que **vous soyez** avec moi.
Il est préférable que sa famille vous **reçoive.**

Remarquez: Avec le verbe **espérer,** on utilise l'indicatif.

J'espère que **vous** me **comprenez.**
*Nous espérons qu'***il n'y aura pas** de problèmes.

C. Après certains verbes et certains expressions qui expriment *un doute, une opinion négative ou interrogative, une incertitude, une possibilité:*

douter	ne pas trouver, trouver?
sembler	ne pas être sûr, être sûr?
ne pas croire, croire?	ne pas être certain, être certain?
ne pas penser, penser?	être possible, etc.

Exemples: *Je doute que* Charles **reconnaisse** cette dame.
Il semble que Georges **ait** des difficultés.
Mais: *Il **me** semble que* Georges **a** des difficultés.

Ils ne croient pas que **je dise** la vérité.
Croient-ils que **je dise** la vérité?
Mais: *Ils croient que* **je dis** la vérité.

*Nous ne sommes pas sûrs que **vous soyez** d'accord.*
*Es-tu sûr qu'**ils soient** d'accord?*
Mais: *Nous sommes sûrs qu'**ils sont** d'accord.*

*Il est possible que **je puisse** vous accompagner.*
Mais: *Il est probable que **je peux** vous accompagner.*

Présentation

Pourquoi étudiez-vous le subjonctif?	Nous l'étudions *pour pouvoir* l'utiliser.
Pourquoi est-ce que je vous explique le subjonctif?	Vous nous l'expliquez *pour que* **nous puissions** le comprendre.
Est-ce que nous l'étudierons *jusqu'à ce que* **nous nous endormions?**	Nous l'étudierons *jusqu'à ce qu'***il devienne** parfaitement clair.

Explications

3 On utilise le subjonctif également après certaines *conjonctions de subordination:*

A. Les prépositions **sans, pour, afin de, avant de, à condition de, à moins de** + infinitif deviennent les conjonctions **sans que** ("without"), **pour que** ("in order that," "for"), **afin que** ("so that," "in order that"), **avant que** ("before"), **à condition que** ("provided that"), **à moins que** ("unless") + subjonctif quand il y a un changement de sujet.

sans changement de sujet	*avec changement de sujet*
Il parle *sans* **dire** beaucoup.	Je l'écoute *sans qu'***il dise** beaucoup.
Je me dépêche *pour* **finir** à l'heure.	Je me dépêche *pour que* **nous finnissions** à l'heure.
Le roi porte une couronne *afin d'***être** reconnu par ses sujets.	Le roi porte une couronne *afin que* ses sujets le **reconnaissent.**
Roméo se tue *avant de* **pouvoir** parler à Juliette.	Roméo se tue *avant que* Juliette **ne reprenne** conscience.
Elle considérera ce projet *à condition d'***avoir** un dossier complet.	Elle considérera ce projet *à condition qu'***on** lui **fournisse** un dossier complet.

Tu seras sans doute à l'heure
à *moins d'**avoir*** un accident
en route.

Tu seras sans doute à l'heure
à *moins qu'**il n'y ait*** un
accident sur la route.

B. Les conjonctions **pourvu que** ("provided that"), **bien que** ("although"),
   quoique ("although"), **jusqu'à ce que** ("until"), **qui que** ("who[whom]ever"),
   quoi que ("whatever") et **où que** ("wherever") prennent *toujours* le
   subjonctif.

   Remarquez: Avec ces conjonctions de subordination, on utilise le
   subjonctif sans changement de sujet *et* avec changement
   de sujet:

   sans changement de sujet

   Nous sommes de bonne
   humeur *pourvu que* **nous
   soyons** en forme.

   Bien que **je fasse** des efforts,
   je ne réussis pas.

   Quoique **je fasse** des
   efforts, je ne réussis pas.

   Nous nous parlerons
   jusqu'à ce que **nous nous
   endormions.**

   Qui que **vous soyez,** vous
   ne comprendrez jamais le
   secret de la chambre
   bleue.

   Quoi que **nous décidions,**
   nous réussirons.

   Où que **j'aille,** je ne
   t'oublierai jamais.

   avec changement de sujet

   Nous sommes de bonne
   humeur *pourvu que* notre
   santé **soit** bonne.

   Bien que **je fasse** des efforts,
   c'est toujours
   impossible à faire.

   Quoique **je fasse** des
   efforts, c'est toujours
   impossible à faire.

   Nous nous parlerons
   jusqu'à ce que le soleil
   apparaisse à l'horizon.

   Qui que **vous soyez,** je ne
   vous dirai jamais le secret
   de la chambre bleue.

   Quoi que **nous décidions** de
   faire, j'espère que nous
   le ferons.

   Où que **j'aille,** tu resteras
   toujours dans mon esprit.

Présentation

Connaissez-vous *quelqu'un qui*
puisse m'expliquer le subjonctif
en cinq minutes?

Non, je *ne* connais *personne*
qui **soit** capable de le faire.
Mais je connais quelqu'un qui
peut vous expliquer le présent
en cinq minutes.

Qui est la personne la plus
remarquable que vous
connaissiez?

Vous êtes la personne la *plus
remarquable que* **je connaisse.**

Explications

4 Dans une proposition subordonnée qui décrit quelqu'un ou quelque chose,
l'emploi du subjonctif indique que l'existence ou les caractéristiques de
cette personne ou de cette chose sont douteuses, exclusives ou
superlatives.

A. **Rien** ou **personne:**

Exemples: Ce musée *ne* contient *rien qui* **puisse** vous intéresser.
Je *ne* vois *personne qui* **soit** capable de le faire mieux que
moi.

B. Une personne ou une chose recherchées ou désirées avec des
caractéristiques qui font qu'elles sont peut-être introuvables:

Exemples: Il cherche *une petite auto de sport italienne, rouge, dernier
modèle, qui ne* **soit** *pas chère.* (Si elle existe, peut-elle ne
pas être chère?)
Je voudrais trouver *un chien qui* **soit** *fidèle et sympathique
et qui* **obéisse** *à tous mes ordres.* (Existe-t-il? Est-ce
possible?)

Mais: Il cherche sa voiture, qui **est** ancienne et beige, et qu'**on a
volé** la semaine dernière. (Elle existe!)
Je voudrais trouver mon chien, qui **est** petit et gris et qui
s'appelle Rover. (Il existe!)

C. Un nom modifié par **seul, unique,** ou par un *adjectif superlatif* (exclusivité
douteuse):

Exemples: C'est le professeur *le plus intelligent qu'*il y ait à cette école.
(C'est une opinion excessivement subjective. Il y a peut-
être d'autres professeurs aussi intelligents.)
Vous êtes l'*unique femme du monde qui* **sache** l'alchimie.
Vous êtes *la seule femme qui* **comprenne** ces choses-là!

Mais: La Chine est le pays *le plus peuplé qu'*il y a sur la terre.
(C'est un fait réel.)
Vous êtes l'*unique femme qu'*il y a dans la salle.
(C'est un fait indiscutable.)

CRÉATION

Exercices oraux

A. Combinez les deux phrases: (§1)

Exemple: *Je suis contente. Je suis ici.*
Je suis contente d'être ici.

1. Vous aimez. Vous dites: «Ça va!»
2. Nous regrettons. Nous sommes en retard.
3. Tu veux. Tu parles français.
4. J'ai peur. Je tombe.
5. Joseph demande. Joseph boit du cognac.

B. Répondez aux questions suivantes: (§2)

1. Voudriez-vous qu'on ne reçoive pas de notes?
2. Voudriez-vous que vos parents sachent toutes vos activités?
3. Proposez-vous que nous partions maintenant?
4. Demandez-vous qu'un garçon vous serve vite?
5. La mère d'Iseult a-t-elle recommandé que Tristan boive la potion magique?

C. Demandez à un autre étudiant ou à une autre étudiante: (§2)

Exemple: *s'il (si elle) a peur qu'une guerre nucléaire n'ait lieu.*
Question: *As-tu peur qu'une guerre nucléaire n'ait lieu?*
Réponse: *Oui, j'ai peur qu'une guerre nucléaire n'ait lieu.* ou
Non, je n'ai pas peur qu'une guerre nucléaire n'ait lieu.

1. s'il (si elle) regrette que nous ne parlions pas anglais.
2. s'il (si elle) s'étonne que le hamburger américain réussisse en Europe.
3. s'il est préférable qu'il (elle) fasse attention aux explications.
4. s'il (si elle) aime que les gens soient à l'heure.
5. s'il (si elle) est heureux (heureuse) que le professeur puisse le (la) comprendre en français.

D. Répondez à l'affirmatif et puis au négatif. Attention: Quand il y a deux sujets dans une phrase, à l'affirmatif il faut employer l'indicatif, mais au négatif il faut employer le subjonctif: (§2)

Exemple: *Croyez-vous que le français soit utile?*
Oui, je crois que le français est utile.
Non, je ne crois pas que le français soit utile.

1. Trouvez-vous que la vie d'étudiant soit compliquée?
2. Êtes-vous sûr(e) que cette université vous convienne?
3. Êtes-vous certain(e) que les Français sachent employer le subjonctif?
4. Pensez-vous que cette leçon soit difficile?
5. Croyez-vous que quelqu'un ici se souvienne des mini-jupes?
6. Doutez-vous que le français soit une langue logique?

E. Finissez les phrases suivantes: (§3)

Exemple: *Nous irons au cinéma ce soir à condition que...*
Nous irons au cinéma ce soir à condition qu'il y ait un bon film.

1. Vous irez à Honolulu ce week-end à moins que...
2. Simon ne comprend jamais rien bien que...
3. Tu seras mon meilleur ami pourvu que...
4. Nous resterons ensemble jusqu'à ce que...
5. Josette est partie sans que...
6. Je me suis dépêché(e) afin que...
7. On nous donne des vitamines pour que...
8. Personne n'a trouvé le message secret quoique...
9. Nous avons pris un café avant que...
10. Vous pouvez partir maintenant à condition que...

F. Finissez les phrases suivantes avec le subjonctif ou l'indicatif: (§4)

Exemple: *J'aimerais parler avec un acteur qui...*
J'aimerais parler avec un acteur qui écrive aussi des romans.

1. Je voudrais connaître un Français qui...
2. Voilà quelqu'un qui...
3. Je n'ai rien qui...
4. J'ai un ami qui...
5. Je ne parlerai jamais à personne qui...
6. Je cherche un objet d'art qui...

G. Regardez la photo, page 423, et répondez aux questions suivantes:

1. Pensez-vous que ces hommes soient en France? Expliquez votre réponse.
2. Qui regardent-ils?
3. Inventez une question sur la photo et posez-la à quelqu'un.

Exercices écrits

A. Avec deux phrases, faites-en une. Utilisez le subjonctif, l'indicatif, l'infinitif ou l'infinitif passé: (§1, 2)

Exemple: *Nous sommes contents. L'année scolaire est finie.*
Nous sommes contents que l'année scolaire soit finie.

1. Nous sommes heureux. La semaine des examens finit.
2. Cet étudiant est désolé. Il ne comprend pas le subjonctif.
3. Étiez-vous fâché? Elle n'est pas venue à votre soirée.
4. Il désire. Il a toujours raison.
5. Elle est enchantée. Vous voulez bien sortir avec elle.
6. Le roi veut. Son peuple lui obéit.
7. Bernard regrette. Il a manqué un bon film.
8. Je ne pense pas. Il va en France cet été.
9. Nous espérons. Vous passerez de bonnes vacances.
10. Je suis sûr. Vous réussirez.
11. Je ne crois pas. Cette histoire est vraie.
12. Je veux. Il apprend à parler français.
13. Thérèse a honte. Elle a oublié son rendez-vous.
14. Mon frère est désolé. Vous ne voulez pas sortir avec lui.
15. Il est possible. Il viendra demain.
16. Êtes-vous surpris? Ils ont gagné tant d'argent.
17. Ses parents veulent. Ses parents font un voyage.
18. Nous regrettons. Il vend sa maison.
19. J'aime mieux. Nous discutons ce film en anglais.
20. Tout le monde craint. Il y a un tremblement de terre.

B. Remplacez les tirets par une forme de l'indicatif ou du subjonctif du verbe entre parenthèses selon le sens de la phrase: (§3)

1. (comprendre)   Nous discutons ce roman en français pour que cette personne ne ___ pas.
2. (pouvoir)   Nous voulons une démocratie afin que tout le monde _____ exprimer son opinion.
3. (être)   Je vous aime parce que vous _____ séduisant.
4. (se sentir)   Nous ferons du ski jusqu'à ce que vous _____ fatigué.
5. (arriver)   Essayez de vous dépêcher pour que nous _____ à l'heure.
6. (être)   Nous aimons faire de la natation parce que nous _____ sportifs.

7. (vouloir)   Je ne peux pas le faire, bien que le professeur le _____.

8. (être)   Je m'en irai à moins que vous ne _____ très gentil avec moi.

9. (ne pas parler)   Bien que nous _____ la même langue, nous nous comprenons.

10. (dire)   Quoi qu'il _____, moi, je vous dis qu'il a tort!

11. (savoir)   Ils se marient sans que leurs parents le _____.

12. (finir)   Ils savent quand elle _____ son travail.

C. Remplacez les tirets par le subjonctif ou l'indicatif du verbe de votre choix. Attention à la logique de la phrase: (§4)

1. Vous êtes si difficile qu'il n'y a rien au monde qui _____ vous rendre content.

2. Je cherche mon chat qui _____ petit et gris.

3. J'ai besoin de quelqu'un d'intelligent qui _____ capable de m'aider à faire mes devoirs ce soir.

4. Il n'y a personne d'intelligent qui _____ le temps de vous aider ce soir.

5. Le cabernet sauvignon est le meilleur vin que je _____.

D. Inventez un commencement approprié aux phrases suivantes et écrivez toute la phrase: (§1, 2, 3, 4)

Exemple: *...qu'elle soit tombée.*
Je suis désolé qu'elle soit tombée.

1. ...qu'il se souvienne de moi.
2. ...que vous rougissiez.
3. ...que tu sais la différence entre un cheval et un zèbre.
4. ...que nous ayons essayé de vendre des brosses à dents.
5. ...que Raymond soit parti avant la fin de la soirée.
6. ...que Monsieur Poirot ait trouvé le criminel.
7. ...que vous avez bien dormi.
8. ...que je sois né en Mongolie.
9. ...que nous nous trompions.

Lecture

Une Lettre d'un père à son fils et la réponse du fils

le 10 octobre

Mon cher fils,

Je voudrais tout d'abord te remercier de nous avoir écrit cette longue lettre pleine de détails sur ton arrivée à l'université. Ta mère et moi, nous sommes très heureux que *tu aies trouvé* un appartement si près du campus. C'est une chance aussi que *tu sois* avec Jack et Paul Stuart. Je connais si bien leur père avec qui j'étais moi-même à l'université, il y a bien longtemps. Mais les choses ont changé depuis ce temps-là!

Tout en reconnaissant nos différences, j'aurais voulu que *tu sois* dans ma fraternité, Sigma Epsilon, mais puisque ce n'est pas dans tes idées, je ne veux pas t'influencer. Je voudrais quand même que *tu ailles* visiter ma fraternité et que *tu dises* aux jeunes gens qui y habitent que tu es le fils d'un de leurs anciens membres. Donne-leur ton adresse et ton numéro de téléphone pour qu'*ils puissent* t'inviter à leurs soirées—elles étaient formidables de mon temps et il est probable que cela n'a pas changé.

Tu sais que ta mère et moi, nous avons la plus grande confiance en toi et nous sommes persuadés que tu feras de ton mieux[2] pour réussir dans tes études. Nous ne nous étonnons pas que *tu ne saches pas* encore quelle spécialité tu voudrais choisir, pourtant nous voudrions que *tu prennes* une décision.[3] Je n'ai pas besoin de te dire que j'aimerais que *tu deviennes* médecin. Il est vrai que les médecins sont très recherchés aujourd'hui et il est certain qu'ils gagnent tous beaucoup d'argent.

Je suis surpris que *tu ne fasses pas* de sport car au lycée tu aimais beaucoup le football et le basket-ball. Il est possible qu'*il y ait* bien d'autres choses à faire à l'université mais n'oublie pas le proverbe: «Un esprit sain dans un corps sain».

J'ai souvent peur aussi que tous ces gens qu'on voit sur les campus aujourd'hui *aient* trop d'influence sur toi. Il y en

---

2. *Faire de son mieux*, expression idomatique = faire tout son possible.
3. Remarquez qu'on *prend une décision* en français.

Je connais si bien leur père avec qui j'étais moi-même à l'université, il y a bien longtemps. Mais les choses ont changé depuis ce temps-là!

Perceval le Gallois, Éric Rohmer, 1979; sur la photo: Fabrice Luchini au premier plan.

Ce film est l'adaptation fidèle d'un classique littéraire du Moyen Âge écrit par Chrétien de Troyes. Ce roman raconte les aventures d'un jeune paysan, Perceval, qui décide de quitter sa mère pour devenir chevalier. Sur son chemin il rencontrera les chevaliers du roi Arthur et se lancera avec eux à la conquête du Graal. Ce film donne à son auteur, Éric Rohmer, l'occasion de reposer le problème de l'adaptation des œuvres littéraires au cinéma.

a beaucoup qui ne sont pas là pour étudier et choisir une carrière. Sois[4] donc fort en toute occasion et ne te laisse pas influencer par eux.

Je sais que tu tiens à financer tes propres études mais je voudrais que *tu n'hésites pas* à me demander de l'argent si tu en as besoin—raisonnablement, bien sûr! Je voudrais que *tu puisses* consacrer tout ton temps à tes études jusqu'à ce que *tu obtiennes* ton diplôme.

Toute notre famille se porte bien—nous espérons te lire[5] bientôt. Je souhaite que *tu t'adaptes* bien à ta nouvelle vie et que *tu réussisses* à tous tes examens.

Écris-nous quand tu pourras.

Bien affectueusement,
Ton père

4. *Sois* est ici l'impératif familier du verbe *être.*
5. *Te lire* = lire une lettre de toi.

le 15 novembre

Mon cher papa,

Ta lettre du 10 octobre est bien arrivée. Je voulais te répondre tout de suite afin que maman et toi, *vous sachiez* que je ne vous oublie pas complètement, mais mes copains voulaient que *j'aille* avec eux faire une excursion de quelques jours en montagne. Nous y sommes allés en auto-stop. Il n'y avait pas encore assez de neige pour que *nous puissions* skier, mais nous nous sommes bien amusés.

Tu voulais que *j'aille* à ta fraternité mais je n'ai pas eu le temps de le faire. Mon emploi du temps est très chargé. Je joue beaucoup au tennis et je cours tous les matins autour du campus pour me garder en forme.

Je regrette de t'annoncer que, pour le moment, ni les affaires ni la médecine ne m'intéressent particulièrement. J'aime de plus en plus lire des poèmes et en écrire. Je me suis donc inscrit dans un cours de littérature anglaise. J'ai aussi décidé de faire du français car j'aime beaucoup la littérature et la langue françaises. J'aime aussi de plus en plus le cinéma. Je regrette que tous ces nouveaux intérêts *ne soient pas* conformes à vos désirs et à vos aspirations pour moi, mais c'est ma vie et j'ai l'intention de faire ce qui me plaît.

Dis à maman que je vais lui écrire.

Affectueusement,

Bill

P.S. Puisque tu veux bien m'aider jusqu'à ce que *je réussisse* à trouver un boulot,[6] envoie-moi un peu d'argent.

---

6. *Boulot* (terme familier) = travail, poste, situation.

Questions sur la lecture

1. Pourquoi les parents sont-ils heureux que leur fils ait trouvé un appartement?
2. Pourquoi le père veut-il que son fils aille voir sa fraternité? Pensez-vous que le fils ait la même opinion vis-à-vis des fraternités que son père? Pensez-vous qu'il veuille y aller, comme son père le suggère?
3. Pourquoi les parents veulent-ils que leur fils choisisse bientôt une spécialité? Est-ce nécessaire qu'un étudiant (une étudiante) de première année en choisisse une?
4. Quelle profession le père envisage-t-il pour son fils? Et la mère? Quelle carrière vos parents veulent-ils que vous choisissiez? Et vous, quelle carrière voulez-vous choisir?
5. À quelles disciplines est-ce que Bill s'intéresse?
6. A-t-il répondu tout de suite à la lettre de son père? Pourquoi?
7. Qui finance les études de Bill? Qui finance vos études?
8. Est-ce que vous recevez quelquefois des lettres semblables? Sur quelles choses vos parents insistent-ils?

Discussion / Composition

1. Imaginez la réaction des parents de Bill à sa lettre. Décrivez la réaction du père ou écrivez sa réponse. (Employez beaucoup de subjonctifs.)
2. Écrivez une lettre typique réelle ou imaginaire de vos parents et écrivez votre réponse. (Employez beaucoup de subjonctifs.)
3. Expliquez le mode d'emploi d'un produit, expliquez comment faire quelque chose ou bien écrivez la notice (page d'instruction). Par exemple: comment utiliser votre nouvelle machine à écrire, comment vous comporter en public, comment un bon espion cache sa vraie identité, etc. Employez beaucoup d'expressions au subjonctif.

Vocabulaire

noms
boulot m.
brosse à dents f.
esprit m.
est m.
fait m.
machine à écrire f.
mode d'emploi m.

adjectifs
douteux/douteuse
fidèle
propre
recherché (-e)
sain (-e)

verbes
cacher
se comporter
consacrer
s'étonner
s'inscrire
plaire

prépositions
à condition de
afin de
à moins de

conjonctions
à condition que
afin que
à moins que
bien que
où que
pour que
pourvu que
puisque
qui que
quoi que
quoique
sans que

autres expressions
à temps
bien sûr
de plus en plus
en auto-stop
faire de son mieux
prendre une
  décision
quand même
tenir à

noms apparentés
dossier m.
politesse f.

Échanges

— Ah! Vite les vacances!

— Oui, je donnerais n'importe quoi pour faire la grasse matinée.[1]

— Toi, tu penses toujours à roupiller;[2] moi, je rêve de nuits blanches[3] passées à danser.

— Qu'est-ce que tu veux?[4] Moi, j'ai le coup de pompe.[5] J'en ai par-dessus la tête[6] de bosser pour ces vieux croulants de prof.[7]

— Te fais pas de bile.[8] Après les examens t'auras[9] la paix.

— Oui, mais d'ici là[10] quelle plaie![11]

1. *Faire la grasse matinée* = dormir tard le matin.
2. *Roupiller* = dormir ("snooze").
3. *Nuits blanches* = nuits sans dormir.
4. *Qu'est-ce que tu veux?* = "What do you expect?"
5. *Le coup de pompe* = une attaque de fatigue.
6. *J'en ai par-dessus la tête.* = "I've had enough.
7. *Cex vieux croulants de prof* = "these old fuddy-duddy teachers."
8. *Te fais pas de bile.* = Ne te fais pas de soucis. ("Don't worry.")
9. *T'auras* = tu auras.
10. *D'ici là* = "between now and then."
11. *Quelle plaie!* = "What a pain (in the neck)!"

Improvisation

Pour deux ou trois personnes. Imaginez la conversation au téléphone entre une personne célèbre (quand elle était à l'université) et son père, sa mère ou ses deux parents. Par exemple: Jimmy Carter et Mlle Lillian, Reggie Jackson et son père, Jean-Paul Sartre et sa mère, etc. Employez la lecture comme modèle, et employez beaucoup d'expressions au subjonctif.

tristesse

Alfred de Musset
1810–1857

J'ai perdu ma force et ma vie,
Et mes amis et ma gaîté;
J'ai perdu jusqu'à la fierté
Qui faisait croire à mon génie.

Quand j'ai connu la Vérité,
J'ai cru que c'était une amie;
Quand je l'ai comprise et sentie,
J'en étais déjà dégoûté.

Et pourtant elle est éternelle,
Et ceux qui se sont passés d'elle
Ici bas ont tout ignoré.

Dieu parle, il faut qu'on lui réponde.
Le seul bien qui me reste au monde
Est d'avoir quelquefois pleuré.

Dernières Poésies

Le Sénégal est parmi les pays d'Afrique qui maintiennent des rapports économiques et culturels très étroits avec la France. Le français est le plus souvent la langue de l'éducation, de la diplomatie et du commerce. C'est le Président du Sénégal, Léopold Senghor, qui a formulé la notion de «négritude». Senghor est aussi un très grand poète francophone.

Certains pays d'Afrique du Nord—le Maroc, l'Algérie, la Tunisie—emploient le français dans l'éducation et le commerce, comme l'indique ce salon de coiffure et cette librairie. Dans ces pays on accueille chaque année professeurs, instituteurs et hommes d'affaires français. L'Algérie et la Tunisie sont des républiques. Le Maroc est devenu un royaume en 1957.

Une Africaine francophone enseigne le francais. Son écriture précise et élégante ressemble bien au modèle que les instituteurs français proposent à leurs élèves.

Le Monde francophone

La République d'Haïti occupe la moitié ouest d'une des Grandes Antilles. L'île est devenue indépendante en 1804. On y parle français et créole. (Dans la moitié est de l'île, en République Dominicaine, on parle espagnol.) Voici un bel exemple de l'art haïtien.

Aux Antilles, la France a deux departements d'outre-mer: la Guadeloupe et la Martinique. Voici une Martiniquaise en costume pour le Carnaval.

La fête du Mardi Gras est une vieille tradition de la Nouvelle-Orléans. La Louisiane était française avant d'être américaine, et on y parle encore français.

Le Monde francophone

Au Canada, Québec est devenue une nouvelle capitale de la culture francophone mondiale. La province de Québec—«la Belle Province»—propage activement sa culture dans les domaines de l'art et de la technologie: littérature, théâtre, cinéma, musique, folklore, édition, énergie hydro-électrique.

Le Monde francophone

La Belgique, aujourd'hui le siège de l'O.T.A.N. (Organisation du Traité de l'Atlantique Nord), est un pays bilingue. On y parle le français ou le flammand, qui est comme le hollandais. Cette scène pittoresque à Bruges rappelle les doux paysages des grands maîtres flammands de la Renaissance.

Au Luxembourg on parle luxembourgeois, allemand ou français. Voici un kiosque avec des affiches en francais.

Bruxelles, capitale de la Belgique

Le Monde francophone

La Confédération Helvétique (la Suisse) reconnaît quatre langues officielles, dont le français. Le lac Léman (lac de Genève) se trouve en région francophone. Voici une scène à Montreux.

Le Monde francophone

26
Vingt-sixième Leçon

Les pronoms possessifs
Les pronoms interrogatifs
Ce qui et *ce que*
Lecture: *Le vôtre, le sien, le nôtre, le leur,
cela n'a aucune importance*

Nous sommes à la plage au bord de la mer.

DÉCOUVERTE

Présentation

Voici une serviette. Est-ce ma serviette? Est-ce **la mienne?** Est-ce votre serviette? Est-ce **la vôtre?**

Oui, c'est ma serviette. C'est **la mienne.** Elle est **à moi.** Ce n'est pas **la vôtre.** Elle n'est pas **à vous.**

Est-ce votre stylo, Pat?

Non, ce n'est pas **le mien.** C'est le stylo de Philippe. C'est **le sien.** Il est **à lui.**

Est-ce que ce sont les livres de Susan? Ou est-ce que ce sont vos livres, Lisa?

Ce sont **les miens.** Ce ne sont pas **les siens.**

Est-ce la maison des Smith?

Oui, c'est **la leur.** Elle est **à eux.**

Est-ce notre classe?

Oui, c'est notre classe. C'est **la nôtre.**

De quel cours parlez-vous? De mon cours ou du cours de Madame Johnson? Parlez-vous **du mien** ou **du sien?**

Nous parlons **du vôtre.** Nous ne parlons pas **du sien.**

Explications

1 Les pronoms possessifs:

A. Les formes:

mon livre	**Le mien** est rouge.
ma chambre	**La mienne** est en ordre.
mes intérêts	**Les miens** sont intellectuels.
mes distractions	**Les miennes** provoquent le scandale.
ton ami	**Le tien** vient ici demain.
ta fortune	**La tienne** est limitée.
tes frères	**Les tiens** travaillent beaucoup.
tes amies	**Les tiennes** parlent français.

son stylo	**Le sien** marche bien.
sa robe	**La sienne** est à la mode.
ses amis	**Les siens** parlent trop.
ses autos	**Les siennes** sont de 1925.
notre professeur	**Le nôtre** explique bien la grammaire.
notre classe	**La nôtre** est très agréable.
nos problèmes	**Les nôtres** sont éternels.
nos préoccupations	**Les nôtres** paraissent sans solution.
votre avion	**Le vôtre** est à l'heure.
votre place	**La vôtre** est au fond de la salle.
vos privilèges	**Les vôtres** sont révoqués immédiatement.
vos dettes	**Les vôtres** semblent énormes.
leur père	**Le leur** est architecte.
leur maison	**La leur** a besoin de peinture.
leurs parents	**Les leurs** partent en vacances.
leurs filles	**Les leurs** sont avocates à New York.

D'autres exemples: Voilà mon livre.   Voilà **le mien**.

Il cherche ses affaires.   Il cherche **les siennes**.

Elles présentent leur duo.   Elles présentent **le leur**.

B. Étudiez les exemples et remarquez la contraction de l'article défini avec les prépositions **de** et **à**:

Parlez-vous de mon cours ou du cours   Je parle **du vôtre**.
de Madame Johnson? Parlez-vous
du mien ou **du sien**?

Est-ce que le match de basket[1] sera   Il sera **au leur**.
à notre gymnase ou **au leur**?

Elizabeth et moi, nous irons à sa maison après les classes. Nous
n'irons pas **à la nôtre**.

2 Pour exprimer la possession on peut dire:

$$\left.\begin{array}{l}\textbf{Il est à}\\ \textbf{Elle est à}\\ \textbf{Ils sont à}\\ \textbf{Elles sont à}\end{array}\right\} + \left\{\begin{array}{l}\text{nom}\\ \text{pronom disjoint}\end{array}\right.$$

Exemples: C'est mon livre, il est **à moi**.

Ce sont leurs stylos, ils sont **à eux**.

À qui est cette robe? Elle est **à Marianne**.

1. *Basket* = "basketball."

Présentation

Qui est le président de cette université?

C'est Monsieur Vonthundertronk.

À qui écrivez-vous? **À qui est-ce que** vous écrivez souvent?

J'écris souvent à mes parents et à mes amis.

Avec qui sortez-vous souvent?

Je sors souvent avec mes amis.

Que dites-vous quand vous entrez dans la classe?

Nous disons bonjour!

Qu'est-ce que l'agent de police vous répond quand vous lui dites que vous êtes innocent?

Il répond: «!@#!z!!@»

Avec quoi mangez-vous?

Je mange avec une fourchette, un couteau et une cuillère.

Regardons ces deux tableaux. Quel tableau préférez-vous? **Lequel** préférez-vous?

Je préfère le tableau à droite.

Qu'est-ce que l'agent de police vous répond quand vous lui dites que vous êtes innocent?

Aimez-vous les femmes? Jean Léon, 1964; sur la photo: Guy Bedos et un agent de police anonyme.
Il arrive beaucoup d'ennuis au jeune Jérôme. À force d'être menacé par tous les gens qu'il rencontre et qui veulent attenter à ses jours, Jérôme en a assez. Exaspéré, persécuté, il riposte, il n'en peut plus. Il finit par tirer la langue à un agent de police dans la rue. Mais voilà que l'agent fait la même chose, à la grande surprise de Jérôme.

Quelle leçon étudions-nous? **Laquelle** étudions-nous?	Nous étudions la vingt-sixième leçon.

Quelle leçon étudions-nous?
Laquelle étudions-nous?

Nous étudions la vingt-sixième leçon.

Quels philosophes lisez-vous?
Lesquels lisez-vous?

Je lis Socrates, Descartes, Kant et Nirvununani.

À quel restaurant irez-vous dîner? **Auquel** irez-vous dîner?

Nous irons Chez Léon parce que c'est le moins cher.

À quelles femmes est-ce qu'on a donné le Prix Nobel?
Auxquelles est-ce qu'on a donné le Prix Nobel?

On l'a donné à Madame Curie, par exemple. On l'a donné aussi à Pearl Buck et à Gabriella Mistral.

Voilà des pâtisseries délicieuses.
Desquelles avez-vous envie?

J'ai envie de l'éclair au chocolat et du baba au rhum.

Explications

3 Les pronoms interrogatifs:

A. Pour une personne: **qui:**

Exemples: *(sujet)* **Qui** est à la porte? C'est Jean.
(objet direct) **Qui** voyez-vous? Je vois Sylvie.
(après une préposition) À **qui** avez-vous donné votre clé? Je l'ai donnée à Luc.

B. Pour une chose: **qu'est-ce qui, que, quoi:**

Exemples: *(sujet)* **Qu'est-ce qui** cause la pollution de l'air atmosphérique?
Qu'est-ce qui a rendu possible l'exploration de l'espace?
(objet direct) **Que** voit-elle dans sa boule de cristal?
Que faites-vous quand vous avez faim?
Qu'est-ce que (= **que** + *est-ce que*) vous faites quand vous avez faim?
(après une préposition) Avec **quoi** écrivez-vous, un stylo ou un crayon?
De **quoi** parle-t-il?
De **quoi** est-ce qu'il parle?

C. Récapitulation:

	personne ☺	*chose* ☐
Sujet:	qui...?	qu'est-ce qui...?
Objet direct:	qui...?	que...?
Après une préposition:	...qui...?	...quoi...?

D. **Lequel...? (laquelle...?, lesquels...? lesquelles...?)** est un pronom interrogatif qui indique le genre et le nombre.

1. **Lequel** est employé pour les *personnes ou les choses* (sujet, objet ou après les prépositions).

Exemples: *Quel tableau?*
Lequel est le plus beau?
Lequel préférez-vous?
Pour **lequel** a-t-il eu le premier prix?

Quels tableaux?
Lesquels sont les plus beaux?
Lesquels préfère-t-elle?
Pour **lesquels** a-t-il eu le premier prix?

Quelle leçon?
Laquelle est difficile?
Laquelle étudions-nous?
Dans **laquelle** étudions-nous les interrogatifs?

Quelles leçons?
Lesquelles sont difficiles?
Lesquelles étudions-nous?
Dans **lesquelles** étudions-nous les interrogatifs?

2. On contracte les prépositions **à** et **de**:

auquel...? (à + lequel)
auxquels...? (à + lesquels)
auxquelles...? (à + lesquelles)

duquel...? (de + lequel)
desquels...? (de + lesquels)
desquelles...? (de + lesquelles)

Exemples: trois restaurants possibles
des animaux intelligents

plusieurs auteurs intéressants

des pâtisseries délicieuses

Auquel irez-vous?
Auxquels peut-on enseigner la grammaire?
Duquel parlez-vous en particulier?
Desquelles avez-vous envie?

Présentation

Qu'est-ce que vous avez dans votre sac?

Voilà **ce que** j'ai dans mon sac: trois clés et un mouchoir.

Qu'est-ce qui vous rend furieux?

La stupidité, l'injustice, la pollution, la cruauté, voilà **ce qui** me rend furieux.

Explications

4 Les expressions **ce que** et **ce qui**:

A. **Ce que** = la chose (les choses) que *(objet direct)*:
Voilà *la chose que* je demande. = Voilà **ce que** je demande.

Il ne fait pas *les choses que* ses amis détestent. = Il ne fait pas **ce que** ses amis détestent.

Voilà tout **ce que** je sais.

Expliquez **ce qu'**Albert dit.

Remarquez: **Qu'est-ce que...?** et **ce que:** Pour une question directe dans une phrase interrogative, on utilise **Qu'est-ce que...?** (Première Leçon), mais dans une phrase déclarative, on utilise **ce que.**

Exemples: **Qu'est-ce que** c'est?

Je ne sais pas **ce que** c'est.

C'est exactement **ce que** je veux.

Voilà **ce que** je préfère.

B. **Ce qui** = la chose (les choses) qui *(sujet):*

Vois-tu *la chose qui* est à côté de la porte? = Vois-tu **ce qui** est à côté de la porte?

J'ai peur *des choses qui* font du bruit. = J'ai peur de **ce qui** fait du bruit.

Il ne sait pas **ce qui** arrive.

Le dictionnaire, c'est **ce qui** donne des définitions.

Remarquez: **Qu'est-ce qui...?** et **ce qui:** Pour une question directe dans une phrase interrogative, on utilise **Qu'est-ce qui...?**, mais dans une phrase déclarative, on utilize **ce qui.**

Exemples: **Qu'est-ce qui** se passe?

Je ne sais pas **ce qui** se passe.

Ce qui est important, c'est **ce que** vous préférez.

CRÉATION

Exercices oraux

A. Dans les phrases suivantes, remplacez le nom et l'adjectif possessif par un pronom possessif approprié: (§1)

Exemple: *Voilà mon livre.*
Voilà le mien.

1. Voilà mes parents.
2. Voilà vos compositions.

3. Voilà votre université.
4. Voilà notre jardin.
5. Voilà nos places.
6. Je n'écris pas tes compositions.
7. Jean et sa femme pensent à leur maison.
8. Je préfère mon idée; je n'aime pas ton idée.

B. Continuez les phrases suivantes et précisez la possession par l'expression **il est à (elle est à, ils sont à, elles sont à)** + pronom disjoint: (§2)

Exemple: *C'est mon livre,*
C'est mon livre, il est à moi.

1. Ce sont mes skis,
2. C'est ton stylo,
3. Ce sont vos amis,
4. C'est notre décision,
5. C'est la bicyclette d'Anne,
6. C'est la bicyclette de Tim,
7. C'est l'idée de Paul et de Jim,
8. Ce sont les autos des Smith,

C. Répétez les questions suivantes et remplacez **qu'est-ce que** par **que;** n'oubliez pas qu'il faut changer l'ordre du verbe et du pronom: (§3)

Exemple: *Qu'est-ce que vous faites?*
Que faites-vous?

1. Qu'est-ce que vous mangez?
2. Qu'est-ce que vous lisez?
3. Qu'est-ce qu'il achète?
4. Qu'est-ce qu'ils ont dit?
5. Qu'est-ce qu'elle avait voulu?

D. Remplacez l'adjectif interrogatif et le nom par une forme du pronom **lequel:** (§3)

Exemple: *Quel livre lisez-vous?*
Lequel lisez-vous?

1. Quelle classe préférez-vous?
2. Quelles étudiantes sont absentes?
3. À quelle classe allez-vous?
4. À quel problème pensez-vous?
5. De quelles amies as-tu parlé?
6. De quel pays viennent-ils?

E. Remplacez **la (les) chose (-s) qui (que)** par **ce qui** ou **ce que:** (§4)

Exemple: *Voilà les choses qui rendent la vie agréable.*
Voilà ce qui rend la vie agréable.

1. Voilà la chose que je voulais.
2. Voilà la chose qui terrifie les enfants.
3. Voilà la chose que nous ne comprenons pas.

4. Voilà la chose que j'ai vue.
5. Voilà les choses qui ont inquiété mes parents.
6. Voilà les choses qui rendent le français joli.

F. Devinettes: Demandez à un autre étudiant ou à une autre étudiante: (§3, 4)
1. ce qui est noir et blanc et tout rouge.
2. ce que Benjamin Franklin a dit quand il a découvert l'électricité.
3. ce qui est à Brooklyn et qui n'est pas à Manhattan.
4. ce que la mère sardine a dit au bébé sardine quand ils ont vu un sous-marin ("submarine").

4. «N'aie pas peur, ce n'est qu'une boîte de personnes.»
3. l'autre côté du pont de Brooklyn
2. Il n'a rien dit: il était trop choqué!
1. un zèbre gêné

G. Regardez la photo, page 441. Demandez à un autre étudiant ou à une autre étudiante:
1. ce que l'homme de gauche lit.
2. ce que l'autre monsieur fait.
3. ce que le jeune homme dit à son ami.
4. à qui est le matelas pneumatique.
5. Inventez une question sur la photo et posez-la à un autre étudiant ou à une autre étudiante.

Exercices écrits

A. Remplacez les mots en italique par un pronom possessif approprié: (§1)
Exemple: *Georges adore le café de sa mère mais il déteste* mon café.
Georges adore le café de sa mère mais il déteste le mien.
1. Mon chien est plus grand que *ton chien.*
2. Votre maison est ancienne, mais *notre maison* est moderne.
3. Maintenant vous savez mon numéro de téléphone. Quel est *votre numéro de téléphone?*
4. La famille Osmond est plus grande que *ma famille.*
5. Je parle de mes auteurs préférés, et mes amis me parlent *de leurs auteurs préférés.*
6. Comme il nous fallait un appartement pour la réunion, elle nous a offert *son appartement.*

7. Tout le monde a des défauts; pensez-vous quelquefois *à vos défauts?*

8. Après avoir écouté les anecdotes de tout le monde, Melvin veut toujours raconter *son anecdote* aussi. Mais *ses anecdotes* n'amusent jamais personne.

B. Répondez aux questions suivantes: (§2)

1. À qui est le palais de Buckingham?
2. À qui est la voiture que vous utilisez le plus souvent?
3. La Maison Blanche est-elle au Président?
4. À qui sont vos clés?
5. À qui est la maison où vous habitez?

C. Voilà des réponses. Posez une question appropriée et employez un pronom interrogatif; il faut commencer la question avec une préposition: (§3)

Exemple: *C'est à ma petite amie que je téléphone.*
À qui téléphonez-vous?

1. C'est à notre professeur que je parle.
2. Je discute avec mes parents.
3. J'écris avec un stylo.
4. Au cinéma, j'étais derrière Catherine.
5. J'ai mis la composition sur son bureau.
6. Il est assis à côté de Jeanne.

D. Voilà des réponses. Posez une question logique pour ces réponses; employez **qui** ou **que** dans la question: (§3)

Exemple: *C'est Archibald.   Qui est-ce?*

1. C'est Marie.
2. Ma mère a fait ce gâteau.
3. Ce soir j'irai au cinéma.
4. Elle aime faire du ski en hiver.
5. Nous avons discuté le problème des minorités.
6. C'est moi qui ai répondu.
7. Je lis le journal avant de dormir.
8. Paul a bien étudié.

E. Voilà des réponses. Pour chaque réponse posez deux questions logiques. Utilisez **qu'est-ce que, qu'est-ce qui, qui est-ce que** ou **qui**: (§3)

Exemple: *Les lunettes roses changent la perception du monde.*
Qu'est-ce qui change la perception du monde?
Qu'est-ce que les lunettes roses changent?

1. Le succès de ce film a surpris les critiques.
2. Christophe Colomb a découvert l'Amérique.
3. Roméo déclarait son amour à Juliette.

4. Les Français trouvent l'accent américain exotique.

5. Le costume de Madame Godiva a scandalisé les Anglais.

F. Mettez **qu'est-ce que, qu'est-ce qui, ce que, ce qui, que** ou **qui** dans les phrases suivantes: (§4)

1. _____ c'est?
2. Je ne comprends pas _____ vous dites.
3. Voulez-vous expliquer _____ est difficile?
4. _____ fait tant de bruit?
5. _____ il faut savoir pour l'examen?
6. Sais-tu _____ mon chat adore?
7. Il adore la nourriture _____ on donne aux chiens!
8. Il n'y a pas d'animal _____ parle aussi bien que l'homme.
9. Tu ne veux pas boire _____ le Docteur Jekyll prépare!
10. _____ cause les tremblements de terre?

Lecture

Le vôtre, le sien, le nôtre, le leur, cela n'a aucune importance

Nous sommes à la plage, au bord de la mer. Il fait très beau, et comme c'est le week-end il y a un monde fou[2] sur le sable. Le soleil brille dans le ciel, et la mer reflète la lumière du soleil. Jean-Louis, confortablement installé sur un matelas pneumatique, flotte sur les vagues. Tout d'un coup une main tire le matelas de Jean-Louis et interrompt sa douce somnolence. Jean-Louis réagit brusquement et rétablit son équilibre.

Jean-Louis: *Qu'est-ce que c'est?*

Monsieur Nimbus: Jean... Jean... Jean-Louis! (Jean-Louis voit un monsieur, bleu de froid, *qui* a le hoquet[3] et *qui* tremble en parlant.) C'est moi!... Jean... Jean... Jean-Louis!

Jean-Louis: Quelle surprise! Monsieur Nimbus! Je m'étonne que vous soyez ici! (Jean-Louis a reconnu le visage affolé de son professeur de physique, Prix Nobel de sciences de 1937.) *Qu'est-ce que* vous faites ici?

---

2. *Un monde fou* = beaucoup de gens.

3. *Hoquet* = "hiccups."

Monsieur Nimbus: Jean... Jean... Jean-Louis! Je... je... je viens de perdre... mon... mon... mon maillot!

Jean-Louis: *Quoi?* Mais *avec quoi* êtes-vous entré dans l'eau? Êtes-vous sûr de l'avoir perdu? Comment l'avez-vous perdu?

Monsieur Nimbus: J'ai nagé jusqu'à la petite île là-bas!

Jean-Louis: *Laquelle?* De quelle île parlez-vous? *À laquelle* êtes-vous allé? Je ne crois pas que vous puissiez perdre un maillot en nageant.

Et le professeur raconte une histoire ridicule et pas trop intéressante.

Monsieur Nimbus: Mais *qu'est-ce que* je vais faire? *Qu'est-ce qui* va m'arriver, mon Dieu! *Qui* va m'aider? Avec quel maillot est-ce que je vais sortir de l'eau... Avec *le vôtre*, peut-être... mais non, il serait trop petit.

Jean-Louis décide d'aller voir le maître-nageur pour lui demander si quelqu'un n'a pas trouvé le maillot de Monsieur Nimbus. Le voilà maintenant au bureau des objets trouvés:

Jean-Louis: Monsieur, Monsieur, avez-vous trouvé un maillot? Est-ce qu'on vous a rapporté un maillot?

Le maître-nageur: *Quoi?* Quel maillot? *Lequel? Le vôtre?*

Jean-Louis: Non, pas *le mien,* le maillot de Monsieur Nimbus, c'est *le sien* qu'il a perdu!

Le maître-nageur: Quelle histoire me racontez-vous, Monsieur? J'ai beaucoup de maillots, mais avant de continuer je voudrais que vous me donniez des renseignements.

Jean-Louis pense au professeur Nimbus. Il est désolé que le pauvre homme doive attendre si longtemps dans l'eau.

Le maître-nageur: Voilà! Il faut que vous remplissiez ce formulaire. Répondez à toutes les questions: D'abord, le jour où vous avez perdu votre maillot? À quelle heure l'avez-vous perdu?

Jean-Louis: Mais, je vous dis que ce n'est pas *le mien!*

Le maître-nageur: *Le vôtre, le sien, le nôtre, le leur,* cela n'a aucune importance... Répondez! Ensuite, *avec qui* étiez-vous quand vous l'avez perdu? Et après, de quelle couleur était le maillot? Ensuite, le magasin: dans *lequel* l'avez-vous acheté et le prix que vous avez payé? Ensuite, les

Quelle surprise! Monsieur Nimbus! Je m'étonne que vous soyez ici!

Peau de banane, Marcel Ophuls, 1963; sur la photo: Jean-Paul Belmondo et Gert Froebe.
 Sujet policier, intrigues bizarres, humour, surprises. On prend Belmondo pour un ingénieur allemand milliardaire qui achète tout: une île ou la tour Eiffel. Jeanne Moreau, sa femme, va-t-elle en profiter? Elle n'aime pas ses nouvelles manières: Belmondo lit son journal dans la piscine et fume un gros cigare: elle trouve ça choquant.

marques d'identification: *lesquelles* pouvez-vous reconnaître sur votre maillot? Enfin, *lesquels* de vos amis peuvent vérifier que vos déclarations sont exactes et nous assurer que c'est vraiment votre maillot... vraiment *le vôtre!*

Jean-Louis *(furieux):* Mais je vous dis que ce n'est pas *le mien...* C'est *le sien,* c'est le maillot de mon professeur...

Le maître-nageur: Aucune importance, Monsieur, c'est la consigne, c'est le règlement. Si vous ne répondez pas à ces questions, je ne pourrai rien faire pour vous! La consigne, c'est la consigne! Un point, c'est tout![4]

En réalité le professeur Nimbus, toujours dans les nuages, avait oublié qu'il avait son maillot sur lui. Il avait tout simplement fait ce rêve ridicule pendant qu'il était allongé au soleil sur la plage d'une petite île.

4. *Un point, c'est tout* = ''... period!!!'' (indique la fin d'une discussion).

Questions sur la lecture

1. Pourquoi y a-t-il beaucoup de monde sur la plage?
2. Où est Jean-Louis?
3. Décrivez le professeur Nimbus. Qui est-il?
4. Qu'est-ce qu'il a perdu?
5. Qu'est-ce que Jean-Louis fait pour aider Monsieur Nimbus?
6. Qu'est-ce que le maître-nageur ne comprend pas?
7. Mentionnez deux questions sur le formulaire.
8. Pourquoi est-ce que Jean-Louis devient furieux?
9. Pourquoi est-ce que le maître-nageur n'aide pas Jean-Louis?

Discussion / Composition

1. Écrivez un formulaire à remplir: par exemple, pour quelqu'un qui veut rapporter un objet perdu, pour quelqu'un qui cherche l'homme ou la femme parfait(-e) dans un bureau spécialisé, pour quelqu'un qui veut être admis à votre université ou pour une autre circonstance. Remplissez-le.
2. Imaginez un dialogue entre deux personnes qui se comparent: chaque personne essaie de se montrer supérieure à l'autre. Employez beaucoup de pronoms possessifs. Par exemple: deux enfants parlent. Le premier: Mon papa est plus grand que le tien! Le deuxième: Ce n'est pas vrai! Le mien joue du basket. Le tien n'est que jockey.

Vocabulaire

noms
banc m.
bureau des objets
   trouvés m.
consigne f.
cruauté f.
cuillère f.
défaut m.
formulaire m.
le hoquet m.
lunettes de soleil
   f. pl.
maillot m.
maître-nageur m.
matelas
   pneumatique m.
pâtisserie f.
règlement m.
vague f.

adjectif
affolé (-e)

verbes
briller
enseigner
interrompre
nager
rapporter
refléter
remplir
tirer

autres expressions
faire du bruit
là-bas
un monde fou
Un point, c'est
   tout!

noms apparentés
équilibre m.
gymnase m.
île f.
marque f.
scandale m.
sens de l'humour
   m.

Échanges

— T'en fais une tête![1] Qu'est-ce que t'as?[2]

— On m'a chipé[3] ma calculatrice![4]

— Comment ça? Ce n'est pas la tienne... la petite noire, là?

— Mais non! Elle est à Sylvie. Je te dis qu'on m'a piqué[5] la mienne!

— Ben... qui aurait pu faire ça?

— Qu'est-ce que j'en sais, moi...?[6] Peut-être les petits voyous[7] qui sont entrés tout à l'heure.[8]

— Et qu'est-ce que c'est que ça dans ta poche?

— Ça alors! T'as l'œil![9] C'est la mienne!

— Espèce d'abruti! Va![10]

1. *T'en fais une tête!* = "What a look on your face!"
2. *Qu'est-ce que t'as?* = Quel problème as-tu?
3. *On m'a chipé* = "somebody has stolen."
4. *Calculatrice* = "electronic calculator."
5. *On m'a piqué* = "somebody has stolen."
6. *Qu'est-ce que j'en sais, moi?* = Je ne sais rien à ce propos.
7. *Voyous* = mauvais garçons.
8. *Tout à l'heure* = Il y a peu de temps.
9. *T'as l'œil.* = "You have a sharp eye."
10. *Espèce d'abruti! Va!* = "You turkey! Forget it now!"

Improvisation

Pour deux personnes. Dans le bureau des objets trouvés: Une personne a perdu quelque chose. L'autre travaille au bureau des objets trouvés et pose beaucoup de questions.

27
Vingt-septième Leçon

Les pronoms relatifs (suite)
Les pronoms démonstratifs
Les pronoms indéfinis:
  quelques-uns, chacun
Lecture: *La Carrière difficile d'un écrivain
  féminin* — George Sand

DÉCOUVERTE

Présentation

Dans quelle salle avez-vous votre classe de français?

La salle **dans laquelle** nous avons notre classe, c'est la salle numéro 156.

Pour quelle compagnie votre mère travaille-t-elle?

La compagnie **pour laquelle** elle travaille s'appelle la SAFECO.

De quelles étudiants parlez-vous?

Les étudiants **dont** nous parlons sont David et Lisa.

De quels livres avez-vous besoin?

Les livres **dont** nous avons besoin sont le livre d'anatomie et le livre de physiologie.

Explications

1 Les pronoms relatifs (suite et fin):

A. Vous avez déjà appris certains pronoms relatifs simples: **qui, que, où** (§4, pp. 107–8) et certains pronoms relatifs composés: **ce qui, ce que** (§4, p. 434–35). Voici un tableau des emplois des pronoms relatifs *simples*:

Fonction dans la phrase subordonnée:	*antécédent*	
	personne ☺	*chose* ☐
Sujet:	qui	qui
Objet:	que	que
Après une préposition:	qui lequel	lequel

Exemples: C'est Shakespeare **qui** l'a écrit. *(antécédent: personne; fonction: sujet)*
J'ai lu une pièce **qui** est très célèbre. *(antécédent: chose; fonction: sujet)*
Voltaire et Camus sont des écrivains français **que** je connais. *(antécédent: personnes; fonction: objet)*

Quelle est la pièce **que** vous préférez? *(antécédent: chose; fonction: objet)*

C'est le roi de France pour **qui** Jeanne d'Arc combattait. *(antécédent: personne; fonction: complément prépositionnel)*

Leslie est l'étudiante à **laquelle** j'ai téléphoné. *(antécédent: personne; fonction: complément prépositionnel)*

L'objet avec **lequel** j'écris s'appelle un stylo. *(antécédent: chose; fonction: complément prépositionnel)*

B. **Lequel** relatif:

Exemples: Voilà le revolver **avec lequel** l'assassin a tué la victime.

L'architecture est la profession **à laquelle** Raymond est destiné.

Les théorèmes **sur lesquels** il fonde sa théorie sont élémentaires.

1. On emploie **lequel, laquelle, lesquels** ou **lesquelles** après une préposition.

Exemples:

auquel	**auxquelles**	**devant lesquels**
à laquelle	**avec lequel**	**derrière lesquelles**
auxquels	**pour laquelle**	**dans lequel**

2. L'*antécédent* est généralement une *chose*:

Exemples: Voilà **la salle dans laquelle** nous avons notre classe.

C'est **le stylo avec lequel** j'écris.

Voici **la chaise sur laquelle** j'ai mis mes livres.

3. Si l'antécédent est une *personne* on utilise souvent **qui**:

Exemple: Voilà l'homme **avec lequel** elle sort. = Voilà l'homme **avec qui** elle sort.

4. Remarquez que très souvent on remplace une *préposition de lieu* (**dans, sur,** etc.) + **lequel,** etc., par **où.**

Exemples: Voilà la salle **où** (dans laquelle) nous nous réunissons.

Les touristes admirent le petit lit **où** (sur lequel) Napoléon dormait.

C. Le pronom relatif **dont**:

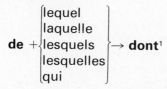

$$\text{de} + \left.\begin{cases} \text{lequel} \\ \text{laquelle} \\ \text{lesquels} \\ \text{lesquelles} \\ \text{qui} \end{cases}\right\} \rightarrow \textbf{dont}[1]$$

1. Les pronoms relatifs *duquel, de laquelle, desquels, desquelles* et *de qui* existent, mais ils sont employés dans des circonstances syntaxiques relativement rares.

Exemples: Le professeur **dont** (de qui, duquel) je parle est très sévère.

La robe **dont** (de laquelle) j'ai envie est un modèle de Pierre Cardin.

Les voitures **dont** (desquelles) le moteur est italien sont rapides.

Présentation

Voici deux livres. Lequel voulez-vous?

Celui *que* je veux, c'est **celui** *qui* est rose.

Voilà un sweater. Est-ce le vôtre?

Non, ce n'est pas le mien, c'est **celui** *de* Drew.

Marie, quel est cet étudiant avec lequel vous sortez?

Celui *avec lequel* je sors? C'est mon secret.

Quel objet préférez-vous, **celui-ci** ou **celui-là?**

Je n'aime pas **celui-ci,** je préfère **celui-là.**

Saviez-vous que Mortimer étudie les sciences occultes?

Non, je ne savais pas **cela.**

Qu'est-ce que c'est que **ça?**

Ça, ce sont des escargots. Et je n'aime pas **ça,** moi!

Explications

2 Les pronoms démonstratifs:

singulier	*pluriel*
celui	**ceux**
celle	**celles**

A. Ce sont les pronoms qu'il faut utiliser devant un pronom relatif ou devant une préposition.

Exemples: le monsieur qui parle = **celui** qui parle

les chanteuses que j'aime = **celles** que j'aime

la montre de Georges = **celle** de Georges

le sweater de Drew = **celui** de Drew

les livres de Bill = **ceux** de Bill

la firme pour laquelle je travaille = **celle** pour laquelle je travaille

le restaurant auquel nous pensons = **celui** auquel nous pensons

—Saviez-vous que Mortimer
étudie les sciences occultes?
—Non, je ne savais pas
cela.

Le Grand Amour (voir p. 76).

le théâtre où nous allons = **celui** où nous allons
le professeur dont vous parlez = **celui** dont vous parlez

B. Les suffixes **-ci** et **-là** permettent de distinguer entre deux antécédents selon
leur *proximité relative:*

Celui-**ci**
Celle-**ci**
Ceux-**ci**
Celles-**ci** } indique l'objet ou la personne *plus près de vous.*

Celui-**là**
Celle-**là**
Ceux-**là**
Celles-**là** } indique l'objet ou la personne *moins près de vous.*

Exemple: Voilà deux étudiants: celui-**ci** est français et celui-**là** est
américain.

C. **Cela** = **ça** = cette chose. Dans la langue parlée, **cela** est souvent remplacé
par **ça.**

Exemples: **Cela** m'intéresse. = **Ça** m'intéresse.
Est-ce que **cela** vous paraît raisonnable? = Est-ce que **ça**
vous paraît raisonnable?
Qu'est-ce que vous faites avec **ça** (cette chose)?

Présentation

Avez-vous quelques amis?

Oui, j'en ai **quelques-uns.**

Où sont-ils?

Quelques-uns sont ici, les autres sont en Europe.

Est-ce que chaque personne a sa personnalité et ses goûts?

Oui, **chacune** a sa personnalité, **chacune** a ses goûts. «**Chacun** son goût»[2], comme on dit en français!

Explications

3 Les pronoms indéfinis: **quelques-uns (quelques-unes), chacun (chacune):**

A. **Quelques-uns (quelques-unes)** est le pronom qui correspond à l'adjectif *quelques.* Remarquez que le pronom **en** s'emploie souvent quand **quelques-uns (quelques-unes)** est l'objet du verbe.

Exemples: Est-ce que je vous signale *quelques* aspects grammaticaux de la leçon?

Signalez-nous seulement **quelques-uns** *de ces aspects.*

Signalez-nous **en** seulement **quelques-uns.**

Quelques pièces de monnaie sont très précieuses.

Quelques-unes sont très précieuses.

Je vois *quelques* gangsters.

J'**en** vois **quelques-uns.**

B. **Chacun (chacune)** est le pronom qui correspond à l'adjectif *chaque.*

Exemples: Est-ce que *chaque* étudiant va préparer cela?

Naturellement, **chacun** va préparer cela.

Est-ce que *chaque* étudiante est présente?

Oui, **chacune** est présente.

Est-ce que *chaque* explication est claire?

Oui, **chacune** est claire.

---

2. *Chacun son goût* = "to each his own."

CRÉATION

Exercices oraux

A. Voilà deux phrases. Utilisez un pronom relatif pour en faire une: (§1)

Exemple: *C'est un stylo. J'écris avec ce stylo.*
C'est le stylo avec lequel j'écris.

1. Joseph a un portefeuille. Il met son argent dans son portefeuille.
2. Regardez le bâtiment. Il y a une manifestation devant le bâtiment.
3. Voulez-vous fermer la porte? Mon ami est sorti par la porte.
4. Dans ma chambre il y a un bureau. J'ai tous mes papiers sur le bureau.
5. J'ai acheté des bottes. Je monte à cheval avec mes bottes.

B. Formez une phrase qui commence par **Voilà le (la, l')** _____ **dont** _____ : (§1)

Exemple: *J'ai besoin de ce stylo.*
Voilà le stylo dont j'ai besoin.

1. J'ai honte de cette erreur.
2. Nous avons envie de cette radio.
3. Les cheveux de cette femme sont blonds.
4. Tu te souviens de ce film.
5. Le chapeau de cet homme est chic.
6. Pam a peur de ce monstre.

C. Remplacez le nom par le pronom démonstratif approprié: (§2)

Exemple: *C'est le sweater de Bill.*
C'est celui de Bill.

1. Voilà la femme qui parle russe.
2. Voilà le monsieur qui est invité.
3. Voilà la voiture que j'ai achetée.
4. C'est l'université où nous étudions.
5. C'est l'avion dans lequel il est monté.
6. C'est le cinéma où on voit de vieux films.
7. Voici les étudiants qui ont gagné le prix.
8. Voici les jeunes filles qui font du ski.
9. Voici les livres que j'ai lus.
10. Voici les classes qui sont intéressantes.

D. Dans les phrases suivantes remplacez **quelques...** par **quelques-uns** ou par **quelques-unes**: (§3)

Exemple: *J'ai vu quelques accidents.*
J'en ai vu quelques-uns.

1. J'ai vu quelques tableaux.
2. Quelques pommes sont vertes.
3. Quelques Français font du yoga.
4. Elles ont fait quelques sets de tennis.
5. Quelques voitures américaines utilisent beaucoup d'essence.

E. Dans les phrases suivantes remplacez **chaque...** par **chacun** ou par **chacune:** (§3)

Exemple: *Chaque possibilité est absurde.*
Chacune est absurde.

1. Chaque enveloppe a une adresse.
2. Chaque étudiant parle français.
3. Chaque porte restait fermée.
4. Chaque homme a son goût.
5. Chaque plante a besoin d'eau.

F. Répondez aux questions suivantes:

1. Regardez la photo, page 449.
   a. Que font ces deux dames?
   b. Indiquez celle qui semble la plus charmante, celle dont les vêtements sont chic, celle que vous préférez.
   c. Imaginez le sujet dont elles parlent.
   d. Inventez une question sur la photo et posez-la à quelqu'un.

2. Regardez la photo, page 456.
   a. Indiquez une voiture dans laquelle il n'y a personne.
   b. Indiquez un magasin devant lequel il y a beaucoup de clients.
   c. Quelle est la raison pour laquelle la jeune fille court après le petit garçon?
   d. Est-ce un quartier dans lequel vous aimeriez faire vos courses?
   e. Inventez une question sur la photo et posez-la à quelqu'un.

Exercices écrits

A. Écrivez les exercices oraux D et E.

B. Remplacez les tirets par la forme correcte de **lequel (laquelle, lesquels, lesquelles): (§1)**

1. Vous avez un lit dans _____ vous dormez.
2. J'ai acheté des lunettes sans _____ je vois très mal.
3. Il a ouvert la fenêtre devant _____ il était assis.
4. Julie voulait acheter un manteau mais elle en a vu deux entre _____ elle ne pouvait pas choisir.
5. Nous avons rendez-vous à cette maison à côté de _____ il y a un petit arbre et quelques roses.

C. Remplacez les tirets par **qui, que, où** ou **dont**: (§2, révision)

1. La mort est un phénomène _____ tout le monde a peur.
2. La mort est un phénomène _____ tout le monde craint.
3. J'ai acheté les roses _____ j'avais envie.
4. J'ai acheté les roses _____ étaient les plus belles.
5. Tu as dit une phrase _____ je n'ai pas entendu la fin.
6. Tu as dit une phrase _____ n'était pas claire.
7. C'était une maison _____ il y avait une piscine.
8. C'était une maison _____ le toit était rouge.

D. Utilisez un pronom relatif pour faire une seule phrase: (§1, révision)

Exemple: *Les Martiens ont des antennes. Ils ne peuvent rien entendre sans leurs antennes.*
Les Martiens ont des antennes sans lesquelles ils ne peuvent rien entendre.

1. Nous ferons un voyage. Il faudra faire beaucoup de préparations pour ce voyage.
2. Il n'y a qu'une porte. Vous entrez par la porte.
3. J'admire ces gens. Ils n'ont pas de prétentions.
4. Regardez la fenêtre. Un caméléon se trouve derrière la fenêtre.
5. Françoise et Marie sont des étudiantes françaises. Melvin leur écrit des lettres absurdes. *(leur = à Françoise et à Marie)*
6. Je n'ai fait qu'une petite erreur. J'y ai pensé toute la nuit. *(y = à cette erreur)*
7. Un gâteau aux asperges et au chocolat, c'est quelque chose! Personne n'en a envie. *(en = de ce gâteau)*
8. Voilà le pauvre Ferdinand. On lui a vendu une maison au milieu du lac Champlain. *(lui = à Ferdinand)*

E. Remplacez les mots en italique par le pronom démonstratif approprié: (§2)

Exemple: *J'ai acheté une nouvelle voiture parce que* la voiture *que j'avais ne marchait plus.*
J'ai acheté une nouvelle voiture parce que celle que j'avais ne marchait plus.

1. Je parle trois langues mais *la langue* que je préfère c'est le sanscrit.
2. Quand Henri n'a plus de shampooing il utilise *le shampooing* de sa femme.
3. De tous les pays africains, nous voulons surtout visiter *les pays* où on parle français.
4. Monsieur, je pourrais vous montrer plusieurs pull-overs: voudriez-vous voir *les pull-overs* d'hiver, *les pull-overs* qu'on met pour être chic ou *les pull-overs* qu'on met sur son chien?
5. Nous avons trois fils: *le fils* qui a les yeux verts s'appelle Simon, *le fils* qui travaille dans un bar s'appelle Jules et *le fils* qui est professeur de français, Gérard, est *le fils* que vous connaissez.

F. Remplacez les tirets par **celui, celle, ceux, celles, lequel, laquelle, lesquels** ou **lesquelles**. N'oubliez pas que **celui**, etc., précède un pronom relatif ou une préposition et que **lequel**, etc., vient après une préposition: (§1, 2)

1. Quelle montre voulez-vous? _____ qui indique la date, naturellement!
2. Les trains dans _____ on peut dormir vont plus loin que _____ où on ne dort pas.
3. De toutes les lectures du livre, _____ qu'on a adaptées des textes français littéraires me plaisent le plus.
4. Saturne est la planète autour de _____ il y a des anneaux.
5. Quand il faut choisir un restaurant, je choisis toujours _____ qui a un menu très varié.

G. Employez les mots suivants dans des phrases complètes: (§1, 2)

Exemple: *celui où*
Le meilleur théâtre est celui où nous pouvons voir quelque chose de différent chaque soir.

1. celle qui
2. ceux de
3. celles où
4. celui que
5. dans lesquels
6. dont
7. à côté duquel
8. pour laquelle

Lecture

La Carrière difficile d'un écrivain féminin—George Sand

George Sand (1804–1876), *dont* le vrai nom était Aurore Dupin, avait adopté ce nom d'homme parce qu'à l'époque où elle vivait il était difficile, sinon impossible, pour une femme d'avoir une carrière indépendante d'écrivain. Il y avait eu avant elle d'autres femmes *dont* les œuvres étaient devenues célèbres, *parmi lesquelles:* Marie de France et Christine de Pisan au Moyen Âge et Marguerite de Navarre pendant la Renaissance. Au dix-septième siècle, il y avait eu Madame de La Fayette, *celle à qui* on attribue le premier roman psychologique,[3] et Madame de Sévigné, qui écrivait à sa fille des lettres *dans lesquelles* elle commentait et racontait en grand détail la vie à Versailles.

Mais pour George Sand la création littéraire n'était pas seulement un passe-temps. C'était une carrière *à laquelle* elle avait décidé de se consacrer et elle espérait gagner sa vie par *celle-ci.*

Pour faire *cela* elle a donc quitté son mari mais elle a emmené à Paris ses enfants, *pour lesquels* elle avait une immense affection, ce qui a rendu sa vie bien plus compliquée. Elle y a rencontré et fréquenté les grands écrivains et les grands artistes de l'époque. *Quelques-uns* étaient des hommes *avec lesquels* elle a eu des liaisons amicales, comme Balzac. Elle avait aussi des liaisons passionnées, comme *celles qu'*elle a eues avec Frédéric Chopin, Alfred de Musset et Prosper Mérimée. Pour être admise en égale dans ces milieux artistiques et littéraires, ces cafés, ces salons, elle s'habillait souvent en homme, ce qui était très audacieux à cette époque.

LA PETITE FADETTE (1848)

La Petite Fadette se passe dans le pays natal de George Sand: le Berry. C'est l'histoire d'une petite fille très pauvre *dont* la mère avait une mauvaise réputation. La petite Fadette vivait avec sa grand-mère qui était un peu sorcière. Elle avait aussi un petit frère *dont* elle s'occupait et qui était toujours avec elle. Ni la pauvre Fadette ni son frère n'étaient beaux. *Chacun* dans le village se moquait d'eux et les méprisait à cause de

---

3. *La Princesse de Clèves*

Depuis longtemps elle avait remarqué un garçon du même village qu'elle aimait, mais celui-ci ne la regardait pas.

La Maison sous les arbres, René Clément.

René Clément, un des grands réalisateurs français, est aussi célèbre en France qu'a l'étranger, où il a tourné plusieurs films. Dans celui-ci, l'interprète principale est l'actrice américaine Faye Dunaway, dont les enfants sont kidnappés. Cet événement donne une allure policière à un film qui paraît autrement comme une description de la vie conjugale d'un couple moderne.

leur mère, de leur grand-mère et aussi à cause de leur laideur. Mais la petite Fadette était très intelligente et elle savait très bien ce qu'elle voulait.

Depuis longtemps elle avait remarqué un garçon du même village qu'elle aimait, mais *celui-ci* ne la regardait pas. Il était beau, gentil, fort, honnête et d'une très bonne famille. Il s'appelait Landry. Tout semblait séparer les deux jeunes gens. Pourtant, grâce à son intelligence, à sa volonté et à sa bonté, la petite Fadette a réussi à surmonter tous les obstacles. Elle savait qu'elle n'était pas belle et qu'il fallait qu'elle réussisse à se faire aimer[4] pour ses autres qualités. En fait, même si elle avait été belle, elle était trop intelligente pour accepter d'être aimée seulement pour sa beauté. Elle voulait aussi que les gens du village finissent par l'accepter, la respecter et l'aimer. Elle a finalement réalisé tout ce qu'elle voulait, et elle s'est mariée avec Landry, avec l'accord et l'affection des parents de *celui-ci* ainsi que de tout le village.

C'est la très belle histoire d'une jeune femme qui contrôle seule sa destinée et finit par réussir grâce à son intelligence, son courage, sa bonté, même quand la société semble être contre elle et ses aspirations.

4. *Se faire aimer* = faire en sorte que les autres l'aiment.

Questions sur la lecture

1. Quel était le vrai nom de George Sand? Pourquoi a-t-elle adopté un nom de plume?
2. Y a-t-il eu des femmes écrivains avant George Sand? Qui? De quelle classe sociale venaient-elles?
3. Quels sacrifices George Sand a-t-elle faits pour sa carrière?
4. Comment était la vie de George Sand à Paris?
5. Qu'est-ce que George Sand a eu besoin de faire pour être acceptée dans la société des hommes?
6. Qui était la petite Fadette?
7. Pourquoi les gens du village méprisaient-ils la petite Fadette et son frère?
8. Qui était Landry?
9. Qu'est-ce qui semblait séparer Landry et la petite Fadette?
10. Comment l'histoire de la petite Fadette finit-elle?

Discussion / Composition

1. Y a-t-il une femme écrivain, une femme politique, une femme de science ou une artiste qui vous inspire particulièrement? Dites laquelle, ce qu'elle fait, et pourquoi vous l'admirez.
2. Quelles carrières—impossibles il y a un siècle—une femme peut-elle envisager aujourd'hui? Pourquoi ce changement?
3. Est-ce qu'il faut qu'une femme soit belle pour réussir? Expliquez votre réponse.

Vocabulaire

noms
anneau m.
assurance f.
laideur f.
manifestation f.
monnaie f.
Moyen Âge m.
œuvre f.
toit m.

adjectif
amical (-e)

verbes
mépriser
se moquer de
sembler

autres expressions
ainsi que
finir par
grâce à
loin

noms apparentés
antenne f.
botte f.
destinée f.
dilemme m.
enveloppe f.
firme f.
passe-temps m.
sorcière f.

Échanges

— Vise un peu[1] ce gars là-bas: on dirait une vraie gonzesse.[2]

— Oui, avec sa longue tignasse[3] et ses falzars[4] serrés.

— Et puis t'as vu cette dégaine?[5]

— Il a vraiment une drôle de touche.[6]

— Mais à y regarder de plus près,[7] c'est pas un type! C'est une nana.[8]

— On devient complètement miros![9]

— Ou bien le monde tourne à l'envers![10]

1. *Vise un peu.* = Regarde. ("Get a look at.")
2. *Gonzesse* = femme.
3. *Tignasse* = cheveux.
4. *Falzars* = pantalons.
5. *Dégaine* = "(awkward) gait."
6. *Il a vraiment une drôle de touche.* = "He really looks weird."
7. *À y regarder de plus près* = "When you look closer."
8. *Nana* = femme.
9. *Miro(-e)s* = myopes.
10. *À l'envers* = "the wrong way," "backwards."

Improvisation

Pour deux personnes. Vous avez un dilemme similaire à celui de George Sand: il faut que vous choisissiez entre votre famille (mariage et enfants) et votre carrière. Discutez votre problème avec votre meilleure amie ou avec votre mère ou avec votre mari.

le chat

Guillaume Apollinaire
1880–1918

Je souhaite dans ma maison:
Une femme ayant sa raison,
Un chat passant parmi les livres,
Des amis en toute saison
Sans lesquels je ne peux pas vivre.

la puce

Puces, amies, amantes même,
Qu'ils sont cruels ceux qui nous aiment!
Tout notre sang coule pour eux.
Les bien-aimés sont malheureux.

OEuvres poétiques
© Éditions Gallimard

Le Système Verbal

Cinq autres temps moins usités

1 Le futur antérieur:

A. Le futur antérieur indique une action future *avant* une autre action future:

présent	*futur antérieur*	*futur*
J'**étudie** le français maintenant.	J'**aurai appris** le français avant l'été prochain.	**Je parlerai** français en France l'été prochain.

B. Le futur antérieur est un temps relatif, c'est-à-dire qui existe seulement par rapport à un autre temps futur, explicite ou implicite.

Exemples: Quand **vous aurez terminé, vous** me le **direz.** (*futur explicite*)
Enfin, **j'aurai** bientôt **fini!** (*futur implicite*)
Lorsque Madame Walters **sera arrivée, elle inspectera** les contrats. (*futur explicite*)
Dès que **nous serons partis, ils commenceront** à parler de nous. (*futur explicite*)

Remarquez: Pour une action future, les conjonctions **quand, lorsque, dès que** et **aussitôt que** sont suivies du futur ou du futur antérieur.

C. Formation du futur antérieur:

> futur de l'auxiliaire:
> *avoir:* **j'aurai,** etc. ⎫
> *être:* **je serai,** etc. ⎭ + participe passé

donner

j'aurai donné	nous aurons donné
tu auras donné	vous aurez donné
il aura donné	ils auront donné
elle aura donné	elles auront donné

finir

j'aurai fini	nous aurons fini
tu auras fini	vous aurez fini
il aura fini	ils auront fini
elle aura fini	elles auront fini

aller

je serai allé(-e)	nous serons allé(-e)s
tu seras allé(-e)	vous serez allé(-e)(-s)
il sera allé	ils seront allés
elle sera allée	elles seront allées

2 Les temps littéraires:

A. Le passé simple:

1. Le passé simple n'est plus utilisé dans la conversation; on utilise le passé composé, qui a la même valeur. Mais le passé simple reste très important comme temps du passé historique. Dans la langue écrite et littéraire, il exprime une action assez distante dans le passé: le passé simple donne à l'action un caractère officiel et unique, utile pour la narration.

> *Exemples: style historique*
> Napoléon **vainquit** les Autrichiens à Austerlitz, mais **il fut** vaincu par Wellington à Waterloo.
> Les Parisiens **furent** surpris quand Napoléon **revint** de l'île d'Elbe, mais malheureusement **il recommença** la guerre.
>
> *style narratif*
> Cette année-là, **nous passâmes** nos vacances en Bretagne, et par bonheur, **il fit** beau presque tout le temps; pourtant en septembre, **il y eut** un orage horrible et le beau temps ne **revint** plus: **nous repartîmes** pour Paris.

2. Quelques expressions fréquentes au passé simple:

c'est	**ce fut**
il y a	**il y eut**
il faut	**il fallut**

3. La conjugaison des verbes au passé simple:

a. Pour les verbes *réguliers* en **-er**, **-ir** ou **-re**, le radical est le même que le radical de l'infinitif (**parl / er, fin / ir, rend / re**). Il y a deux sortes de terminaisons:

	verbes réguliers en **-er**	verbes réguliers en **-ir** et **-re**
je	**-ai**	**-is**
tu	**-as**	**-is**
il, elle, on	**-a**	**-it**
nous	**-âmes**	**-îmes**
vous	**-âtes**	**-îtes**
ils, elles	**-èrent**	**-irent**

b. On doit apprendre le radical des verbes irréguliers avec chaque verbe. Les terminaisons sont souvent les mêmes que pour les verbes réguliers en **-ir** et **-re** (**-is, -is, -it**, etc.). Pour certains verbes irréguliers il y a une troisième sorte de terminaison:

je	**-us**	nous	**-ûmes**
tu	**-us**	vous	**-ûtes**
il, elle	**-ut**	ils, elles	**-urent**

c. Voici quelques conjugaisons au passé simple:

avoir	être	porter	manger
j'eus	je fus	je portai	je mangeai
tu eus	tu fus	tu portas	tu mangeas
il eut	il fut	il porta	il mangea
nous eûmes	nous fûmes	nous portâmes	nous mangeâmes
vous eûtes	vous fûtes	vous portâtes	vous mangeâtes
ils eurent	ils furent	ils portèrent	ils mangèrent

finit	rendre	prendre	mourir
je finis	je rendis	je pris	je mourus
tu finis	tu rendis	tu pris	tu mourus
il finit	il rendit	il prit	il mourut
nous finîmes	nous rendîmes	nous prîmes	nous mourûmes
vous finîtes	vous rendîtes	vous prîtes	vous mourûtes
ils finirent	ils rendirent	ils prirent	ils moururent

naître	aller	faire	savoir
je naquis	j'allai	je fis	je sus
tu naquis	tu allas	tu fis	tu sus
il naquit	il alla	il fit	il sut
nous naquîmes	nous allâmes	nous fîmes	nous sûmes
vous naquîtes	vous allâtes	vous fîtes	vous sûtes
ils naquirent	ils allèrent	ils firent	ils surent

croire	voir	vouloir	venir
je crus	je vis	je voulus	je vins
tu crus	tu vis	tu voulus	tu vins
il crut	il vit	il voulut	il vint
nous crûmes	nous vîmes	nous voulûmes	nous vînmes
vous crûtes	vous vîtes	vous voulûtes	vous vîntes
ils crurent	ils virent	ils voulurent	ils vinrent

B. Le passé antérieur:

1. Le passé antérieur indique un rapport entre deux actions successives assez proches dans le passé:

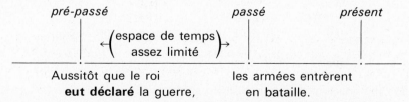

pré-passé   *passé*   *présent*

←(espace de temps assez limité)→

Aussitôt que le roi **eut déclaré** la guerre,   les armées entrèrent en bataille.

Le passé antérieur se trouve généralement dans une proposition subordonnée introduite par une conjonction de temps: **aussitôt que, dès que, quand, lorsque.** La proposition principale est normalement au passé simple:

Exemples: Dès que le président **eut parlé** avec l'ambassadeur, les
négociations commencèrent.

Quand la reine **fut arrivée,** elle fit un discours au parlement.

2. Le passé antérieur se forme avec l'auxiliaire (**être** ou **avoir**) au passé
simple + le participe passé:

donner	venir
lorsque **j'eus donné**…	quand **je fus venu(-e)**…
lorsque **tu eus donné**…	quand **tu fus venu(-e)**…
lorsqu'**il eut donné**…	quand **il fut venu**…
lorsqu'**elle eut donné**…	quand **elle fut venue**…
lorsque **nous eûmes donné**…	quand **nous fûmes venu(-e)s**…
lorsque **vous eûtes donné**…	quand **vous fûtes venu(-e)(-s)**…
lorsqu'**ils eurent donné**…	quand **ils furent venus**…
lorsqu'**elles eurent donné**…	quand **elles furent venues**…

3. Dans la langue courante, l'idée de deux actions successives au passé est
exprimée par d'autres constructions:

Dès que le président eut parlé
avec l'ambassadeur, les
négociations commencèrent.

Quand la reine fut arrivée,
elle fit un discours au
parlement.

**Après les conversations du
président** avec
l'ambassadeur, les
négociations ont commencé.

**Immédiatement après son
arrivée,** la reine a fait un
discours au parlement.

C. L'imparfait du subjonctif:

1. Le radical de l'imparfait du subjonctif est celui de la deuxième personne du
singulier (**tu**) du passé simple de l'indicatif:

infinitif	2ᵉ personne du singulier du passé simple		radical de l'imparfait du subjonctif
donner	(tu) donnas	⟶	**donna-**
finir	(tu) finis	⟶	**fini-**
rendre	(tu) rendis	⟶	**rendi-**
voir	(tu) vis	⟶	**vi-**
recevoir	(tu) reçus	⟶	**reçu-**
venir	(tu) vins	⟶	**vin-**
être	(tu) fus	⟶	**fu-**
avoir	(tu) eus	⟶	**eu-**

2. Les terminaisons de l'imparfait du subjonctif de tous les verbes sont:

je	**sse**	nous	**ssions**
tu	**sses**	vous	**ssiez**
il	**ˆt**	ils	**ssent**

3. Voici la conjugaison de quelques verbes à l'imparfait du subjonctif:

donner	finir	rendre
…que **je donnasse**	…que **je finisse**	…que **je rendisse**
…que **tu donnasses**	…que **tu finisses**	…que **tu rendisses**
…qu'**il donnât**	…qu'**il finît**	…qu'**il rendît**
…que **nous donnassions**	…que **nous finissions**	…que **nous rendissions**
…que **vous donnassiez**	…que **vous finissiez**	…que **vous rendissiez**
…qu'**ils donnassent**	…qu'**ils finissent**	…qu'**ils rendissent**

voir	être	avoir
…que **je visse**	…que **je fusse**	…que **j'eusse**
…que **tu visses**	…que **tu fusses**	…que **tu eusses**
…qu'**il vît**	…qu'**il fût**	…qu'**il eût**
…que **nous vissions**	…que **nous fussions**	…que **nous eussions**
…que **vous vissiez**	…que **vous fussiez**	…que **vous eussiez**
…qu'**ils vissent**	…qu'**ils fussent**	…qu'**ils eussent**

4. L'usage moderne de l'imparfait du subjonctif est assez limité, même dans un contexte littéraire, parce que ses formes ne sont pas très euphoniques. Il ne s'emploie en général qu'à la troisième personne:

> Il voulait qu'**elle vînt** très tôt.
> J'aimerais qu'**il fût** parmi nous ce soir.

Dans la langue courante, l'imparfait du subjonctif est remplacé simplement par le présent du subjonctif:

> Il voulait qu'**elle vienne** très tôt.
> J'aimerais qu'**il soit** parmi nous ce soir.

D. Le plus-que-parfait du subjonctif:

1. Le plus-que-parfait du subjonctif est formé de l'imparfait du subjonctif de l'auxiliaire (**être** ou **avoir**) + le participe passé:

donner	venir
…que **j'eusse donné**	…que **je fusse venu(-e)**
…que **tu eusses donné**	…que **tu fusses venu(-e)**
…qu'**il eût donné**	…qu'**il fût venu**
…qu'**elle eût donné**	…qu'**elle fût venue**
…que **nous eussions donné**	…que **nous fussions venu(-e)s**
…que **vous eussiez donné**	…que **vous fussiez venu(-e)(-s)**
…qu'**ils eussent donné**	…qu'**ils fussent venus**
…qu'**elles eussent donné**	…qu'**elles fussent venues**

2. L'usage moderne du plus-que-parfait du subjonctif se limite en général à la troisième personne:

> Il était content qu'**elle fût venue** très tôt.

Dans la langue courante, le plus-que-parfait du subjonctif est remplacé par le passé du subjonctif (voir §2, p. 396).

> Il était content qu'**elle soit venue** très tôt.

Les deux verbes auxiliaires et leur conjugaison *avoir* et *être*

infinitif **avoir**
participe passé eu
infinitif passé avoir eu
participe présent ayant
impératif aie, ayons, ayez

Indicatif

présent	*imparfait*	*passé simple*	*futur*
j'ai	j'avais	j'eus	j'aurai
tu as	tu avais	tu eus	tu auras
il a	il avait.	il eut	il aura
nous avons	nous avions	nous eûmes	nous aurons
vous avez	vous aviez	vous eûtes	vous aurez
ils ont	ils avaient	ils eurent	ils auront

passé composé	*plus-que-parfait*	*passé antérieur*	*futur antérieur*
j'ai eu	j'avais eu	j'eus eu	j'aurai eu
tu as eu	tu avais eu	tu eus eu	tu auras eu
il a eu	il avait eu	il eut eu	il aura eu
nous avons eu	nous avions eu	nous eûmes eu	nous aurons eu
vous avez eu	vous aviez eu	vous eûtes eu	vous aurez eu
ils ont eu	ils avaient eu	ils eurent eu	ils auront eu

Conditionnel

présent	*passé*
j'aurais	j'aurais eu
tu aurais	tu aurais eu
il aurait	il aurait eu
nous aurions	nous aurions eu
vous auriez	vous auriez eu
ils auraient	ils auraient eu

Subjonctif

présent	*imparfait*	*passé*	*plus-que-parfait*
que j'aie	*que* j'eusse	*que* j'aie eu	*que* j'eusse eu
tu aies	tu eusses	tu aies eu	tu eusses eu
il ait	il eût	il ait eu	il eût eu
nous ayons	nous eussions	nous ayons eu	nous eussions eu
vous ayez	vous eussiez	vous ayez eu	vous eussiez eu
ils aient	ils eussent	ils aient eu	ils eussent eu

infinitif **être**
participe passé   été
infinitif passé   avoir été
participe présent   étant
impératif   sois, soyons, soyez

Indicatif

présent	*imparfait*	*passé simple*	*futur*
je suis	j'étais	je fus	je serai
tu es	tu étais	tu fus	tu seras
il est	il était	il fut	il sera
nous sommes	nous étions	nous fûmes	nous serons
vous êtes	vous étiez	vous fûtes	vous serez
ils sont	ils étaient	ils furent	ils seront

passé composé	*plus-que-parfait*	*passé antérieur*	*futur antérieur*
j'ai été	j'avais été	j'eus été	j'aurai été
tu as été	tu avais été	tu eus été	tu auras été
il a été	il avait été	il eut été	il aura été
nous avons été	nous avions été	nous eûmes été	nous aurons été
vous avez été	vous aviez été	vous eûtes été	vous aurez été
ils ont été	ils avaient été	ils eurent été	ils auront été

Conditionnel

présent	*passé*
je serais	j'aurais été
tu serais	tu aurais été
il serait	il aurait été
nous serions	nous aurions été
vous seriez	vous auriez été
ils seraient	ils auraient été

Subjonctif

présent	*imparfait*	*passé*	*plus-que-parfait*
que je sois	*que* je fusse	*que* j'aie été	*que* j'eusse été
tu sois	tu fusses	tu aies été	tu eusses été
il soit	il fût	il ait été	il eût été
nous soyons	nous fussions	nous ayons été	nous eussions été
vous soyez	vous fussiez	vous ayez été	vous eussiez été
ils soient	ils fussent	ils aient été	ils eussent été

Les verbes réguliers et leur conjugaison   *-er, -ir, -re*

infinitif	**parler**	**finir**	**attendre**
participe passé	parlé	fini	attendu
infinitif passé	avoir parlé	avoir fini	avoir attendu
participe présent	parlant	finissant	attendant
impératif	parle	finis	attends
	parlons	finissons	attendons
	parlez	finissez	attendez
présent	je parle	je finis	j'attends
	tu parles	tu finis	tu attends
	il parle	il finit	il attend
	nous parlons	nous finissons	nous attendons
	vous parlez	vous finissez	vous attendez
	ils parlent	ils finissent	ils attendent
imparfait	je parlais	je finissais	j'attendais
	tu parlais	tu finissais	tu attendais
	il parlait	il finissait	il attendait
	nous parlions	nous finissions	nous attendions
	vous parliez	vous finissiez	vous attendiez
	ils parlaient	ils finissaient	ils attendaient
futur	je parlerai	je finirai	j'attendrai
	tu parleras	tu finiras	tu attendras
	il parlera	il finira	il attendra
	nous parlerons	nous finirons	nous attendrons
	vous parlerez	vous finirez	vous attendrez
	ils parleront	ils finiront	ils attendront
conditionnel présent	je parlerais	je finirais	j'attendrais
	tu parlerais	tu finirais	tu attendrais
	il parlerait	il finirait	il attendrait
	nous parlerions	nous finirions	nous attendrions
	vous parleriez	vous finiriez	vous attendriez
	ils parleraient	ils finiraient	ils attendraient
passé simple	je parlai	je finis	j'attendis
	tu parlas	tu finis	tu attendis
	il parla	il finit	il attendit
	nous parlâmes	nous finîmes	nous attendîmes
	vous parlâtes	vous finîtes	vous attendîtes
	ils parlèrent	ils finirent	ils attendirent

	parler	finir	attendre
passé composé	j'ai parlé	j'ai fini	j'ai attendu
plus-que-parfait	j'avais parlé	j'avais fini	j'avais attendu
passé antérieur	j'eus parlé	j'eus fini	j'eus attendu
futur antérieur	j'aurai parlé	j'aurai fini	j'aurai attendu
conditionnel passé	j'aurais parlé	j'aurais fini	j'aurais attendu
subjonctif présent	*que* je parle tu parles il parle nous parlions vous parliez ils parlent	*que* je finisse tu finisses il finisse nous finissions vous finissiez ils finissent	*que* j'attende tu attendes il attende nous attendions vous attendiez ils attendent
subjonctif passé	*que* j'aie parlé	*que* j'aie fini	*que* j'aie attendu
subjonctif imparfait	*que* je parlasse	*que* je finisse	*que* j'attendisse
subjonctif plus-que-parfait	*que* j'eusse parlé	*que* j'eusse fini	*que* j'eusse attendu

Liste des verbes irréguliers (avec leurs homologues principaux)

aller   (s'en aller)
s'asseoir
battre   (se battre, abattre, combattre, débattre)
boire
conduire   (se conduire, construire, détruire, produire, réduire, suffire, traduire)
connaître   (méconnaître, reconnaître)
conquérir   (acquérir, requérir)
courir   (accourir, discourir, parcourir, recourir)
craindre   (atteindre, éteindre, joindre, peindre, plaindre, rejoindre)
croire
cueillir   (accueillir)
devoir
dire
dormir   (s'endormir)
écrire   (décrire, prescrire)
envoyer
faire   (défaire, satisfaire, surfaire)
fuir

lire   (élire)
mentir
mettre   (admettre, omettre, permettre, promettre, remettre, soumettre, transmettre)
mourir
naître
offrir   (souffrir)
ouvrir   (couvrir, découvrir)
paraître   (apparaître, disparaître)
partir   (repartir)
plaire   (déplaire)
pouvoir
prendre   (apprendre, comprendre, reprendre, surprendre)
recevoir   (apercevoir, s'apercevoir, décevoir)
rire   (sourire)
savoir
sentir   (se sentir, consentir, pressentir)
servir   (se servir, desservir, resservir)
sortir
suivre   (poursuivre)
se taire
tenir   (appartenir, contenir, détenir, maintenir, obtenir, retenir, soutenir)
valoir
venir   (convenir, devenir, parvenir, prévenir, redevenir, revenir, se souvenir)
vivre   (revivre, survivre)
voir   (revoir)
vouloir

Conjugaison des verbes irréguliers

infinitif	**aller**	**s'asseoir**	**battre**
participe passé	allé(-e)	assis(-e)	battu
infinitif passé	être allé(-e)	s'être assis(-e)	avoir battu
participe présent	allant	s'asseyant	battant
impératif	va	assieds-toi	bats
	allons	asseyons-nous	battons
	allez	asseyez-vous	battez
présent	je vais	je m'assieds	je bats
	tu vas	tu t'assieds	tu bats
	il va	il s'assied	il bat
	nous allons	nous nous asseyons	nous battons
	vous allez	vous vous asseyez	vous battez
	ils vont	ils s'asseyent	ils battent

	aller	**s'asseoir**	**battre**
imparfait	j'allais	je m'asseyais	je battais
	tu allais	tu t'asseyais	tu battais
	il allait	il s'asseyait	il battait
	nous allions	nous nous asseyions	nous battions
	vous alliez	vous vous asseyiez	vous battiez
	ils allaient	ils s'asseyaient	ils battaient
futur	j'irai	je m'assiérai	je battrai
	tu iras	tu t'assiéras	tu battras
	il ira	il s'assiéra	il battra
	nous irons	nous nous assiérons	nous battrons
	vous irez	vous vous assiérez	vous battrez
	ils iront	ils s'assiéront	ils battront
conditionnel présent	j'irais	je m'assiérais	je battrais
	tu irais	tu t'assiérais	tu battrais
	il irait	il s'assiérait	il battrait
	nous irions	nous nous assiérions	nous battrions
	vous iriez	vous vous assiériez	vous battriez
	ils iraient	ils s'assiéraient	ils battraient
passé simple	j'allai	je m'assis	je battis
	tu allas	tu t'assis	tu battis
	il alla	il s'assit	il battit
	nous allâmes	nous nous assîmes	nous battîmes
	vous allâtes	vous vous assîtes	vous battîtes
	ils allèrent	ils s'assirent	ils battirent
passé composé	je suis allé(-e)	je me suis assis(-e)	j'ai battu
plus-que-parfait	j'étais allé(-e)	je m'étais assis(-e)	j'avais battu
passé antérieur	je fus allé(-e)	je me fus assis(-e)	j'eus battu
futur antérieur	je serai allé(-e)	je me serai assis(-e)	j'aurai battu
conditionnel passé	je serais allé(-e)	je me serais assis(-e)	j'aurais battu
subjonctif présent	que j'aille	que je m'asseye	que je batte
	tu ailles	tu t'asseyes	tu battes
	il aille	il s'asseye	il batte
	nous allions	nous nous asseyions	nous battions
	vous alliez	vous vous asseyiez	vous battiez
	ils aillent	ils s'asseyent	ils battent
subjonctif passé	que je sois allé(-e)	que je me sois assis(-e)	que j'aie battu
subjonctif imparfait	que j'allasse	que je m'assisse	que je battisse
subjonctif plus-que-parfait	que je fusse allé(-e)	que je me fusse assis(-e)	que j'eusse battu

infinitif	**boire**	**conduire**	**connaître**
participe passé	bu	conduit	connu
infinitif passé	avoir bu	avoir conduit	avoir connu
participe présent	buvant	conduisant	connaissant
impératif	bois	conduis	connais
	buvons	conduisons	connaissons
	buvez	conduisez	connaissez
présent	je bois	je conduis	je connais
	tu bois	tu conduis	tu connais
	il boit	il conduit	il connaît
	nous buvons	nous conduisons	nous connaissons
	vous buvez	vous conduisez	vous connaissez
	ils boivent	ils conduisent	ils connaissent
imparfait	je buvais	je conduisais	je connaissais
	tu buvais	tu conduisais	tu connaissais
	il buvait	il conduisait	il connaissait
	nous buvions	nous conduisions	nous connaissions
	vous buviez	vous conduisiez	vous connaissiez
	ils buvaient	ils conduisaient	ils connaissaient
futur	je boirai	je conduirai	je connaîtrai
	tu boiras	tu conduiras	tu connaîtras
	il boira	il conduira	il connaîtra
	nous boirons	nous conduirons	nous connaîtrons
	vous boirez	vous conduirez	vous connaîtrez
	ils boiront	ils conduiront	ils connaîtront
conditionnel présent	je boirais	je conduirais	je connaîtrais
	tu boirais	tu conduirais	tu connaîtrais
	il boirait	il conduirait	il connaîtrait
	nous boirions	nous conduirions	nous connaîtrions
	vous boiriez	vous conduiriez	vous connaîtriez
	ils boiraient	ils conduiraient	ils connaîtraient
passé simple	je bus	je conduisis	je connus
	tu bus	tu conduisis	tu connus
	il but	il conduisit	il connut
	nous bûmes	nous conduisîmes	nous connûmes
	vous bûtes	vous conduisîtes	vous connûtes
	ils burent	ils conduisirent	ils connurent
passé composé	j'ai bu	j'ai conduit	j'ai connu
plus-que-parfait	j'avais bu	j'avais conduit	j'avais connu

	boire	**conduire**	**connaître**
passé antérieur	j'eus bu	j'eus conduit	j'eus connu
futur antérieur	j'aurai bu	j'aurai conduit	j'aurai connu
conditionnel passé	j'aurais bu	j'aurais conduit	j'aurais connu
subjonctif présent	que je boive tu boives il boive nous buvions vous buviez ils boivent	que je conduise tu conduises il conduise nous conduisions vous conduisiez ils conduisent	que je connaisse tu connaisses il connaisse nous connaissions vous connaissiez ils connaissent
subjonctif passé	que j'aie bu	que j'aie conduit	que j'aie connu
subjonctif imparfait	que je busse	que je conduisisse	que je connusse
subjonctif plus-que-parfait	que j'eusse bu	que j'eusse conduit	que j'eusse connu

infinitif	**conquérir**	**courir**	**craindre**
participe passé	conquis	couru	craint
infinitif passé	avoir conquis	avoir couru	avoir craint
participe présent	conquérant	courant	craignant
impératif	conquiers conquérons conquérez	cours courons courez	crains craignons craignez
présent	je conquiers tu conquiers il conquiert nous conquérons vous conquérez ils conquièrent	je cours tu cours il court nous courons vous courez ils courent	je crains tu crains il craint nous craignons vous craignez ils craignent
imparfait	je conquérais tu conquérais il conquérait nous conquérions vous conquériez ils conquéraient	je courais tu courais il courait nous courions vous couriez ils couraient	je craignais tu craignais il craignait nous craignions vous craigniez ils craignaient

futur	je conquerrai	je courrai	je craindrai
	tu conquerras	tu courras	tu craindras
	il conquerra	il courra	il craindra
	nous conquerrons	nous courrons	nous craindrons
	vous conquerrez	vous courrez	vous craindrez
	ils conquerront	ils courront	ils craindront
conditionnel présent	je conquerrais	je courrais	je craindrais
	tu conquerrais	tu courrais	tu craindrais
	il conquerrait	il courrait	il craindrait
	nous conquerrions	nous courrions	nous craindrions
	vous conquerriez	vous courriez	vous craindriez
	ils conquerraient	ils courraient	ils craindraient
passé simple	je conquis	je courus	je craignis
	tu conquis	tu courus	tu craignis
	il conquit	il courut	il craignit
	nous conquîmes	nous courûmes	nous craignîmes
	vous conquîtes	vous courûtes	vous craignîtes
	ils conquirent	ils coururent	ils craignirent
passé composé	j'ai conquis	j'ai couru	j'ai craint
plus-que-parfait	j'avais conquis	j'avais couru	j'avais craint
passé antérieur	j'eus conquis	j'eus couru	j'eus craint
futur antérieur	j'aurai conquis	j'aurai couru	j'aurai craint
conditionnel passé	j'aurais conquis	j'aurais couru	j'aurais craint
subjonctif présent	que je conquière	que je coure	que je craigne
	tu conquières	tu coures	tu craignes
	il conquière	il coure	il craigne
	nous conquérions	nous courions	nous craignions
	vous conquériez	vous couriez	vous craigniez
	ils conquièrent	ils courent	ils craignent
subjonctif passé	que j'aie conquis	que j'aie couru	que j'aie craint
subjonctif imparfait	que je conquisse	que je courusse	que je craignisse
subjonctif plus-que-parfait	que j'eusse conquis	que j'eusse couru	que j'eusse craint

infinitif	**croire**	**cueillir**	**devoir**
participe passé	cru	cueilli	dû, due (f.)
infinitif passé	avoir cru	avoir cueilli	avoir dû
participe présent	croyant	cueillant	devant
impératif	crois	cueille	dois
	croyons	cueillons	devons
	croyez	cueillez	devez
présent	je crois	je cueille	je dois
	tu crois	tu cueilles	tu dois
	il croit	il cueille	il doit
	nous croyons	nous cueillons	nous devons
	vous croyez	vous cueillez	vous devez
	ils croient	ils cueillent	ils doivent
imparfait	je croyais	je cueillais	je devais
	tu croyais	tu cueillais	tu devais
	il croyait	il cueillait	il devait
	nous croyions	nous cueillions	nous devions
	vous croyiez	vous cueilliez	vous deviez
	ils croyaient	ils cueillaient	ils devaient
futur	je croirai	je cueillerai	je devrai
	tu croiras	tu cueilleras	tu devras
	il croira	il cueillera	il devra
	nous croirons	nous cueillerons	nous devrons
	vous croirez	vous cueillerez	vous devrez
	ils croiront	ils cueilleront	ils devront
conditionnel présent	je croirais	je cueillerais	je devrais
	tu croirais	tu cueillerais	tu devrais
	il croirait	il cueillerait	il devrait
	nous croirions	nous cueillerions	nous devrions
	vous croiriez	vous cueilleriez	vous devriez
	ils croiraient	ils cueilleraient	ils devraient
passé simple	je crus	je cueillis	je dus
	tu crus	tu cueillis	tu dus
	il crut	il cueillit	il dut
	nous crûmes	nous cueillîmes	nous dûmes
	vous crûtes	vous cueillîtes	vous dûtes
	ils crurent	ils cueillirent	ils durent
passé composé	j'ai cru	j'ai cueilli	j'ai dû
plus-que-parfait	j'avais cru	j'avais cueilli	j'avais dû

passé antérieur	j'eus cru	j'eus cueilli	j'eus dû
futur antérieur	j'aurai cru	j'aurai cueilli	j'aurai dû
conditionnel passé	j'aurais cru	j'aurais cueilli	j'aurais dû

subjonctif *présent*	*que*	je croie tu croies il croie nous croyions vous croyiez ils croient	*que*	je cueille tu cueilles il cueille nous cueillions vous cueilliez ils cueillent	*que*	je doive tu doives il doive nous devions vous deviez ils doivent
subjonctif passé	*que*	j'aie cru	*que*	j'aie cueilli	*que*	j'aie dû
subjonctif imparfait	*que*	je crusse	*que*	je cueillisse	*que*	je dusse
subjonctif *plus-que-parfait*	*que*	j'eusse cru	*que*	j'eusse cueilli	*que*	j'eusse dû

infinitif	**dire**	**dormir**	**écrire**
participe passé	dit	dormi	écrit
infinitif passé	avoir dit	avoir dormi	avoir écrit
participe présent	disant	dormant	écrivant
impératif	dis disons dites	dors dormons dormez	écris écrivons écrivez
présent	je dis tu dis il dit nous disons vous dites ils disent	je dors tu dors il dort nous dormons vous dormez ils dorment	j'écris tu écris il écrit nous écrivons vous écrivez ils écrivent
imparfait	je disais tu disais il disait nous disions vous disiez ils disaient	je dormais tu dormais il dormait nous dormions vous dormiez ils dormaient	j'écrivais tu écrivais il écrivait nous écrivions vous écriviez ils écrivaient

		dire	**dormir**	**écrire**
futur		je dirai	je dormirai	j'écrirai
		tu diras	tu dormiras	tu écriras
		il dira	il dormira	il écrira
		nous dirons	nous dormirons	nous écrirons
		vous direz	vous dormirez	vous écrirez
		ils diront	ils dormiront	ils écriront
conditionnel		je dirais	je dormirais	j'écrirais
présent		tu dirais	tu dormirais	tu écrirais
		il dirait	il dormirait	il écrirait
		nous dirions	nous dormirions	nous écririons
		vous diriez	vous dormiriez	vous écririez
		ils diraient	ils dormiraient	ils écriraient
passé simple		je dis	je dormis	j'écrivis
		tu dis	tu dormis	tu écrivis
		il dit	il dormit	il écrivit
		nous dîmes	nous dormîmes	nous écrivîmes
		vous dîtes	vous dormîtes	vous écrivîtes
		ils dirent	ils dormirent	ils écrivirent
passé composé		j'ai dit	j'ai dormi	j'ai écrit
plus-que-parfait		j'avais dit	j'avais dormi	j'avais écrit
passé antérieur		j'eus dit	j'eus dormi	j'eus écrit
futur antérieur		j'aurai dit	j'aurai dormi	j'aurai écrit
conditionnel passé		j'aurais dit	j'aurais dormi	j'aurais écrit
subjonctif	*que*	je dise	*que* je dorme	*que* j'écrive
présent		tu dises	tu dormes	tu écrives
		il dise	il dorme	il écrive
		nous disions	nous dormions	nous écrivions
		vous disiez	vous dormiez	vous écriviez
		ils disent	ils dorment	ils écrivent
subjonctif passé	*que*	j'aie dit	*que* j'aie dormi	*que* j'aie écrit
subjonctif imparfait	*que*	je disse	*que* je dormisse	*que* j'écrivisse
subjonctif *plus-que-parfait*	*que*	j'eusse dit	*que* j'eusse dormi	*que* j'eusse écrit

infinitif	**envoyer**	**faire**	**fuir**
participe passé	envoyé	fait	fui
infinitif passé	avoir envoyé	avoir fait	avoir fui
participe présent	envoyant	faisant	fuyant
impératif	envoie	fais	fuis
	envoyons	faisons	fuyons
	envoyez	faites	fuyez
présent	j'envoie	je fais	je fuis
	tu envoies	tu fais	tu fuis
	il envoie	il fait	il fuit
	nous envoyons	nous faisons	nous fuyons
	vous envoyez	vous faites	vous fuyez
	ils envoient	ils font	ils fuient
imparfait	j'envoyais	je faisais	je fuyais
	tu envoyais	tu faisais	tu fuyais
	il envoyait	il faisait	il fuyait
	nous envoyions	nous faisions	nous fuyions
	vous envoyiez	vous faisiez	vous fuyiez
	ils envoyaient	ils faisaient	ils fuyaient
futur	j'enverrai	je ferai	je fuirai
	tu enverras	tu feras	tu fuiras
	il enverra	il fera	il fuira
	nous enverrons	nous ferons	nous fuirons
	vous enverrez	vous ferez	vous fuirez
	ils enverront	ils feront	ils fuiront
conditionnel présent	j'enverrais	je ferais	je fuirais
	tu enverrais	tu ferais	tu fuirais
	il enverrait	il ferait	il fuirait
	nous enverrions	nous ferions	nous fuirions
	vous enverriez	vous feriez	vous fuiriez
	ils enverraient	ils feraient	ils fuiraient
passé simple	j'envoyai	je fis	je fuis
	tu envoyas	tu fis	tu fuis
	il envoya	il fit	il fuit
	nous envoyâmes	nous fîmes	nous fuîmes
	vous envoyâtes	vous fîtes	vous fuîtes
	ils envoyèrent	ils firent	ils fuirent
passé composé	j'ai envoyé	j'ai fait	j'ai fui

	envoyer	**faire**	**fuir**
plus-que-parfait	j'avais envoyé	j'avais fait	j'avais fui
passé antérieur	j'eus envoyé	j'eus fait	j'eus fui
futur antérieur	j'aurai envoyé	j'aurai fait	j'aurai fui
conditionnel passé	j'aurais envoyé	j'aurais fait	j'aurais fui
subjonctif	que j'envoie	que je fasse	que je fuie
présent	tu envoies	tu fasses	tu fuies
	il envoie	il fasse	il fuie
	nous envoyions	nous fassions	nous fuyions
	vous envoyiez	vous fassiez	vous fuyiez
	ils envoient	ils fassent	ils fuient
subjonctif passé	que j'aie envoyé	que j'aie fait	que j'aie fui
subjonctif imparfait	que j'envoyasse	que je fisse	que je fuisse
subjonctif plus-que-parfait	que j'eusse envoyé	que j'eusse fait	que j'eusse fui

	lire	**mentir**	**mettre**
infinitif			
participe passé	lu	menti	mis
infinitif passé	avoir lu	avoir menti	avoir mis
participe présent	lisant	mentant	mettant
impératif	lis	mens	mets
	lisons	mentons	mettons
	lisez	mentez	mettez
présent	je lis	je mens	je mets
	tu lis	tu mens	tu mets
	il lit	il ment	il met
	nous lisons	nous mentons	nous mettons
	vous lisez	vous mentez	vous mettez
	ils lisent	ils mentent	ils mettent
imparfait	je lisais	je mentais	je mettais
	tu lisais	tu mentais	tu mettais
	il lisait	il mentait	il mettait
	nous lisions	nous mentions	nous mettions
	vous lisiez	vous mentiez	vous mettiez
	ils lisaient	ils mentaient	ils mettaient

futur	je lirai	je mentirai	je mettrai
	tu liras	tu mentiras	tu mettras
	il lira	il mentira	il mettra
	nous lirons	nous mentirons	nous mettrons
	vous lirez	vous mentirez	vous mettrez
	ils liront	ils mentiront	ils mettront
conditionnel	je lirais	je mentirais	je mettrais
présent	tu lirais	tu mentirais	tu mettrais
	il lirait	il mentirait	il mettrait
	nous lirions	nous mentirions	nous mettrions
	vous liriez	vous mentiriez	vous mettriez
	ils liraient	ils mentiraient	ils mettraient
passé simple	je lus	je mentis	je mis
	tu lus	tu mentis	tu mis
	il lut	il mentit	il mit
	nous lûmes	nous mentîmes	nous mîmes
	vous lûtes	vous mentîtes	vous mîtes
	ils lurent	ils mentirent	ils mirent
passé composé	j'ai lu	j'ai menti	j'ai mis
plus-que-parfait	j'avais lu	j'avais menti	j'avais mis
passé antérieur	j'eus lu	j'eus menti	j'eus mis
futur antérieur	j'aurai lu	j'aurai menti	j'aurai mis
conditionnel passé	j'aurais lu	j'aurais menti	j'aurais mis
subjonctif	*que* je lise	*que* je mente	*que* je mette
présent	tu lises	tu mentes	tu mettes
	il lise	il mente	il mette
	nous lisions	nous mentions	nous mettions
	vous lisiez	vous mentiez	vous mettiez
	ils lisent	ils mentent	ils mettent
subjonctif passé	*que* j'aie lu	*que* j'aie menti	*que* j'aie mis
subjonctif imparfait	*que* je lusse	*que* je mentisse	*que* je misse
subjonctif *plus-que-parfait*	*que* j'eusse lu	*que* j'eusse menti	*que* j'eusse mis

infinitif	**mourir**	**naître**	**offrir**
participe passé	mort(-e)	né(-e)	offert
infinitif passé	être mort(-e)	être né(-e)	avoir offert
participe présent	mourant	naissant	offrant
impératif	meurs	nais	offre
	mourons	naissons	offrons
	mourez	naissez	offrez
présent	je meurs	je nais	j'offre
	tu meurs	tu nais	tu offres
	il meurt	il naît	il offre
	nous mourons	nous naissons	nous offrons
	vous mourez	vous naissez	vous offrez
	ils meurent	ils naissent	ils offrent
imparfait	je mourais	je naissais	j'offrais
	tu mourais	tu naissais	tu offrais
	il mourait	il naissait	il offrait
	nous mourions	nous naissions	nous offrions
	vous mouriez	vous naissiez	vous offriez
	ils mouraient	ils naissaient	ils offraient
futur	je mourrai	je naîtrai	j'offrirai
	tu mourras	tu naîtras	tu offriras
	il mourra	il naîtra	il offrira
	nous mourrons	nous naîtrons	nous offrirons
	vous mourrez	vous naîtrez	vous offrirez
	ils mourront	ils naîtront	ils offriront
conditionnel présent	je mourrais	je naîtrais	j'offrirais
	tu mourrais	tu naîtrais	tu offrirais
	il mourrait	il naîtrait	il offrirait
	nous mourrions	nous naîtrions	nous offririons
	vous mourriez	vous naîtriez	vous offririez
	ils mourraient	ils naîtraient	ils offriraient
passé simple	je mourus	je naquis	j'offris
	tu mourus	tu naquis	tu offris
	il mourut	il naquit	il offrit
	nous mourûmes	nous naquîmes	nous offrîmes
	vous mourûtes	vous naquîtes	vous offrîtes
	ils moururent	ils naquirent	ils offrirent
passé composé	je suis mort(-e)	je suis né(-e)	j'ai offert
plus-que-parfait	j'étais mort(-e)	j'étais né(-e)	j'avais offert

passé antérieur	je fus mort(-e)	je fus né(-e)	j'eus offert
futur antérieur	je serai mort(-e)	je serai né(-e)	j'aurai offert
conditionnel passé	je serais mort(-e)	je serais né(-e)	j'aurais offert

subjonctif présent	*que* je meure	*que* je naisse	*que* j'offre
	tu meures	tu naisses	tu offres
	il meure	il naisse	il offre
	nous mourions	nous naissions	nous offrions
	vous mouriez	vous naissiez	vous offriez
	ils meurent	ils naissent	ils offrent

subjonctif passé	*que* je sois mort(-e)	*que* je sois né(-e)	*que* j'aie offert
subjonctif imparfait	*que* je mourusse	*que* je naquisse	*que* j'offrisse
subjonctif plus-que-parfait	*que* je fusse mort(-e)	*que* je fusse né(-e)	*que* j'eusse offert

infinitif	**ouvrir**	**paraître**	**partir**
participe passé	ouvert	paru	parti(-e)
infinitif passé	avoir ouvert	avoir paru	être parti(-e)
participe présent	ouvrant	paraissant	partant
impératif	ouvre	parais	pars
	ouvrons	paraissons	partons
	ouvrez	paraissez	partez
présent	j'ouvre	je parais	je pars
	tu ouvres	tu parais	tu pars
	il ouvre	il paraît	il part
	nous ouvrons	nous paraissons	nous partons
	vous ouvrez	vous paraissez	vous partez
	ils ouvrent	ils paraissent	ils partent
imparfait	j'ouvrais	je paraissais	je partais
	tu ouvrais	tu paraissais	tu partais
	il ouvrait	il paraissait	il partait
	nous ouvrions	nous paraissions	nous partions
	vous ouvriez	vous paraissiez	vous partiez
	ils ouvraient	ils paraissaient	ils partaient

	ouvrir	**paraître**	**partir**
futur	j'ouvrirai	je paraîtrai	je partirai
	tu ouvriras	tu paraîtras	tu partiras
	il ouvrira	il paraîtra	il partira
	nous ouvrirons	nous paraîtrons	nous partirons
	vous ouvrirez	vous paraîtrez	vous partirez
	ils ouvriront	ils paraîtront	ils partiront
conditionnel présent	j'ouvrirais	je paraîtrais	je partirais
	tu ouvrirais	tu paraîtrais	tu partirais
	il ouvrirait	il paraîtrait	il partirait
	nous ouvririons	nous paraîtrions	nous partirions
	vous ouvririez	vous paraîtriez	vous partiriez
	ils ouvriraient	ils paraîtraient	ils partiraient
passé simple	j'ouvris	je parus	je partis
	tu ouvris	tu parus	tu partis
	il ouvrit	il parut	il partit
	nous ouvrîmes	nous parûmes	nous partîmes
	vous ouvrîtes	vous parûtes	vous partîtes
	ils ouvrirent	ils parurent	ils partirent
passé composé	j'ai ouvert	j'ai paru	je suis parti(-e)
plus-que-parfait	j'avais ouvert	j'avais paru	j'étais parti(-e)
passé antérieur	j'eus ouvert	j'eus paru	je fus parti(-e)
futur antérieur	j'aurai ouvert	j'aurai paru	je serai parti(-e)
conditionnel passé	j'aurais ouvert	j'aurais paru	je serais parti(-e)
subjonctif présent	que j'ouvre	que je paraisse	que je parte
	tu ouvres	tu paraisses	tu partes
	il ouvre	il paraisse	il parte
	nous ouvrions	nous paraissions	nous partions
	vous ouvriez	vous paraissiez	vous partiez
	ils ouvrent	ils paraissent	ils partent
subjonctif passé	que j'aie ouvert	que j'aie paru	que je sois parti(-e)
subjonctif imparfait	que j'ouvrisse	que je parusse	que je partisse
subjonctif plus-que-parfait	que j'eusse ouvert	que j'eusse paru	que je fusse parti(-e)

infinitif	**plaire**	**pouvoir**	**prendre**
participe passé	plu	pu	pris
infinitif passé	avoir plu	avoir pu	avoir pris
participe présent	plaisant	pouvant	prenant
impératif	plais	——	prends
	plaisons	——	prenons
	plaisez	——	prenez
présent	je plais	je peux (puis)	je prends
	tu plais	tu peux	tu prends
	il plaît	il peut	il prend
	nous plaisons	nous pouvons	nous prenons
	vous plaisez	vous pouvez	vous prenez
	ils plaisent	ils peuvent	ils prennent
imparfait	je plaisais	je pouvais	je prenais
	tu plaisais	tu pouvais	tu prenais
	il plaisait	il pouvait	il prenait
	nous plaisions	nous pouvions	nous prenions
	vous plaisiez	vous pouviez	vous preniez
	ils plaisaient	ils pouvaient	ils prenaient
futur	je plairai	je pourrai	je prendrai
	tu plairas	tu pourras	tu prendras
	il plaira	il pourra	il prendra
	nous plairons	nous pourrons	nous prendrons
	vous plairez	vous pourrez	vous prendrez
	ils plairont	ils pourront	ils prendront
conditionnel présent	je plairais	je pourrais	je prendrais
	tu plairais	tu pourrais	tu prendrais
	il plairait	il pourrait	il prendrait
	nous plairions	nous pourrions	nous prendrions
	vous plairiez	vous pourriez	vous prendriez
	ils plairaient	ils pourraient	ils prendraient
passé simple	je plus	je pus	je pris
	tu plus	tu pus	tu pris
	il plut	il put	il prit
	nous plûmes	nous pûmes	nous prîmes
	vous plûtes	vous pûtes	vous prîtes
	ils plurent	ils purent	ils prirent
passé composé	j'ai plu	j'ai pu	j'ai pris
plus-que-parfait	j'avais plu	j'avais pu	j'avais pris

	plaire	**pouvoir**	**prendre**
passé antérieur	j'eus plu	j'eus pu	j'eus pris
futur antérieur	j'aurai plu	j'aurai pu	j'aurai pris
conditionnel passé	j'aurais plu	j'aurais pu	j'aurais pris
subjonctif présent	que je plaise tu plaises il plaise nous plaisions vous plaisiez ils plaisent	que je puisse tu puisses il puisse nous puissions vous puissiez ils puissent	que je prenne tu prennes il prenne nous prenions vous preniez ils prennent
subjonctif passé	que j'aie plu	que j'aie pu	que j'aie pris
subjonctif imparfait	que je plusse	que je pusse	que je prisse
subjonctif plus-que-parfait	que j'eusse plu	que j'eusse pu	que j'eusse pris

	recevoir	**rire**	**savoir**
infinitif			
participe passé	reçu	ri	su
infinitif passé	avoir reçu	avoir ri	avoir su
participe présent	recevant	riant	sachant
impératif	reçois recevons recevez	ris rions riez	sache sachons sachez
présent	je reçois tu reçois il reçoit nous recevons vous recevez ils reçoivent	je ris tu ris il rit nous rions vous riez ils rient	je sais tu sais il sait nous savons vous savez ils savent
imparfait	je recevais tu recevais il recevait nous recevions vous receviez ils recevaient	je riais tu riais il riait nous riions vous riiez ils riaient	je savais tu savais il savait nous savions vous saviez ils savaient

futur	je recevrai	je rirai	je saurai
	tu recevras	tu riras	tu sauras
	il recevra	il rira	il saura
	nous recevrons	nous rirons	nous saurons
	vous recevrez	vous rirez	vous saurez
	ils recevront	ils riront	ils sauront
conditionnel	je recevrais	je rirais	je saurais
présent	tu recevrais	tu rirais	tu saurais
	il recevrait	il rirait	il saurait
	nous recevrions	nous ririons	nous saurions
	vous recevriez	vous ririez	vous sauriez
	ils recevraient	ils riraient	ils sauraient
passé simple	je reçus	je ris	je sus
	tu reçus	tu ris	tu sus
	il reçut	il rit	il sut
	nous reçûmes	nous rîmes	nous sûmes
	vous reçûtes	vous rîtes	vous sûtes
	ils reçurent	ils rirent	ils surent
passé composé	j'ai reçu	j'ai ri	j'ai su
plus-que-parfait	j'avais reçu	j'avais ri	j'avais su
passé antérieur	j'eus reçu	j'eus ri	j'eus su
futur antérieur	j'aurai reçu	j'aurai ri	j'aurai su
conditionnel passé	j'aurais reçu	j'aurais ri	j'aurais su

subjonctif présent	*que*	je reçoive	*que*	je rie	*que*	je sache
		tu reçoives		tu ries		tu saches
		il reçoive		il rie		il sache
		nous recevions		nous riions		nous sachions
		vous receviez		vous riiez		vous sachiez
		ils reçoivent		ils rient		ils sachent
subjonctif passé	*que*	j'aie reçu	*que*	j'aie ri	*que*	j'aie su
subjonctif imparfait	*que*	je reçusse	*que*	je risse	*que*	je susse
subjonctif plus-que-parfait	*que*	j'eusse reçu	*que*	j'eusse ri	*que*	j'eusse su

infinitif	**sentir**	**servir**	**sortir**
participe passé	senti	servi	sorti(-e)
infinitif passé	avoir senti	avoir servi	être sorti(-e)
participe présent	sentant	servant	sortant
impératif	sens	sers	sors
	sentons	servons	sortons
	sentez	servez	sortez
présent	je sens	je sers	je sors
	tu sens	tu sers	tu sors
	il sent	il sert	il sort
	nous sentons	nous servons	nous sortons
	vous sentez	vous servez	vous sortez
	ils sentent	ils servent	ils sortent
imparfait	je sentais	je servais	je sortais
	tu sentais	tu servais	tu sortais
	il sentait	il servait	il sortait
	nous sentions	nous servions	nous sortions
	vous sentiez	vous serviez	vous sortiez
	ils sentaient	ils servaient	ils sortaient
futur	je sentirai	je servirai	je sortirai
	tu sentiras	tu serviras	tu sortiras
	il sentira	il servira	il sortira
	nous sentirons	nous servirons	nous sortirons
	vous sentirez	vous servirez	vous sortirez
	ils sentiront	ils serviront	ils sortiront
conditionnel présent	je sentirais	je servirais	je sortirais
	tu sentirais	tu servirais	tu sortirais
	il sentirait	il servirait	il sortirait
	nous sentirions	nous servirions	nous sortirions
	vous sentiriez	vous serviriez	vous sortiriez
	ils sentiraient	ils serviraient	ils sortiraient
passé simple	je sentis	je servis	je sortis
	tu sentis	tu servis	tu sortis
	il sentit	il servit	il sortit
	nous sentîmes	nous servîmes	nous sortîmes
	vous sentîtes	vous servîtes	vous sortîtes
	ils sentirent	ils servirent	ils sortirent
passé composé	j'ai senti	j'ai servi	je suis sorti(-e)
plus-que-parfait	j'avais senti	j'avais servi	j'étais sorti(-e)

passé antérieur	j'eus senti	j'eus servi	je fus sorti(-e)
futur antérieur	j'aurai senti	j'aurai servi	je serai sorti(-e)
conditionnel passé	j'aurais senti	j'aurais servi	je serais sorti(-e)
subjonctif présent	*que* je sente tu sentes il sente nous sentions vous sentiez ils sentent	*que* je serve tu serves il serve nous servions vous serviez ils servent	*que* je sorte tu sortes il sorte nous sortions vous sortiez ils sortent
subjonctif passé	*que* j'aie senti	*que* j'aie servi	*que* je sois sorti(-e)
subjonctif imparfait	*que* je sentisse	*que* je servisse	*que* je sortisse
subjonctif plus-que-parfait	*que* j'eusse senti	*que* j'eusse servi	*que* je fusse sorti(-e)

infinitif	**suivre**	**se taire**	**tenir**
participe passé	suivi	tu(-e)	tenu
infinitif passé	avoir suivi	s'être tu(-e)	avoir tenu
participe présent	suivant	se taisant	tenant
impératif	suis suivons suivez	tais-toi taisons-nous taisez-vous	tiens tenons tenez
présent	je suis tu suis il suit nous suivons vous suivez ils suivent	je me tais tu te tais il se tait nous nous taisons vous vous taisez ils se taisent	je tiens tu tiens il tient nous tenons vous tenez ils tiennent
imparfait	je suivais tu suivais il suivait nous suivions vous suiviez ils suivaient	je me taisais tu te taisais il se taisait nous nous taisions vous vous taisiez ils se taisaient	je tenais tu tenais il tenait nous tenions vous teniez ils tenaient
futur	je suivrai tu suivras il suivra nous suivrons vous suivrez ils suivront	je me tairai tu te tairas il se taira nous nous tairons vous vous tairez ils se tairont	je tiendrai tu tiendras il tiendra nous tiendrons vous tiendrez ils tiendront

	suivre	se taire	tenir
conditionnel présent	je suivrais tu suivrais il suivrait nous suivrions vous suivriez ils suivraient	je me tairais tu te tairais il se tairait nous nous tairions vous vous tairiez ils se tairaient	je tiendrais tu tiendrais il tiendrait nous tiendrions vous tiendriez ils tiendraient
passé simple	je suivis tu suivis ils suivit nous suivîmes vous suivîtes ils suivirent	je me tus tu te tus il se tut nous nous tûmes vous vous tûtes ils se turent	je tins tu tins il tint nous tînmes vous tîntes ils tinrent
passé composé	j'ai suivi	je me suis tu(-e)	j'ai tenu
plus-que-parfait	j'avais suivi	je m'étais tu(-e)	j'avais tenu
futur antérieur	j'aurai suivi	je me serai tu (-e)	j'aurai tenu
conditionnel passé	j'aurais suivi	je me serais tu(-e)	j'aurais tenu
subjonctif présent	que je suive tu suives il suive nous suivions vous suiviez ils suivent	que je me taise tu te taises il se taise nous nous taisions vous vous taisiez ils se taisent	que je tienne tu tiennes il tienne nous tenions vous teniez ils tiennent
subjonctif passé	que j'aie suivi	que je me sois tu(-e)	que j'aie tenu
subjonctif imparfait	que je suivisse	que je me tusse	que je tinsse
subjonctif plus-que-parfait	que j'eusse suivi	que je me fusse tu(-e)	que j'eusse tenu

	valoir	venir	vivre
infinitif	valoir	venir	vivre
participe passé	valu	venu(-e)	vécu
infinitif passé	avoir valu	être venu(-e)	avoir vécu
participe présent	valant	venant	vivant
impératif	vaux valons valez	viens venons venez	vis vivons vivez

présent	je vaux	je viens	je vis
	tu vaux	tu viens	tu vis
	il vaut	il vient	il vit
	nous valons	nous venons	nous vivons
	vous valez	vous venez	vous vivez
	ils valent	ils viennent	ils vivent
imparfait	je valais	je venais	je vivais
	tu valais	tu venais	tu vivais
	il valait	il venait	il vivait
	nous valions	nous venions	nous vivions
	vous valiez	vous veniez	vous viviez
	ils valaient	ils venaient	ils vivaient
futur	je vaudrai	je viendrai	je vivrai
	tu vaudras	tu viendras	tu vivras
	il vaudra	il viendra	il vivra
	nous vaudrons	nous viendrons	nous vivrons
	vous vaudrez	vous viendrez	vous vivrez
	ils vaudront	ils viendront	ils vivront
conditionnel présent	je vaudrais	je viendrais	je vivrais
	tu vaudrais	tu viendrais	tu vivrais
	il vaudrait	il viendrait	il vivrait
	nous vaudrions	nous viendrions	nous vivrions
	vous vaudriez	vous viendriez	vous vivriez
	ils vaudraient	ils viendraient	ils vivraient
passé simple	je valus	je vins	je vécus
	tu valus	tu vins	tu vécus
	il valut	il vint	il vécut
	nous valûmes	nous vînmes	nous vécûmes
	vous valûtes	vous vîntes	vous vécûtes
	ils valurent	ils vinrent	ils vécurent
passé composé	j'ai valu	je suis venu(-e)	j'ai vécu
plus-que-parfait	j'avais valu	j'étais venu(-e)	j'avais vécu
passé antérieur	j'eus valu	je fus venu(-e)	j'eus vécu
futur antérieur	j'aurai valu	je serai venu(-e)	j'aurai vécu
conditionnel passé	j'aurais valu	je serais venu(-e)	j'aurais vécu

	valoir	**venir**	**vivre**
subjonctif présent	*que* je vaille	*que* je vienne	*que* je vive
	tu vailles	tu viennes	tu vives
	il vaille	il vienne	il vive
	nous valions	nous venions	nous vivions
	vous valiez	vous veniez	vous viviez
	ils vaillent	ils viennent	ils vivent
subjonctif passé	*que* j'aie valu	*que* je sois venu(-e)	*que* j'aie vécu
subjonctif imparfait	*que* je valusse	*que* je vinsse	*que* je vécusse
subjonctif plus-que-parfait	*que* j'eusse valu	*que* je fusse venu(-e)	*que* j'eusse vécu

	voir	**vouloir**
infinitif		
participe passé	vu	voulu
infinitif passé	avoir vu	avoir voulu
participe présent	voyant	voulant
impératif	vois	——
	voyons	——
	voyez	veuillez
présent	je vois	je veux
	tu vois	tu veux
	il voit	il veut
	nous voyons	nous voulons
	vous voyez	vous voulez
	ils voient	ils veulent
imparfait	je voyais	je voulais
	tu voyais	tu voulais
	il voyait	il voulait
	nous voyions	nous voulions
	vous voyiez	vous vouliez
	ils voyaient	ils voulaient
futur	je verrai	je voudrai
	tu verras	tu voudras
	il verra	il voudra
	nous verrons	nous voudrons
	vous verrez	vous voudrez
	ils verront	ils voudront

conditionnel *présent*	je verrais tu verrais il verrait nous verrions vous verriez ils verraient	je voudrais tu voudrais il voudrait nous voudrions vous voudriez ils voudraient
passé simple	je vis tu vis il vit nous vîmes vous vîtes ils virent	je voulus tu voulus il voulut nous voulûmes vous voulûtes ils voulurent
passé composé	j'ai vu	j'ai voulu
plus-que-parfait	j'avais vu	j'avais voulu
passé antérieur	j'eus vu	j'eus voulu
futur antérieur	j'aurai vu	j'aurai voulu
conditionnel passé	j'aurais vu	j'aurais voulu
subjonctif présent	*que* je voie tu voies il voie nous voyions vous voyiez ils voient	*que* je veuille tu veuilles il veuille nous voulions vous vouliez ils veuillent
subjonctif passé	*que* j'aie vu	*que* j'aie voulu
subjonctif imparfait	*que* je visse	*que* je voulusse
subjonctif *plus-que-parfait*	*que* j'eusse vu	*que* j'eusse voulu

Les verbes impersonnels

infinitif	**falloir**	**pleuvoir**	**neiger**
participe passé	fallu	plu	neigé
présent	il faut	il pleut	il neige
imparfait	il fallait	il pleuvait	il neigeait
futur	il faudra	il pleuvra	il neigera
conditionnel présent	il faudrait	il pleuvrait	il neigerait
passé simple	il fallut	il plut	il neigea
passé composé	il a fallu	il a plu	il a neigé
plus-que-parfait	il avait fallu	il avait plu	il avait neigé
passé antérieur	il eut fallu	il eut plu	il eut neigé
futur antérieur	il aura fallu	il aura plu	il aura neigé
conditionnel passé	il aurait fallu	il aurait plu	il aurait neigé
subjonctif présent	qu' il faille	qu' il pleuve	qu' il neige
subjonctif passé	qu' il ait fallu	qu' il ait plu	qu' il ait neigé
subjonctif imparfait	qu' il fallût	qu' il plût	qu' il neigeasse
subjonctif plus-que-parfait	qu' il eût fallu	qu' il eût plu	qu' il eût neigé

	il y a	**il s'agit (de)**
présent	il y a	il s'agit (de)
imparfait	il y avait	il s'agissait (de)
futur	il y aura	il s'agira (de)
conditionnel présent	il y aurait	il s'agirait (de)
passé simple	il y eut	il s'agit (de)
passé composé	il y a eu	il s'est agi (de)
plus-que-parfait	il y avait eu	il s'était agi (de)
passé antérieur	il y eut eu	il se fut agi (de)
futur antérieur	il y aura eu	il se sera agi (de)
conditionnel passé	il y aurait eu	il se serait agi (de)
subjonctif présent	qu' il y ait	qu' il s'agisse (de)

subjonctif passé	qu' il y ait eu	qu' il se soit agi (de)
subjonctif imparfait	qu' il y eût	qu' il s'agît (de)
subjonctif plus-que-parfait	qu' il y eût eu	qu' il se fût agi (de)

Les verbes principaux qui introduisent un autre verbe à l'infinitif précédé par *de*

Verbe + *de* + infinitif

accepter de	empêcher de	offrir de
accuser de	entreprendre de	ordonner de
achever de	essayer de	oublier de
s'apercevoir de	s'étonner de	parler de
arrêter de	éviter de	se passer de
s'arrêter de	s'excuser de	permettre de
blâmer de	faire bien de	persuader de
cesser de	se fatiguer de	plaindre de
charger de	féliciter de	se plaindre de
choisir de	finir de	prier de
commander de	se garder de	promettre de
conseiller de	se hâter de	proposer de
se contenter de	s'impatienter de	punir de
convaincre de	indiquer de	refuser de
convenir de	interdire de	regretter de
craindre de	jouir de	remercier de
décider de	manquer de	reprocher de
défendre de	menacer de	rêver de
demander de	mériter de	risquer de
se dépêcher de	se moquer de	souffrir de
dire de	mourir de	se souvenir de
se douter de	négliger de	tâcher de
écrire de	obtenir de	venir de (passé immédiat)
s'efforcer de	s'occuper de	

Les verbes principaux qui introduisent un autre verbe à l'infinitif précédé par *à*

Verbe + *à* + infinitif

aider à
amener à
s'amuser à
s'appliquer à
apprendre à
arriver à
aspirer à
s'attendre à
avoir à
chercher à
commencer à
se consacrer à
condamner à
consentir à

continuer à
se décider à
encourager à
engager à
enseigner à
se faire à
forcer à
se forcer à
s'habituer à
hésiter à
s'intéresser à
inviter à
se mettre à

obliger à
parvenir à
se plaire à
pousser à
renoncer à
se résoudre à
réussir à
servir à
songer à
tendre à
tarder à
tenir à
travailler à

Les verbes réguliers en *-er* avec un changement orthographique

A. **e** + consonne + **-er**:

ach**e**ter
emm**e**ner
l**e**ver, etc.

1. La majorité de ces verbes ont un *accent grave* (`) dans leur conjugaison:

acheter

j' ach**è**te   *Mais:* nous ach**e**tons } n'ont pas
il (elle, on) ach**è**te   vous ach**e**tez } d'accent!
ils (elles) ach**è**tent
tu ach**è**tes

2. Quelques verbes n'ont pas d'accent dans leurs conjugaisons, mais ils ont une *consonne double*:

app**e**ler
j**e**ter, etc.

appeler

j' app**e**lle   *Mais:* nous app**e**lons } ont seulement
il (elle, on) app**e**lle   vous app**e**lez } *une* consonne!
ils (elles) app**e**llent
tu app**e**lles

B. **é** + consonne + **-er:** Dans la conjugaison de ces verbes le **é** devant la consonne → **è:**

espé**r**er
sugg**é**rer
préf**é**rer, etc.

espérer

j'	esp**è**re	*Mais:* nous esp**é**rons ⎫ ont toujours	
il (elle, on)	esp**è**re	vous esp**é**rez ⎭ l'accent aigu	
ils (elles)	esp**è**rent		
tu	esp**è**res		

préférer

je	préf**è**re	*Mais:* nous préf**é**rons ⎫ ont toujours	
il (elle, on)	préf**è**re	vous préf**é**rez ⎭ l'accent aigu	
ils (elles)	préf**è**rent		
tu	préf**è**res		

C. L'orthographe de ces verbes change également au présent du **subjonctif:**

...que j'ach**è**te   ...que nous ach**e**tions, etc.
...que j'app**elle**   ...que nous app**e**lions, etc.
...que j'esp**è**re   ...que nous esp**é**rions, etc.

D. L'orthographe ne change pas à **l'imparfait:**

j'ach**e**tais   nous ach**e**tions, etc.

E. Au **futur** et au **conditionnel:**

1. Les verbes du type **acheter** ont le même accent (**è**) et les verbes du type **appeler** doublent la consonne à toutes les personnes:

   futur: j'ach**è**terai, nous ach**è**terons, etc.; j'app**ell**erai, nous app**ell**erons, etc.
   conditionnel: j'ach**è**terais, nous ach**è**terions, etc.; j'app**ell**erais, nous app**ell**erions, etc.

2. L'orthographe des verbes du type **espérer** ne change pas:

   futur: j'esp**é**rerai, nous esp**é**rerons, etc.
   conditionnel: j'esp**é**rerais, nous esp**é**rerions, etc.

Lexique

A

à (1)[1] at, to, in, by, on
à bas (3) down with
à bicyclette (13) by bicycle
à cause de (19) because of
à ce moment (17) at this time
à cheval (13) on horseback
à condition de (25) provided that
à condition que (25) provided that
à côté de (5) next to
à demain (1) see you tomorrow
à droite (5) on the right
à gauche (5) on the left
à l'abri du besoin (21) sheltered from need
à la campagne (15) in the country
à la fin (4) at the end, in the end
à la fois (7) at the same time
à la mode (7) fashionable
à la suite de (11) after, behind
à l'envers (24) inside-out
à l'heure (7) on time
à l'intérieur (8) inside, on the inside
à moins de (25) unless
à moins que (25) unless
à pied (13) on foot
à propos de (4) about, regarding, with respect to
à proximité de (5) near, close to
à temps (25) in time
à votre avis (16) in your opinion
abandonner (17) to abandon
abonné *m.* (9) subscriber
aborder (23) to land
abrégé(-e) (3) abbreviated
abri *m.* (21) shelter
absence *f.* (19) absence
absent(-e) (1) absent
absolu(-e) (8) absolute
absolument (8) absolutely

accent *m.* (1) accent
accentuer (4) to accentuate, stress
accepter (9) to accept
accident *m.* (2) accident
accompagner (17) to accompany
accomplir (18) to accomplish
accourir (16) to run up, hasten to
accusé *m.* (18) accused
achat *m.* (15) purchase
acheter (11) to buy
acide *m.* (13) acid
acier *m.* (8) steel
acrobate *m. ou f.* (23) acrobat
acteur *m.* (4) actor
actif / active (7) active
action *f.* (12) action
activité *f.* (4) activity
actrice *f.* (6) actress
actuellement (6) now
adapté(-e) (21) adapted
addition *f.* (13) addition; check
admettre (15) to admit
administrer (16) to administer
admirable (11) admirable
admiration *f.* (17) admiration
admirer (5) to admire
adolescence *f.* (21) adolescence
adopter (20) to adopt
adorer (5) to adore
adresse *f.* (3) address
adulte *m. ou f.* (13) adult
aéroport *m.* (12) airport
affaiblir (2) to weaken; to lessen
affaire *f.* (2) affair, business, concern
affaires *f. pl.* (9) business; things
affectueusement (24) affectionately
affiche *f.* (8) poster
affolé(-e) (26) panic-stricken
afin de (25) in order to
afin que (25) in order that
africain(-e) (4) African
Afrique *f.* (9) Africa

âge *m.* (10) age
âgé(-e) (11) aged, old
agence *f.* (21) agency
agenda *m.* (23) agenda
agent *m.* (5) agent
agent de police *m.* (5) policeman
agréable (4) pleasant
agréablement (11) pleasantly
agrément *m.* (4) pleasure; charm
aider (12) to help
aimer (5) to like, love
s'aimer (22) to like (love) each other
aîné *m.* (6) oldest child (*f.* ainée)
ainsi (23) thus, so
ainsi que (27) as well as, at the same time as
air *m.* (10) air, look, appearance
avoir l'air de (10) to look, seem to be
album *m.* (9) album
alchimie *f.* (19) alchemy
alcool *m.* (13) alcohol, spirits
aliénation *f.* (2) alienation
allemand *m.* (4) German
allemand(-e) (4) German
aller (7) to go
aller voir (14) to visit (someone)
s'en aller (22) to go away, leave
allô (9) hello (telephone)
allonger (23) to lengthen, stretch
s'allonger (23) to stretch out; to lie down
allumer (21) to light, ignite
alors (4) then, in that case
Alpes *f. pl.* (9) Alps
alphabet *m.* (1) alphabet
amant *m.* (23) lover
amateur *m. ou f.* (6) amateur, devotee, connaisseur
ambition *f.* (13) ambition
améliorer (12) to improve
amener (22) to bring; to lead

---

1. Le numéro indique la leçon où le mot ou l'expression paraît pour la première fois.

américain(-e) (3) American
Amérique *f.* (4) America
ami *m.* (1) friend (*f.* **amie**)
amical(-e) (27) friendly
amitié *f.* (4) friendship
amour *m.* (9) love
amoureusement (11) lovingly, amorously
amoureux / amoureuse (23) in love
  tomber amoureux de to fall in love with
amphithéâtre *m.* (7) lecture hall, amphitheater
amusant(-e) (4) amusing, funny
amuser (22) to amuse
  s'amuser (22) to have fun, have a good time, enjoy oneself
an *m.* (10) year
  avoir—ans to be—years old (10)
analyse *f.* (16) analysis
ancien(-ne) (7) ancient, old; former
anecdote *f.* (9) anecdote
ange *m.* (13) angel
anglais *m.* (1) English
anglais(-e) (4) English
Angleterre *f.* (9) England
angoisse *f.* (20) anguish
animal *m.* (2) animal
animé(-e) (11) animated
anneau *m.* (27) ring
année *f.* (3) year
anniversaire *m.* (3) birthday, anniversary
annoncer (10) to announce
annuaire *m.* (9) phone book
anonyme (14) anonymous
antenne *f.* (27) antenna
anthropologie *f.* (19) anthropology
antique (4) antique
antiquité *f.* (12) antiquity
août *m.* (3) August
apercevoir (14) to see; to notice
  s'apercevoir (23) to realize; to become aware of
apéritif *m.* (19) drink (before a meal)
apostrophe *f.* (3) apostrophe
apparaître (12) to appear, become visible
apparence *f.* (10) appearance
appartement *m.* (5) apartment
appartenir (à) (23) to belong to

appel *m.* (1) call, roll-call, appeal
appeler (21) to call
  s'appeler (22) to be named
appétit *m.* (13) appetite
applaudir (18) to applaud
apporter (16) to bring
apprécier (12) to appreciate
apprendre (15) to learn
approprié(-e) (4) appropriate
approuver (16) to approve
appuyer (12) to lean; to press (a button)
après (1) after
après-midi *m.* (7) afternoon
arbre *m.* (8) tree
archéologie *f.* (5) archeology
architecte *m. ou f.* (15) architect
architecture *f.* (12)
argent *m.* (12) money; silver
argent de poche *m.* (14) pocket money
Argentine *f.* (9) Argentina
aristocrate *m. ou f.* (19) aristocrat
arranger (19) to arrange
arrêter (22) to stop; to arrest
  s'arrêter de (22) to stop
arrivée *f.* (14) arrival
arriver (7) to arrive; to happen
arrondissement *m.* (15) district, ward
arsenic *m.* (15) arsenic
art *m.* (4) art
  art nouveau *m.* (12) art nouveau (style of art)
artiste *m. ou f.* (4) artist
artistique (16) artistic
ascenseur *m.* (14) elevator
Asie (Mineure) *f.* (9) Asia (Minor)
aspirine *f.* (13) aspirin
assaisonner (20) to season
asseoir (22) to seat
  s'asseoir (22) to sit down
assez (6) enough
assiette *f.* (8) dish, plate
assis(-e) (4) seated
assistant social *m.* social worker (*f.* **assistante sociale**)
assurance *f.* (27) insurance; assurance
astrologie *f.* (5) astrology
astronaute *m. ou f.* (17) astronaut
astronome *m. ou f.* (5) astronomer

astronomique (23) astronomical
atmosphère *f.* (8) atmosphere
atomique (10) atomic
attaque *f.* (3) attack
atteindre (15) to attain, reach
attendre (14) to wait for, expect
attention *f.* (5) attention
  faire attention à (21) to pay attention to, be careful with
atterrir (18) to land
attirer (21) to attract
attitude *f.* (20) attitude
au (7) contraction of **à** + **le**
  au bord de (5) along, alongside; on the banks of
  au contraire (19) on the contrary
  au fond de (5) in the bottom of, at the back of
  au lieu de (11) instead of, in place of
  au milieu de (5) in the middle of
  au revoir (1) good-bye
aucun(-e) (19) not any, not one
aujourd'hui (3) today
aussi (1) also
  aussi bien que (15) as well as
aussitôt que (21) as soon as
Australie *f.* (19) Australia
Australien *m.* (5) Australian
autant (de) (13) as much (as)
auto *f.* (2) auto, car
  en auto (13) by car
autobiographie *f.* (19) autobiography
autobus *m.* (14) bus
autocar *m.* (21) bus, motor coach
autographe *m.* (9) autograph
automne *m.* (8) autumn
autoritaire (10) authoritarian
autoroute *f.* (17) freeway
autostop *m.* (25) hitch-hiking
  en auto-stop (25) by hitch-hiking
  faire de l'auto-stop (22) to hitch-hike
autour de (5) around
autre (1) other
autrement (15) otherwise
aux (7) contraction of **à** + **les**
avaler (17) to swallow
avance *f.* (7) advance
  en avance (7) early
avant (7) before

avec (5) with
  avec préavis (9) person-to-person
avenir m. (21) future
aventure f. (17) adventure
avion m. (9) airplane
  en avion (13) by airplane
avocat m. (17) lawyer
avoir (6) to have
  avoir—ans (10) to be—years old
  avoir besoin de (10) to need
  avoir chaud (10) to be hot
  avoir de la chance (16) to be lucky
  avoir envie de (10) to desire; to feel like
  avoir faim (10) to be hungry
  avoir froid (10) to be cold
  avoir honte (10) to be ashamed; to be embarrassed
  avoir l'air (de) (10) to look, seem to be
  avoir l'intention (de) (15) to intend (to)
  avoir mal (à) (10) to have a pain in, hurt
  avoir peur (de) (10) to be afraid
  avoir raison (10) to be right
  avoir soif (10) to be thirsty
  avoir sommeil (10) to be sleepy
  avoir tendance à (22) to have a tendency to
  avoir tort (10) to be wrong
avril m. (3) April

B

bacon m. (13) bacon
bagage m. (18) baggage, luggage
bague f. (23) ring
baguette f. (15) long roll of French bread; rod; chopstick
bain m. (17) bath
bal m. (11) dance
banane f. (9) banana
banc m. (26) bench
banlieue f. (6) suburbs
banque f. (5) bank
banquier m. (6) banker
bar m. (5) bar
barbe f. (22) beard
bas / basse (19) low
basé(-e) (19) based

base-ball m. (13) baseball
basket-ball m. (9) basketball
bateau m. (13) boat
  en bateau (8) by boat
bâtiment m. (4) building
bâtir (12) to build
bavarder (15) to chat
beau / bel / belle (8) beautiful, handsome, fine
  il fait beau (10) it's nice out, the weather is nice
beaucoup (5) much, a lot
beau-frère m. (6) brother-in-law
beaux-parents m. pl. (6) in-laws
beau-père m. (6) father-in-law; stepfather
beauté f. (2) beauty
bébé m. ou f. (6) baby
beige (8) beige
belle-mère f. (6) mother-in-law; stepmother
belle-sœur f. (6) sister-in-law
bénéficier (24) to gain, profit
benjamin m. (6) youngest child (f. benjamine)
besoin m. (10) need
  avoir besoin de (10) to need
bêtise f. (19) silliness, stupidity
beurre m. (13) butter
bibliothèque f. (7) library
bicyclette f. (8) bicycle
bien (1) well; very
  bien de (18) much, many
  bien que (25) although
  bien sûr (25) of course, naturally
bien-aimé(-e) (23) beloved
bien-élevé(-e) (22) well-behaved, well-brought-up
bientôt (22) soon, shortly
bière f. (8) beer
bikini m. (6) bikini
billet m. (19) ticket
biologie f. (5) biology
bistro m. (7) pub
bizarre (4) strange, odd, bizarre
blanc / blanche (8) white
blanchir (12) to whiten; to bleach
blessé(-e) (23) wounded, injured
bleu(-e) (8) blue
blond(-e) (3) blond
blouse f. (2) blouse
bœuf m. (17) ox; beef
boire (12) to drink

bois m. (8) wood
  en bois (8) wooden, made of wood
boîte f. (13) box; can
  boîte de conserve f. (15) canned goods, tin can
bombe f. (10) bomb
bon(-ne) (3) good
bonbons m. pl. (13) candy
bonheur m. (20) happiness; good fortune
bonjour (1) good morning, good day; hello
bonté f. (23) goodness, kindness
bord m. (5) edge, margin, border; shore, bank
borne f. (16) landmark; boundary
botte f. (27) boot
bouche f. (2) mouth
boucher m. (15) butcher (f. bouchère)
boucherie f. (15) butcher shop
bouger (21) to move
boulangerie f. (14) bakery
boule f. (14) ball, bowl
  boule de cristal f. (14) crystal ball
boulevard m. (3) boulevard
boulot m. (25) job (slang)
bouquet m. (19) bouquet
bouquin m. (2) book (slang)
bourgeois(-e) (17) bourgeois
Bourgogne f. (9) Burgundy (region)
bourse f. (6) purse; scholarship
bouteille f. (12) bottle
bouton m. (12) button; knob; bud; pimple
bras m. (10) arm
brave (21) worthy, honest, good; "good old"
bref (17) in short
Brésil m. (9) Brazil
bridge m. (13) bridge (card game)
brillant(-e) (4) brilliant
briller (26) to shine
brique f. (8) brick
brochure f. (9) brochure
bronzé(-e) (21) sun-tanned
brosse f. (25) brush
  brosse à dents f. (25) toothbrush
brosser (22) to brush
bruit m. (26) noise
  faire du bruit (26) to make noise

brûler (21) to burn

brun(-e) (8) brown; brown-haired

brunir (12) to turn brown

brusque (2) brusque, abrupt

bureau *m.* (1) desk; office, bureau

  bureau des objets trouvés *m.* (26) lost and found

bureaucrate *m. ou f.* (9) bureaucrat

C

ça (2) that

  ça coûte les yeux de la tête! (16) it costs a fortune!

  ça va (4) familiar form to ask and answer the question "How are you?"

cabine (7) cabin

  cabine téléphonique *f.* (7) phone booth

cacher (25) to hide

caddie *m.* (15) caddie

cadeau *m.* (9) gift

cadet *m.* (6) youngest child (*f.* **cadette**)

cadre *m.* (24) frame; setting

café *m.* (7) coffee; café

cafétéria *f.* (5) cafeteria

cahier *m.* (4) notebook

le Caire *m.* (18) Cairo

caisse *f.* (13) cashier; case

caissière *f.* (15) cashier

calculer (10) to calculate

californien(-ne) (11) Californian

calme *m.* (10) calm

camarade *m. ou f.* (5) fellow, friend

  camarade de chambre *m. ou f.* (5) roommate

camp *m.* (10) camp

  camp de nudistes *m.* (10) nudist colony

campagne *f.* (3) country

camping *m.* (15) camping; campground

campus *m.* (4) campus

Canada *m.* (9) Canada

canal *m.* (4) canal

canapé *m.* (8) sofa, couch

capitaine *m.* (12) captain

capitale *f.* (18) capital

car (21) because

caractère *m.* (7) character

caractéristique *f.* (8) characteristic

caramel *m.* (9) caramel

carotte *f.* (15) carrot

carrière *f.* (18) career

carte *f.* (4) card; map, chart

  carte postale *f.* (4) postcard

se casser (19) to break

cataclysme *m.* (20) cataclysm

catastrophe *f.* (5) catastrophe

cause *f.* (19) cause

cave *f.* (13) basement, cellar; winecellar

caverne *f.* (22) cavern, cave

ce / cet / cette / ces (8) this, these

  ce jour-là (22) that day

  ce n'est pas la peine (15) it's not worth the trouble

cela (24) that

célèbre (4) famous

céleste (14) heavenly

célibataire *m. ou f.* (6) bachelor, unmarried person

centre *m.* (4) center

cependant (23) however

céréale *f.* (13) cereal

certain(-e) (7) certain

certainement (8) certainly

certes (21) indeed

ces (8) these, those

cesser (20) to cease

c'est-à-dire (7) that is, that is to say

cette fois-ci (18) this time

cha-cha-cha *m.* (9) cha-cha

chacun(-e) (27) each one

chaîne *f.* (14) channel (on television); chain

chaise *f.* (1) chair

chambre à coucher *f.* (8) bedroom

champagne *m.* (3) champagne

champignon *m.* (14) mushroom

chance *f.* (14) chance, good luck

  avoir de la chance (16) to be lucky

  bonne chance (12) good luck

changer (4) to change

chanson *f.* (8) song

chanter (11) to sing

chapeau *m.* (1) hat

chaque (3) each

charcuterie *f.* (13) delicatessen

chargé(-e) (22) loaded

charmant(-e) (9) charming

chasser (23) to hunt

chat *m.* (5) cat

château *m.* (17) castle

chaud(-e) (10) hot

  avoir chaud (10) to be hot

chausson *m.* (24) slipper

chaussure *f.* (9) shoe

chemin *m.* (16) path, road

cheminée *f.* (20) chimney; fireplace

chemise *f.* (2) shirt

chèque *m.* (9) check

cher / chère (6) expensive; dear

chercher à (24) to try to

chéri *m.* (21) darling (*f.* **chérie**)

cheval *m.* (4) horse

chevalier *m.* (23) knight

cheveu *m.* (10) hair (*pl.* **cheveux**)

cheville *f.* (10) ankle

chewing-gum *m.* (19) chewing gum

chez (11) at the home of, the place of

chic (8) stylish, fashionable

chien *m.* (4) dog

chiffre *m.* (19) figure, number

chimie *f.* (5) chemistry

chimpanzé *m.* (11) chimpanzee

Chine *f.* (9) China

chinois(-e) (4) Chinese

chirurgie *f.* (14) surgery (14)

choc *m.* (17) shock; impact

chocolat *m.* (5) chocolate

choisir (12) to choose

choix *m.* (23) choice

choquant(-e) (20) shocking

choqué(-e) (17) shocked

choquer (9) to shock

chose *f.* (1) thing

chouette (3) neat, great

chrysanthème *m.* (19) chrysanthemum

ciao! (1) bye!

ciel *m.* (10) sky; heaven

cigare *m.* (10) cigar

cigarette *f.* (6) cigarette

cimetière *m.* (18) cemetery

cinéma *m.* (6) cinema, movies; movie theater

cinq (1) five

cinquante (3) fifty

circonstance *f.* (20) circumstance

circuit *m.* (12) circuit, circumference

circuler (12) to circulate; to move around

cité universitaire *f.* (7) university residence area

civil(-e) (21) civil

civilisation *f.* (3) civilization

clair(-e) (1) clear; light

clairement (11) clearly

clairvoyant(-e) (14) clairvoyant

clarinette *f.* (13) clarinette
classe *f.* (1) class
   classe moyenne *f.* (17)
    middle class
classique (11) classical, classic
clé *f.* (2) key
client *m.* (14) client, customer
climat *m.* (7) climate
Coca *m.* (12) Coke
Coca-cola *m.* (10) Coca-Cola
cocktail *m.* (8) cocktail
cognac *m.* (16) cognac
coin *m.* (8) corner
coïncidence *f.* (2) coincidence
col *m.* (20) collar
colère *f.* (20) anger
colisée *m.* (9) coliseum
collectif / collective (12)
   collective
colline *f.* (8) hill
Colombie *f.* (9) Colombia
colombien(-ne) (9) Colombian
colonialisme *m.* (20)
   colonialism
colossal(-e) (4) colossal
combien (de) (12) how many,
   how much
combinaison *f.* (12)
   combination
comique (4) comical, comic
commander (11) to command;
   to order
comme (1) like, as
comme-ci, comme-ça (1) so-so
commencement *m.* (17)
   beginning
commencer (7) to begin
comment (1) how
   Comment allez-vous? (1)
    How are you?
   Comment vas-tu? (4) How
    are you? (familiar)
   Comment vous appelez-
    vous? (1) What's your
    name?
commentaire *m.* (7) comment,
   commentary
commerçant *m.* (21) merchant,
   tradesman
commettre (15) to commit
commissariat de police *m.*
   police station
commission *f.* (23)
   commission
commode *f.* (15) dresser, chest
   of drawers
communication *f.* (6)
   communication
communiquer (12) to
   communicate

compagnie *f.* (9) company
comparaison *f.* (11)
   comparison
compétence *f.* (11)
   competence; skill, proficiency
complet /complète (7)
   complete
complètement (1) completely
compléter (12) to complete
complexe *m.* (6) complex
complice *m.* (20) accomplice
compliqué(-e) (14) complicated
comporter (13) to include; to
   require
   se comporter (25) to behave
composition *f.* (2) composition
comprendre (15) to understand
compris(-e) (13) included;
   understood
compter (1) to count
concerner (24) to concern
   en ce qui concerne (24)
    concerning
concert *m.* (8) concert
concevoir (17) to conceive; to
   imagine; to understand
conclusion *f.* (2) conclusion
concombre *m.* (13) cucumber
condition *f.* (20) condition
conduire (15) to drive; to
   conduct; to lead
conférence *f.* (9) lecture;
   conference
confiance *f.* (12) confidence
confiture *f.* (13) preserve, jam
confortable (6) comfortable
conjugal(-e) (21) conjugal
conjuguer (12) to conjugate
connaissance *f.* (11)
   acquaintance; knowledge
   faire la connaissance de (18)
    to make the
    acquaintance of
connaisseur *m.* (11)
   connoisseur, expert
connaître (12) to know; to be
   acquainted with
consacrer (25) to dedicate; to
   devote
conscience *f.* (14) conscience
conscient(-e) (22) conscious
conseil *m.* (12) advice, counsel
conséquence *f.* (12)
   consequence
considérer (19) to consider
consigne *f.* (26) order,
   instructions; coat check,
   baggage check
consolation *f.* (7) consolation
consonne *f.* (2) consonant

construction *f.* (4) construction
construit(-e) (7) constructed
consulat *m.* (9) consulate
consulter (9) to consult
contact *m.* (4) contact
content(-e) (2) content, pleased
continent *m.* (9) continent
continuellement (12)
   continually, uninterruptedly
continuer (3) to continue
contraire *m.* (19) opposite,
   contrary
contraster (16) to contrast
contre (19) against
controverse *f.* (24) controversy
convenir (7) to suit, fit; to
   agree
conversation *f.* (5) conversation
conviction *f.* (15) conviction
copain *m.* (7) friend, pal (*f.*
   copine)
corbeille *f.* (13) basket
Cornouaille *f.* (23) Cornwall
corps *m.* (10) body
correctement (12) correctly
correspondance *f.* (12)
   correspondance; train
   connection
corridor *m.* (12) corridor
corriger (16) to correct
cosmos *m.* (21) cosmos
costume *m.* (8) suit; costume
Côte d'Azur *f.* (5) Riviera
côté *m.* (5) side
cou *m.* (10) neck
se coucher (22) to go to bed, lie
   down
coude *m.* (10) elbow
couleur *f.* (4) color
couloir *m.* (12) corridor, hall
coup *m.* (17) blow, stroke,
   thump
couper (18) to cut
couple *m.* (9) couple
cour *f.* (8) court; courtyard;
   yard
courage *m.* (13) courage
courageux / courageuse (11)
   courageous, brave
couramment (7) fluently
courir (16) to run
cours *m.* (7) course
court(-e) (12) short
courtois(-e) (23) courtly;
   courteous
cousin *m.* (6) cousin (*f.*
   cousine)
couteau *m.* (11) knife
coûter (23) to cost
coutume *f.* (20) custom

coutumier / coutumière (17) customary, usual, ordinary
couvert(-e) (de) (13) covered (with)
couvrir (16) to cover
craindre (15) to fear
cravate f. (8) tie
crayon m. (5) pencil
créateur m. (18) creator
création f. (4) creation
créature f. (17) creature
crédit m. (9) credit
créer (18) to create
crème f. (13) cream
crémerie f. (15) dairy
crêpe f. (8) crepe
crescendo m. (20) crescendo
crevé(-e) (4) dead, exhausted (slang)
cri m. (20) shout
crier (15) to shout
crieur m. (18) crier
crime m. (7) crime
criminel m. (15) criminal
crise f. (16) crisis
critique m. (8) critic
crocodile m. (15) crocodile
croire (15) to believe
croisades f. pl. (23) Crusades
croiser (19) to cross
croissant m. (13) crescent; croissant (roll)
croyance f. (15) belief
cruauté f. (26) cruelty
cuillère f. (26) spoon
cuisine f. (8) kitchen
  cuisine minceur f. (16) diet cooking
  faire la cuisine (12) to cook
cuisinière f. (8) stove; cook
cuisse f. (10) thigh
cultivé(-e) (18) cultivated
culture f. (4) culture
curieux / curieuse (4) curious
curiosité f. (2) curiosity

D

d'abord (14) first of all
d'accord (8) agreed, all right, OK
d'ailleurs (14) anyway, besides
d'habitude (13) usually
dame f. (8) lady
Danemark m. (9) Denmark
danger m. (16) danger
dangereux / dangereuse (4) dangerous
dans (2) in

danse f. (15) dance
danser (5) to dance
date f. (3) date
de (1) of
  de bonne heure (22) early
  de plus en plus (25) more and more
  de rigueur (7) obligatory, indispensable
  de temps en temps (18) from time to time
débarrasser (23) to rid
debout (4) standing, upright
débutant m. (1) beginner
décalitre m. (13) decaliter
décembre m. (3) December
décider (9) to decide
décision f. (1) decision
déclarer (5) to declare
décontracté(-e) (16) relaxed
décor m. (12) decor; background; scenery
découper (11) to cut up; to cut out
découragé(-e) (17) discouraged
découverte f. (4) discovery
découvrir (16) to discover; to uncover
décrire (20) to describe
défaut m. (26) fault, shortcoming
définir (12) to define
définition f. (2) definition
déjà (12) already
déjeuner m. (13) lunch
déjeuner (7) to eat lunch
délicat(-e) (11) delicate
délicieux / délicieuse (4) delicious
demain (3) tomorrow
demander (5) to ask
  se demander (22) to wonder
déménager (8) to move (residence)
demi(-e) (7) half
démocratie f. (3) democracy
dent f. (10) tooth
dentifrice m. (14) toothpaste
dentiste m. ou f. (9) dentist
se dépêcher (22) to hurry
depuis (20) since; for
  depuis que (21) since
dernier / dernière (3) last
derrière (5) behind
désagréable (7) unpleasant
désastre m. (19) disaster
descendant m. (22) descendant
descendre (14) to descend, go down

description (4) description
désert m. (10) desert
déshabiller (20) to undress
  se déshabiller (22) to get undressed
désir m. (10) desire
désirable (23) desirable
désirer (5) to desire
désordre m. (8) disorder
  en désordre (8) in disorder, messy
désormais (23) henceforth, from now on, from then on
dès que (21) as soon as
dessert m. (13) dessert
dessin m. (22) drawing; design
dessiner (22) to draw
destin m. (23) destiny
destinée f. (27) destiny, fate
détaché(-e) (2) detached
détail m. (18) detail
détestable (19) detestable, odious
détester (5) to detest, hate
  se détester (22) to hate each other
dette f. (16) debt
deux (1) two
deuxième (6) second
devant (5) in front of
devenir (7) to become
deviner (10) to guess
devoir (23) to owe; to be obliged to, have to, must
devoirs m. pl. (12) homework
dévorer (23) to devour
dialogue m. (9) dialog
dictionnaire m. (10) dictionary
différence f. (1) difference
différent(-e) (7) different
difficile (1) difficult
difficilement (21) with difficulty
difficulté f. (2) difficulty
dilemme m. (27) dilemma
dimanche m. (3) Sunday
dimension f. (7) dimension
diminuer (23) to lessen, diminish, reduce
dîner m. (6) dinner
dîner (8) to dine
dinosaure m. (19) dinosaur
diplôme m. (24) diploma
dire (7) to say
direct(-e) (12) direct
discipline f. (12) discipline
discothèque f. (8) discotheque
discret / discrète (11) discreet
discrétion f. (13) discretion
discuter (9) to discuss
disparaître (12) to disappear

disparu(-e) (21) disappeared, gone, lost
dispute *f.* (14) dispute
se disputer (22) to argue, quarrel
disque *m.* (5) record
distance *f.* (7) distance
distraction *f.* (14) distraction
dit (6) says
divorcer (14) to divorce, get divorced
dix (1) ten
docteur *m.* (6) doctor
dogmatique (1) dogmatic
doigt *m.* (10) finger
dollar *m.* (5) dollar
dôme *m.* (21) dome
domestique (22) domestic
domination *f.* (4) domination
dommage *m.* (5) damage, harm
　c'est dommage (5) that's too bad, that's a shame
donc (15) thus, then, therefore, so
donner (9) to give
　donner sur (8) to overlook
dormir (8) to sleep
dos *m.* (10) back
dossier *m.* (25) dossier, file
doucement (16) gently, softly, sweetly
doute *m.* (17) doubt
douteux / douteuse (25) doubtful
doux / douce (11) sweet
douzaine *f.* (13) dozen
　une douzaine de—(13) a dozen—
dragon *m.* (6) dragon
drapeau *m.* (8) flag
droit *m.* (20) law, right
droit(-e) (21) right, straight, vertical
droite (11) right
drôle (5) funny
dû(-e) (2) due
duchesse *f.* (22) duchess
dur(-e) (13) hard
durant (7) during
durée *f.* (21) duration
durer (7) to last
dynamique (4) dynamic

E

eau *f.* (10) water
échelle *f.* (19) ladder; scale

éclaircir (22) to make clear, clear up; to brighten
éclairer (8) to light, illuminate
éclater (17) to burst, explode
école *f.* (16) school
économe (7) economical, thrifty
économique (18) economic
économiquement (12) economically
écouter (5) to listen, listen to
s'écraser (22) to be crushed, be squashed
écrire (7) to write
　écrire à la machine (17) to type
écrit(-e) (5) written
écrivain *m.* (20) writer
édifice *m.* (12) edifice, building
édition *f.* (13) edition
effectivement (10) indeed, in fact, actually
efficace (12) efficient
effroyablement (20) frightfully
également (11) equally
égalité *f.* (11) equality
égoïsme *m.* (22) selfishness
électoral(-e) (16) electoral
électricité *f.* (22) electricity
électrifié(-e) (12) electrified
électrique (11) electrical, electric
élégamment (22) elegantly
élégant(-e) (4) elegant
élément *m.* (21) element
éléphant *m.* (1) elephant
élève *m. ou f.* (6) pupil
élevé(-e) (20) brought-up; elevated
éliminé(-e) (3) eliminated
embarrassant(-e) (12) embarrassing
embarrassé(-e) (1) embarrassed
embellir (12) to embellish; to grow more beautiful
émerveillé(-e) (22) amazed, wonder-struck
emmener (18) to take away (person)
émotion *f.* emotion, feeling
émotionnel(-le) (13) emotional
émouvant(-e) (20) moving
empêcher (23) to prevent
empire *m.* (19) empire
emploi du temps *m.* (7) time-table, schedule
empoisonné(-e) (23) poisoned
emprunter (14) to borrow

en (1) in; by; some, any; made of
en + vehicle (13) by
en effet (19) actually, as a matter of fact
en face de (5) opposite, across from, facing
en forme (4) fit and well
en même temps (7) at the same time
en retard (7) late
encore (12) still; again
endormi(-e) (21) asleep
s'endormir (22) to fall asleep
endroit *m.* (9) place
énergie *f.* (16) energy
énergique (7) energetic
enfance *f.* (22) childhood
enfant *m. ou f.* (3) child
enlever (16) to take off; to kidnap
ennuyé(-e) (7) bored
s'ennuyer (22) to get bored
ennuyeux / ennuyeuse (4) boring
énorme (4) enormous
énormément (19) enormously
enquête *f.* (23) investigation
enrégistré(-e) (9) taped, tape-recorded
enrhumé(-e): être enrhumé(-e) (20) to have a cold
enseigner (26) to teach
ensemble (4) together
ensemble *m.* (23) the whole thing
ensuite (7) next, then, afterwards
entendre (14) to hear
enterrer (23) to bury
enthousiasme *m.* (18) enthusiasm
enthousiaste (7) enthusiastic
entier / entière (1) entire
entièrement (21) entirely
entre (1) between
entrée *f.* (8) entry, entrance
entreprendre (19) to undertake
entrer (7) to enter
enveloppe *f.* (27) envelope
envie *f.* (10) desire
　avoir envie de (10) to want to, feel like
environnement *m.* (24) environment
envoûter (21) to charm, cast a spell on someone
envoyer (21) to send
épaule *f.* (10) shoulder
épée *f.* (23) sword

épeler (1) to spell
épicerie f. (15) grocery store
épinards m. pl. (14) spinach
épingle f. (24) pin
épisode m. (23) episode
époque f. (8) era, epoch, time
épouser (22) to marry
équilibre m. (26) balance, equilibrium
erreur f. (8) error, mistake
escale f. (18) stop (on a trip)
  faire escale (18) to stop over (on a trip); to land
escalier m. (4) staircase, steps
escargot m. (16) snail
espace m. (4) space
Espagne f. (9) Spain
espagnol m. (4) Spanish
espagnol(-e) (4) Spanish
espérer (11) to hope
espion m. (14) spy (f. espionne)
espoir m. (18) hope
esprit m. (25) spirit; mind
essayer (12) to try
essence f. (15) essence; gasoline
essentiel(-le) (4) essential
essentiellement (14) essentially
est m. (25) east
Est-ce...? (2) Is it...?, Is he...?, Is she...?
esthétique (14) esthetic
et (1) and
établir (12) to establish
étage m. (8) story, floor (of a building)
étagère f. (8) set of shelves
état m. (7) state
États-Unis m. pl. (6) United States
été m. (10) summer
éteindre (15) to put out, switch off (electric light); to extinguish
éternel(-le) (17) eternal
étincelle f. (22) spark
étoile f. (21) star
s'étonner (25) to be astonished
étrange (13) strange
étranger / étrangère (9) foreign
être m. (10) being
être (4) to be
  être d'accord (8) to agree
  être pressé(-e) (15) to be in a hurry
études f. pl. (20) studies
  faire ses études (20) to study

étudiant m. (1) student (f. étudiante)
étudier (5) to study
Europe f. (8) Europe
européen(-ne) (11) European
éveiller (18) to arouse, awaken
évier m. (8) sink
éviter (24) to avoid
évoluer (20) to evolve
évoquer (20) to evoke
exactement (7) exactly
exagérer (10) to exaggerate
examen m. (3) exam
examiner (16) to examine
excellent(-e) (1) excellent
exceptionnel(-le) (4) exceptional
excessif / excessive (13) excessive
excessivement (19) excessively
exclamation f. (3) exclamation
excuse f. (6) excuse
excuser (9) to excuse
exemple m. (1) example
exercice m. (1) exercise
  faire de l'exercice (24) to exercise
exil m. (21) exile
existence f. (17) existence
exister to exist
exotique (8) exotic
expérience f. (12) experience; experiment
expert(-e) (11) expert
explication f. (1) explanation
expliquer (4) to explain
explosion f. (15) explosion
exposé(-e) (2) exposed
exposition f. (8) exposition
expression f. (12) expression
exprimer (20) to express
extase f. (21) ecstasy
extérieur m. (12) exterior
extérieur(-e) (12) exterior
extraordinaire (1) extraordinary
extravagant(-e) (4) extravagant
extrêmement (5) extremely

F

fable f. (17) fable
fabrication f. (6) manufacture, fabrication
façade f. (8) façade
face: en face de (5) opposite, across from, facing
se fâcher (22) to get angry

facile (5) easy
facilement (16) easily
façon f. (13) manner; fashion
faculté f. (7) faculty; department
faim f. (10) hunger
  avoir faim (10) to be hungry
faire (11) to do, make
  faire attention à (21) to pay attention to, be careful with
  faire de l'auto-stop (22) to hitch-hike
  faire de l'exercice (24) to exercise
  faire de son mieux (25) to do one's best
  faire des progrès (21) to make progress
  faire du bruit (26) to make noise
  faire du mal à quelqu'un (24) to hurt someone
  faire du ski (15) to go skiing
  faire escale (18) to stop over (on a trip); to land
  faire la connaissance de (18) to make the acquaintance of
  faire la cuisine (12) to cook
  faire la sieste (17) to take a nap
  faire la vaisselle (13) to do the dishes
  faire le marché (13) to go shopping
  faire les courses (15) to go shopping
  faire ses études (20) to study
  s'en faire (22) to worry
fait m. (25) fact
  en fait (1) in fact
falloir (13) to be necessary
  Il faut (13) it is necessary
fameux / fameuse (12) famous
familial(-e) (24) pertaining to family
familiarité f. (12) familiarity
famille f. (3) family
fantaisiste (10) whimsical, fantastic
fantasque (10) fantastic, odd
fantastique (5) fantastic, uncanny
fantôme m. (10) phantom, ghost
farfelu(-e) (16) far-fetched, crazy
fascinant(-e) (10) fascinating
fatal(-e) (17) fatal

fataliste (21) fatalist
fatalité f. (2) fatality
fatigué(-e) (4) tired
faut: il faut (13) it is necessary
faute f. (12) mistake, fault
fauteuil m. (8) armchair
faux / fausse (20) false, fake
favori(-te) (6) favorite
féerie f. (18) enchantment, fairyland
félicitations f. pl. (11) congratulations
féliciter (22) to congratulate
féminin(-e) (1) feminine
femme f. (1) woman; wife
fenêtre f. (1) window
fermé(-e) (4) closed
fermer à clé (15) to lock
fermer l'œil (16) to sleep (slang)
féroce (10) ferocious
festival m. (9) festival
fête f. (3) feast, celebration, holiday
feu m. (22) fire
feuille f. (19) leaf
février m. (3) February
ficelle f. (15) string
fidèle (25) faithful
fier / fière (20) proud
filet m. (15) net, net bag
fille f. (6) daughter
fille unique f. (6) only daughter
film m. (4) film
fils m. (6) son
fils unique m. (6) only son
fin f. (13) end
fin(-e) (10) fine, delicate
final(-e) (2) final
finalement (2) finally
financer (14) to finance
fini(-e) (1) finished; finite
finir (12) to finish
finir par (27) to end up
firme f. (27) firm
fixement (18) fixedly
regarder fixement to stare (at)
flacon m. (23) flask
fleur f. (4) flower
fleurir (23) to blossom, flower; to flourish
flûte à bec f. (23) recorder
fois f. (7) time
à la fois at the same time
fontaine f. (5) fountain
football m. (13) soccer, football
force f. (21) force, strength

forêt f. (17) forest
forme f. (12) form
en forme (4) fit and well
formidable (1) wonderful, terrific
formulaire m. (26) form
formule f. (20) form, formula
fort m. (21) fort
fort(-e) (4) strong; plump
fou / fol / folle (4) crazy
fourchette f. (13) fork
fourmi f. (17) ant
fournir (14) to furnish
fraîcheur f. (16) coolness, freshness
frais / fraîche (13) cool, fresh
français m. (1) French
français(-e) (3) French
France f. (5) France
franco-américain(-e) (4) Franco-American
frénésie f. (20) frenzy
fréquemment (2) frequently
frère m. (6) brother
froid(-e) (10) cold
avoir froid (10) to be cold
il fait froid (10) it's cold, the weather is cold
fromage m. (13) cheese
front m. (10) forehead
fruit m. (13) fruit
frustration f. (4) frustration
fumer (5) to smoke
fusion f. (22) fusion

G

gagné(-e) (15) gained, earned; won
gagner (13) to gain, earn; to win
gai(-e) (13) gay, cheerful, merry
gallon m. (13) gallon
gangster m. (4) gangster
garage m. (6) garage
garçon m. (1) boy; waiter
garder (12) to keep, guard
gardien(-ne) (17) guard, keeper
garnison f. (21) garrison
gâteau m. (13) cake
gauche (11) left
gaz m. (8) gas
gênant(-e) (24) embarrassing
gêné(-e) (2) embarrassed
général m. (4) general
général(-e) (8) general
généralement (5) generally

génération f. (8) generation
généreux / généreuse (15) generous
genou m. (10) knee
gens m. pl. (4) people
gentil(-le) (16) nice
géographie f. (9) geography
geste m. (20) gesture
girafe f. (4) giraffe
glace f. (10) ice cream; ice
golf m. (13) golf
gorge f. (10) throat
gouffre m. (16) abyss, pit
goût m. (10) taste
goûter (15) to taste
gouvernement m. (3) government
grâce à (27) thanks to
graffiti m. pl. (22) graffiti
grand(-e) (4) big
grandir (12) to grow
grand-mère f. (6) grandmother
grands-parents m. pl. (6) grandparents
grand-père m. (6) grandfather
grenouille f. (17) frog
grippe f. (10) flu
gris(-e) (8) gray
gros(-se) (11) fat, big
grotesque (4) grotesque
groupe m. (1) group
guerre f. (21) war
guide m. ou f. (9) guide
guitare f. (13) guitar
guitariste m. ou f. (12) guitar-player
gymnase m. (26) gymnasium

H

s'habiller (22) to get dressed
habitant m. (9) inhabitant (f. **habitante**)
habiter (6) to live in
habitude f. (17) habit
d'habitude (13) usually
hall m. (18) lobby
harmonica m. (11) harmonica
harmonie f. (21) harmony
harpe f. (13) harp
haut(-e) (8) tall, high
hélas! (18) alas!
hélicoptère m. (18) helicopter
herbe f. (17)
hésitation f. (23) hesitation
heure f. (7) hour, o'clock
heureusement (8) luckily, happily

heureux / heureuse (4) happy

hier (17) yesterday

hirondelle f. (23) swallow

histoire f. (1) history; story

historique (11) historical, historic

hiver m. (10) winter

hockey m. (7) hockey

hollandais m. (9) Dutch

Hollande f. (9) Holland

homme m. (1) man

honnête (11) honest

honneur m. (20) honor

honte f. (10) shame
    avoir honte (10) to be ashamed

hôpital m. (6) hospital

hoquet m. (26) hiccups

horrible (9) horrible

horriblement (21) horribly

hors-d'œuvre m. (13) hors-d'œuvre

hôte m. (19) host; guest

hôtel m. (1) hotel

hôtesse f. (19) hostess

huile f. (15) oil

huit (1) eight

humain(-e) (15) human

humide (7) humid, damp, wet

hypermarché m. (15) discount center

hypocrite m. ou f. (5) hypocrite

I

ici (4) here

idéaliste (17) idealistic

idée f. (6)

identifier (12) to identify

identité f. (12) identity

idiot(-e) (5) idiot

idyllique (16) idyllic

Il (4) he, it
    il fait beau (10) it's nice out, the weather is nice
    il fait chaud (10) it's hot, the weather is hot
    il fait du soleil (10) the sun is shining, it's sunny
    il fait du vent (10) it's windy
    il fait frais (10) it's cool, the weather is cool
    il fait froid (10) it's cold, the weather is cold
    il fait mauvais (10) it's not nice outside, the weather is bad
    il faut (13) it is necessary

il neige (10) it's snowing, it snows

il pleut (10) it's raining, it rains

il s'agit de (22) it is a question of

il y a (5) there is, there are

il y a—que (21) for—(time)

ile f. (26) island

illuminé(-e) (12) illuminated, lit up

imaginaire (9) imaginary

imaginatif / imaginative (7) imaginative

imagination f. (5) imagination

imaginer (16) to imagine

imbécile m. ou f. (10) imbecile

immédiatement (17) immediately

immense (8) immense

immigrant m. (4) immigrant (f. immigrante)

impatience f. (14) impatience

impatient(-e) (4) impatient

imperméable m. (15) raincoat

impersonnel(-le) (15) impersonal

impoli(-e) (7) impolite

importance f. (3) importance

important(-e) (14) important

impossible (3) impossible

impôt m. (10) tax
    impôt sur le revenu m. (10) income tax

impression f. (13) impression

impressioniste (12) impressionist, impressionistic

incident m. (9) incident

incohérent(-e) (21) incoherent

inconnu(-e) (17) unknown

indépendance f. (3) independence

indépendant(-e) (6) independent

Indes f. pl. (9) India

indéterminé(-e) (13) undetermined, indefinite

indicateur / indicatrice (16) indicating

indicatif m. (9) area code; indicative (mood)

indigestion f. (17) indigestion

indiquer (1) to indicate

indiscret / indiscrète (3) indiscreet

individu m. (4) individual

infiniment (9) infinitely

influencer (14) to influence

information f. (12) information

informations f. pl. (14) news

ingénieur m. (6) engineer

ingrédient m. (14) ingredient

injuste (17) unfair, unjust

inoxydable (8) rustproof

inscription f. (2) inscription, registration

s'inscrire (25) to register

insecte m. (16) insect

insister (sur) (11) to insist (upon)

insolence f. (9) insolence

insomniaque m. ou f. (10) insomniac

inspecteur m. (4) inspector

instable (10) unstable

s'installer (23) to settle in

instant m. (23) instant, moment

instinct m. (16) instinct

instrument m. (13) instrument

insuffisant(-e) (13) insufficient

insulté(-e) (22) insulted

insulter (9) to insult

intégration f. (4) integration

intellect m. (16) intellect

intelligent(-e) (4) intelligent

intention f. (15) intention
    avoir l'intention de (15) to intend to

intéressant(-e) (2) interesting

intérêt m. (24) interest

intérieur(-e) (12) interior, inside

international(-e) (9) international

interprète m. ou f. (18) interpreter

interrogation f. (3) interrogation, questioning

interrompre (26) to interrupt

interrompu(-e) (14) interrupted

interruption f. (14) interruption

interview f. (19) interview

intime (16) intimate

intrépide (12) intrepid, fearless

intrigue f. (18) intrigue; plot

inutile (11) useless

inventer (3) to invent

inventeur m. (22) inventor

invention f. (4) invention

invitation f. (17) invitation

invité m. (8) guest (f. invitée)

inviter (12) to invite

Irlande f. (23) Ireland

Israël m. (9) Israel

Italie f. (9) Italy

italien m. (5) Italian

italien(-ne) (4) Italian
itinéraire *m.* (9) itinerary
ivre (20) drunk

J

jaloux / jalouse (23) jealous
jamais (19) never; ever
  jamais plus (19) never again
jambe *f.* (10) leg
jambon *m.* (13) ham
janvier *m.* (3) January
Japon *m.* (9) Japan
japonais *m.* (5) Japanese
japonais(-e) (4) Japanese
jardin *m.* (8) garden
jasmin *m.* (18) jasmine
jaune (8) yellow
je (1) I
  Je m'appelle—(1) My
    name is—
  Je ne sais pas. (1) I don't
    know.
jeter (12) to throw
jeudi *m.* (3) Thursday
jeune (8) young
jeune fille *f.* (1) girl
jeunes gens *m. pl.* (23) young
  people
jockey *m.* (26) jockey
joie *f.* (20) joy
joindre (15) to join
joli(-e) (4) pretty
joue *f.* (10) cheek
jouer (11) to play
jour *m.* (3) day
journal *m.* (4) journal;
  newspaper
journée *f.* (7) day
joyeux / joyeuse (8) joyful
juge *m.* (18) judge
jugement *m.* (14) judgment
juillet *m.* (3) July
juin *m.* (3) June
jupe *f.* (5) skirt
Jupiter *m.* (19) Jupiter
jusqu'à ce que (20) until
jusque (21) until
justement (16) precisely;
  properly

K

kilo *m.* (13) kilo
kilogramme *m.* (13) kilogram
kiosque *m.* (14) kiosk,
  newspaper stand

L

la (1) the; her, it
là (4) there
  là-bas (26) over there, there
laboratoire *m.* (4) laboratory
lac *m.* (5) lake
laideur *f.* (27) ugliness
lait *m.* (13) milk
lampe *f.* (3) lamp
langue *f.* (1) language; tongue
larme *f.* (21) tear
latin(-e) (1) Latin
se laver (22) to wash (oneself)
le (1) the; him, it
leçon *f.* (1) lesson
lecture *f.* (1) reading
légèrement (20) lightly, slightly
légume *m.* (13) vegetable
lent(-e) (11) slow
lentement (7) slowly
lettre *f.* (1) letter
leur (9) to them
leur(-s) (6) their
se lever (22) to get up
lèvre *f.* (10) lip
liaison *f.* (11) connection,
  intimacy
Liban *m.* (9) Lebanon
libérer (21) to liberate
liberté *f.* (2) liberty
librairie *f.* (15) bookstore
libre (14) free
lierre *m.* (16) ivy
lieu *m.* (16) place
ligne *f.* (9) line
limité(-e) (18) limited
lion *m.* (1) lion
lire (7) to read
liste *f.* (9) list
lit *m.* (7) bed
litre *m.* (13) liter
littéralement (18) literally
littérature *f.* (5) literature
livre *m.* (1) book
locomotive *f.* (9) locomotive
logique *f.* (8) logic
loin (27) far
Londres (9) London
long(-ue) (8) long
longtemps (11) a long time
lorsque (21) when
loterie *f.* (19) lottery
louer (18) to rent
loup *m.* (18) wolf
lourdement (21) heavily
lui (9) him, to him, to her
lumière *f.* (15) light
lundi *m.* (3) Monday
lune *f.* (18) moon

lunettes *f. pl.* (9) glasses
  lunettes de soleil *f. pl.* (26)
    sunglasses
lustre *m.* (8) chandelier
luth *m.* (23) lute
luxe *m.* (18) luxury
luxueux / luxueuse (10)
  luxurious
lycée *m.* (6) high school
lyre *f.* (21) lyre

M

macaronis *m. pl.* (15) macaroni
machine *f.* (4) machine
  machine à écrire *f.* (25)
    typewriter
madame *f.* (1) Mrs., madam,
  ma'am (*pl.* **mesdames**)
mademoiselle *f.* (1) Miss (*pl.*
  mesdemoiselles)
magasin *m.* (11) store
magique (23) magical
magnifique (3) magnificent
magnum *m.* (13) magnum
mai *m.* (3) May
maillot *m.* (26) bathing suit
main *f.* (2) hand
maintenant (1) now
maintenir (14) to maintain
mais (1) but
maison *f.* (1) house
maître-nageur *m.* (26)
  lifeguard
majorité *f.* (3) majority
majuscule (20) capital
mal *m.* (12) hurt, pain, ache
  avoir du mal (à) (10) to have
    a pain in, to hurt
  faire du mal à quelqu'un (24)
    to hurt someone
  mal de tête (20) headache
    (*pl.* **maux de tête**)
mal (12) badly
malade (4) sick
maladie *f.* (19) sickness
malchance *f.* (19) bad luck,
  misfortune
malgré (17) despite, in spite of
malheur *m.* (20) misfortune
malheureusement (6)
  unfortunately
manger (5) to eat
manière *f.* (20) manner
manifestation *f.* (27)
  demonstration, manifestation
manque *m.* (21) lack, shortage
manquer (18) to miss, to be
  missing

manteau *m.* (15) coat
marchand *m.* (15) merchant (*f.* marchande)
marchandise *f.* (15) merchandise
marché *m.* (15) market
  faire le marché (13) to go shopping
marcher (8) to walk
mardi *m.* (3) Thursday
mari *m.* (6) husband
mariage *m.* (21) marriage
marié(-e) (6) married
se marier (avec) (22) to marry, get married
marmelade *f.* (13) marmelade
marque *f.* (26) mark
marrant(-e) (3) funny, amusing (slang)
marron (8) chestnut-colored, brown
mars *m.* (3) March
la Marseillaise *f.* (9) the Marseillaise (French national anthem)
martini *m.* (10) martini
masculin(-e) (1) masculine
massage *m.* (10) massage
match *m.* (7) match
matelas *m.* (26) mattress
  matelas pneumatique *m.* (26) air mattress
maternel(-le) (22) maternal
mathématicien (18) mathematician
mathématiques *f. pl.* (4) mathematics
matière *f.* (13) material; subject matter
matin *m.* (7) morning
mauvais(-e) (8) bad
me (9) me, to me
mécanique (4) mechanical
méchant(-e) (8) mean, evil
médecin *m.* (6) doctor
médecine *f.* (6) medecine
médiéval(-e) (12) medieval
médiocrité *f.* (2) mediocrity
méditation *f.* (18) meditation
meilleur(-e) (11) better
membre *m.* (20) member
même (6) same, even
  en même temps (7) at the same time
mentalité *f.* (2) mentality
mentionner (4) to mention
mentir (8) to lie
menton *m.* (10) chin
menu *m.* (13) menu

mépriser (27) to scorn, despise
mer *f.* (5) sea
merci (1) thank you
mercredi *m.* (3) Wednesday
mère *f.* (6) mother
mérite *m.* (15) merit
merveille *f.* (23) marvel, wonder
merveilleusement (21) marvellously, wonderfully
merveilleux / merveilleuse (16) marvellous, wonderful
message *m.* (12) message
mesurer (22) to measure
métal *m.* (22) metal
métamorphose *f.* (17) metamorphosis
métro *m.* (7) subway
mettre (15) to put, place; to put on
  se mettre en colère (22) to get angry
  se mettre en route (23) to start out (on a trip)
meubles *m. pl.* (15) furniture
mexicain(-e) (5) Mexican
Mexique *m.* (9) Mexico
miam miam (14) yum yum
midi *m.* (7) noon
mieux (11) better
  faire de son mieux (25) to do one's best
milieu *m.* (5) middle, milieu
mille (3) a thousand
milliard *m.* (3) a billion
million *m.* (3) a million
mince (21) thin, slim
minéral(-e) (13) mineral
minorité *f.* (18) minority
minuit *m.* (7) midnight
miracle *m.* (18) miracle
miraculeux / miraculeuse (23) miraculous
miroir *m.* (19) mirror
mission *f.* (10) mission
mode *m.* (25) mode, mood; method
  mode d'emploi *m.* (25) directions for use
modèle *m.* (5) model
modéré(-e) (7) moderate
moderne (4) modern
modeste (6) modest
moi (1) me
moindre (24) smallest, least
moins (7) less, minus
mois *m.* (3) month
moment *m.* (1) moment
mon, ma, mes (3) my

Mon Dieu! (7) My God!
monde *m.* (11) world
  tout le monde (1) everyone
monnaie *f.* (27) change
monocle *m.* (20) monocle
monotonie *f.* (21) monotony
monsieur *m.* (1) Mr.
monstre *m.* (5) monster
monstrueux / monstrueuse (19) monstrous
montagne *f.* (3) mountain
monter (14) to climb, go up
montre *f.* (23) watch
montrer (1) to show
monument *m.* (9) monument
se moquer de (27) to make fun of
morale *f.* (17) moral
morbide (19) morbid
morceau *m.* (22) piece
mort *f.* (23) death
mort(-e) (4) dead
mosquée *f.* (18) mosque
mot *m.* (1) word
motocyclette *f.* (12) motorcycle
mouillé(-e) (18) wet, damp
mourir (18) to die
moustache *f.* (9) moustache
mouvement *m.* (2) movement
moyen *m.* (12) means
moyen(-ne) (17) middle, average
Moyen Âge *m.* (27) Middle Ages
Moyen-Orient *m.* (18) Middle East
muet(-te) (2) silent, mute
multiple (20) multiple
mur *m.* (1) wall
musée *m.* (4) museum
musicien(-ne) (20) musician
musique *f.* (4) music
mystère *m.* (5) mystery
mystérieux / mystérieuse (4) mysterious
mystique (17) mystical

N

nager (26) to swim
naïf / naïve (8) naive
naître (18) to be born
natal(-e) (12) native, natal
natation *f.* (12) swimming
nation *f.* (2) nation
national(-e) (3) national
nature *f.* (11) nature
naturel(-le) (8) natural

naturellement (2) naturally
ne (1) not, no
  ne . . . pas (4) not
  Ne quittez pas. (9) Hold on. (phone)
né(-e) (8) born
nécessaire (4) necessary
nécessité f. (10) necessity
néfaste (19) unlucky, disastrous
nerveux / nerveuse (4) nervous
neuf (1) nine
neutre (1) neuter, neutral
neveu m. (6) nephew
nez m. (2) nose
ni . . . ni (19) neither . . . nor
nièce f. (6) niece
Nigéria m. (9) Nigeria
noble (21) noble
Noël m. (3) Christmas
noir(-e) (8) black
noircir (12) to blacken, turn black
nom m. (1) name
nombre m. (3) number, quantity
nombreux / nombreuse (6) numerous
non (2) no
  non plus (9) neither
nordique (9) Nordic, Scandinavian
normalement (22) normally
Normandie f. (9) Normandy
note f. (7) note; grade
noter (12) to note
notre, nos (6) our
nourriture f. (15) nourishment, food
nous (4) we, us, to us
nouveau / nouvel / nouvelle (8) new
  nouveaux mariés m. pl. (6) newlyweds
  nouvelle cuisine f. (16) new low calorie French cooking
novembre m. (3) November
nuage m. (3) cloud
nucléaire (1) nuclear
nuit f. (7) night
nulle part (19) nowhere
numéro m. (3) number
  numéro de téléphone m. (3) phone number

O

obéir (12) to obey
obèse (23) obese
objectivement (12) objectively
objectivité f. (14) objectivity
objet m. (1) object
obligation f. (23) obligation
obligé(-e) (20) obliged
obscur(-e) (22) obscure
observer (2) to observe
obstacle m. (16) obstacle
obtenir (17) to obtain
occasion f. (7) occasion, chance, opportunity
occupé(-e) (4) busy, occupied
océan m. (13) ocean
octobre m. (3) October
odeur f. (8) odor
odyssée f. (18) odyssey
œil m. (10) eye (pl. **yeux**)
œuf m. (13) egg
œuvre f. (27) work
officiel(-le) (7) official
offre f. (11) offer
offrir (16) to offer
oignon m. (14) onion
oiseau m. (17) bird
ombre f. (16) shade, shadow; phantom
omelette f. (9) omelette
omettre (15) to omit
on (4) one, they, we, people, somebody
oncle m. (5) uncle
onze (3) eleven
opéra m. (7) opera
opérateur m. (9) operator (f. **opératrice**)
opération f. (7) operation
opinion f. (4) opinion
oppresser (21) to oppress
opprimé(-e) (20) oppressed
or (23) yet
oracle m. (21) oracle
oral(-e) (4) oral
oralement (3) orally
orange f. (9) orange
orange (8) orange
orang-outan m. (9) orang-outang
orchestre m. (9) orchestra, band
ordinaire (2) ordinary
ordinateur m. (6) computer
ordre m. (1) order
oreille f. (2) ear
organisation f. (3) organization
organiser (15) to organize
original(-e) (4) original
origine f. (9) origin
orteil m. (10) toe
ou (1) or

où (5) where
  où que (25) wherever
oublier (12) to forget
oui (2) yes
ouvert(-e) (4) open
ouvrier m. (4) workman, worker (f. **ouvrière**)
ouvrir (16) to open

P

pain m. (13) bread
  pain grillé m. (13) toast
palais m. (9) palace
pâle (12) pale
pâlir (12) to turn pale
panier m. (15) basket
pantalon m. (5) pants
papier m. (5) paper
papillon m. (18) butterfly
par (3) by
  par contre (15) on the other hand
  par écrit (12) in writing
  par exemple (1) for example
  par-ci (18) here
  par-là (18) there
  par rapport à (5) in relation to, with respect to
  par terre (5) on the ground, on the floor
paraître (12) to seem, appear
parallélépipède m. (9) parallelepiped
parapluie m. (17) umbrella
parc m. (5) park
parce que (1) because
parcourir (16) to travel over, traverse
pardon (1) excuse me
pardonner (23) to pardon
parent m. (4) parent
parenté f. (6) relationship
paresseux / paresseuse (23) lazy
parfait(-e) (1) perfect
parfaitement (17) perfectly
parfum m. (14) perfume, flavor
parisien(-ne) (6) Parisian
parler (5) to speak
  se parler (22) to speak to each other
parmi (20) among
partenaire m. ou f. (11) partner
parti m. (24) party (political); side
particulièrement (7) particularly
partie f. (13) part, party

partir (8) to leave
partout (12) everywhere
pas (4) no, not
pas encore (19) not yet
passage m. (22) passage
passager m. (12) passenger
passeport m. (13) passport
passer (5) to pass; to take (an exam)
   se passer (24) to happen
passe-temps m. (27) pastime
passion f. (20) passion
pâte f. (13) pasta; dough
pâté m. (13) pâté
patience f. (24) patience
patient(-e) f. (4) patient
pâtisserie f. (26) pastry; pastry shop
patron (11) boss, owner (f. patronne)
pauvre (1) poor
payer (9) to pay, pay for
pays m. (9) country
paysage m. (16) landscape, scenery
Pays-Bas m. pl. (9) the Netherlands
peau f. (14) skin
peigne m. (2) comb
peindre (15) to paint
peintre m. ou f. (20) painter
peinture f. (3) paint; painting
pelouse f. (8) lawn
pendant (7) during
   pendant que (21) while
pénétrer (21) to penetrate
péniblement (21) laboriously, very badly
penser (11) to think
pension f. (24) room and board
perdre (14) to lose
   perdre la tête (14) to lose one's wits
perdu(o) (/) lost
père m. (6) father
perfide (23) treacherous
permettre (15) to permit
permis m. (24) permit, licence
   permis de conduire m. (24) driver's license
permission f. (11) permission
perplexe (1) perplexed
personnage m. (4) character; personage
personnalité f. (16) personality
personne f. (1) person
personnel(-le) (12) personal
personnellement (5) personally
pessimiste m. (19) pessimist
petit(-e) (4) little, small

petit ami m. (14) boyfriend
petit déjeuner m. (13) breakfast
petite amie f. (14) girlfriend
petite-fille f. (6) granddaughter
petites annonces f. pl. (11) classified section (of newspaper)
petit-fils m. (6) grandson
petit mot m. (18) note
pétrole m. (4) oil
peu (18) little, few, not very
   un peu (de) (13) a little
peuple m. (3) people; nation; (the) masses
peur f. (10) fear
   avoir peur (10) to be afraid
peut-être (2) maybe
phénomène m. (14) phenomenon
philosophie f. (13) philosophy
philosophique (1) philosophical
phonétique f. (22) phonetics
photo f. (1) photo
photographie f. (22) photography
phrase f. (1) sentence; phrase
physique f. (5) physics
pianiste m. ou f. (11) pianist
piano m. (11) piano
pièce f. (8) piece; room
   pièce de théâtre f. (17) play
pied m. (10) foot
pierre f. (16) stone
pillule f. (14) pill
pilote m. ou f. (17) pilot
pionnier m. (21) pioneer
pique-nique m. (10) picnic
pique-niquer (9) to have a picnic
piscine f. (13) pool
pittoresque (9) picturesque
placard m. (8) cupboard, wall closet
place f. (9) place (room); seat; public square
placer (12) to place, put
plafond m. (8) ceiling
plage f. (10) beach
plaindre (15) to pity, feel sorry for
   se plaindre (24) to complain
plaire (25) to please
plaisir m. (16) pleasure
plan m. (12) plan, map
plancher m. (5) floor
planète f. (5) planet

plante f. (8) plant
plat m. (8) serving dish or its contents; course (of a meal)
plein(-e) (13) full
pleurer (21) to cry
plume f. (5) feather; pen
plus (11) more
   de plus en plus (25) more and more
plusieurs (8) several
plutôt (22) rather
pneumatique m. (12) pneumatic tire
poème m. (7) poem
poésie f. (20) poetry
poète m. ou f. (11) poet
poétique (1) poetic
poignet m. (10) wrist
point m. (3) point; period (punctuation)
point-virgule m. (3) semi-colon
poisson m. (11) fish
poisonnerie f. (15) fish store
poitrine f. (10) chest
poker m. (21) poker
polarisé(-e) (1) polarized
pôle nord m. (10) North Pole
poli(-e) (23) polite
police f. (17) police
politesse f. (25) politeness
pollution f. (2) pollution
pomme f. (5) apple
pomme de terre f. (13) potato
pompeux (18) pompous
pompier m. (17) fireman
pont m. (15) bridge
popcorn m. (7) popcorn
pornographique (12) pornographic
porte f. (1) door
porte-bonheur m. (19) good luck charm
porte-chance m. (19) good luck charm
portefeuille m. (2) wallet
porter (11) to wear; to carry
portion f. (13) portion
portugais m. (9) Portuguese
Portugal m. (9) Portugal
poser (3) to pose, place
possible (1) possible
postérité f. (22) posterity
pot m. (13) pot, jug, jar
poteau m. (16) post
potion f. (23) potion
pouce m. (10) thumb
poulet m. (11) chicken
pour (1) for, in order to
   pour que (25) so that, in order that

pourquoi (1) why
pourtant (22) however, yet, nevertheless
pourvu que (25) provided that
pouvoir *m.* (17) power
pouvoir (11) to be able to; to be allowed to
pratique (7) practical
préavis *m.:*
    avec préavis (9) person-to-person
    sans préavis (9) station-to-station
précipice *m.* (16) precipice
précis(-e) (12) precise
préférable (4) preferable
préféré(-e) (5) favorite, preferred
préférer (8) to prefer
préhistoire *f.* (22) prehistory
premier / première (3) first
prendre (13) to take
    prendre contact avec (18) to make contact with
    prendre parti (24) to take sides
    prendre une décision (25) to make a decision
préparé(-e) (15) prepared
préparer (6) to prepare
près de (5) near
présence *f.* (1) presence
présent(-e) (1) present
présentation *f.* (1) presentation
préservation *f.* (4) preservation
président *m.* (4) president
presque (10) almost
pressé(-e) (21) rushed, in a hurry; pressed
prêt(-e) (20) ready
prétendre (16) to claim
prétention *f.* (22) pretention
prévenir (7) to warn
prévoir (14) to foresee
prière *f.* (18) prayer
primitif / primitive (22) primitive
prince *m.* (6) prince
princesse *f.* (4) princess
principal(-e) (5) principal
printemps *m.* (10) spring
prise *f.* (3) capture
prison *f.* (11) prison, jail
    en prison (11) in prison, in jail
prix *m.* (7) price; prize
probable (8) probable
probablement (6) probably
problème *m.* (4) problem
prochain(-e) (11) next

proche (12) near
produire (22) to produce
professeur *m.* (1) professor, teacher
programme *m.* (1) program
progrès *m.* (21) progress
    faire des progrès (21) to make progress
progresser (5) to progress
projet *m.* (17) project
promenade *f.* (7) walk, stroll, excursion
se promener (22) to go for a walk
promesse *f.* (22) promise
promettre (15) to promise
prononcer (1) to pronounce
prononciation *f.* (1) pronunciation
prophétique (14) prophetic
proposé(-e) (11) proposed
proposer (9) to propose
propre (25) own; clean; proper
prospère (21) prosperous
protagoniste *m. ou f.* (23) protagonist, hero(ine)
protéger (16) to protect
protester (20) to protest
providence *f.* (19) Providence, fate
province *f.* (9) province
provisions *f. pl.* (15) supplies
provoquer (22) to provoke
proximité *f.* (5) proximity
psychiatre *m. ou f.* (16) psychiatrist
psychologie *f.* (11) psychology
psychologue *m. ou f.* (23) psychologist
public *m.* (4) public
public / publique (7) public
publicité *f.* (14) publicity, advertising, advertisement
puéril(-e) (22) puerile, childish
puis (14) then
puisque (25) since
puissant(-e) (20) powerful
pull *m.* (6) sweater
punch *m.* (19) punch
puni(-e) (17) punished
pyjama *m.* (8) pajamas

Q

quand (7) when
quand même (25) all the same
quant à (24) as for
quantité *f.* (13) quantity
quarante (3) forty
quart *m.* (7) fourth

quartier *m.* (6) section (of a city)
quatorze (3) fourteen
quatre (1) four
quatrième (7) fourth
que (1) that, than
quel(-le) (2) what, which
    Quel dommage! (5) What a shame!
quelque (21) some
quelque chose (7) something
quelquefois (7) sometimes
quelque part (19) somewhere
quelques (13) some
quelques-uns / quelques-unes (27) some
Qu'est-ce que c'est? (1) What is this? What is it?
question *f.* (2) question
qui (8) who, that
    Qui est-ce? (2) Who is this? Who is it?
qui que (25) whoever
quiche *f.* (14) quiche
quinze (3) fifteen
quitter (18) to leave
quoi que (25) whatever
quoique (25) although
quotidien(-ne) (22) daily

R

racine *f.* (23) root
raconter (9) to tell
radio *f.* (5) radio
rafinerie *f.* (4) refinery
rage *f.* (20) rage; rabies
raison *f.* (10) reason
    avoir raison (10) to be right
raissonnable (4) reasonable
ramener (23) to bring back, take home
rapide (8) rapid, quick
rapide *m.* (18) rapid
rapidement (8) rapidly
rappeler (22) to remind; to call back
    se rappeler (22) to remember, recall
rapport *m.* (5) rapport
rapporter (26) to bring in; to report
rare (13) rare
rarement (7) rarely
se raser (22) to shave
rassuré(-e) (17) reassured
ravi(-e) (20) delighted
ravissant(-e) (16) delightful, gorgeous
réacteur *m.* (4) reactor

réaction f. (17) reaction
réagir (24) to react
réalisme m. (4) realism
réalité f. (2) reality
recevoir (14) to receive
recherché(-e) (25) sought after
récipient m. (13) recipient,
  receiver
réclame f. (14) advertisement
récommandation f. (5)
  recommendation
recommencer (23) to start over
reconnaître (12) to recognize
recouvert(-e) (16) covered
réel(-le) (4) real
réfléchir (12) to reflect
reflet m. (18) reflection
refléter (26) to reflect
réfrigérateur m. (8) refrigerator
se réfugier (23) to take refuge
refuser (12) to refuse
regard m. (21) look, gaze
regarder (1) to look (at)
  regarder fixement (18) to
    stare (at)
  se regarder (22) to look at
    oneself; to look at each
    other
région f. (9) region
règlement m. (26) regulation
regretter (12) to regret
régulièrement (11) regularly
reine f. (6) queen
relatif / relative (8) relative
relativement (8) relatively
relire (7) to reread
remarquable (4) remarkable
remarquer (1) to notice
remercier (9) to thank
remettre (15) to put back; to
  remit
remonter (18) to go up again,
  come up again
remords m. (23) remorse
remplacer (9) to replace
remplir (26) to fill
rencontre f. (4) meeting
rencontrer (18) to meet; to run
  into
rendez-vous m. (9)
  rendezvous, appointment
rendre (14) to return; to render
  se rendre compte de (22) to
    realize
  rendre visite à (14) to visit
    (someone)
renoncer (23) to renounce
renseignement m. (9)
  information
renseigner (16) to inform

rentrer (7) to re-enter; to go
  home
réparer (21) to repair
repartir (18) to leave again
repas m. (13) meal
répéter (1) to repeat
répétition f. (2) repetition
répondre (3) to answer
réponse f. (1) answer
repos m. (3) rest
se reposer (22) to rest
reprendre (15) to take back
représentant m. (17) salesman
représenter (4) to represent
reproduction f. (7)
  reproduction
république f. (4) republic
réservé(-e) (4) reserved
réserver (9) to reserve
résidence f. (6) residence
  résidence secondaire f. (6)
    summer home, vacation
    home
résister (23) to resist
respectable (21) respectable
respecter (8) to respect
ressortir (12) to come back out,
  go back out
restaurant m. (4) restaurant
reste m. (1) rest, remainder
rester (16) to stay, be left
restituer (14) to give back
résultat m. (12) result
retard: en retard (7) late
retourner (12) to go back
retrouver (7) to find again
réuni(-e) (13) reunited;
  gathered together
réunir (23) to gather together;
  to unite, reunite
réussir (12) to succeed
rêve m. (16) dream
réveil m. (18) awakening,
  alarm clock
réveille-matin m. (22) alarm
  clock
réveiller (22) to awaken
  se réveiller (22) to wake up
revenir (7) to come back
rêver (21) to dream
rêverie f. (22) reverie
rêveur m. (22) dreamer
revivre (15) to revive
revoir (14) to see again
révolte f. (20) revolt
révolution f. (2) revolution
revolver m. (18) revolver
revue f. (7) magazine, revue
rez-de-chaussée m. (8) ground
  floor

rhythme m. (20) rhythm
riche (6) rich
rideau m. (17) curtain
ridicule (19) ridiculous
rien (19) nothing
rire (16) to laugh
risque m. (16) risk
rivière f. (16) river
riz m. (13) rice
robe f. (5) dress
robot m. (9) robot
roi m. (23) king
rôle m. (16) role
romain(-e) (19) roman
roman m. (7) novel
romantique (23) romantic
rond(-e) (7) round
ronfler (21) to snore
rosbif m. (11) roast beef
rose f. (5) rose
rose (8) pink
rosier m. (23) rose bush
rouble m. (9) ruble
roue f. (22) wheel
rouge (8) red
rougir (12) to redden, blush
rouler (16) to roll; to drive, ride
route f. (12) route
routine f. (15) routine
royaume m. (21) realm
ruine f. (9) ruin
ruse f. (18) ruse, trick
Russie f. (9) Russia
rythme m. (15) rhythm

S

sable m. (21) sand
sac m. (2) bag, sack, handbag
sacré(-e) (7) sacred; damned
  (vulgar)
sacrifice m. (24) sacrifice
sage (14) wise; good
Sahara m. (13) Sahara
sain(-e) (25) healthy, sane
saison f. (8) season
salade f. (8) salad
salle f. (7) room
  salle à manger f. (8) dining
    room
  salle de bain f. (8) bathroom
  salle de séjour f. (8) living
    room
salon m. (8) living room
saluer (20) to greet, salute
salut! (2) hello! good-bye!
samedi m. (3) Saturday
sandwich m. (6) sandwich
sang m. (20) blood

sanguinaire (20) murderous, bloodthirsty
sans (7) without
  sans préavis (9) station-to-station
  sans que (25) without
santé f. (14) health
sarcastique (4) sarcastic
satellite météorologique m. (14) weather satellite
satisfait(-e) (17) satisfied
sauce f. (14) sauce
saucisson m. (13) sausage, salami
sauf (9) except
sauna m. (10) sauna
sauter (17) to jump
sauvage (23) savage
sauver (17) to save
  se sauver (23) to escape
savoir (11) to know, know how to
savon m. (22) soap
savourer (22) to savor
savoureux / savoureuse (11) tasty
saxophone m. (13) saxophone
scandale m. (26) scandal
scène f. (16) scene; stage
science f. (6) science
  science fiction f. (15) science fiction
  sciences politiques f. pl. (6) political science
scintillant(-e) (20) scintillating, twinkling
scolaire (13) scholastic, school
  année scolaire f. (13) school year
sculpteur m. (20) sculptor
sculpture f. (4) sculpture
séance f. (23) session
sec / séche (11) dry
secondaire (6) secondary
  résidence secondaire f. (6) vacation home, summer home
seconde f. (9) second
secourir (16) to aid, rescue
secret m. (23) secret
section f. (2) section
séduisant(-e) (17) fascinating, seductive
seize (3) sixteen
séjour m. (18) stay, sojourn
sel m. (13) salt
selon (4) according to
semaine f. (3) week
sembler (27) to seem
semestre m. (8) semester

sénat m. (18) senate
sénateur m. (4) senator
sénile (7) senile
sens m. (19) sense
  sens commun m. (19) common sense
  sens de l'humour m. (26) sense of humor
sensation f. (21) sensation
sensible (17) sensible
sensuel(-le) (21) sensual, voluptuous
sentimental(-e) (4) sentimental
sentir (8) to feel
  se sentir (23) to feel
séparation f. (12) separation
séparer (27) to separate
sept (1) seven
septembre m. (3) September
sérieusement (5) seriously
sérieux / sérieuse (8) serious
serpent m. (9) snake, serpent
serrure f. (24) lock
serveuse f. (16) waitress
service m. (9) service
  service compris tip included
serviette f. (1) briefcase; napkin; towel
servir (8) to serve
  se servir de (22) to use
seul(-le) (15) alone, only
seulement (14) only, just
si (4) if; so
  s'il vous (te) plaît (9) please
si (13) yes
Sibérie f. (23) Siberia
siècle m. (12) century
sieste: faire la sieste (17) to take a nap
sifflant(-e) (20) whistling
signal m. (12) signal
signe m. (10) sign
signification f. (2) signification, meaning
signifier (11) to signify, mean
silence m. (1) silence
silencieux / silencieuse (2) quiet, silent
similaire (1) similar
simple (2) simple; single
simplement (13) simply
simultanément (7) simultaneously
sincèrement (11) sincerely
singe m. monkey
singerie f. (20) mimicry, antic
sinon (23) if not
situation f. (2) situation
situer (23) to situate
six (1) six

ski m. (6) ski
  faire du ski (15) to ski
skier (12) to ski
société f. (20) society
sociologie f. (19) sociology
soda m. (12) soda
sœur f. (6) sister
soif f. (10) thirst
  avoir soif (10) to be thirsty
soir m. (5) evening
soirée f. (7) evening; party
soixante (3) sixty
soldat m. (17) soldier
soleil m. (10) sun
  il fait du soleil (10) it's sunny
solennel(-le) (8) solemn
solide (16) solid
solitude f. (10) solitude
solliciter (11) to sollicit
sombre (22) somber, dark
somme f. (23) sum
sommeil m. (10) sleep, sleepiness
  avoir sommeil (10) to be sleepy
sommet m. (18) summit, peak
somnifère m. (16) sleeping pill
son, sa, ses (6) his, her, its
sonner (18) to ring
sophistiqué(-e) (10) sophisticated
sorcière f. (27) witch, sorceress
sorte f. (14) sort
sortir (8) to go out
soudain (17) suddenly
soufflé m. (12) soufflé
souffrance f. (23) suffering
souffrir (16) to suffer
soumis(-e) (20) submissive
soupçon m. (18) suspicion
soupe f. (13) soup
sourcil m. (10) eyebrow
sourire (16) to smile
sous (5) under
souvenir m. (12) memory, souvenir
  se souvenir de (22) to remember
souvent (8) often
spacieux / spacieuse (12) spacious
spaghetti m. pl. (13) spaghetti
spécial(-e) (2) special
spécialement (16) especially
spécialisé(-e) (6) specialized
spécialité f. (9) speciality; major (in school)
spécifique (2) specific
spectacle m. (14) spectacle; performance, show

spectateur *m.* (17) spectator
splendide (4) splendid
sport *m.* (5) sport
sportif / sportive (4) athletic
station *f.* (12) station
  station-service *f.* (15) service station
statue *f.* (4) statue
stéréo *f.* (5) stereo
stimulant(-e) (17) stimulating
strophe *f.* (20) stanza of a poem
structuralisme *m.* (12) structuralism
stupide (4) stupid
style *m.* (12) style
stylo *m.* (1) pen
subitement (17) suddenly, all of a sudden
subsister (13) to subsist
substance *f.* (19) substance
subventionné(-e) (7) subsidized
succès *m.* (22) success
sucre *m.* (13) sugar
Suède *f.* (9) Sweden
suffisant(-e) (13) sufficient
suggérer (20) to suggest
suggestion *f.* (2) suggestion
Suisse *f.* (23) Switzerland
suisse (23) Swiss
suivant(-e) (3) following
suivre (15) to follow
sujet *m.* (7) subject
sulphurique (13) sulphuric
superbe (17) superb
supermarché *m.* (7) supermarket
superstitieux / superstitieuse (19) superstitious
superstition *f.* (19) superstition
supporter (20) to support, endure
supposition *f.* (15) supposition
sur (4) on
sur(-e) (4) sure
surgir (21) to surge
surmonter (21) to surmount
surprendre (15) to surprise
surprise *f.* (17) surprise
surréaliste (8) surrealistic
survivre (15) to survive
symbole *m.* (4) symbol
symétrique (8) symmetrical
sympathique (4) nice, sympathetic
système *m.* (8) system

T

table *f.* (2) table
tableau *m.* (1) blackboard; picture
tambourin *m.* (23) tambourine
tango *m.* (9) tango
tant (de) (13) so much, so many
tante *f.* (5) aunt
tapis *m.* (8) rug
tard (12) late
tarte *f.* (14) pie
tasse *f.* (8) cup
technicien *m.* (4) technician (*f.* **technicienne**)
télé *f.* (5) TV
téléphone *m.* (3) telephone
téléphoner (5) to phone
téléphonique (5) related to the telephone
  cabine téléphonique *f.* (7) phone booth
télévisé(-e) (18) televised
télévision *f.* (5) television
témoin *m.* (18) witness
tempérament *m.* (16) temperament
température *f.* (16) temperature
tempête *f.* (21) tempest, storm
temps *m.* (7) time; weather
  en même temps (7) at the same time
tendance *f.* (22) tendency
  avoir tendance à (22) to have a tendancy to
tendre (22) tender
tenir (13) to hold
  tenir à (25) to insist upon
tennis *m.* (4) tennis
tentation *f.* (24) temptation
tente *f.* (17) tent
terminé(-e) (15) finished
terminer (7) to finish, terminate
terrasse *f.* (21) terrace
terre *f.* (5) earth, land
  par terre (5) on the ground
terrestre *m.* (19) terrestrial, earthly
terreur *f.* (20) terror
territoire *m.* (21) territory
test *m.* (16) test
tête *f.* (10) head
texte *m.* (20) text, textbook
thé *m.* (13) tea
théâtre *m.* (3) theater

théologie *f.* (3) theology
théorie *f.* (20) theory
ticket *m.* (12) ticket
tiens! (19) hey!
tigre *m.* (5) tiger
timide (4) timid, shy
tirer (26) to pull
titre *m.* (20) title
toast *m.* (13) toast
toilettes *f. pl.* (21) public restroom
toit *m.* (27) roof
tomate *f.* (13) tomato
tombeau *m.* (18) tomb
tomber (18) to fall
  tomber amoureux / amoureuse de (23) to fall in love with
ton, ta, tes (6) your (familiar)
tort *m.* (10) wrong
  avoir tort (10) to be wrong
tôt (22) soon
totalement (4) totally
toujours (5) always
tour *f.* (9) tower
tour *m.* (18) tour
  tour du monde *m.* (18) trip around the world
touriste *m. ou f.* (9) tourist
tous les deux *m. pl.* (15) both (*f. pl.* **toutes les deux**)
tout / tous / toute / toutes (3) all, every (adjective)
  tout le monde (1) everyone
  tout le temps (7) all the time
tout (3) entirely (adverb)
  tout à coup (17) suddenly, all of a sudden
  tout de suite (9) right away, immediately
trace *f.* (15) trace
tradition *f.* (19) tradition
traditionnellement (7) traditionally
tragédie *f.* (20) tragedy
tragique (17) tragic
train *m.* (13) train
traité *m.* (18) treaty
tranquillement (18) tranquilly
tranquillité *f.* (17) tranquillity
transparent(-e) (16) transparent
transpirer (20) to perspire
transport *m.* (12) transportation
transporté(-e) (23) transported

travail *m.* (11) work
travailler (6) to work
traverser (18) to cross
trèfle *m.* (19) clover
treize (3) thirteen
tremblant(-e) (20) trembling
tremblement *m.* (15)
trembling, shaking
tremblement de terre *m.* (15)
earthquake
trente (3) thirty
très (1) very
très bien (1) very good
tribu *f.* (22) tribe
trimestre *m.* (11) quarter,
trimester
triste (4) sad
trois (1) three
tromper (23) to fool
se tromper (23) to make a
mistake, be in error
trompette *f.* (6) trumpet
trop (de) (13) too much, too
many
trou *m.* (16) hole
troubadour *m.* (23) troubadour
troublé(-e) (16) troubled
troupe *f.* (23) troop
trouver (7) to find
se trouver (22) to be located
tu (3) you (familiar)
tube *f.* (4) tube
tuer (17) to kill
tuyau *m.* (4) pipe
typique (13) typical

U

un(-e) (1) one, a
un monde fou (26) a crowd
un peu (de) (13) a little
un point c'est tout! (26)
period!
uniforme *m.* (8) uniform
union *f.* (21) union
unique (5) unique; only
fille unique (6) only daughter
fils unique (6) only son
univers *m.* (1) universe
universel(-le) (16) universal
universellement (13)
universally
universitaire (7) university
université *f.* (5) university
urbain(-e) (7) urban
usine *f.* (6) factory
utilise(-e) (1) used, utilized
utiliser (4) to use

V

vacances *f. pl.* (8) vacation
vaccin *m.* (22) vaccine
vague *f.* (26) wave
vaillant(-e) (23) valliant
vaisselle *f.* (13) dishes
faire la vaisselle (13) to do
the dishes
valide (16) valid
valise *f.* (13) valise, suitcase
vallée *f.* (8) valley
vanille *f.* (14) vanilla
vanité *f.* (17) vanity
variante *f.* (3) variation
varié(-e) (13) varied
varier (13) to vary
vase *m.* (19) vase
végétarien(-ne) (15) vegetarian
velouté(-e) (11) smooth,
velvety
vendeuse *f.* (6) saleslady
vendre (14) to sell
vendredi *m.* (3) Friday
venir (7) to come
venir de (24) to have just
vent *m.* (10) wind
il fait du vent (10) it's windy
ventre *m.* (10) belly
verdir (12) to turn green
véritable (22) veritable, true
vérité *f.* (2) truth
verre *m.* (8) glass
vers *m.* (20) verse, line of
poetry
verser (13) to pour
vert(-e) (8) green
vestibule *m.* (8) hall, vestibule
vêtement *m.* (6) clothing
veuf *m.* (18) widower
veuillez (11) please
veuve *f.* (18) widow
viande *f.* (13) meat
vice-président *m.* (5) vice
president
victime *f.* (15) victim
victorieux / victorieuse (15)
victorious
vie *f.* (4) life
vieillir (12) to age, get old
vieux / vieil / vieille (8) old
vif / vive (23) lively, alive
village *m.* (5) village
ville *f.* (5) city
en ville (15) in town, in the
city
vin *m.* (11) wine
vinaigre *m.* (19) vinegar
vingt (3) twenty

violent(-e) (15) violent
violet(-te) (8) violet, purple
violon *m.* (13) violin
virgule *f.* (3) comma
visa *m.* (9) visa
visage *m.* (10) face
visite *f.* (14) visit
rendre visite à (14) to visit (a
person)
visiter (9) to visit (a place)
vitamine *f.* (14) vitamin
vite (4) fast
vivant(-e) (19) living
vive...! (3) long live...!
vivre (15) to live
vocation *f.* (17) vocation
vodka *f.* (13) vodka
voici (4) here is, here are
voilà (1) there is, there are
voile *f.* (23) sail
voir (14) to see
voiture *f.* (5) car
en voiture (13) by car
voix *f.* (9) voice
voler (18) to fly; to steal
voleur *m.* (15) thief
volonté *f.* (11) will, will-power
volontiers (23) gladly
volupté *f.* (16) voluptuousness
votre, vos (3) your
vouloir (11) to want
vouloir dire (11) to mean
vous (1) you; to you
voyage *m.* (9) trip, voyage
voyager (9) to travel
voyelle *f.* (1) vowel
voyons! (10) let's see!
vrai(-e) (8) true
vraiment (5) truly, really
vue *f.* (2) view

W

week-end *m.* (3) week-end

Y

yacht *m.* (14) yacht
yaourt *m.* (13) yogurt
yeux *m. pl.* (10) eyes
yoga *m.* (13) yoga

Z

zodiaque *m.* (10) zodiac
zoo *m.* (9) zoo
Zut! (9) Darn!

Index

ANTI-BULLYING BASICS

BULLIED *in Cyberspace*

WORLD BOOK

A Scott Fetzer company
Chicago
worldbook.com

Staff

World Book, Inc.
233 North Michigan Avenue
Suite 2000
Chicago, Illinois 60601 U.S.A.

For information about other World Book publications, visit our website at **www.worldbook.com** or call **1-800-967-5325.**

The contents of this book were reviewed by Kari A. Sassu, Ph.D., NCSP, assistant professor, Counseling and School Psychology Department, and coordinator, School Psychology Program, Southern Connecticut State University, New Haven, Connecticut.

Product development: Arcturus Publishing Ltd
Writer: Anne Rooney
Editor and picture researcher: Nicola Barber
Designer: Ian Winton

Library of Congress Cataloging-in-Publication Data

Bullied in cyberspace.
    pages cm. -- (Anti-bullying basics)
  Includes index.
  Summary: "A discussion of bullying in cyberspace, including bullying by text messages, on social networking sites, and on webpages; discusses what causes bullying, how bullying affects bullies and their targets; contains advice and useful strategies for targets of bullies"-- Provided by publisher.
  ISBN 978-0-7166-2075-4
  1. Cyberbullying--Juvenile literature. 2. Bullying--Prevention--Juvenile literature. I. World Book, Inc.
  HV6773.15.C92B85 2014
  302.34'302854678--dc23
                             2013024680

Anti-Bullying Basics   Set ISBN: 978-0-7166-2070-9
Printed in China by PrintWORKS Global Services, Shenzhen, Guangdong
2nd printing January 2015

Contents

What Is Bullying?

Bullying is unwanted, deliberately hurtful behavior that is repeated over a period of time. Bullying is often about an imbalance of power—bullies may use their physical strength, popularity, or something they know about another person to harm or control others.

Forms of bullying

Bullying can take many forms, including verbal, physical, social, and cyberbullying (a form of bullying on digital devices).

- Verbal bullying includes name-calling, teasing, inappropriate comments, threats, and abusive comments.
- Physical bullying includes hitting, kicking, spitting, tripping, and stealing or damaging possessions.
- Social bullying includes deliberately excluding someone from social events, spreading rumors about a person, and embarrassing or humiliating someone.
- Cyberbullying includes harassment and abuse via a cell phone, on social media sites, or online.

What bullying is not

Bullying is not:
- single occurrences of rejection, nastiness, or spite
- random acts of aggression
- one-time arguments or disagreements

All of these events can cause unhappiness. While falling out with friends or dealing with occasional disagreements may not be pleasant, they are a normal part of the process of learning and growing up. These occasional "dramas" in everyday life are very different from bullying, which is deliberate and repeated aggressive behavior that is intended to cause harm and unhappiness.

Why it's serious

Bullying is serious because it can have a damaging effect on the person being bullied, on the person doing the bullying, and even on the bystanders who witness incidents of bullying. Bullying creates a climate of fear, and bystanders may be anxious that they will be next on the bully's list of targets. The targets, the people who are being bullied, are more likely to lack self-confidence, have low self-esteem, have difficulty concentrating, and suffer from depression and anxiety. People who bully are at greater risk than others of becoming involved in violence and crime. Bullies also have a higher risk of struggling or failing at their school studies. Young people who are both bullies and bullied are at the highest risk of mental health problems later in life. And, both bullies and their targets may have a more difficult time forming healthy relationships as adults.

What Is Bullying in Cyberspace?

Bullying in cyberspace, or cyberbullying, uses such communications technologies as cell phones and the Internet to bully others. It's just as unkind as other types of bullying. In fact, it can be even harder for targets to deal with because the bully can reach them anywhere, even at home. Nowhere feels safe.

"[Cyberbullying is] when the Internet, cell phones or other devices are used to send or post text or images intended to hurt or embarrass another person."

National Crime Prevention Council, Washington, D.C.

How it happens

Cyberbullying can take many forms—cyberbullies might send messages directly using a cell phone, an online messaging service, or e-mail. They might use social networking sites to post nasty messages or embarrassing photos or videos where friends can see them. Or they may make them public on such sites as Tumblr and YouTube. Some cyberbullies use online games as a route for attacks. Cyberbullies often use more than one form of communication. Unlike other forms of bullying, cyberbullying need not be repeated cruel behavior. Even one post online can take on a life of its own, as others repost and forward messages. The hurt caused by one comment can be magnified many times over. Occasionally, cyberbullying can be combined with other forms of bullying, such as physical or verbal bullying.

You are not on your own

Cyberbullying is very distressing, but if it happens to you, you don't need to suffer alone. There are many people and organizations you can turn to for help and things you can do to help the situation yourself. There is lots of information about dealing with cyberbullying in this book.

WHERE CYBERBULLYING HAPPENS

*Text messages – 16%

Websites – 23%

Chat rooms – 25%

E-mail – 25%

Instant messaging – 67%

(*Categories may overlap)

BULLYING Q & A

Is this bullying?

Q. Some of my sister's so-called friends post mean messages about her on Facebook. When she asks them to stop, they make fun of her and say she can't take a joke. But she doesn't think it's funny. Is she just being too sensitive, as they say?

....

A. If she is hurt by their actions and they will not stop, your sister should get help from a trusted adult. Encourage her to talk to her school counselor, school psychologist, or teacher about her problem. In addition, it is possible to unfriend people on Facebook and to report that a post on Facebook is abusive. See page 44 of this book for more information about privacy settings on Facebook.

Cyberbullying Is Different

Cyberbullying differs from other forms of bullying in some important and distressing ways. One big difference is that, unlike real-world bullies, cyberbullies don't necessarily have to confront the person they hurt.

A coward's way

Cyberbullying is a cowardly way of getting at someone because the bully doesn't have to see the target's reaction. The person being cyberbullied may not even know who is doing it. Distance and *anonymity* (having an unknown identity) can make the bullying even more hurtful than it would be if the bullies were present. From the cyberbully's point of view, bullying in cyberspace can seem less like bullying—it is often much easier to do shameful things if no one knows it's you doing them. It's also easier to persuade yourself that it's all just a joke if you don't have to witness the misery of the person on the receiving end.

Cyberbullying can reach a target at home.

Unseen harm

Cyberbullying doesn't produce visible wounds, but sometimes psychological damage can be as bad as physical injury, though there is no easy way of seeing the pain. Other people may not realize anything is wrong unless a target or bystander speaks out. It's easy to keep cyberbullying secret. If you hear of a friend who has been hurt by cyberbullying or learn that someone has engaged in cyberbullying, talk to an adult about what can be done to end it.

No escape

A target of real-world bullying often has some places where he or she feels safe. But a cyberbully can send text messages to someone asleep in their bed at home, out with their family, or even on vacation. They can reach targets in the evening through their computer. Cyberbullying can be both more private and more public than real-world bullying. Something posted online can be seen all around the world instantly and re-posted endlessly. It can be impossible to stop it spreading.

OVERCOMING SHAME

Morgan was ashamed that she was being cyberbullied—she felt it was weak to be so upset by what was happening and thought she was being too sensitive. Then one day she read an article in a magazine. It said that there is no shame in being bullied—it's the bully who should be ashamed. She hadn't looked at it that way before. She started to feel angry rather than ashamed. That anger gave her the courage to speak out and put a stop to what was happening.

Find the courage to speak out about cyberbullying.

Instant Messaging

Online messaging is a great way of having fun and keeping in touch with friends. But it is also a very common place for abuse to occur. It's all too easy to send unkind messages using an instant messaging or chat service.

Online messaging is a great way to stay in touch with friends, but be very careful if you chat with strangers.

Take care

Instant messaging your friends—people you know in real life—is one thing. But if you accept chat invitations from strangers, you need to be extremely careful. Online friends might seem fine to start with but change their behavior later on. It's always dangerous to give out such personal details as your real-world location or cell phone number. If chat remains the only way someone can contact you, it's easier to avoid that person later if you need to. If someone turns out to be an online bully and knows a lot about you, he or she can be harder to avoid.

Cut them off

If someone is abusive, you don't need to keep chatting with him or her. Replying is a natural response, but this allows a bully to keep abusing you. A cyberbully will try to draw you into a conversation and keep you there, piling on more abuse while you try to work out what you've done wrong (usually nothing) or how you have provoked the attack (you probably haven't). Close the chat window immediately—and they can't get to you.

OTHER DANGERS OF ONLINE CHAT

When you "meet" people on the Internet, you do not really know who they are. You only know who they say they are. In 2007, a young woman thought she was answering an advertisement for a nanny position placed on Craigslist by a young mother. In reality, a man had posted the ad. He lured the woman to a house for a "job interview," where he killed her. A number of teens have been kidnapped and killed by adults claiming to be teens. NEVER give out personal information to strangers about who you are or where you live, and NEVER agree to travel to meet someone you know only from the Internet.

BULLYING Q & A

What's happened to my online friend?

Q. I made friends online with someone who knows my cousin. He was really nice at first. Then he started making mean remarks. I was upset and asked what I'd done wrong. Things quickly got worse; he's always putting me down and making me feel stupid. I don't have many real-world friends and I need him. How can I get things back to how they were?

....

A. It sounds as though this boy enjoys upsetting you and likely won't change back. Some people get a kick out of hurting someone else. Tell him that you enjoyed your early chats, but that you don't like the way he treats you now and don't want to talk to him anymore. You can and should block him so that he can't send you any more chat requests.

Texting

A cell phone can help you to feel safe when you're out and about, and it is great for keeping in touch with friends. But it can also be an effective tool for bullies.

24/7

Most cell phone bullying is by text message. The bully might send abusive texts or pictures many times a day, even disturbing the target's sleep. Most people look at a text message the moment it arrives. If it's an upsetting message, it can have an immediate impact.

Don't look now

If you recognize a bully's name or number on a message, you can avoid opening abusive messages. Sometimes, though, you can't see who sent the message, or you don't recognize the number. If you're being bullied, don't open messages from numbers you don't recognize. Although it's upsetting to receive abusive messages on your phone, don't delete them. They are the evidence you need to start fixing the problem. If you report the behavior, these messages can be shared with a school administrator or even the police.

Cell phones are useful for staying in touch with family and friends. But they also give bullies an easy way to reach you wherever you are.

Putting a stop to it

If the bully always uses the same phone number, you can report it to your phone-service provider. Your provider will either tell you how to block the number or do it for you. If the bully starts again from another number, or there are several bullies, you can ask for a new number for yourself. Only tell people you trust about your change of number.

CHANGE THE NUMBER

Andrea was getting horrible messages from a whole group of kids. It was really upsetting. Every time she looked at her phone there would be more. She always turned her phone off at night, and she got her brother to check her messages because she was afraid to. In the end, she got a new phone number and only gave the new number to her family and close friends. The bullying stopped.

Never delete bullying text messages—you may need them as evidence later on.

Digital Pile-On

Being bullied by one person is bad enough, but being swamped by cyberbullies is very distressing. When a lot of people work together to abuse someone online, it's called a "digital pile-on."

All at once

Social networking sites are a good way to share photos, news, videos, and chat with friends. But they're also an easy way to send unkind comments and embarrassing photos or videos; such sites allow bullies to cooperate in abusive behavior. Digital pile-ons often involve a large number of people all posting cruel or mocking comments, sending unkind messages, or sharing photos and videos to humiliate someone.

Don't be tempted to join in with bullying behavior.

All together

One or two people usually begin online abuse, but others can be quickly drawn into it. Many of the people involved in a digital pile-on might not think of themselves as cyberbullies—they are just joining in with something that someone else has started. Often, they take part without really thinking, acting in a spirit of excitement or fun, and without considering how the target of the abuse will feel. If you find yourself tempted to forward a message about someone or to re-post a message, think about how you would feel if this message were about you. Remember, forwarding or re-posting means you are engaging in bullying behavior, too.

BULLYING Q & A

How can I deal with this bully?

Q. I fell out with a girl in my class and she started posting lies about me on my Facebook page. Soon, all her friends were doing it, too. They convinced new people to post about me when I deleted the original posters from my friends list. Then they started sending nasty messages in a chat window, so it was coming at me all the time. I don't want to go on Facebook anymore, but that's where I keep in touch with my real friends. What can I do?

A. As you discovered, you can delete posts on your own page and change your settings to prevent someone leaving more. You can also mark the messages as abusive. If someone keeps abusing you, you can report him or her to the social networking site. See page 44 for more information about how to alert Facebook about your problem. You should also contact someone at your school, such as a school counselor or trusted teacher, to report this problem.

Get out and have fun— don't live your entire life online.

Mean Talk

It's hurtful if someone says mean things to you directly by text or chat. But it can be even worse if mean, private, or false information is posted where lots of people can read it. The size of the audience increases the humiliation.

It's all about you

If someone posts abusive material on your social networking page, you can remove it. If they send you cruel text or chat messages, you're the only one to see them. But public bullying—when abusive material is shared with others—is distressing in a different way.

Cyberbullying can make the target feel humiliated and ashamed.

Cyberbullies might post on their own pages on a social networking site, on a micro-networking service such as Twitter, or on another website. They might deliberately place abusive material where the target will see it, or put it in lots of different places so that it's hard to control. All of this adds to the fear and insecurity that bullying fosters. According to a Cyberbullying Research Center survey of a group of 10- to 18-year-olds in the southern United States, the most common forms of cyberbullying are mean or hurtful comments (making up 13.7 percent of the abuse) and online rumors (at 12.9 percent). Other types of cyberbullying include posting embarrassing pictures taken of a target or making false accusations against a target online.

Fighting back

If you are being targeted by this type of cyberbullying, it's natural to want to defend yourself. However, it's best not to get drawn into an online argument or fight back with abuse of your own. It can make the problem worse, and you might even get into trouble for bullying yourself. Instead, keep screenshots of abuse so that you can demonstrate what is happening. If you find this too distressing, ask a trusted friend or family member to take screenshots for you. Some social networking sites have a button you press to report a post as abusive. Other sites allow you to block anyone you want through the privacy settings.

BLOG BULLYING

When Jake split up with his girlfriend, she was really upset. She started leaving nasty comments on his Facebook page, so he unfriended her. Then one of his friends told him she was posting nasty remarks about him on her own page and other people's pages. She even started a blog called IHateJake and used it for abusive posts. All her friends added comments encouraging her. In the end, Jake complained to Facebook and Blogger. His former girlfriend's blog was closed down and her Facebook account was suspended. That gave her a real scare!

Always keep a record of any online abuse and report it.

Spreading It Around

Sometimes, photos or videos can go viral very quickly, becoming immensely popular and gathering lots of views and re-postings. This can be devastating if you are the subject and you don't like the material. The speed with which harmful messages can reach lots of people adds to the trauma of cyberbullying.

Phone photos

Many cell phones can upload photos and videos immediately. You might be photographed or filmed doing something silly or embarrassing and then find that it's been posted to a social networking site or YouTube, or circulated on Twitter. YouTube, Twitter, and Facebook all have ways to block posts. If you are not certain how to block posts or delete posts about you, you can contact the sites.

It's easy to have a laugh about taking silly pictures, without thinking about whether they will be shared. Sometimes, photos are taken without the consent or even the knowledge of the person involved. And some cyberbullies create fake photos— putting someone's head on a different body, for instance.

Be careful about which photos you upload or post online.

Sexting

When you're happy in a relationship, you might send intimate messages or photos to your partner. Sending sexually explicit messages or images by cell phone is often called "sexting." If you split up later, those same messages and photos could be shared. It's always worth remembering that, however good your relationship is, it might not last. Do you trust your partner to keep very private things private? It's better not to create material that could upset or embarrass you later.

BULLYING Q & A

How do I get rid of these tags?

Q. I went out with some guys from school. One of them took photos and videos of me doing stupid things and tagged me in them on Facebook, then put them on YouTube and sent the link to just about everyone I know. I can't face going to school as everyone's seen the stuff. I just know they're laughing at me. What can I do?

....

A. If you're tagged in a photo or a post, you can remove the tag and it can't be re-tagged. You can ask Facebook or YouTube to remove really abusive material, but if it's just embarrassing, you might have to live with it. Although material spreads far and wide very quickly, it's also usually forgotten very quickly, too.

You can ask Facebook to
remove abusive material.

Drawing Others into Bullying

Often, cyberbullies draw others into online abuse. They might openly encourage people to join in, or they may just rely on the general sharing and social nature of the Internet to gather more abusers. Always take a moment to think before you re-post or forward any photo or message.

Polls and pages

Sometimes cyberbullies set up a web page, blog, or page on a social networking site specifically to abuse a target. Or they might use online tools to create a poll or image gallery as a form of abuse. Typically, a poll asks other users to rate how horrible the target is in some way, or rate their appearance, or vote on what horrible things they want to happen to them.

It's not fun

People who participate in this type of group abuse without themselves setting up the pages, galleries, or polls are still involved in bullying. If a cyberbully creates an online poll or page and no one votes or comments, it has no effect. Anyone who votes or comments on any of this abuse is behaving as a cyberbully.

If you "like" photos that upset or embarrass someone, or add mean comments, or vote in an abusive poll, you are just as guilty as the person who created or posted the material.

You don't have to be the one who posts abusive material to be a bully. "Liking" it or adding more abusive comments makes you a cyberbully, too.

SERIOUS THREATS

Aidan had been getting a lot of
trouble from a couple of cyberbullies.
When he blocked them from his
phone and Facebook page, they
looked for other ways to torment
him. They used a survey page to
create a poll. They asked people to vote on whether
they should set fire to him, stab him, or tie bricks to
him and throw him in the river. It was really scary.
Because they made a threat to hurt him, Aidan went to
the police, and they helped him to end the bullying.

Left Out

Being on your own is great if you've chosen it—but if you're on your own because no one wants to be with you, it can be hurtful and deeply upsetting. The same is true online. Being isolated or excluded online can be just as distressing as it is in the real world.

Bullying by doing nothing

Active cyberbullying includes people being deliberately rude, aggressive, and abusive—making cruel remarks or posting humiliating videos, for example. Passive bullying is bullying by not doing things. It includes people dropping someone as a contact or "friend," and refusing to engage with someone in chat, forums, online games, or social networking.

Excluding and isolating someone—which experts call *relational aggression*—can only be effective when a group of people act together. It relies on the bully drawing other people into the abusive behavior.

Isolated

Being excluded from social activities and gaming can make someone feel very isolated and alone. Sometimes, it can feel even worse than being openly abused because it makes the target feel they are not even worth being mean to. It is very damaging to the target's self-esteem and can lead to depression and self-harm.

Going online can be lonely if you are being cyberbullied.

EXCLUDED ONLINE

Ryan used to play online games with five or six guys. Then for some reason, one of them became angry with him. He started swearing at Ryan, but the game's moderator told him to stop. Then, he stopped playing online with Ryan, and he got the others to stop, too. Ryan was excluded from the group. That online game was something Ryan played most evenings, and it was hard not having it anymore. Eventually, Ryan found different people to game with. After all, life's too short to spend time with people like that, people who just turn on you and get a kick out of being cruel.

Being excluded online can be as hurtful as being deliberately left out in the real world.

Impersonation

Pretending to be the person you're bullying might sound like a strange thing to do, but it's quite common. The bully *impersonates* (pretends to be) a target in order to do things that damage the target's reputation. It can be very distressing and cause a lot of trouble.

Finding out

Sometimes, bullies set up accounts with social networking sites, chat, or e-mail services pretending to be their targets. Using these fake identities, they may make offensive posts or put up unpleasant photos and videos. It's a horrible shock to find out that someone is posting material in your name. Often, it will be quite clear to anyone who knows you that it's not really you posting. The information might present views very different from yours or might say something shaming and embarrassing that you would never post.

It's a shock to find out that someone is posting material in your name.

Real-world danger!

Sometimes a cyberbully may post a target's real-life name, address, or phone number online. This is very serious because it can lead to identity theft, or worse, dangerous confrontations in the real world. The target can ask for the false account to be closed down. He or she will need to prove their identity, and that the account has been created as a form of abuse. If the bully reveals personal details, the target can ask to have them removed from the site, but some damage may already have been done.

You won't be the only person to fall victim to an impersonation scam.

NOT IN MY NAME

The first time Grace realized that someone was sending hate messages in her name was when she had an angry e-mail from someone she knew only slightly. Once she realized what had happened, she had to e-mail everyone in her address book to let him or her know that if they got horrible messages that seemed to be from her, they weren't really from her account. She got a couple of messages back from people saying the same impersonation scam had happened to them. That was quite a relief.

ANTI·BULLYING·BASICS

Hijacked

A common way of impersonating someone is to hijack his or her account. A cyberbully can only do this if they can access someone else's social networking or e-mail account.

It's not you

If someone gains access to your social networking account or e-mail account, they can do a lot of damage in your name. The most common way for this to happen is if you leave your account open on a computer while you are still logged in and another person discovers it and begins posting from your account. You can avoid it by always making sure you log out of your account when you're not using it. Don't let a public computer store your login details by using a "Remember me" setting, either.

Hijacked accounts

If a cyberbully does get into your account, he or she can shut you out by changing the password. The cyberbully can then control your account—posting abusive or embarrassing material or deleting your work or online friends. Most sites now send an e-mail if there is an attempt to change your password, which helps to prevent hijacking of accounts. But it's best not to use the same passwords for your e-mail and other accounts, just in case someone does discover one of them.

Be careful not to leave your account open; always log out when using computers in such public places as libraries.

BULLYING Q & A

How can I reclaim my Facebook account?

Q. I left a computer logged in to Facebook and my e-mail. The next kid who came along deleted some of my friends, changed my status—and then changed my password. He's carried on using my account, putting up hate messages and making me look like an idiot. What can I do?

....

A. You'll need to ask Facebook for help to reclaim your account. For the future, you might like to choose three trusted contacts. If you are locked out of your account again, they can help you get back in. Look on Facebook, under Security Settings, for instructions.

Protect your username and password from cyberbullies.

False Identities

As well as pretending to be the target, a cyberbully can pretend to be someone completely different. This is a long-term strategy that depends on building up trust with someone—and then betraying it.

Tina Meier wears a pin with a photo of her daughter, Megan, who hanged herself after being subjected to a campaign of cyberbullying.

Not who you think

The U.S. teenager Megan Meier hanged herself in 2006 after being duped into an online relationship with a boy who didn't exist. Megan was targeted by a group of adult cyberbullies after she ended a friendship with a daughter of one of the adults. They created a MySpace profile for a boy called Josh who befriended Megan. After a while, "Josh" turned against her, saying he no longer wanted to be her friend and that everyone hated her. The bullies said their intention was to make fun of Megan.

There's no one there

It's very easy for anyone to create a fake online profile. All that's needed is an e-mail address. If you build a relationship online with someone you don't know in the real world, it's important to remember that they might not be who they say they are. Giving out too many details about yourself can put you in physical danger, but even if you don't do that, you can still be emotionally vulnerable.

BULLYING Q & A

Who is this girl?

Q. I made friends online with a girl in a nearby town. She was really nice at first, but recently she's changed, saying I'm hopeless because I failed a paper, and criticizing my appearance in my photos. What have I done?

A. It's not what you've done, but what she's done. You don't know this girl in real life, so you can't be sure who she is. It sounds as though she's won your trust only so she can hurt you. The best thing to do is to put an end to the friendship and stop her hurting you more.

Just as this mask hides the wearer's identity in real life, many people hide behind fake identities online, too.

Who Is Bullied?

Anyone can be bullied and cyberbullying is no different. Anyone can be a target of cyberbullying—it affects boys and girls of most ages, and even adults.

How it starts

Cyberbullying can be triggered by an event in the real world, such as falling out with a friend. Or it might start with something online—you make a remark someone doesn't like. If you make a comment online that hurts someone or is misunderstood, it might be best to talk with the person you angered with a trusted adult present. This talk might help to put an end to the misunderstanding before it becomes a bigger issue online.

Of course, with some cyberbullying, as with bullying outside of the virtual world, sometimes there is no obvious trigger for bullying.

Cyberbullying affects people of all ages and sometimes there is no obvious trigger.

Very common

If you're cyberbullied, you certainly shouldn't feel alone. Various surveys have found that between 16 and 33 percent of U.S. high-school students have been cyberbullied.

NOT ALONE

Kelley was being cyberbullied, and one of the worst things was that she felt completely alone. She didn't know who the cyberbully was, but whoever it was obviously knew quite a lot about her, so she guessed it was one of her friends—maybe someone she saw every day. That made her scared to tell anyone in case she was talking to the bully! When at last she confided in a counselor at school, he told Kelley that he dealt with about a hundred reports each year of cyberbullying. That made her feel a little better.

It can be hard to trust your friends if you suspect one of them is a cyberbully.

Who Becomes a Bully?

Just as ordinary people from all backgrounds can be bullied, so ordinary people from all backgrounds can become bullies. Very often, bullies have been bullied or abused themselves at some time.

You don't have to start it

Bullies are not only those who start abusive behavior. People who take part in ongoing abuse by forwarding or re-posting abuse are also bullies.

....

Why bully someone?

When asked, people give all sorts of reasons for bullying. In 2009, a survey of young people who admitted to cyberbullying were asked why they did it. They were allowed to choose more than one reason:

- 58 percent did it to get back at someone
- 58 percent said their target deserved it
- 28 percent did it for "fun or entertainment"
- 21 percent did it to embarrass their target
- 14 percent did it to be mean
- 11 percent did it to show off to friends

By middle grades, more girls than boys are guilty of cyberbullying.

....

You are guilty of cyberbullying if you forward or re-post abusive material.

BULLYING THE TEACHER

Mr. Parry was a new, young teacher, and he wasn't very good at keeping control in the classroom. One of the pupils in his class started a fake social networking account in his name, and many students posted to it and made fun of him. The teacher found out and was really upset. The whole class got into a lot of trouble. It sounds stupid, but some of the people in the class didn't even realize you could bully a teacher! They didn't think of themselves as cyberbullies, and afterwards they felt really bad about it.

Effects of Cyberbullying

Cyberbullying can follow the target wherever he or she goes—at school, at home, on vacation. There is often no relief from the misery, and it can have serious psychological and physical effects.

Long-lasting effects

Being the target of cyberbullies is distressing and stressful. Never knowing when the cyberbullies may strike makes it impossible to relax. The constant worry can lead to anxiety and depression. Cyberbullying is twice as likely to cause psychological disorders as real-world bullying. If former friends become bullies, that can lead to distrusting others, social withdrawal, and loneliness. Avoiding school because of bullying can have lasting effects on learning and life prospects.

A study conducted over 20 years found that people bullied as children had higher levels of depression and anxiety in adulthood than people who had not been bullied. Those who had been both bullied and bullies had the highest levels of mental illness.

Cyberbullying can follow the target anywhere—even on vacation.

Physical effects

The stress of being bullied can cause physical symptoms such as headaches, stomach upsets, sleep disorders, and panic attacks. Behaviors triggered by stress, such as eating disorders, self-harm, and substance abuse, also cause physical harm. Some young people have even taken their own lives because they believed there was no other way to escape cyberbullying. This is always a mistaken idea. Talking to a trusted adult—such as a parent, counselor, or teacher—is the beginning to fixing the problem of cyberbullying in your life.

GETTING TO THE ROOT OF THE PROBLEM

May was the target of cyberbullying for nearly a year. In that time, she became withdrawn and depressed. She had anxiety attacks, during which her heart raced so fast she thought she might be having a heart attack, and she often felt sick and faint. Then she developed anorexia—an eating disorder in which people eat very little or nothing for psychological reasons. It wasn't because she wanted to be thin—it was because she wanted to have control over something. May couldn't control the bullying, so she controlled what she ate. Her rapid and dangerous weight loss alarmed her family, and they sent her to a doctor. When she went for treatment, May talked to her doctor about the cyberbullying. The doctor realized that the cyberbullying was at the root of her health problems, and that the issue needed addressing before she could begin to recover.

Cyberbullying can cause severe anxiety and, in some cases, lead to serious health problems.

Putting a Stop to It

Cyberbullying rarely stops overnight, so there are two aspects to tackling it. One is to get it to stop, and the other is finding a way to live with the situation while it is being resolved.

You can take control to stop online abuse.

Take control

There are some things you can do immediately to help protect yourself from further bullying.

• If you're being bullied by phone, contact your phone provider about changing your phone number. Once the number is changed, be careful about giving it out to people you do not know well.

• If you're being bullied on a social networking site, block or unfriend the bullies and report the abuse to the site.

• If you're being bullied on chat or an online game, block the bullies.

Control yourself

It's best not to respond to abuse. It might make you feel better momentarily, but it encourages the bullies to keep on abusing you because they find your reaction satisfying. Certainly don't retaliate. You could end up in trouble for cyberbullying yourself.

Get on with your life

It's hard to ignore any form of abuse, but your life is not lived entirely online. Do things with friends and family, play sports, help someone out with a task—lots of activities don't involve using the computer or phone. While you are doing other things, you're out of reach of the cyberbullies.

BULLYING Q & A

How can I take action?

Q. I'm being cyberbullied, but I don't know who the bullies are—so I can't block them. They send me text messages all the time but withhold their number. What can I do?

....

A. In the short term, check your phone less often and turn it off at night or when you're busy. Tell your phone service provider about the problem and see if they can change your phone number. If you can give examples of the texts, recording the date and time they come, this can help your provider track down the bully and take action against him or her.

Get involved in activities that take you away from your phone or computer.

Helping Yourself

There's a lot you can do to help yourself if you are being cyberbullied. Taking charge of the situation boosts your self-esteem and starts to resolve the situation.

You can do a lot to help yourself if you are being cyberbullied.

Feeling better about yourself

Being bullied can damage your self-esteem. It's important to remember that you should not be ashamed—you haven't done anything wrong.

Work out an action plan. This should involve working with an adult to log and store the abusive messages, which you might need as evidence. There are *apps* (applications) you can download to log bullying episodes.

Take charge

There are several things you can do to stop cyberbullies from contacting you.

If you can't stop phone bullying by blocking known numbers, ask your phone provider to give you a new number. Change your security settings on social networking sites so that your information is not public and is restricted to people you trust. Tell trusted friends that you don't like some of the material about you that you see online. They might not even be aware you are being bullied. Be brave and honest. Report all abuse to the site that is hosting it (such as Facebook, YouTube, or Tumblr). They might issue warnings to cyberbullies or even suspend their accounts.

TAKING CONTROL

Michael was being cyberbullied and it was getting him down. Finally, he decided not to let someone else choose how he felt about himself. He got angry instead of feeling frightened. He got a new number for his phone and changed the settings on his social networking page so that only people he really trusted could comment. Each time he was tagged in a photo or post, he checked it and removed the tag if he didn't like the content. When he changed his attitude, the cyberbullying soon stopped. It probably just wasn't satisfying to the bully anymore.

ANTI·BULLYING·
·BASICS·

Changing your phone number and the settings on your social networking sites can end cyberbullying.

Sources for Help

You never need to deal with cyberbullying on your own. There are plenty of people ready to help you fix the problem.

Speak out

The low self-esteem you may feel if you are being bullied makes it hard to speak out. But telling someone will help you feel better and deal with the problem. Only 10 to 20 percent of cyberbullied teens tell a parent. Many of them fear that parents will take away their computer or phone, which feels more like a punishment than help.

Talk to a trusted adult—a teacher or a counselor, for example.

Teachers have experience and training in dealing with bullying, and your school should have an anti-bullying program. If the cyberbully attends the same school, the school might be able to intervene on your behalf. School counselors and psychologists can also help you to deal with bullies whether online or in the real world.

Expert help

Online support networks and helplines can also help, giving immediate emotional support at any time of the day or night. See pages 44 and 45 for some contact details.

If you are unwell because of cyberbullying, see a medical practitioner. Problems can get worse if left untreated.

The law

Laws about cyberbullying vary between countries and between states in the United States. Your school will be able to help you work with the legal system, if appropriate. Remember to keep evidence such as messages, photos, and screenshots, with dates and times.

BULLYING Q & A

How do I deal with Xbox bullying?

Q. A boy at school has been cyberbullying me on Xbox. He started being a bit aggressive in the game, and now it's become personal. But I see him at school and he never says anything. He doesn't even look at me.

··

A. Speak to a counselor or psychologist at your school. The school will have an anti-bullying policy and, even though the bullying isn't happening at school, they can probably help.

A student learns about courtroom proceedings while taking part in a mock trial involving a case of cyberbullying.

Is It Cyberbullying?

How do you know if you are being cyberbullied? There are other types of online abuse, too, which are dealt with in different ways. Use the checklist below if you are unsure about something that has happened to you.

Other online abuse

- Grooming involves an adult using online media to talk to and befriend a young person. This is usually done with the intention of meeting in the real world, often to develop a sexual relationship. It can lead to assault, abduction, or even murder. It's NEVER safe to set up a meeting with someone you have met only online—you have no idea who they really are.

- Cyberstalking involves obsessively following someone around cyberspace, looking at everything he or she posts and everything posted about him or her. Sometimes a cyberstalker is romantically obsessed with their target. There are other motivations, too, including envy and admiration.

- Controversial statements can prompt a personal attack rather than straightforward disagreement. This sort of abusive commenting is called trolling. Occasionally, trolls make threats of physical violence.

Stay safe online, and look out for any warning signs that you are being cyberbullied.

AM I BEING CYBERBULLIED?

Use this checklist of warning signs to help you decide.

- I have received mean or threatening e-mail messages, text messages, or instant messages.
- Someone has posted mean, hateful, or hurtful things about me online.
- Someone has forwarded my e-mails or text messages to another person without my permission.
- Someone has altered a picture of me online.
- Someone has taken pictures of me without my permission and posted them online.
- Someone has stolen my password and is sending messages or posting things and pretending to be me.
- Someone is excluding me from an online group.
- Someone has started an offensive blog or Facebook page about me or has started a nasty Twitter hashtag about me.

Additional Resources

Websites

http://www.anti-bullyingalliance.org/
> A United Kingdom-based alliance of organizations that works to stop bullying and create safer environments.

http://www.bullying.org
> A Canadian organization that provides educational programs and resources to individuals, families, educational institutions, and organizations.

http://www.bullypolice.org
> A U.S. watchdog organization advocating for bullied children and reporting on state anti-bullying laws.

http://www.cdc.gov/bam/life/index.html
> A Centers for Disease Control and Prevention (CDC) site for young adults about dealing with bullying, peer pressure, and stress.

http://www.thecoolspot.gov/pressures.asp
> A site created by the U.S. National Institute on Alcohol Abuse and Alcoholism (NIAAA) for kids 11-13 years old.

https://www.facebook.com/safety/bullying
> A campaign by Facebook and other sponsors asking everyone to show their support and spread the word against bullying. This page also has advice for people receiving abusive posts on Facebook.

http://www.glsen.org/
> A site for the Gay, Lesbian & Straight Education Network, a U.S. organization that works to create safe schools for all students, regardless of gender preference or gender identity or expression.

http://www.itgetsbetter.org/
> What began as a single YouTube video by author Dan Savage that encouraged young LGBT youth to tough it out through school, is now a website featuring thousands of videos made by youths and by celebrities attesting that life gets easier for LGBT people in adulthood.

http://www.ncpc.org/topics/bullying
> A National Crime Prevention Council website, includes a page about girls and bullying.

http://www.nobully.com
> An organization that helps schools to implement an anti-bullying program.

http://www.pacer.org/bullying/
> PACER's National Bullying Prevention Center unites, engages, and educates communities nationwide to address bullying through creative, relevant, and interactive resources. PACER's bullying prevention resources are designed to benefit all students, including students with disabilities.

http://pbskids.org/itsmylife/
> PBS advice site about issues that include family, friends, school, and emotions.

http://solutionsforbullying.com/Associations.html
> Resources for parents, teachers, and other professionals listing organizations in different countries as a starting point for getting help.

http://www.stopbullying.gov/
> A U.S. Department of Health & Human Services website with lots of information for kids, teens, parents, and educators.

http://www.violencepreventionworks.org/
> A site for the Olweus Bullying Prevention Program, an American program that has been proven to reduce bullying in schools.

Books

How to Beat Physical Bullying (Beating Bullying series) by Alexandra Handon-Harding (Rosen Central, 2013)

Bullies, Cyberbullies and Frenemies (Teen Life Confidential series) by Michelle Elliott (Wayland, 2013)

Bullying (Teen Issues series) by Lori Hile (Heinemann 2012)

Bullying Under Attack: True Stories Written by Teen Victims, Bullies & Bystanders by Stephanie Meyer, John Meyer, Emily Sperber and Heather Alexander (Health Communications, Inc., 2013)

The Bullying Workbook for Teens: Activities to Help You Deal with Social Aggression and Cyberbullying by Raychelle Cassada Lohmann and Julia V. Taylor (New Harbinger Publications, 2013)

Confessions of a Former Bully by Trudy Ludwig (Tricycle Press, 2010)

The Courage to Be Yourself: True Stories by Teens About Cliques, Conflicts, and Overcoming Peer Pressure edited by Al Desetta and Educators for Social Responsibility (Free Spirit Publishing, 2005)

The Drama Years: Real Girls Talk About Surviving Middle School – Bullies, Brands, Body Image, and More by Haley Kilpatrick and Whitney Joiner (Free Press, 2012)

Friendship Troubles (A Smart Girl's Guide series) by Patti Kelley Criswell (American Girl Publishing, revised edition, 2013)

A Guys' Guide to Conflict/A Girls' Guide to Conflict (Flip-It-Over Guides to Teen Emotions) by Jim Gallagher and Dorothy Kavanaugh (Enslow Publishers, 2008)

Hot Issues, Cool Choices: Facing Bullies, Peer Pressure, Popularity, and Put-downs by Sandra Mcleod Humphrey (Prometheus Books, 2007)

lol...OMG!: What Every Student Needs to Know About Online Reputation Management, Digital Citizenship, and Cyberbullying by Matt Ivester (Serra Knight Publishing, 2011)

Online Bullying (Teen Mental Health series) by Peter Ryan (Rosen 2012)

Peer Pressure (Issues that Concern You series) edited by Lorraine Savage (Greenhaven Press, 2009)

Peer Pressure (Tough Topics series) by Elizabeth Raum (Heinemann Library, 2008)

Physical Bullying (Take a Stand Against Bullying series) by Jennifer Rivkin (Crabtree Publishing, 2013)

Queen Bees and Wannabes by Rosalind Wiseman (Piatkus 2002; rev. edition, Three Rivers Press, 2009)

Teen Cyberbullying Investigated: Where Do Your Rights End and Consequences Begin? by Thomas A. Jacobs (Free Spirit Publishing, 2010)

Helplines (USA)

Boys Town National Hotline:
1-800-448-3000 (available to all children; toll-free)

Child-Help USA:
1-800-422-4453 (24-hour toll-free)

National Suicide Prevention Lifeline:
1-800-273-TALK (1-888-628-9454, for Spanish-speaking callers; 24-hour toll-free)

Glossary

anti-bullying policies an agreed upon set of rules or actions to stop bullying

birth order a person's age in relation to the ages of his or her siblings (for example, being the youngest or oldest child in a family); psychologists believe birth order has an effect on personality

bystander someone who watches an event but who does not intervene

cyberbullying using such information technologies as e-mail, cell phones, and instant messaging to send harmful messages

desensitized having become accustomed to hurtful behavior

direct aggression openly aggressive behavior, such as kicking, hitting, or name-calling

eating disorder an illness related to ideas and behaviors about food and body image

exclusion being deliberately left out

gay homosexual; feeling sexually attracted to a person of the same sex (gay is a term more commonly used for men than women)

gender group a set of people of the same sex

hazing initiation ceremonies that can often be dangerous and abusive in nature

homophobia a fear of, or prejudice against, people who are homosexuals

indirect aggression a kind of quiet and sneaky aggressive behavior; it could involve such actions as spreading rumors or blaming a target for something he or she did not do

isolation feeling apart from or unlike other people

lesbian a woman who is sexually attracted to women

LGBT initials that stand for lesbian, gay, bisexual, and transgender

peer pressure feeling that you should do, think, or say something because that's what others your age are doing

relational aggression a type of bullying in which the bully tries to harm the target by damaging the target's friendships or lowering the target's social status

sibling rivalry fighting, disagreements, and competition between siblings (brothers and/or sisters)

social status how popular a person is, usually defined by the people around them

transgender a person who does not identify with the gender assigned to them at birth; for example, someone born as a male child may grow up feeling female and wear clothing and take on behaviors associated with female children

Index

Acknowledgments

Cover photo: iStock Photos (MachineHeadz)
Back cover photo: Shutterstock (Rommel Canlas)

Alamy:
17 (NetPics), 20-21 (Golden Pixels LLC), 36 (PhotoAlto).

Corbis:
10 (Mina Chapman), 22 (HBSS), 28 (Mario Anzuoni/Reuters),
33 (Hero Images), 35 (Julian Winslow/ableimages), 39 (John
Lund/Marc Romanelli/Blend Images), 40 (B. Boissonnet /BSIP),
41 (Bryan Patrick/ZUMA Press), 42 (Owen Franken).

Shutterstock:
4-5 (wrangler), 6 (Andrey Shadrin), 7, 8, 12, 24 and 25 (Monkey
Business Images), 9 (worac_sp), 11 (faysal), 13 (littleny),
14 (Denis Kuvaev), 15 (Jacek Chabraszewski), 16 (Sylvie
Bouchard), 18 (Christo), 19 (Pan Xunbin), 20 (Aleksandr
Bryliaev), 23 (Christy Thompson), 26 (icyimage), 27 (foto76),
29 (Max Topchii), 30 (Ammentorp Photography), 31 (Len44ik),
32 (CREATISTA), 34 (Neirfy), 37 (prudkov), 38 (Goodluz),
43 (Annette Shaff).